水声科学与技术丛书
杨德森 主编

水声目标识别

程玉胜 李智忠 邱家兴 著

科学出版社
北京

内 容 简 介

水声目标识别是声纳工程的重要技术之一。本书系统介绍了水声目标识别的基本原理和方法，主要包括特征选择、提取和变换技术，以及常用的分类器和机器学习技术等。对于水声目标识别而言，最重要的环节是特征提取。本书重点探讨了船舶辐射噪声的调制谱、线谱、听觉感知和声源级特征，水声瞬态信号特征，以及船舶运动特征等。系统阐述了各识别特征的物理意义、产生机理、提取和利用方法，介绍了现代信号处理技术在谱特征分析中的应用，以及特征选择和变换的常用方法等。

本书系统性、针对性强，涵盖了水声目标识别过程中的主要问题，绝大多数内容是在长期理论研究和大量实际数据验证的基础上形成的，可以作为水声工程专业的学习教材，也可作为从事水声目标识别研究的有关科技和工程技术人员的参考书。

图书在版编目（CIP）数据

水声目标识别/程玉胜，李智忠，邱家兴著. —北京：科学出版社，2018.11

（水声科学与技术丛书/杨德森主编）

ISBN 978-7-03-059004-6

Ⅰ. ①水…　Ⅱ. ①程…　②李…　③邱…　Ⅲ. ①水下目标识别-研究　Ⅳ. ①U675.7

中国版本图书馆 CIP 数据核字（2018）第 227524 号

责任编辑：阚　瑞 / 责任校对：郭瑞芝

责任印制：吴兆东 / 封面设计：无极书装

科学出版社出版

北京东黄城根北街 16 号

邮政编码：100717

http://www.sciencep.com

北京虎彩文化传播有限公司印刷

科学出版社发行　各地新华书店经销

*

2018 年 11 月第　一　版　开本：720 × 1000　1/16

2024 年 1 月第六次印刷　印张：16

字数：320 000

定价：149.00 元

（如有印装质量问题，我社负责调换）

“水声科学与技术丛书”编委会

丛书前言

海洋面积约占地球表面积的三分之二，人类已探索的海洋面积仅占海洋总面积的约 5%。由于水下获取信息手段的缺乏，大洋深处对我们来说是黑暗、深邃和未知的。

新时代实施海洋强国战略，提高海洋资源开发能力，保护海洋生态环境，发展海洋科学技术，维护国家海洋权益，离不开水声科学与技术。同时，我国海岸线漫长，沿海大型城市和军事要地众多，这都对水声科学与技术的快速发展提出更高要求。

海洋强国，必兴水声。声波是迄今水下远程无线传递信息唯一有效的载体。水声技术，利用声波实现水下探测、通信、定位等功能，相当于水下装备的眼睛、耳朵、嘴巴，是海洋资源勘探开发与海军舰船及水下兵器的必备技术，是关心海洋、认知海洋、经略海洋的无可替代的手段，在各国海洋经济、军事发展中占重要的战略地位。

从 1953 年冬在中国人民解放军军事工程学院(哈军工)创建了首个声纳专业开始，经过数十年的发展，我国已建成了由一大批高校、科研院所和企业构成的水声教学、科研和生产体系。然而与发达的海洋国家相比，我们的水声基础研究、技术研发、水声装备等还存在较大差距，需要国家持续投入更多的资源，需要更多的有志青年投入水声事业当中，实现水声技术从跟跑到并跑再到超越，不断为海洋强国发展注入新的动力。

水声之兴，关键在人。水声科学与技术是融合了多学科、多领域、复杂的声机电信息一体化的高科技领域。《全国海洋人才发展中长期规划纲要(2010—2020年)》明确了我国海洋人才发展总目标，力争用十年左右的时间使得我国海洋人才达到 400 万人。目前我国水声专业人才只有万余人，现有规模和培养规模远不能满足行业需求，水声专业人才严重短缺。

人才培养，著书为纲。书是人类进步的阶梯。推进水声领域高层次人才对学科领域的支撑是本丛书编撰的目的所在。本丛书是由哈尔滨工程大学发起，与国内相关水声技术优势单位合作，汇聚教学科研方面的精英力量，共同组织实施的。丛书力求内容全面，叙述精准、深入浅出、图文并茂，基本涵盖了水声科学与技术的知识框架、技术体系、最新科研成果及未来发展可能的研究方向，包括矢量声学、水声信号处理、目标识别、侦察、探测、通信、水下对抗、传感器及声系统、计量与测试技术、海洋水声环境、海洋噪声和混响等。本丛书的出版对于水声事业的发展来说可谓应运而生，恰逢其时，相信会对推动我国水声事业的发展发挥重要作用，为海洋强国战略的实施做出新的贡献。

在此,向 60 多年来为中国水声事业奋斗耕耘的教育科研工作者表示深深的敬意！向参与本丛书编撰出版的辛勤组织者和作者表示由衷的感谢!

中国工程院院士　杨德森

2018 年 11 月

自　　序

水声目标识别用于解决主动声纳和被动声纳对探测到的目标回波信号或目标辐射噪声信号的识别问题。自第二次世界大战以来，水声目标识别技术就成为水声领域的重要研究内容，现代反潜技术的发展使得潜艇对水声被动识别技术提出了更高的需求。从需求上来说，水声目标识别包括敌我性质识别和目标类型识别。敌我识别往往通过主动询问应答的方式解决，如通信声纳中的询问机，而回波信号或辐射噪声信号识别用于解决目标类型的分类和识别问题。水声目标识别问题和一般模式识别问题一样，需要解决的关键问题仍然是特征选择、特征提取和分类器设计问题。

水声目标识别早期研究开展于 20 世纪 60 年代，在 80 年代形成一段时间的高潮，但由于问题的复杂性，技术进展一直比较缓慢。水声目标识别问题之所以成为长期攻而不克的技术难题，根本原因还是在于问题的复杂性。作者认为原因体现在以下几个方面：①可分性问题。水声目标识别需求的是从船舶的功能或用途来分类，如军舰、商船，而技术分类只能从其辐射噪声的差异来分类，实际上很多类别船舶结构没有差异或差异很小，如军火船和商船，船舶结构可能完全一样，仅是装载不同而已。②船舶工况复杂。同一条船舶具有多种不同的工况，工况不同辐射噪声不同。随着船舶服役时间增加，其辐射噪声也会发生变化。③海洋环境对船舶辐射噪声特征具有重要影响。海洋环境使得船舶辐射噪声特征产生畸变，如低频线谱特征、声源级特征都对海洋环境极其敏感，而海洋环境影响机理尚未被完全认知。④目标特性保密性使得识别特征数据库建立困难。船舶辐射噪声信号或回波信号具有高度的保密性，很难有效地获取军用舰艇目标特性数据，尤其是作战对手的舰艇目标，即使有部分工况的数据，准确性可用性也无法把握，造成完备的数据库建立困难。⑤声纳信息获取能力先天不足。声纳信息获取的船舶辐射噪声频段与声纳作用距离相关，使得不同距离获取的船舶辐射噪声频段不一致，仅能获取部分频段的船舶辐射噪声。如采用低频的反潜探测技术获取的仅是船舶辐射噪声很低频段一部分信息。声纳工作特点客观上造成了特征提取的完备性先天不足。⑥对抗性使得问题进一步复杂化。与语音识别相比，船舶辐射噪声样本不仅获取存在困难，而且军用舰艇降噪技术使得容易被探测识别的特征都显著弱化了，现时代的识别技术，若干年后可能完全不可用。由于水声目标识别是一个具有多种不确定性因素叠加下的决策问题，所以基于自动信息处理或人工智能技术的水声目标自动识别技术发展缓慢。

水声目标识别具有两大分支，一是被动噪声识别，二是主动回声识别，两者在分类器设计上具有通用性，区别在于提取特征量的差异。本书侧重介绍被动噪声识别技术。水声目标识别技术本身包括特征提取技术和分类器设计技术两个方面。在此，所说的特征提取技术也包括特征选择技术，而特征选择更多是指选择什么样的特征量，而不是指模式识别中用于特征维数压缩的特征选择；从研究来看，分类器设计技术重要性要弱于特征提取。选择了稳健性不好的特征，什么分类器也很难有好的识别效果。基于这种观点，本书以比较大的篇幅介绍了被动目标识别特征提取的相关理论和技术，而在分类器设计上，主要介绍了部分分类器的数据试验结果。

本书是作者科研团队的共同研究成果。在本书出版之际，感谢团队成员戴卫国、李智忠、王易川、高鑫、邱家兴、刘启军、李海涛、陈喆等同志，他们都在该领域从事了十年左右甚至近二十年的研究工作，为该领域研究贡献了自己的青春和智慧；感谢跟随作者团队从事该领域研究的唐震、阳雄、钟建、洪华军、程广涛、李茂宽、车永刚、王顺杰、刘虎、周静、陈仲、王森、张宗堂、丁超、刘振等博士、硕士研究生，他们长期的研究工作为本书的编写奠定了基础。在本书撰写过程中，中国海洋大学的王良副教授为本书第4章提供了部分素材，在此一并致谢。本书成稿后，马远良院士、李启虎院士、杨德森院士在百忙中仔细审阅了书稿，并提出了很多宝贵的意见和建议，在此致以诚挚的谢意。另外，还要感谢海军潜艇学院胡均川教授在作者从事该领域研究阶段提供的指导和帮助。

由于作者水平有限，尤其是对目标识别问题的认识深刻程度、研究工作的深入程度有限，书中不足之处在所难免，敬请读者批评指正。

作　者
2018年3月

目　　录

第1章　绪　　论

水声目标识别的任务是通过对声纳接收的水声信号进行分析，判别目标的性质。目标性质包括敌我属性和目标类型属性。敌我属性识别是鉴别目标是敌方还是我方，一般采用主动识别的方法，通过使用专门的敌我识别声纳完成。目标类型属性识别是鉴别目标的类型，如目标是潜艇、驱逐舰，还是商船等。

目标类型识别有机器自动识别和人工听音识别两种方式。不论用哪种识别方式，本质都是将待识别目标与原先存储的“样本”比对进行分析判断。

人工听音识别即通常所说的声纳听音判型，是靠人的听觉辨别船舶噪声信号或回声信号的音色差异，根据经验即大脑中存储的样本信息，区分出船舶类型[1,2]。机器识别利用现代信息处理技术，提取水声目标辐射噪声或回声信号的频谱、波形等识别特征，与存储在目标特征数据库中的“样本库”特征进行自动比对，实现对目标类型的识别。

水声目标识别的另一用语是水声目标分类，两者具有几乎相同的内涵，前者可以理解为更精细的分类。水声目标识别问题包括两大分支，一类是被动声纳的噪声识别问题；另一类是主动声纳的回声识别问题。噪声识别和回声识别仅是研究的对象不同而已，但识别基本过程都是相同的。本书讨论的是被动声纳噪声识别问题。

严格地说，水声信号是指通过水介质传播的所有声信号，如海洋中的船舶辐射噪声、鱼雷辐射噪声、海洋生物噪声、海上石油钻井平台噪声以及海洋环境噪声等。虽然这些信号都可以被声纳接收，也有被识别的需求，但人们更关注的是运动平台辐射噪声的识别问题，因此，本书所述的水声信号一般是指船舶、鱼雷等运动平台的辐射噪声信号。

1.1　水声目标识别基本问题

水声目标识别是一类模式识别问题，其实水声探测问题也可以采用模式识别方法来研究。声纳目标的检测、识别、定位及运动分析，从根本上说可以放在一个识别空间上来考虑[3,4]。与模式识别研究领域一样，水声目标识别研究也面临六个方面的基本问题，它们是：水声信号目标类别的可分性、类别相似性度量方法、类别特征描述方法、类别特征提取方法及有效性、判别准则函数选择以及分类识别中的机器学习[5]。

1. 水声信号目标类别的可分性

从分类识别需求上来说，水声目标分类的主要依据是其功能和使命任务，而对于使用技术手段的目标分类识别来说，只能依据其船舶结构、螺旋桨结构、主机动力、工况等这些影响其辐射噪声物理量作为主要分类识别依据。因此，分类识别需求和使用技术手段实现的分类本身就存在冲突，如军用辅助船完全可能是战时用商船改造的，其结构和商船没有区别，仅上面载的物品由民用物资改为了军用物资而已。

水声信号类别的可分性问题可以归结为模式识别中模式类的紧致性问题。一般来说，为了保证分类的可行性，要求同类样本在描述空间中应尽可能地靠近，或者说同类样本是一个紧致集合[6]。模式类的紧致性示意图如图 1-1 所示。

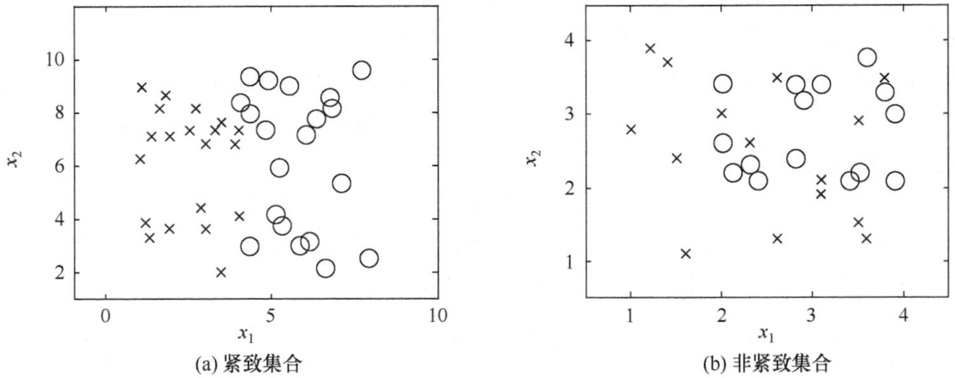

图 1-1　模式类的紧致性

一个紧致集合应满足三个性质：一是临界点要少；二是内点光滑过渡；三是内点邻域足够大。临界点是指类别边界两边的样本，改变一个类别集合内样本点的任一个元素，即变为另一个类别集合内的样本。内点是指紧致集合内部的点，两个内点之间可以用光滑线连接，且该连线上的点也属于该类别。内点邻域足够大表明内点周围应基本都是内点。

2. 水声信号目标类别的相似性度量

水声信号分类识别是以识别特征向量为基础的，如何以特征向量来描述类别之间的相似性以及确定是否为同类样本，这是由类别的相似性来描述的。

基于相似性的定义，可以使用相似性度量来确定样本之间的相似程度[6]。d 维样本空间中，两个向量 x_i,x_j 之间的相似性度量 $d(x_i,x_j)$ 应满足以下条件。

(1) 非负性。相似性度量是非负的，即 $d(x_i,x_j)\geqslant 0$。

(2) 自相似最大性。样本向量自身的相似性度量最大，即 $d(x_i,x_j)=d_{\max}$，$i=j$。

(3) 对称性。两个样本向量之间的相似性度量是对称的，即 $d(x_i,x_j)=d(x_j,x_i)$。

(4) 单调性。样本空间中的紧致集合其相似性度量应是单调的。

在工程应用中，关于相似性度量使用了广义“距离”尺度来确定样本的相似性，相似性越大，“距离”越小。

欧氏距离：

$$d\left(x_i,x_j\right)=\sqrt{\sum_{k=1}^{d}(x_{ik}-x_{jk})^2} \tag{1-1}$$

下降函数：

$$d\left(x_i,x_j\right)=f\left(\sqrt{\sum_{k=1}^{d}(x_{ik}-x_{jk})^2}\right) \tag{1-2}$$

向量夹角：

$$d\left(x_i,x_j\right)=\arccos\frac{x_i^{\mathrm{T}}x_j}{\|x_i\|\,\|x_j\|} \tag{1-3}$$

以上三种“距离”度量方法均满足相似性度量或距离定义的条件，这些都在特定情况下被用于描述样本之间的相似性。

3. 水声信号的类别特征

水声信号的类别特征主要是指从水声目标辐射噪声或其他观测数据中提取的对分类有用的度量、属性或者基元。在数学上，将特征的定义空间称为特征空间。水声信号的类别特征描述是实现分类的关键，如船舶的螺旋桨转速、桨叶数、谱特征、速度、声源级等都是表征船舶属性的特征。

基于特征描述的分类方法是基本的分类方法，因此获取描述水声信号的特征是关键性工作。所获取的特征是否有效，以及如何剔除与类别属性无关的特征均是特征研究中的重要问题。

4. 类别特征空间映射

空间映射是解决特征空间与分类有效之间的桥梁。使用空间映射关系，可以将各种有效的数学方法应用于分类识别之中，从而解决分类识别问题。

在水声信号的识别中应用空间映射方法可以解决的问题很多，如许多在原特征空间中分类不明显的分类对象，在变换空间中可以明显地显示出类别可分特性。

一些分类对象在特征空间中的类别子空间清晰，但是其分类界面可能是平面，也可能是曲面。如果能够找到非线性映射关系将曲面映射为平面，将大大简化分类器的设计。如果特征提取后的若干特征与分类关系不显著，可以使用空间映射的方法找到相应的降维子空间，可以大大简化计算量。在空间映射的各种应用中，作用比较突出的是特征提取与特征压缩。空间映射方法很多，如傅里叶变换、小波变换、K-L(Karhunen-Loeve)变换等线性变换，也有用于超平面化使用的非线性变换。因此，确定合适的空间映射来简化或者解决水声信号的有效分类问题是非常重要的。

5. 分类准则函数的选择

在模式识别方法的研究中，学者们提出了各种各样的准则函数用于解决分类问题。每种准则函数都是在限定条件下被提出来，因此在实际使用中都有一定的局限性。例如，直接基于样本集合作线性判别，线性判别的几种准则函数在有限样本条件下的准确性较高，但是当样本集合的容量扩大时，其误判率大大增加，此时则需要进一步使用贝叶斯决策方法。直接基于样本集合的各种近邻法在应用中简单方便，但在变换特征空间中，基于欧氏距离准则的分类准确度则会降低。另外各种线性变换的应用是基于有限样本的，如果原分类对象具有某种非线性特性，而线性变换不予保留也会导致错误率增加。所以在设计分类器时，不能断言某种分类器的性能是最好的。因此对于具体的分类问题应选择合理的分类器设计方法与合理的准则函数，使得分类器的设计满足分类需要。

6. 分类识别中的机器学习

在各种分类器设计中，无一例外地使用了机器学习的方法。在机器分类识别中，一般情况下是已知样本的集合，获得样本集合的特征描述或者数学描述，选定某种分类器设计方法，使用已知样本来训练分类器，使得分类器达到希望的性能，其中使用已知样本训练分类器的过程就是机器学习过程。机器学习通过对样本信息的学习获得关于类别的知识，从而得到有效的分类器。机器学习方法很多，如神经网络分类器、CBR(case based reasoning)推理分类器等都具有学习功能。

1.2 水声目标识别系统基本组成

水声目标识别系统一般采用统计模式识别方法，相应的识别系统由两个过程组成，即设计和实现。设计是指通过一定数量的水声信号样本(叫作训练集或学习集)进行分类器的设计；实现是指用所设计的分类器对待识别的样本进行分类决策。基于统计模式识别方法的识别系统由五部分组成：信息获取、预处理、特征提取、分类器设计和分类器[7]，见图 1-2 所示。

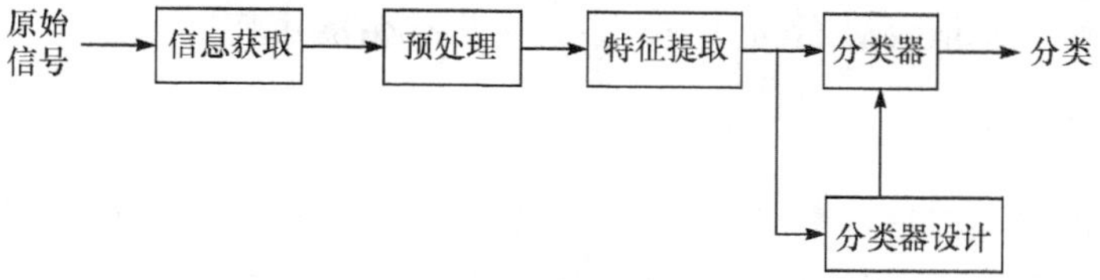

图 1-2　水声目标识别系统基本构成

1. 信息获取

为了对水声目标进行分类识别，必须将水声信号特征信息用计算机所能接受的形式表示，通常信息有下列三种类型。

(1) 一维波形，如噪声或回声信号波形等。

(2) 二维图像，如声纳显示的二维图像、通过对一维时间波形进行时频处理获得的二维图像等。

(3) 物理参量和逻辑值，如螺旋桨转速、桨叶数、目标运动速度等。

数据获取是测量、采样和量化的过程，可以用矩阵或向量表示二维图像或一维波形。

2. 预处理

预处理的目的是去除噪声、加强有用的信息，并对种种因素造成的退化现象进行复原，使得提取的特征更明显有效。水声信号处理中最典型的预处理是对船舶辐射噪声信号进行空间滤波、时间滤波和频域滤波。空间滤波利用波束在空间上的选择特性，选择纯净待识别目标辐射噪声进入特征提取环节，减少周围目标特征对特征的污染；时间滤波选择船舶辐射噪声特征信噪比最强时间段进入特征提取环节，最大限度提取有效特征量；频域滤波选择辐射噪声特征最明显的频段进入特征提取环节，增加特征提取的可靠性。不同的特征提取方式具有不同的信号预处理方法。由于水声目标识别始终面临低信噪比、多目标干扰等问题，选择合适的预处理方法对于水声目标识别的实际效果非常重要。

3. 特征提取

目标识别的关键是特征提取[2]。由信息获取部分获得的原始数据量称为原始特征，一般数据量很大，通常不能直接用作识别特征量。为了有效地实现分类识别，要对原始特征进行选择或变换，得到最能反映分类本质的特征，构成特征向量，达到有效实现分类识别的目的。

特征提取的方法很多，对识别效果至关重要。水声目标识别的核心在于找到类别间差异性大、稳健性好、对信噪比和使用环境宽容的特征提取算法。如果没有找到本质性的特征，后面的分类器设计都是徒劳的工作。

4. 分类器设计

为了实现对水声目标信号正确的分类识别，必须设计出一套分类判别规则。最典型的方法是用一定数量的样本(称为训练样本集)，确定出一套分类判别规则，使得按这套分类判别规则对待识信号进行分类，所造成的错误识别率最小或引起的损失最小。

分类器的设计与前述的特征提取密切相关，特征提取的好，则分类器设计工作就简单，而特征提取的不好，分类器设计工作就变得复杂，甚至无法设计出达到一定识别概率的分类器。

5. 分类器

分类器按已确定的分类判别规则对待识别的水声信号进行分类判别，输出分类结果。在前面几个模块都确定的情况下，分类器的工作类似一个机械性工作，其仅仅是水声识别的一个环节，而对识别性能影响甚微。

1.3 水声目标识别技术研究现状

水声目标识别是实现水声装备与武器系统智能化的关键技术。在 20 世纪 70 年代，该研究就受到了有关学术界和应用部门的高度重视。但是，由于这一领域的特殊性和复杂性，以及相当一个时期内各相关技术的落后，致使这一领域的研究进展缓慢。近 30 年来，随着各种新兴信息处理技术、微处理器技术、VLSI 技术、人工智能技术的快速发展，同时在水下电子战越演越烈、低噪声潜艇面世的刺激下，水声目标识别技术领域的理论研究和实验研究有了新的进展，其中部分技术已经向工程化方向迈进，转化为装备技术。

1.3.1 特征选择技术

特征选择是水声目标识别最关键的技术之一，选择什么特征直接决定着识别的性能好坏，对特征提取和分类器设计的复杂性都至关重要。

水声目标识别特征选择和提取方法可谓五花八门，国外在该领域的研究文献也较多[8-13]，但其中研究最多的是从水声信号中提取谱特征，获得线谱或其他以各种不同方式表示的时频特征。概括起来说，水声信号分类识别特征有两种类型，一是物理意义明确的特征量，二是具有统计意义的时频域特征量。

1. 物理意义明确的特征量

物理意义明确的特征量是使用比较普遍且比较有效的一种特征量。印度科学家 R.Rajgopal 等在研制的水声目标识别专家系统中所使用的特征都具有明确的物理意义[9]，其特征包括：螺旋桨桨叶数(number of blades)、螺旋桨转速(shaft rate)、推进器类型(type of propulsion)、目标壳体辐射低频噪声(law frequency noise from hulls)、活塞松动产生的谐音基频喷嘴噪声(piston slap tonals-fundamental frequency noise)、注水器噪声(injector noise)、最大速度(maximum speed)、槽极噪声(slot-pole noise)和传动装置类型(type of gear)等。这些特征都具有明确的物理解释，可以对应到船舶的物理结构。使用这些特征的识别系统将具有比较好的稳健性，代表了该领域特征选择与提取的重要方向。以上这些特征在不少文献中都被提及，如 J.G. Lourens 在识别特征分析中也重点强调了螺旋桨转速、主机类型以及齿轮噪声线谱等特征[8]。俄罗斯在特征选择与提取上也侧重于物理意义明确的特征，其分类识别特征主要为：噪声辐射频谱特征、目标声纳参数、目标噪声辐射强度、接收信号的线谱结构以及各类目标的机动特点。中国科学院李启虎院士提出了以低频线谱数量、平均线谱间隔、线谱、谱下降率等为主的识别特征，并对利用这些特征的识别性能进行了试验，达到了一定的识别率[14]。船舶辐射噪声频谱特征主要为低频线谱(low frequency analysis record, LOFAR)和调制谱(demodulation on noise, DEMON)，在这两种特征提取中，主要考虑频谱结构和离散的线谱分量。声纳脉冲信息在一定程度上包含了声纳装载平台的特性，潜艇一般不主动发射声纳脉冲，水面舰艇和航空平台的声纳脉冲参数通常具有差异，也可以作为识别目标的辅助性特征。船舶辐射噪声强度可以用于潜艇和水面船舶的分类，处于空化状态的水面船舶比安静性设计的潜艇辐射噪声级高很多，相差要在 30dB 左右甚至更高。目标行为特征(behavior)关注的是目标的运动特征，如鱼雷目标的高速度以及位置变化率或方位变化率等。这些都是物理意义明确的分类识别特征，使用这些特征的识别系统具有较好的稳健性。

2. 具有统计意义的时频域特征量

具有统计意义的时频特征有很多，差异在于时频特征的类型和使用方式，可以说所有的时频域特征都被尝试过作为分类识别特征。如印度 Arun Kumar 教授在分类识别特征分析中归纳的统计时频域特征：谱中心(spectral centroid)、谱形(spectral roll-off)、谱起伏(spectral flux)、窄带与宽带谱特征(线谱数量、邻近线谱平均间隔、最大线谱位置、线谱强度、最强功率谱带宽位置、最强谱边带位置等)、倒谱特征、Mel 倒谱参数、音调频率参数(Tonal Frequency)等[11]。这种方式属于综合运用了各种具有统计意义的特征，但是分类效果是否好，还没有统一的定论。

文献[15]、[16]提出的谱质心、谱质心带宽、谱下降率等听觉感知特征也是属于时频域的统计特征量。

另外一些如模型参数(AR 模型参数)[8]、高阶统计量参数[17]、小波变换系数[18]、船舶平台不同运动机械振动的二次耦合(quadratic coupling)特征[19]、船舶辐射噪声功率谱结构、低频叶片速率谐波、柴油机汽缸点火速率谐波(propulsion diesel firing rate)[20]等也常被用作分类识别特征。

1.3.2 特征提取技术

特征提取应满足三个要求：一是提取的特征数量要少，包含较小的冗余度；二是要具有足够的信息，能最好地区分各个类别，或者说能在低维空间里最大限度地将目标分开；三是对于常遇到的变化和畸变是不敏感的，即具有良好的稳健性。

如前所述，目前水声目标识别的特征主要有两大类别，一类是物理意义明确的特征量，另一类是具有统计特性的特征量。提取这些特征量的方法主要包括功率谱分析、LOFAR 谱分析、调制谱分析、小波分析等，以上这些属于线性特征提取方法，而维格纳分布、高阶谱分析和非线性动力学模型等属于非线性特征提取方法[18,21]。下面对目前常用的一些特征提取方法作简单介绍。

1. 功率谱分析和 LOFAR 分析

功率谱分析通过把船舶辐射噪声从时域到频域的变换，使时间域上的复杂波形转换成频域上各频率分量的能量分布。功率谱中的线谱特征及宽带谱形特征等是识别的重要依据。如果功率谱分析的频段在低频段，且关注点在低频线谱，则是通常所说的 LOFAR 分析。

由于船舶辐射噪声受目标工况、海洋环境影响严重，使得同一目标辐射噪声的功率谱往往有较大的不确定性，单纯使用功率谱识别的性能非常有限。

LOFAR 谱是水声目标识别中应用最广泛的特征之一，尤其是在潜艇目标的识别中。利用线谱作为特征进行目标分类，首先需要研究如何确定线谱的分析参数，包括分析的带宽、频率分辨率、线谱有无的判决准则等[22,23]。

2. 调制谱(DEMON)分析

船舶螺旋桨噪声具有调制现象，调制周期对应于螺旋桨轴转动周期或螺旋桨叶片切割水的周期，且这些轴转动频率和叶片频率均较低，由于被动声纳孔径有限，这些较低的频率分量一般很难从接收的辐射噪声信号中直接获得，但通过对信号的解调处理可以提取这些低频调制分量，这就是通常所说的调制谱分析。船舶辐射噪声中周期调制的来源很多，除螺旋桨空化噪声中的轴频、叶频调制外，还有柴油机活塞运动引起的轻重节奏调制、螺旋桨轴摩擦调制及各种单音调制等。

调制特征的合理使用可以改善分类识别的泛化能力和稳健性。通过调制谱分析，可提取螺旋桨转速和桨叶数等参数特征，这些都是识别的稳健性特征。提取调制特征的关键是要得到高质量的调制谱估计，并要有科学的轴频、叶频自动提取算法[24]。

调制谱中除了在轴频、叶频及谐波频率处有线谱外，有时还存在干扰线谱，且轴频、叶频处的谱峰是否存在也具有一定的不确定性，有时甚至检测不到，这也给谱峰的自动检测造成困难。另外，随着现代船舶螺旋桨加工工艺水平的提高，尤其是军用船舶为了降低噪声采用侧斜螺旋桨等措施，使得调制谱线谱特征大大降低，这给调制谱特征提取和应用提出了新的挑战。

3. 时频分析

船舶辐射噪声机理复杂，水声传播信道受声速分布、海面波浪、海底地形、海底底质、海水介质、内波等影响，是一个复杂的时变空变信道，使得船舶辐射噪声各种特征量具有时变性。传统的谱分析方法—傅里叶变换具有时间积分作用，平滑了非平稳随机信号中的时变信息，因而其频谱只能代表信号中各频率分量的平均强度。为了提取时变特征通常需要采用时频分析方法，以获取反映船舶辐射噪声时变特性的时频分布特征。实际上，选择合适时间窗函数、合适频率分辨率对船舶辐射噪声做时频分析，可以获得包括低频线谱和调制谱在内的多种时变特征[25]。

短时傅里叶变换(short time Fourier transform, STFT)是最常用的时频分析方法，它通过对时变信号逐段进行频谱分析实现对时变特征的提取，具有时频局部化性质。由于使用单一的时间窗，使得在时间—频率的所有局域内分辨率相同。根据测不准原理，时间分辨率和频率分辨率是互相矛盾的，也就是说不能同时实现高的频率分辨率和时间分辨率。

维格纳分布也是一种常用的时频分析方法，其是将信号分别延迟和提前$\tau/2$后再对其乘积进行傅里叶变换的结果，它实际上就是信号自协方差的傅里叶变换，是信号能量在时—频二维空间上的分布。维格纳分布具有时-频移不变性，且比其他变换更具有紧致性，即特征参数在时间轴或频率轴上的分布更集中、更陡峭，这些优点为维格纳分布的应用提供了许多有利的因素。

4. 小波分析

传统的傅里叶变换具有时间积分作用，平滑了非平稳随机信号中的时变信息，因而其频谱只能代表信号中各频率分量的总强度。采用短时傅里叶变换(STFT)对时变信号逐段分析，虽具有时频局部化性质，但其时间分辨率和频率分辨率是相互矛盾的，不能兼顾。而小波变换通过对原小波的平移和伸缩，能使基函数长度可变，因而可获得不同的分辨率。小波变换可根据信号特点调整尺度，对于大尺度小波分解，可利用其高的频域分辨率，从频域提取能量分布特征；对于小尺度小波分解，可利用其高的时域分辨率，从时域提取波长分布及幅值分布特征。由于小波变换具有恒 Q 值滤波器特性，不仅可以取代普通滤波器组，提取多尺度调制谱特征，而且可以减少滤波器组的设计量和计算量。因小波变换具有时频局部化特点,故可将一维的水声信号映射到二维时频平面上,构成信息丰富的时频图，提取时频图像特征。小波变换具有恒 Q 特性，也就是说信号分析带宽与中心频率的比值为常数，这些特性不仅符合自然界各种信号的特点，而且符合人耳听觉系统的时频分辨特性，因此小波变换被认为是一种具有应用前景的水声目标识别特征提取方法，不少学者都对小波分析在水声目标识别中特征提取应用做了很多尝试[26-28]。

5. 高阶谱分析

功率谱和相关函数研究的是随机过程的二阶统计特性，在随机过程是高斯分布时，它们能完全反映过程的特性。但实际船舶辐射噪声往往不是理想的高斯分布，仅仅用二阶统计特性不能全面描述信号特性，而高阶统计特性才可以全面反映非高斯信号的特性。

高阶统计量一般有高阶累积量、高阶矩。若随机变量概率密度函数 $f(x)$ 的第一特征函数为 $\Phi(\omega)$ ，则随机变量 x 的 k 阶距 m_k 为

$$m_k = (-j)^k \left.\frac{\mathrm{d}^k \Phi(\omega)}{\mathrm{d}\omega^k}\right|_{\omega=0} \tag{1-4}$$

特征函数 $\Phi(\omega)$ 的对数 $\ln[\Phi(\omega)]$ 为第二特征函数，随机变量 x 的 k 阶累积量 c_k 为

$$c_k = (-j)^k \left.\frac{\mathrm{d}^k}{\mathrm{d}\omega^k}\ln[\Phi(\omega)]\right|_{\omega=0} \tag{1-5}$$

对于零均值的平稳随机过程，二阶累积量就是自相关函数，三阶累积量等于三阶矩。高斯随机变量的一阶累积量和二阶累积量恰好分别是均值和方差，其高阶累积量恒等于零，所以其随机特性完全决定于一阶矩和二阶矩。高阶累积量包含了信号的相位信息，而二阶统计量则丢失了相位信息，因此高阶统计量含有信号更丰富的信息。同时，高阶累积量不仅是高阶相关性的描述，它还表征了信号分布偏离高斯分布的程度[29]。高阶谱是高阶累积量的傅里叶变换，具有抑制高斯

噪声和非高斯有色噪声的特性，可以用于分析船舶辐射信号的非高斯特性。

不少研究者对基于高阶谱分析的船舶辐射噪声特征提取开展了很多的研究工作[30-32]。一方面利用高阶谱对高斯噪声和对称非高斯噪声抑制特性提高特征的信噪比；另一方面利用高阶谱获得的特征量，如$1\frac{1}{2}$谱作为识别特征量[31]。除了$1\frac{1}{2}$谱外，使用高阶谱作为特征提取方法还面临一些没有解决的问题，如如何找到高阶谱中不随时间变化的稳定特征量问题。

6. 信号参数模型分析

除了以傅里叶变换为基础进行特征提取外，模型分析也是较为常用的一种特征提取方法，如自回归参量模型分析和谐波分析。自回归参量模型是用有理分式传递函数模型描述船舶辐射噪声信号，将估计的 AR(autoregressive) 或 ARMA(autoregressive moving average)模型系数作为特征量[8]，这种方法特征维数低，实现简单，对线谱分量少、平稳性好的信号有较好的识别效果。谐波分析技术则是用谐波分解模型表示信号，将信号看成是由若干个有一定幅度、初相位和频率的正弦信号构成的，基于这种模型估计的参数特征更适用于线谱分量丰富的信号特征分析与提取。

7. 非线性动力学模型分析

20 世纪 80 年代中期以前，水声信号处理都是以统计信号处理为基础的，即假设水声信号和干扰都是随机的，利用它们的统计特性进行处理，处理模式则以线性处理为主。这种信号处理方法只允许利用信号和干扰的统计特性，而对其微结构和精细特征是无法利用的。80 年代末期，随着非线性科学理论的迅速发展，发现许多物理现象是非线性的，由某些物理现象产生的观测值是混沌的，从而提出了非线性动力学信号处理方法。有许多非线性模型和非线性处理方法都揭示了物理现象的本质，取得了较好的效果。90 年代初，加拿大学者 Haykin 根据大量实验数据证明了雷达海上杂波可以表达为低维动力学系统的混沌解，并用预测抵消技术进行检测，取得了良好效果[33]。随后，以美国人 Abarbanel 为代表的一批学者发现海洋环境噪声及海洋水声信道具有混沌特性[34]。混沌是指在确定性系统中出现的无规则性或不规则性。如果用相空间中的轨迹表示一个系统的运动，则混沌系统的相空间轨迹具有高度的不稳定性，其近邻的轨迹随时间的发展按指数规律分离，描述这种轨迹随时间分离的参数为李雅普诺夫(Lyapunov)指数。由于这种不稳定性，系统的长期行为将显示出某种混乱性。混沌的主要特征是对初相敏感、短期可预测性和长期不可预测性[35,36]。

利用非线性动力学理论已经证明船舶辐射噪声中含有混沌结构，可以按低维动力学系统建模[36]。非线性动力学模型把船舶辐射噪声的时间序列作为多维非线性动力学系统状态变量空间中的一条轨迹，正确地确定嵌入维和时延量，重构状态空间的演化轨迹，并计算用于特征提取的非线性参量，如李雅普诺夫指数、各种分形维数、非线性相似重复度和自仿射特性等。基于一定数量样本的研究表明，该方法和传统的变换域方法(如傅里叶变换、小波变换等)、参数模型方法(如 AR 模型、ARMA 模型等)相比具有优势，它所提取的一些非线性参数对不同目标具有较好的可分性，对同类目标具有较好的一致性。

8. 平台参数特征分析

除了上述基于船舶辐射噪声信号提取的识别特征之外，船舶目标平台本身特征也是很重要的辅助分类识别特征量，如平台运动速度、平台声源级等。平台运动速度、平台声源级都是确定水下潜艇的重要特征量。潜艇运动速度和声源级远远低于一般水面船舶。目标运动速度估计一般要借助声纳目标的方位信息推算速度，声源级估计通过声纳接收的船舶辐射噪声强度来实现，涉及声纳接收机性能、目标距离以及水声传播等要素，要想获得精确的估计很难，但在一定条件下获得声源级的大致数值具有可能性[37]。

另外，声纳脉冲参数也是重要的平台识别特征量。只有军用舰艇才会发射声纳脉冲，而潜艇目标基本不发射声纳脉冲，商船完全不发射声纳脉冲，渔船在部分情况下发射作用距离很近的高频探渔声纳脉冲。

1.3.3 分类器设计技术

分类器设计是水声目标识别关键技术之一。在模式识别领域有很多分类器设计技术，很多学者都研究了其在水声目标识别领域的应用问题[38-41]。由于水声目标识别分类问题复杂，分类器设计不可能单独使用某种分类器技术，一般都是多种分类器的联合使用，达到提高分类能力和稳健性的目的。

1. 经典分类器设计技术

经典分类器概括起来有基于统计模型的 Bayes 分类器、线性分类器以及非线性分类器等。

Bayes 分类器需要先验概率 $P(\omega_i)$ 和类条件概率密度 $P(x|\omega_i)$，而获得后者估计需要大量的噪声样本，这对于水声目标识别来说具有难度，因此，这也制约了这种方法在该领域的应用。类别的先验概率 $P(\omega_i)$ 在某个海域是可以有估计值，这是一种经验，声纳兵在海上判型时很多都用到了这个先验概率，分类器设计中用好 $P(\omega_i)$ 对提高分类的正确率肯定具有意义。

线性分类器利用 $g_i(x)=w_i^{\mathrm{T}}x+w_{i0}$，$i=1,2,\cdots,c$ (c 表示类别数)表达式对目标

进行分类，对于某些特征或某些类别分类具有一定的效果。在水声目标识别中，由于问题的复杂性，单纯依靠简单形式的线性分类器不可能解决分类的所有问题。

非线性分类器指线性分类器以外的所有分类器，如近邻分类器、专家系统分类器、模糊分类器、树分类器等，这些分类器能处理更为复杂的分类问题。近邻分类器通过计算待识别样本与所有已知类别样本之间的距离，并判别其与最近距离的样本同类以实现分类识别，表达了朴素的模式分类思想。专家系统可以解决多种类型的分类识别问题，如诊断、预测、解释、规划、设计、决策等。专家系统具有启发性、透明性、灵活性以及扩充性等特点，基本结构包括知识库、数据库、推理机、人机接口、知识获取五个部分。在水声目标识别领域，通常在获得了物理意义明确的识别特征时，可以使用专家系统模式实现对目标的分类或目标类型压缩。决策树利用一种倒树状结构进行分类决策，决策树的每个内部结点对一个或多个属性取值进行某种测试比较，并根据不同的比较结果确定该结点的分支。决策树的结点给出相应的类别标志，表达达到该叶结点的样本所属的类别。该方法利用一定的训练样本，从数据中“学习”出决策规则，并构造决策树，可以解决多类复杂的分类决策问题。

2. 具有学习功能的分类器设计技术

具有学习功能的分类器设计技术是模式识别领域研究的热点，也是水声目标识别领域被广泛尝试的分类器设计技术，如神经网络分类器、CBR 推理分类器、支持向量机分类器等[38-42]。

人工神经网络是一种模拟人类大脑功能的数学工具，近年来随着计算机科学与信息科学的发展，人工神经网络在模式分类识别中获得了长足的发展。神经网络用于分类识别使用比较广泛的是前向神经网络，又称为 BP 前向网络。该技术用于分类识别时具有两个过程，一个过程是训练过程，对于给定的输入分类特征向量，使得输出是期望的类别输出，这个过程是调整网络权系数的过程；另一个过程是识别过程，在训练过程完成后该网络可以用于识别，识别状态时，将待识别特征向量输入网络输入层，网络进行计算，先求隐含层输出，再求输出层输出。

基于事例的推理是人工智能发展较为成熟的一个分支，它是一种基于过去的实际经验或经历的推理。传统的推理观点是把推理理解为通过规则链导出结论的一个过程，许多专家系统使用的就是这种规则链的推理方法。基于事例的推理则是另一种不同的观点，它使用的主要知识不是规则，而是事例，这些事例记录了过去发生的种种相关情节。对基于事例的推理来说，求解一个问题的结论不是通过链式推理产生的，而是从记忆里或事例库中找到与当前问题最相关的事例，然后对该事例做必要的改动以适合当前需解决的问题。CBR 不仅是一种有效的推理方法，也是一种高效的机器学习方法，因此也称为基于事例的学习。

支持向量机(support vector machine, SVM)是一种基于统计学习理论的模式识别方法，在解决小样本、非线性及高维模式识别问题中表现出许多特有的优势，现在已经在许多领域取得了成功的应用。SVM 通过选取合适的核函数，可以将低维空间向量集映射到高维空间，从而解决低维空间向量集难于划分的问题。

1.3.4 基于深度学习的识别技术

深度学习(deep learning, DL)是人工智能机器学习领域的重要分支，自 2006 年 Hinton 教授等提出了深度置信网络(deep belief network, DBN)和相应的高效学习算法之后快速发展[43,44]。随着计算机技术和大数据的发展，深度学习在许多过去难解决的问题上取得了突破性进展，尤其在语音识别、图像识别、自然语言处理领域取得了革命式进步。维基百科对深度学习的精确定义为“通过多层非线性变换对高复杂性数据建模算法的合集”。它通过建立类似人脑的分层模型结构，构建很多隐层的机器学习模型，能够拟合高度非线性复杂函数，对输入数据逐级自动提取从底层到高层的特征，有效解决分类识别等问题。

1. 数字特征自动提取

传统识别分类方法往往需要提取目标特征，在很大程度上依赖好的特征工程，尤其在语音、图像等复杂问题中提取到有效特征更为艰难。针对复杂任务设计特征提取需要耗费大量的人工、时间和精力，甚至需要花费整个团队研究人员几十年的时间。利用深度学习表示学习方法为特征提取技术提供了一个新的途径，它在特征提取方面能力显著，在早期一度被定位成一种无监督的特征学习方法，可以用很短的时间为任务创建特征集。其主要步骤就是非监督逐层贪婪学习方法，就像人总是从简单的概念开始学习，再到复杂的概念，深度网络模型也是通过对数据的逐层抽样，最终学习到对象的高级特征表达。首先构建多层神经网络模型，在训练过程中，先训练第一层网络结构，然后将前一层网络模型训练完成后的输出作为后一层数据的输入，每一次只训练一层网络结构，以此类推，最终提取到复杂的高层特征[45,46]。

在逐层训练过程中特征提取方法因神经网络结构的不同而不同，比如在深度置信网络模型中(DBN)，它由受限玻尔兹曼机(restricted Boltzmann machine, RBM)堆叠在一起，RBM 是一种能量模型，可以引入概率测度对能量模型进行求解。训练一个 RBM 就是使响应 RBM 表示的概率分布尽可能地与训练数据相符合；而在自编码神经网络(autoencoder, AE)模型中则尝试学习一个输入等于输出的函数，即尝试逼近一个恒定函数，使输入等于输出。自编码器由一个编码器和一个解码器函数组合而成，本质上是对输入信号做某种变换。编码器函数将输入 x 变换成编码信号 $h(x)$，而解码器将编码 $h(x)$ 转换成输出信号 x'，自编码器强迫 $x' = x$，即输出 x' 尽可能等于 x，那么在变换过程中编码信号 $h(x)$ 就承载了原始数据的所有信息。

深度学习发展至今，其学习能力已经超越了所有传统的机器学习模型，并且展现出越来越强的能力，其广泛的适应性得到学术界各位研究人员的认可，越来越多的网络结构被提出，为很多复杂困难问题提供了新的方法。

2. 基于水声目标的分类过程

水声目标识别问题主要以水声目标信号作为分类对象，目标样本是通过声纳等装备录取的目标信号，可以认为是一类极其复杂的样本数据，对该样本进行拟合需要高度非线性复杂函数。考虑到深度学习在模式识别和特征自动提取中的强大能力，利用深度学习深度神经网络模型对原始样本逐层提取数据特征从而获取其高级特征从理论上讲具有一定的可行性。

深度学习技术既可以作为一种特征提取方法，自动提取水声信号样本中的数字特征，也可以利用自身网络特点集特征提取与分类器分类为一体，比如较为常用的 softmax 分类器等。使用深度学习技术提取高级特征，用已知类别的标记数据对分类器进行充分训练后即可进行初步识别。除此之外，针对提取的高级特征也可以合理设计更为复杂的分类系统，使用该分类系统将具备一定识别能力。

3. 关于应用深度学习技术的思考

深度学习是基于大数据产生的神经网络结构，对于大数据的处理有着独特优势，利用深度学习神经网络时需要大量样本对神经网络权值进行训练以保证精确度。当前经典的人工智能案例基本都是通过互联网技术获取足够数量的样本，以满足神经网络训练需求。而水声目标识别中获取数据样本较为困难，尤其在获取高质量清晰样本的过程中十分复杂，数据量相对较少。通过深度学习网络模型提取的数字特征是一种模糊数字特征，在物理意义上尚且不能给予合理说明，如何评价提取特征的合理程度需要大量经验分析。此外，相对于语音识别来说，语言识别是基于大数据、高信噪比、合作的识别问题，而水声目标识别面对的是基于小样本数据、低信噪比、对抗性质的识别问题。因此，将深度学习应用于水声目标识别中具有很大的挑战性，不能简单地照搬照套语音识别的思路和方法，需要解决一些新的问题，其识别性能也有待于作进一步的探索。

第 2 章　船舶辐射噪声调制谱特征

众所周知，船舶辐射噪声由机械噪声、螺旋桨噪声和水动力噪声三部分构成。水动力噪声在时间上是平稳的，具有连续谱。通风机、空调机、泵等运行产生的机械噪声一般具有线谱。由于周期性机械运动和齿轮运转是船舶主机机械噪声主要声源，因此船舶主机机械噪声具有宽带连续谱和线谱。螺旋桨噪声是船舶辐射噪声主要噪声源之一，除具有低频线谱外，主要是连续谱，其频带覆盖 5Hz～100KHz 的频率范围。

一般情况下，螺旋桨噪声中的连续谱受到螺旋桨轴频和叶片频的调制，这种调制形成听音感觉上的节奏，体现在船舶辐射噪声的调制谱上。虽然现代军用船舶降噪技术发展使得这种节奏感有所减弱，但对于大多数船舶来说，船舶辐射噪声听觉感觉上的节奏感还是仍然存在的。除此之外，调制谱包含有船舶螺旋桨结构特征信息。因此，船舶辐射噪声的调制信息是声纳听音识别和谱图识别重要信息来源。目前，人们对调制谱的利用很多停留在依靠经验知识阶段。只有从理论上认识调制谱，才能从根本上提高调制谱利用的科学性。

2.1　船舶螺旋桨空化噪声

船舶螺旋桨主要噪声是空化噪声。螺旋桨叶片是产生流体动力的扭曲翼片，当螺旋桨在水中转动时，在叶片尖和表面上产生低压或负压区。如果这个负压足够高，水体就要自然破裂，小气泡形成的空穴开始出现。当这些空化产生的气泡在湍流中或螺旋桨上破碎时产生尖锐的声脉冲，由大量这样的气泡破碎产生的噪声是一种很响的“咝咝”声，这就是空化噪声。这种噪声往往是构成船舶噪声谱高端的主要成分。

当螺旋桨工作在均匀的尾流中时，会形成稳定的空泡形态。但由于船尾形状、螺旋桨安装位置等因素非中心对称，螺旋桨尾流速度会呈现明显的周向不均匀性，螺旋桨旋转一圈的过程中，可能要经历一次或多次尾流速度的升高或降低。当桨叶旋转至具有较高尾流速度的区域时，在叶背处具有最大的压力降，桨叶空化最剧烈，当该桨叶旋转至具有较低尾流速度区时，空化程度较弱甚至不空化。因此在桨叶周期性的旋转中，螺旋桨空化剧烈程度也会周期性变化，使得最终产生的螺旋桨空化噪声总能量是时变的，因而产生调制现象，这是舰船辐射噪声调制特性产生的根源[47]。

2.1.1　船舶螺旋桨空化

随着螺旋桨转速的升高，螺旋桨要经历从无空化到发生空化过程，一旦发生空化，空化噪声就成为其水下辐射噪声的主要噪声源。从刚开始发生空化起始，随着转速的提高，还要经历空化发展阶段和充分发展阶段。根据空化的形态及发生位置，其类型一般有涡空泡(毂涡、梢涡)、片空泡(叶背、叶面)、云空泡、泡空泡等[48]。如图 2-1 所示。

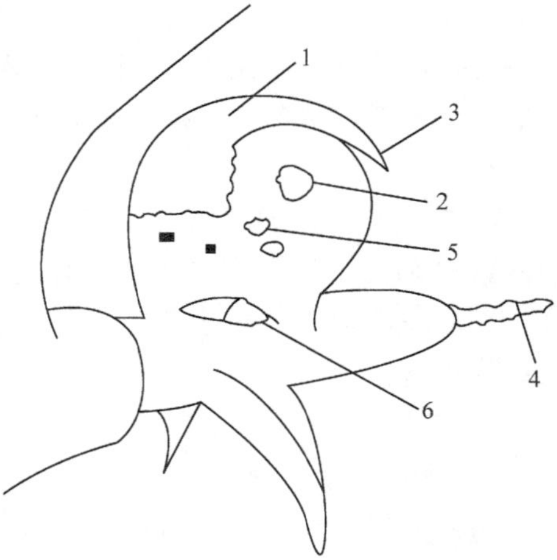

图 2-1　螺旋桨空泡类型

1-片空泡；2-云空泡；3-叶梢涡空泡；4-毂涡空泡；5-中弦泡空泡；6-叶根空泡

对于水下转动的螺旋桨，存在着一个临界航速或临界转速，在这个临界值以下螺旋桨不发生空化，噪声主要来源于湍流涡旋，具有声偶极子源的辐射特性，在临界转速以上螺旋桨处于空化工作状态，一般可以分成三个发展阶段[49-52]。

(1) 空泡起始阶段

当螺旋桨达到临界转速时空泡起始，噪声突然增加，但一开始主要是梢涡空泡，由于此处流速最高，压力最低，所以最先发生空化，其轨迹为一条螺旋形涡线，每个桨叶有一条涡线，噪声级的增加还不很快，因为涡空泡的特点是它并不马上破灭而是随流冲至下游，崩溃时的辐射噪声级最低，在分析空化噪声特性时常不予考虑。如图 2-2 所示。这个阶段一般持续时间很短，航速变化半节至 1 节，转速变化在 10%以内。

(2) 空泡发展阶段

在这一阶段中空泡有两种主要类型，即泡状空泡和片状空泡。当桨的转速不十分高，桨叶剖面的攻角不大时，压力最低点在叶背最大厚度附近，且前后压力变化缓和，此时在最大厚度附近产生泡沫状的空泡，空泡基本上以单个的形式发生、发展和崩溃。即使有时存在许多空泡，其各自的轮廓基本保持，这种情况称为泡状空泡。泡状空泡在高压区闭合时产生很强的噪声。由于单个泡状空泡的尺

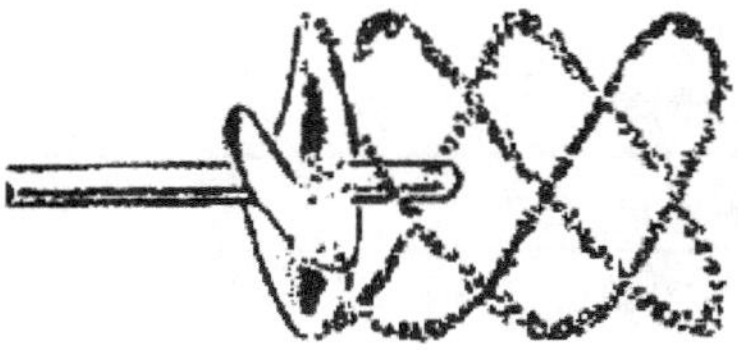

图 2-2　梢涡空化

寸不可能很大，所以噪声的高频分量比较强而低频分量相对较小，并且噪声的总强度与空泡数目成正比。

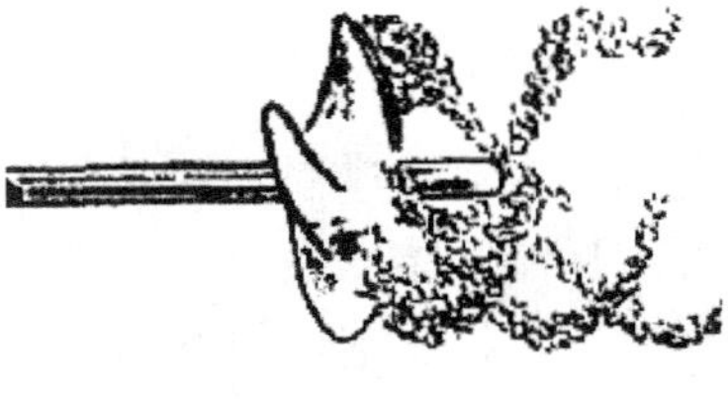

图 2-3　叶表面空化

随着转速的进一步提高，叶剖面相对于来流的攻角增大，空泡急剧产生并连成透明的一片，看不出单个空泡的轮廓，这种情况称为片状空泡。如图 2-3 所示。片状空泡是螺旋桨空泡的最常见类型，这种空泡的特点是尺寸较大、形成迅速，空泡内其他气体含量少。当空泡一离开叶片就遇到高压区，很快被压破，结果产生特别强烈的噪声。在某些工况下，来流相对于叶剖面的攻角出现负值，这时在叶面上也可能发生空化，即为面空泡。实际情况中，片状空泡和泡状空泡往往同时存在。

在这一阶段，随着转速的进一步提高，噪声会急剧增加，在一段时间内空泡的数目和大小或空泡区域的面积持续增加，因此噪声级以几乎恒定的速率上升，在这一阶段中，航速变化 2 节左右，转速提高约 50%，声压与转速的关系大致为[51]

$$P = n^7 \tag{2-1}$$

(3) 空泡充分发展阶段

转速继续提高，叶表面空泡的面积(及体积)增加速度逐渐变慢，最后空泡布满全部桨叶，整个螺旋桨被一层空泡所笼罩，空泡面积达到某种动态平衡。这时即使转速继续升高，空泡区域也不会有多少增加，相应地噪声也逐渐趋于一极限值。在这一阶段中，声压与转速的关系大致为

$$P = n^{1.5} \tag{2-2}$$

另外，云空泡是片空泡溃灭分裂后形成的许多云雾状微小气泡，其噪声级也较低。

在通常情况下，螺旋桨的主要空化类型是梢涡空化和叶背空化，多数情况下梢涡空化和叶背空化差不多同时发生，梢涡空化略早一些。按照声压水平高低的顺序，不同形状空泡的辐射噪声如表 2-1 所示[51-54]。

表 2-1　不同形状空泡的辐射噪声

空泡的种类	特征
片空泡	桨叶的前缘发生片状空泡。在实船的非均匀伴流中发生，伴随其溃灭成为云状空泡，发生最高声压水平的宽频带噪声
面空泡	也是片空泡的一种，当桨叶攻角较小或负攻角时，在叶面产生；或者可调距螺旋桨在低转速低螺距角进行低速控制时发生

续表

空泡的种类	特征
云空泡	在片状空泡的后缘出现混乱的烟状现象，表现出高频域的相当强的声压水平，伴有剥蚀
泡空泡	一般不发生在实船，模型试验时降低空泡数时发生，有时其声强仅次于片状空泡
涡空泡	常出现在叶梢或桨毂，在形成阶段比其他阶段表现较低的声压，在低负荷状态也会产生

2.1.2　船舶螺旋桨空化噪声模型

螺旋桨空化噪声由两部分组成，一部分由紧靠螺旋桨叶区域的大量瞬态空泡的崩溃和反弹所产生，其频谱是连续的；另一部分由螺旋桨附近区域中大量稳定空泡的周期性受迫振动所产生，其频谱是离散的线谱。文献[55]、[56]均基于群空泡崩溃辐射噪声的统计特性，建立了螺旋桨空化噪声模型，并研究了螺旋桨空化噪声连续谱和线谱。其中文献[56]在建立的模型中加入以叶频为周期的空化“准周期性”特点，得到的空化噪声谱中既包括连续谱成分，也包括以叶频为基频的线谱成分；文献[55]对螺旋桨空化噪声连续谱和线谱成分单独建立模型。由于本章内容关注的是由于螺旋桨空化噪声连续谱的时间起伏导致的调制特性，故以文献[55]建立的螺旋桨空化噪声连续谱模型作为调制特性研究的基本模型。

在一定距离之外测得的螺旋桨空化噪声，是由大量空泡的群体所产生的。要研究空泡群崩溃所辐射的噪声谱，首先要考察单个空泡崩溃的行为。进入螺旋桨区域的空泡一般都含有空气，故这种空泡崩溃时具有明显的反弹。当空泡崩溃到最小半径时，辐射出一个尖而高的压力脉冲。这种压力脉冲具有冲激波的特性，传播时随距离迅速地衰减并逐渐变“钝”。在反弹过程中，相应于空泡半径随时间的变化，也将伴有声辐射。

空泡崩溃时间可以表示为

$$T_c = 0.915 R_{\max} \sqrt{\frac{\rho}{P_\infty}} \tag{2-3}$$

式中，$R_{\max}$ 为空泡开始崩溃时的最大半径，ρ 为液体密度，P_∞ 为液体中无穷远处的压力(即静压力)。

气泡崩溃辐射的声压一般认为呈指数型衰减，并作小振幅脉动，产生一个衰减振荡的波形为

$$p(t) = p_m \mathrm{e}^{-\frac{t}{\alpha}} \cos \omega_0 t \tag{2-4}$$

其中，p_m 是气泡崩溃起始时刻的峰值声压，认为符合 $R_{\max}^{3/2}$ 规律；常数 α 是声压

幅度随时间衰减因子，取决于气泡最大半径、永久性气体含量和环境压力等因素，与全部崩溃时间 T_c 成正比，可令 $\alpha = K_R R_{\max}$， K_R 为常数，则 K_R 主要取决于气体含量和环境压力等因素； ω_0 是气泡小振幅脉动的固有频率，近似的可以取为 $\omega_0 = 2\pi / T$ 。

基于上述假设，气泡崩溃时所辐射的声压脉冲波形可近似写为如下形式

$$p(t) = \begin{cases} CR_{\max}^{3/2} \mathrm{e}^{-t/K_R R_{\max}} \cos 2\pi t / T_c & t \geqslant 0 \\ 0 & t < 0 \end{cases} \tag{2-5}$$

其中， C 为比例常数。根据式(2-3)中 T_c 是由 $R_{\max}$ 决定的，因此从式(2-4)看，单个气泡崩溃辐射的声压波形的形状主要是由气泡崩溃开始时的最大半径 $R_{\max}$ 决定的。则单个空泡崩溃辐射声压脉冲的频谱为

$$P(\omega) = \int_{-\infty}^{\infty} p(t) \mathrm{e}^{-\mathrm{j}\omega t} \mathrm{d}t = CR_{\max}^{3/2} \frac{\mathrm{j}\omega + \dfrac{1}{K_R R_{\max}}}{\left(\dfrac{1}{K_R R_{\max}}\right)^2 + \left(\dfrac{2\pi}{T_c}\right)^2 - \omega^2 + \mathrm{j}\dfrac{2\omega}{K_R R_{\max}}} \tag{2-6}$$

联立式(2-3)和式(2-6)，可得其能量谱 $G_0(\omega)$ 为

$$G_0(\omega) = |P(\omega)|^2 = C^2 R_{\max}^3 \frac{K_R^2 R_{\max}^2 (1 + \omega^2 K_R^2 R_{\max}^2)}{4\omega^2 K_R^2 R_{\max}^2 + \left(1 - \omega^2 K_R^2 R_{max}^2 + 47.2 \dfrac{P_\infty}{\rho} K_R^2\right)^2} \tag{2-7}$$

详细地研究空泡群噪声场非常困难，文献[10]指出有以下因素必须考虑：一个气泡周围的声压场将影响附近气泡的运动；一个气泡所辐射的声压脉冲将受到附近气泡的散射和吸收；边界的存在也影响其附近气泡的运动情况。因此，只能从统计的角度作这样一种简化，即认为对于远处海水中的一点，每个空泡对噪声场的贡献是能量的叠加。

由于船壳及附体的不规则形状以及水流的随机性，所有空化气泡的尺寸不可能都是同样大小的，即便在静水中也是如此。一般假定空泡半径是随机变量，服从一定的概率分布。在此，假定空泡开始崩溃的最大半径 $R_{\max}$ 服从平均值为 $\bar{R}_{\max}$ 、方差为的 σ_R 正态分布，其概率密度函数可写成[49,58]

$$W(R_{\max}) = \begin{cases} \dfrac{1}{\sqrt{2\pi}\sigma_R} \mathrm{e}^{-\frac{(R_{\max} - \bar{R}_{\max})^2}{2\sigma_R^2}} & R_{\max} \geqslant 0 \\ 0 & R_{\max} < 0 \end{cases} \tag{2-8}$$

则单个空泡崩溃辐射的平均能量谱为

$$\bar{G}(\omega)=\int_0^{\infty}W(R_{\max})G_0(\omega)\mathrm{d}R_{\max} \tag{2-9}$$

船尾螺旋桨在旋转过程中，由于尾流速度的周向不均匀性，桨叶旋转一周过程中空化的激烈程度也会呈现周向不均匀性，发生空泡的个数 N 和空泡的平均半径 $\bar{R}_{\max}$ 也会是时变的，因此都应该表示为时间的函数：$N(t)$ 和 $\bar{R}_{\max}(t)$，文献[55]引用苏联研究结果认为，单位时间中开始崩溃过程的空泡数目 $N\propto V$，空泡的平均半径 $\bar{R}_{\max}\propto V^2$，螺旋桨空泡崩溃辐射总的能量谱也是时间的函数，可得

$$\begin{aligned}G(\omega,t)&=N(t)\times\bar{G}(\omega,t)\\&=N(t)\int_0^{\infty}W(R_{\max})G_0(\omega)\mathrm{d}R_{\max}\\&=\frac{C^2N(t)}{\sqrt{2\pi}\sigma_R}\int_0^{\infty}\frac{K_R^2R_{\max}^5(1+\omega^2K_R^2R_{\max}^2)}{4\omega^2K_R^2R_{\max}^2+\left(1-\omega^2K_R^2R_{\max}^2+47.2\dfrac{P_{\infty}}{\rho}K_R^2\right)^2}\\&\quad\times\mathrm{e}^{-\frac{[R_{\max}-\bar{R}_{\max}(t)]^2}{2\sigma_R^2}}\mathrm{d}R_{\max}\end{aligned} \tag{2-10}$$

式(2-10)给出了螺旋桨空泡崩溃辐射总的能量谱与参数 N、K_R、$\bar{R}_{\max}$、σ_R 的关系，分别变换其中的一个参数，其他三个参数保持一致，仿真得到螺旋桨空泡崩溃辐射总的能量谱如图 2-4 所示。

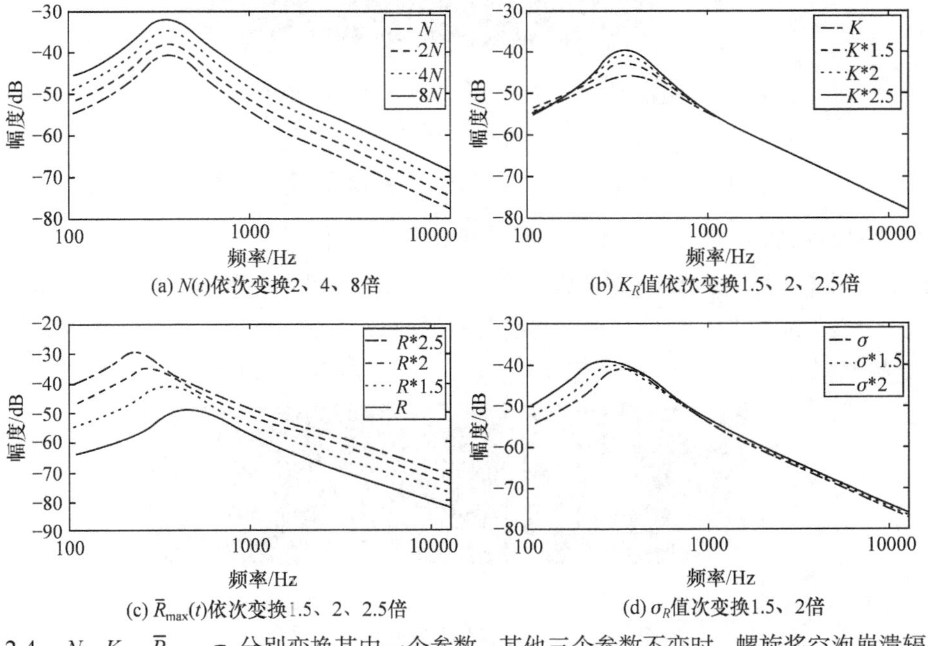

图 2-4　N、K_R、$\bar{R}_{\max}$、σ_R 分别变换其中一个参数，其他三个参数不变时，螺旋桨空泡崩溃辐射的总能量谱

由式(2-10)和图 2-4 可见，$G(\omega,t)$ 存在一个峰值频率，在高频部分与 ω^{-2} 成正比，以大约 –6dB/oct 的速率下降。当单位时间内发生空泡崩溃的个数 N 变化时，会引起谱线整体的上升或下降，即引起螺旋桨空泡噪声在各频率上的均匀调幅；当平均空泡最大半径 $\bar{R}_{\max}$ 发生变化时，不仅引起谱线的上升或下降，还会引起峰值频率的移动，使得螺旋桨空泡噪声在不同频率上的调幅不同，即引起了不同频率上的非均匀调制特性；而 K_R 和 σ_R 对 $G(\omega,t)$ 的影响主要在峰值频率附近及更低频段，对高频段影响较小[58-60]。

2.2 船舶辐射噪声调制谱

2.2.1 船舶辐射噪声调制现象

如前所述，螺旋桨在非均匀的尾流中转动，其空化噪声会出现调制现象。当船舶辐射噪声主要是空化噪声时，从船舶辐射噪声的时间波形上就可以看到调制现象，如图 2-5 所示，可以看出噪声幅度随时间是起伏的。

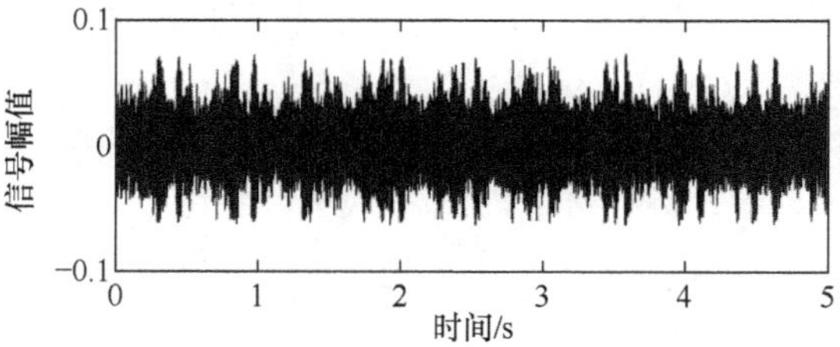

图 2-5 船舶辐射噪声信号由于调制而产生的幅度起伏

文献[61]从实验角度对船舶辐射噪声的调制进行了观察，观察到了如图 2-6 所示的调制“包”，并认为存在以下特点：各调制“包”具有基本相等的间隔，具有基本一致的形状，接近于余弦波或高斯形曲线，各个“包”的高度不等，具有一定的随机性，“包”具有成组结构，每组的个数和叶片频有关。

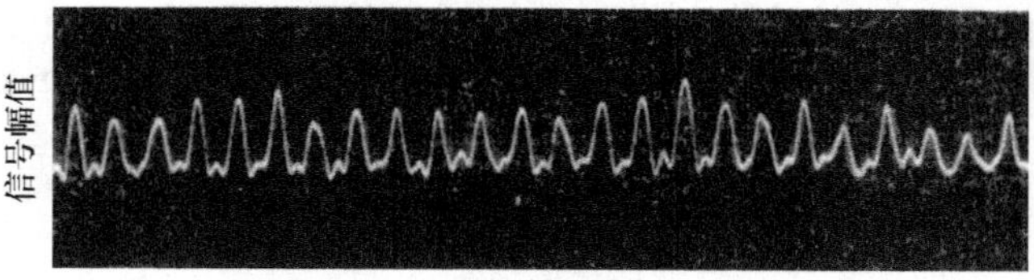

图 2-6 商船辐射噪声调制包络波形图

2.2.2　船舶辐射噪声调制谱结构

船舶辐射噪声解调处理过程如图 2-7 所示，包括带通滤波、检波(如平方检波或绝对值检波)、低通滤波、功率谱分析等。

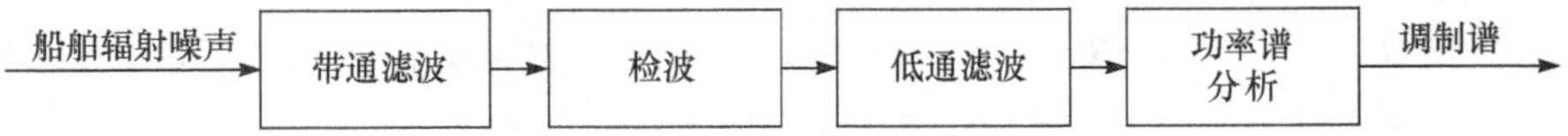

图 2-7　船舶辐射噪声解调处理流程图

通过上述处理获得的调制谱有两种表示方式，一种是一维图形表示方式，如图 2-8(a)所示，表示的是某一时刻各频率点对应的频谱强度；另一种是二维图形表示方式，如图 2-8(b)所示，即时—频图表示方式，表示的是连续时间段上各频率点对应的频谱强度，颜色越亮频谱强度越大。一维图形表示方式利于观察低信噪比情况下谱结构，二维图形表示方式主要用于观察调制谱随时间的变化情况。调制谱图中横坐标轴常用频率(Hz)或转速(转/分)来标注，1Hz 表示每秒钟螺旋桨轴旋转 1 周，对应 60 转/分。纵坐标为线谱幅度，通常用 dB 表示。

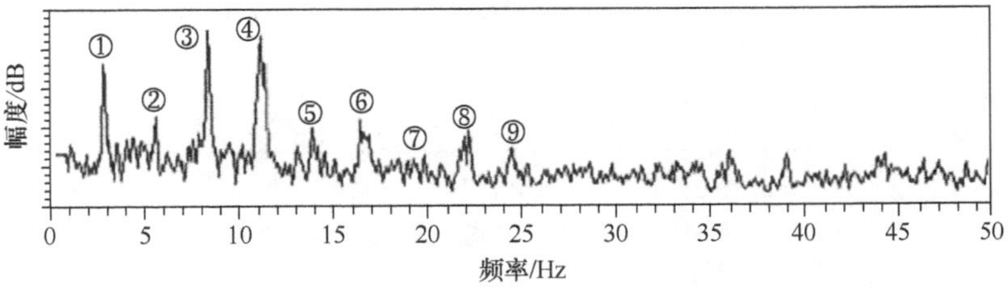

(a) 船舶辐射噪声调制谱一维图形表示

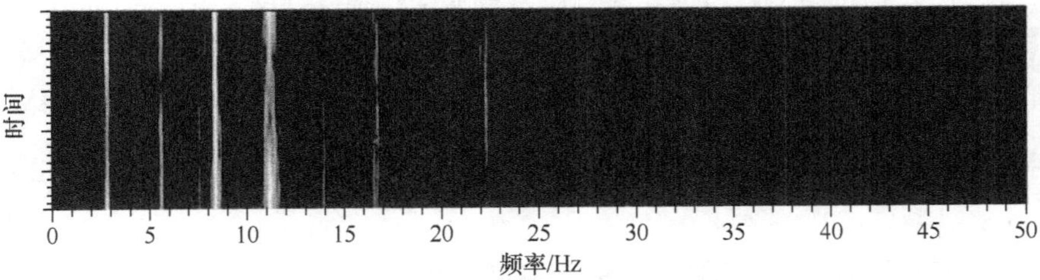

(b) 船舶辐射噪声调制谱二维图形表示

图 2-8　船舶辐射噪声调制谱图

①为轴；②～⑨为轴频 2～9 次谐波

船舶辐射噪声调制谱由连续谱和线谱组成，线谱通常具有如下结构特征。

(1) 稳定线谱的频率成倍数关系，为一组谐波。通常基频为螺旋桨的轴频。在图 2-8(a)中轴频 2.8Hz、5.6Hz、8.4Hz 等处均存在线谱，为谐波关系。基频为 2.8Hz，如图 2-8(a)中线谱①，对应于螺旋桨转速 168 转/分。

(2) 谐波簇中具有分组对应关系，每组线谱的数目和桨叶数有关。图中 1、2、

3、4 次谐波组成第一组，5、6、7、8 次谐波组成第二组(其中 7 次谐波很弱，难以观察到)。有些船舶具有更多谐波组数，可达 3 组或 4 组。

(3) 各谐波线谱宽度具有差异，部分谐波线谱宽度较宽。通常情况下，高阶谐波比低阶谐波线谱更宽。

(4) 各谐波线谱强度具有一定规律。通常每组谐波中阶次最高的叶频线谱强度最强，频率高的线谱谐波组强度要低于频率低的谐波组。

2.2.3　船舶辐射噪声调制谱数学模型

文献[61]根据图 2-6 的观察，把调制信号包络模型假定为成组结构、同样形状(高斯型脉冲)、相同重复周期而幅度随机的脉冲型随机过程。文献[56]探讨了螺旋桨空泡噪声指数衰减型随机脉冲系列的理论模型。文献[62]在文献[55]研究的基础上进一步研究了具有随机脉冲形状性质的数学模型。

文献[61]对于 4 叶螺旋桨船舶，给出了图 2-9 所示的调制包络脉冲序列模型图，并以此为基础建立了船舶辐射噪声调制谱数学模型。

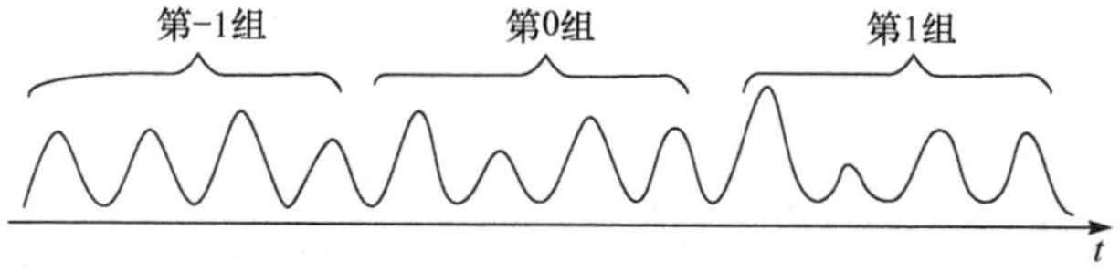

图 2-9　4 叶螺旋桨船舶辐射噪声调制包络脉冲序列示意图

对于 B 叶桨船舶，其辐射噪声时域信号中每 B 个脉冲构成一个循环，故将脉冲每 B 个划分为一组。假定螺旋桨轴频周期为 T，则脉冲重复周期为 T/B。目标为四叶桨时，每 4 个脉冲构成一组，脉冲重复周期为 $T/4$。

在时域信号中任选一个脉冲，编为第 0 组第 0 号，往前推三个脉冲，标号分别定为 1、2、3，这四个脉冲构成第 0 组脉冲。在第 0 组前后各取 N 组，共有 $(2N+1)$ 组脉冲。

将 $(2N+1)$ 组脉冲的第 k 次实现的傅里叶变换记作 $F_N^{(k)}(\omega)$。根据随机过程功率谱密度的基本定义，该随机过程的功率谱密度为

$$S(\omega)=E\{S_k(\omega)\}=E\left\{\lim_{N\to\infty}\frac{1}{(2N+1)T}\left|F_N^{(k)}(\omega)\right|^2\right\} \tag{2-11}$$

其中，$S_k(\omega)$ 为该随机过程第 k 次实现的功率谱，E 表示平均。

随机过程第 k 次实现的 $2N+1$ 组脉冲可以表示为

$$\sum_{n=-N}^{N}\left[a_{n0}^{(k)}u(t-nT)+a_{n1}^{(k)}u\left(t-\frac{T}{4}-nT\right)+a_{n2}^{(k)}u\left(t-\frac{T}{2}-nT\right)+a_{n3}^{(k)}u\left(t-\frac{3T}{4}-nT\right)\right] \tag{2-12}$$

式中，$u(t)$ 为脉冲波形表达式，$a_{ni}^{(k)}$ 表示第 k 次所取的脉冲序列中第 n 组第 i 号脉冲的幅度。将 $u(t)$ 的傅里叶谱记作 $g(\omega)$，则第 k 次脉冲序列的傅里叶谱为

$$F_N^{(k)}(\omega) = g(\omega)\sum_{n=-N}^{N}[(a_{n0}^{(k)} + a_{n1}^{(k)}\mathrm{e}^{-\mathrm{i}\omega(T/4)} + a_{n2}^{(k)}\mathrm{e}^{-\mathrm{i}\omega(T/2)} + a_{n3}^{(k)}\mathrm{e}^{-\mathrm{i}\omega(3T/4)})\mathrm{e}^{-\mathrm{i}\omega nT}] \quad (2\text{-}13)$$

对式(2-13)平方可得

$$\begin{aligned}
\left|F_N^{(k)}(\omega)\right|^2 &= |g(\omega)|^2\{\sum_{n=-N}^{N}(a_{n0}^{(k)} + a_{n1}^{(k)}\mathrm{e}^{-\mathrm{i}\omega(T/4)} + a_{n2}^{(k)}\mathrm{e}^{-\mathrm{i}\omega(T/2)} + a_{n3}^{(k)}\mathrm{e}^{-\mathrm{i}\omega(3T/4)})\mathrm{e}^{-\mathrm{i}\omega nT} \\
&\quad \times[\sum_{n=-N}^{N}(a_{n0}^{(k)} + a_{n1}^{(k)}\mathrm{e}^{-\mathrm{i}\omega(T/4)} + a_{n2}^{(k)}\mathrm{e}^{-\mathrm{i}\omega(T/2)} + a_{n3}^{(k)}\mathrm{e}^{-\mathrm{i}\omega(3T/4)})\mathrm{e}^{-\mathrm{i}\omega nT}]^*\} \\
&= |g(\omega)|^2\sum_{n=-N}^{N}\sum_{m=-N}^{N}[(a_{n0}^{(k)} + a_{n1}^{(k)}\mathrm{e}^{-\mathrm{i}\omega(T/4)} + a_{n2}^{(k)}\mathrm{e}^{-\mathrm{i}\omega(T/2)} + a_{n3}^{(k)}\mathrm{e}^{-\mathrm{i}\omega(3T/4)})\mathrm{e}^{-\mathrm{i}\omega nT} \\
&\quad \times(a_{m0}^{(k)} + a_{m1}^{(k)}\mathrm{e}^{\mathrm{i}\omega(T/4)} + a_{m2}^{(k)}\mathrm{e}^{\mathrm{i}\omega(T/2)} + a_{m3}^{(k)}\mathrm{e}^{\mathrm{i}\omega(3T/4)})\mathrm{e}^{\mathrm{i}\omega mT}] \qquad (2\text{-}14) \\
&= |g(\omega)|^2\sum_{n=-N}^{N}[(a_{n0}^{(k)} + a_{n1}^{(k)}\mathrm{e}^{-\mathrm{i}\omega(T/4)} + a_{n2}^{(k)}\mathrm{e}^{-\mathrm{i}\omega(T/2)} + a_{n3}^{(k)}\mathrm{e}^{-\mathrm{i}\omega(3T/4)}) \\
&\quad \times(a_{n0}^{(k)} + a_{n1}^{(k)}\mathrm{e}^{\mathrm{i}\omega(T/4)} + a_{n2}^{(k)}\mathrm{e}^{\mathrm{i}\omega(T/2)} + a_{n3}^{(k)}\mathrm{e}^{\mathrm{i}\omega(3T/4)})] \\
&\quad + |g(\omega)|^2\sum_{n=-N}^{N}\sum_{\substack{m=-N\\ n\neq m}}^{N}[(a_{n0}^{(k)} + a_{n1}^{(k)}\mathrm{e}^{-\mathrm{i}\omega(T/4)} + a_{n2}^{(k)}\mathrm{e}^{-\mathrm{i}\omega(T/2)} + a_{n3}^{(k)}\mathrm{e}^{-\mathrm{i}\omega(3T/4)}) \\
&\quad \times(a_{m0}^{(k)} + a_{m1}^{(k)}\mathrm{e}^{\mathrm{i}\omega(T/4)} + a_{m2}^{(k)}\mathrm{e}^{\mathrm{i}\omega(T/2)} + a_{m3}^{(k)}\mathrm{e}^{\mathrm{i}\omega(3T/4)})\mathrm{e}^{-\mathrm{i}\omega(n-m)T}]
\end{aligned}$$

又

$$\sum_{n=-N}^{N}\sum_{\substack{m=-N\\ n\neq m}}^{N}\mathrm{e}^{-\mathrm{i}\omega(n-m)T} = 2\sum_{p=1}^{2N}(2N+1-p)\cos\omega pT \qquad (2\text{-}15)$$

$$\begin{aligned}
&(a_{n0}^{(k)} + a_{n1}^{(k)}\mathrm{e}^{-\mathrm{i}\omega(T/4)} + a_{n2}^{(k)}\mathrm{e}^{-\mathrm{i}\omega(T/2)} + a_{n3}^{(k)}\mathrm{e}^{-\mathrm{i}\omega(3T/4)}) \\
&\times(a_{n0}^{(k)} + a_{n1}^{(k)}\mathrm{e}^{\mathrm{i}\omega(T/4)} + a_{n2}^{(k)}\mathrm{e}^{\mathrm{i}\omega(T/2)} + a_{n3}^{(k)}\mathrm{e}^{\mathrm{i}\omega(3T/4)}) \\
&= (a_{n0}^{(k)}\cdot a_{n0}^{(k)} + a_{n1}^{(k)}\cdot a_{n1}^{(k)} + a_{n2}^{(k)}\cdot a_{n2}^{(k)} + a_{n3}^{(k)}\cdot a_{n3}^{(k)}) \qquad (2\text{-}16) \\
&\quad + (a_{n0}^{(k)}\cdot a_{n2}^{(k)} + a_{n1}^{(k)}\cdot a_{n3}^{(k)})\cdot 2\mathrm{e}^{\mathrm{i}\omega(T/2)} \\
&\quad + (a_{n0}^{(k)}\cdot a_{n1}^{(k)} + a_{n1}^{(k)}\cdot a_{n2}^{(k)} + a_{n2}^{(k)}\cdot a_{n3}^{(k)} + a_{n3}^{(k)}\cdot a_{n0}^{(k)})\cdot(\mathrm{e}^{\mathrm{i}\omega(T/4)} + \mathrm{e}^{\mathrm{i}\omega(3T/4)})
\end{aligned}$$

$$\begin{aligned}
&(a_{n0}^{(k)} + a_{n1}^{(k)}\mathrm{e}^{-\mathrm{i}\omega(T/4)} + a_{n2}^{(k)}\mathrm{e}^{-\mathrm{i}\omega(T/2)} + a_{n3}^{(k)}\mathrm{e}^{-\mathrm{i}\omega(3T/4)}) \\
&\times(a_{m0}^{(k)} + a_{m1}^{(k)}\mathrm{e}^{\mathrm{i}\omega(T/4)} + a_{m2}^{(k)}\mathrm{e}^{\mathrm{i}\omega(T/2)} + a_{m3}^{(k)}\mathrm{e}^{\mathrm{i}\omega(3T/4)}) \\
&= (a_{n0}^{(k)}\cdot a_{m0}^{(k)} + a_{n1}^{(k)}\cdot a_{m1}^{(k)} + a_{n2}^{(k)}\cdot a_{m2}^{(k)} + a_{n3}^{(k)}\cdot a_{m3}^{(k)})
\end{aligned}$$

$$+(a_{n0}^{(k)}\cdot a_{m2}^{(k)}+a_{n1}^{(k)}\cdot a_{m3}^{(k)}+a_{m0}^{(k)}\cdot a_{n2}^{(k)}+a_{m1}^{(k)}\cdot a_{n3}^{(k)})\mathrm{e}^{\mathrm{i}\omega(T/2)}$$
$$+(a_{n0}^{(k)}\cdot a_{m1}^{(k)}+a_{n1}^{(k)}\cdot a_{m2}^{(k)}+a_{n2}^{(k)}\cdot a_{m3}^{(k)}+a_{n3}^{(k)}\cdot a_{m0}^{(k)})\mathrm{e}^{\mathrm{i}\omega(T/4)} \tag{2-17}$$
$$+(a_{m0}^{(k)}\cdot a_{n1}^{(k)}+a_{m1}^{(k)}\cdot a_{n2}^{(k)}+a_{m2}^{(k)}\cdot a_{n3}^{(k)}+a_{m3}^{(k)}\cdot a_{n0}^{(k)})\mathrm{e}^{\mathrm{i}\omega(3T/4)}$$

根据式(2-15)～式(2-17)，有

$$\begin{aligned}
&E\left\{\left|F_N^{(k)}(\omega)\right|^2\right\}\\
&=|g(\omega)|^2\cdot(2N+1)\cdot[(\overline{a_0^2}+\overline{a_1^2}+\overline{a_2^2}+\overline{a_3^2})\\
&\quad+(\overline{a}_0\cdot\overline{a}_2+\overline{a}_1\cdot\overline{a}_3)\cdot 2\mathrm{e}^{\mathrm{i}\omega(T/2)}+(\overline{a}_0\cdot\overline{a}_1+\overline{a}_1\cdot\overline{a}_2+\overline{a}_2\cdot\overline{a}_3+\overline{a}_3\cdot\overline{a}_0)\\
&\quad\times(\mathrm{e}^{\mathrm{i}\omega(T/4)}+\mathrm{e}^{\mathrm{i}\omega(3T/4)})]+|g(\omega)|^2\cdot 2\sum_{p=1}^{2N}(2N+1-p)\cos\omega pT\\
&\quad\times[(\overline{a}_0{}^2+\overline{a}_1{}^2+\overline{a}_2{}^2+\overline{a}_3{}^2)+(\overline{a}_0\cdot\overline{a}_2+\overline{a}_1\cdot\overline{a}_3)\cdot 2\mathrm{e}^{\mathrm{i}\omega(T/2)}\\
&\quad+(\overline{a}_0\cdot\overline{a}_1+\overline{a}_1\cdot\overline{a}_2+\overline{a}_2\cdot\overline{a}_3+\overline{a}_3\cdot\overline{a}_0)\cdot(\mathrm{e}^{\mathrm{i}\omega(T/4)}+\mathrm{e}^{\mathrm{i}\omega(3T/4)})]
\end{aligned} \tag{2-18}$$

令

$$U_1=\overline{a_0^2}+\overline{a_1^2}+\overline{a_2^2}+\overline{a_3^2}$$
$$U_2=\overline{a}_0^2+\overline{a}_1^2+\overline{a}_2^2+\overline{a}_3^2$$
$$U_3=\overline{a}_0\cdot\overline{a}_2+\overline{a}_1\cdot\overline{a}_3$$
$$U_4=\overline{a}_0\cdot\overline{a}_1+\overline{a}_1\cdot\overline{a}_2+\overline{a}_2\cdot\overline{a}_3+\overline{a}_3\cdot\overline{a}_0$$

式(2-18)可以简化为

$$\begin{aligned}
&E\left\{\left|F_N^{(k)}(\omega)\right|^2\right\}\\
&=|g(\omega)|^2\{(2N+1)\cdot[U_1+U_3\cdot 2\mathrm{e}^{\mathrm{i}\omega(T/2)}+U_4\cdot(\mathrm{e}^{\mathrm{i}\omega(T/4)}+\mathrm{e}^{\mathrm{i}\omega(3T/4)})]\\
&\quad+2\sum_{p=1}^{2N}(2N+1-p)\cos\omega pT\cdot[U_2+U_3\cdot 2\mathrm{e}^{\mathrm{i}\omega(T/2)}+U_4\cdot(\mathrm{e}^{\mathrm{i}\omega(T/4)}+\mathrm{e}^{\mathrm{i}\omega(3T/4)})]\}\\
&=|g(\omega)|^2\{(2N+1)\cdot(U_1-U_2)\\
&\quad+\sum_{p=-2N}^{2N}(2N+1-|p|)\cos\omega pT\cdot[U_2+U_3\cdot 2\mathrm{e}^{\mathrm{i}\omega(T/2)}+U_4\cdot(\mathrm{e}^{\mathrm{i}\omega(T/4)}+\mathrm{e}^{\mathrm{i}\omega(3T/4)})]\}
\end{aligned} \tag{2-19}$$

将式(2-19)代入式(2-11)可得

$$\begin{aligned}
S(\omega)&=E\left\{\lim_{N\to\infty}\frac{1}{(2N+1)T}\left|F_N^{(k)}(\omega)\right|^2\right\}\\
&=\frac{|g(\omega)|^2}{T}\{(U_1-U_2)
\end{aligned}$$

$$+\frac{4\pi}{T}\sum_{p=-2N}^{2N}\delta\left(\omega-\frac{2n\pi}{T}\right)\cdot[U_2+U_3\cdot 2\mathrm{e}^{\mathrm{i}\omega(T/2)}+U_4\cdot(\mathrm{e}^{\mathrm{i}\omega(T/4)}+\mathrm{e}^{\mathrm{i}\omega(3T/4)})]\} \quad (2\text{-}20)$$

式中，第一项代表连续谱，第二项代表一系列线谱，且第二项只在 $\omega=2n\pi/T$ 时不为零，此时有

$$2\mathrm{e}^{\mathrm{i}\omega(T/2)}=\mathrm{e}^{\mathrm{i}\omega(T/2)}+\mathrm{e}^{-\mathrm{i}\omega(T/2)}=2\cos\omega(T/2) \quad (2\text{-}21)$$

$$\mathrm{e}^{\mathrm{i}\omega(T/4)}+\mathrm{e}^{\mathrm{i}\omega(3T/4)}=\mathrm{e}^{\mathrm{i}\omega(T/4)}+\mathrm{e}^{-\mathrm{i}\omega(T/4)}=2\cos\omega(T/4) \quad (2\text{-}22)$$

将式(2-21)和式(2-22)代入式(2-20)可得

$$\begin{aligned}S(\omega)&=E\left\{\lim_{N\to\infty}\frac{1}{(2N+1)T}\left|F_N^{(k)}(\omega)\right|^2\right\}\\&=\frac{|g(\omega)|^2}{T}\{(U_1-U_2)\\&+\frac{4\pi}{T}\sum_{p=-2N}^{2N}\delta\left(\omega-\frac{2n\pi}{T}\right)[U_2+U_3\cdot 2\cos\omega(T/2)+U_4\cdot\cos\omega(T/4)]\}\end{aligned} \quad (2\text{-}23)$$

文献[61]中假定单个脉冲波形为高斯模型，则 $u(t)$ 可以表示为

$$u_a(t)=au(t)=a\frac{1}{\sqrt{2\pi}}\mathrm{e}^{-t^2/2\sigma^2} \quad (2\text{-}24)$$

其中，σ 是影响脉冲宽度的参数，$\sigma=T/(BD)$。此处，D 取为 6。对于四叶螺旋桨、转速为 60 转/分的船舶，式(2-23)的仿真结果如图 2-10 所示。

从图 2-10 可以看出，调制线谱叠加在连续谱之上，连续谱随频率升高呈下降趋势，调制线谱具有成组结构，4 个脉冲为一组，每组线谱幅度相等。显然，结果与实际船舶辐射噪声调制谱的结构具有差异，突出表现在每组线谱幅度相等，而实际船舶辐射噪声的调制谱是随组数的增加线谱迅速衰减的。

根据以上问题，考虑将单个脉冲波形 $u(t)$ 假设为余弦波形，脉冲宽度设置为等于或略小于 T/B，其他仿真参数相同，式(2-23)的仿真结果如图 2-11 所示。

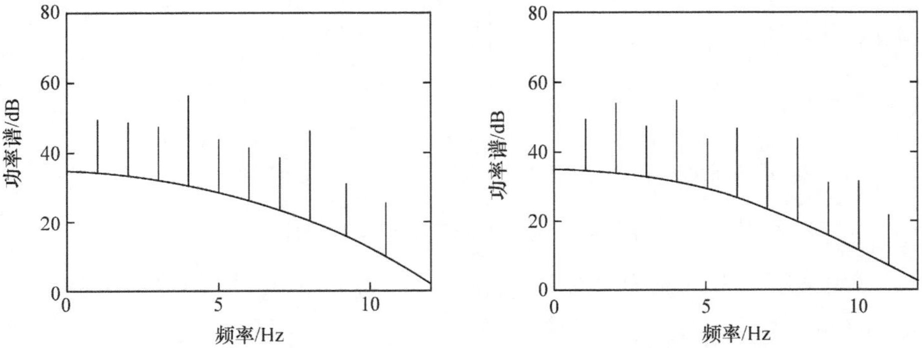

(a) ($\bar{a}_0$=1, $\bar{a}_1$=0.5, $\bar{a}_2$=0.5, $\bar{a}_3$=0.5)　　(b) ($\bar{a}_0$=1, $\bar{a}_1$=0.2, $\bar{a}_2$=0.5, $\bar{a}_3$=0.2)

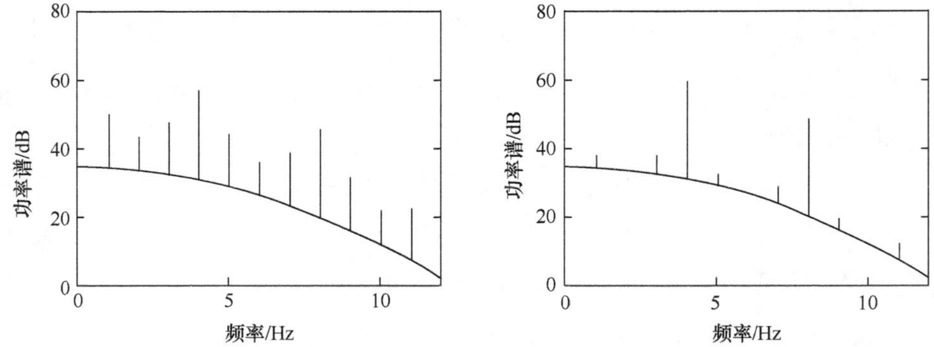

(c) ($\bar{a}_0$=1, $\bar{a}_1$=0.8, $\bar{a}_2$=0.5, $\bar{a}_3$=0.5)　　(d) ($\bar{a}_0$=1, $\bar{a}_1$=1, $\bar{a}_2$=1, $\bar{a}_3$=1)

图 2-10　高斯脉冲模型调制谱仿真

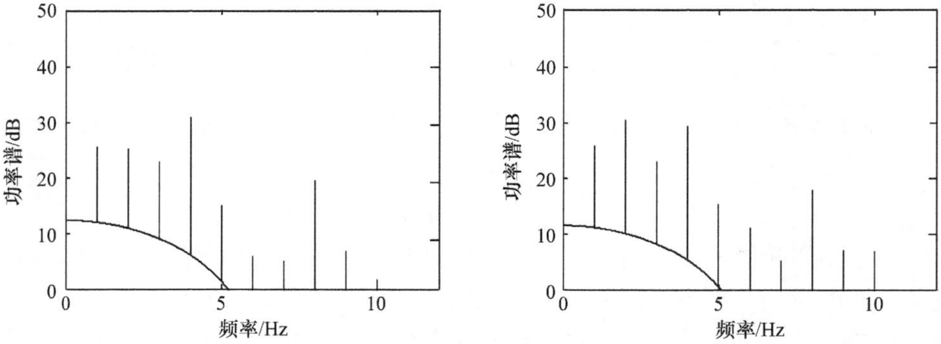

(a) ($\bar{a}_0$=1, $\bar{a}_1$=0.5, $\bar{a}_2$=0.5, $\bar{a}_3$=0.5)　　(b) ($\bar{a}_0$=1, $\bar{a}_1$=0.2, $\bar{a}_2$=0.5, $\bar{a}_3$=0.2)

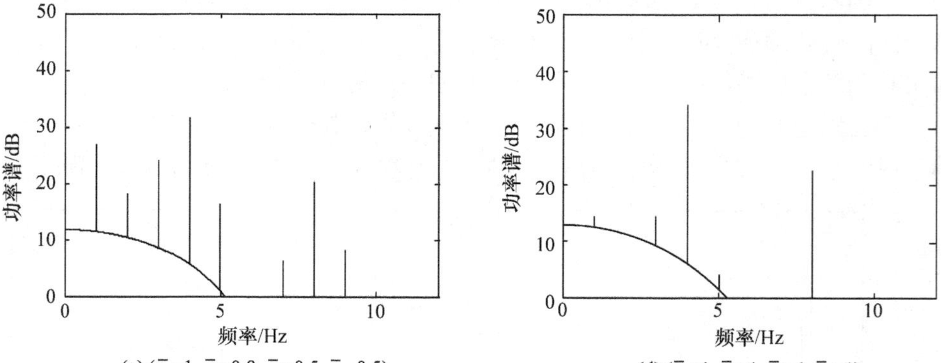

(c) ($\bar{a}_0$=1, $\bar{a}_1$=0.8, $\bar{a}_2$=0.5, $\bar{a}_3$=0.5)　　(d) ($\bar{a}_0$=1, $\bar{a}_1$=1, $\bar{a}_2$=1, $\bar{a}_3$=1)

图 2-11　余弦脉冲模型调制谱仿真

从图中可以看出，调制线谱随着组数的增加，幅度是衰减的，与实际情况更吻合。

为了验证以上假设与实际的吻合程度，仿真了四叶桨、转速 300 转/分，单个脉冲形状为高斯波形和余弦波形的情况。其中，脉冲重复周期均为 0.05s，组内四个脉冲的幅值均服从分布：$a_0 \sim N(1,1)$，$a_1 \sim N(2,1)$，$a_2 \sim N(3,1)$，$a_3 \sim N(4,1)$；余弦型脉冲宽度 0.05s，高斯型脉冲参数$\sigma = 0.001$；为了表示实际中的噪声情况，添加了一定强度的高斯白噪声$n(t) \sim N(1,1)$，仿真结果见图 2-12、图 2-13 所示。从图中可以看出，余弦波形仿真调制谱更接近实际的船舶辐射噪声调制谱，表明把单个脉冲假定为余弦波形和实际情况更吻合。另外，从研究中发现，如果选择合适参数的高斯脉冲波形，使其与余弦波波形相似度较高，则单个脉冲为高斯波形的模型所获得的调制谱也和实际情况比较吻合。

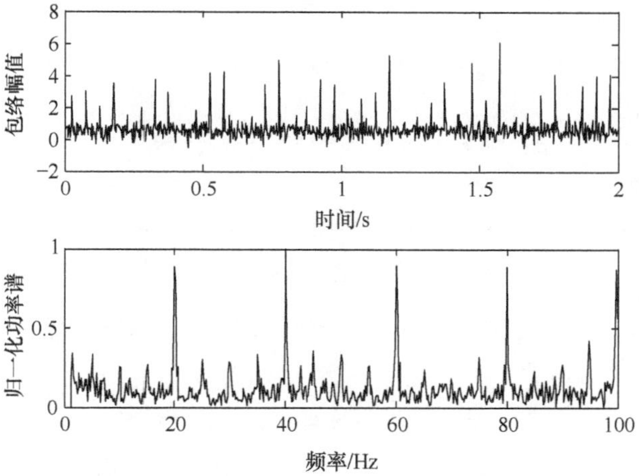

图 2-12　高斯波形模型计算的船舶辐射噪声包络和调制谱

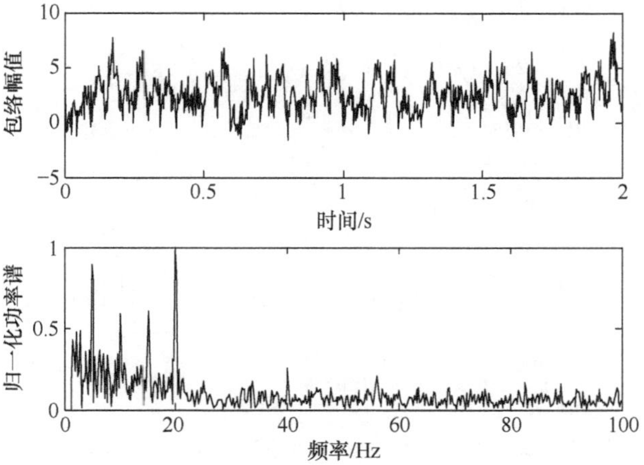

图 2-13　余弦波形模型计算的船舶辐射噪声包络和调制谱

2.3 船舶辐射噪声解调基本方法

对船舶辐射噪声作解调处理获得调制谱是水声目标识别特征提取的重要手段。船舶辐射噪声的解调可以采用绝对值低通解调、平方低通解调、希尔伯特变换等方法，三种方法的不同在于非线性运算方式的不同，解调性能也略有差异[63-65]。

2.3.1 绝对值低通解调

绝对值低通解调是船舶辐射噪声解调常用的方法之一，绝对值低通解调处理框图如图 2-14 所示。

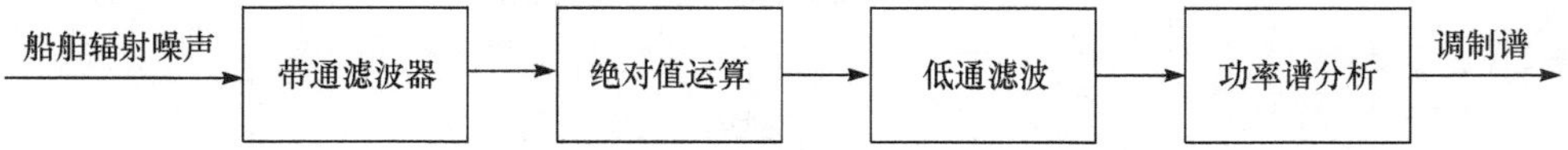

图 2-14　绝对值低通解调处理框图

为了分析这种解调方法的性能，考虑载波为单频信号情况，载波为单频的调制信号可以写为

$$x(t)=A(1+m\sin\Omega t)\cdot\cos\omega t \tag{2-25}$$

式中，A 为信号的幅值；m 为调制度，满足：$0< m <1$；ω 为载波频率；Ω 为调制频率。

根据绝对值低通解调处理数学模型，对输入信号 $x(t)$ 取绝对值，得

$$\begin{aligned}|x(t)| &= A(1+m\sin\Omega t)\cdot|\cos\omega t| \\ &= A(1+m\sin\Omega t)\frac{4}{\pi}\left(\frac{1}{2}+\frac{1}{1\cdot 3}\cos 2\omega t-\frac{1}{3\cdot 5}\cos 4\omega t\right. \\ &\quad \left.+\frac{1}{5\cdot 7}\cos 6\omega t+\cdots\right) \\ &= \frac{2A}{\pi}+\frac{2A}{\pi}\cdot m\cdot\sin\Omega t+\frac{4A}{3\pi}\cos 2\omega t+\frac{2mA}{3\pi}\sin(2\omega+\Omega)t \\ &\quad -\frac{2mA}{3\pi}\sin(2\omega-\Omega)t+\cdots\end{aligned} \tag{2-26}$$

由式(2-26)可以看出，在 $|x(t)|$ 中含有直流以及与调制度相关的调制频率谐波成分及其他高次谐波成分。由于 $\omega\gg\Omega$，采用低通滤波的方式，可得到调制频率成分

$$|x(t)|_{\mathrm{LF}=F_{\mathrm{lpf}}}=\frac{2A}{\pi}+\frac{2A}{\pi}\cdot m\cdot\sin\Omega t \tag{2-27}$$

其中，低通滤波的截止频率 F_{lpf} 满足

$$\Omega < F_{\text{lpf}} < 2\omega - \Omega \tag{2-28}$$

当载波为宽带噪声信号时，ω 覆盖了一个频段，其中较低的 ω 频率会成为 Ω 频率成分的干扰，故需在取绝对值之前加高通滤波器滤除低频成分(处理框图中采用带通是兼顾信号高端频带的选取)，要求高通滤波器的截止频率满足 $F_{\text{hpf1}} > \Omega$，以滤除低频载波对调制频率成分的干扰。

2.3.2　平方低通解调

平方低通解调也是常用的一种船舶辐射噪声解调算法，这种处理方法中的非线性运算是对输入信号做平方运算，其处理框图如图 2-15 所示。

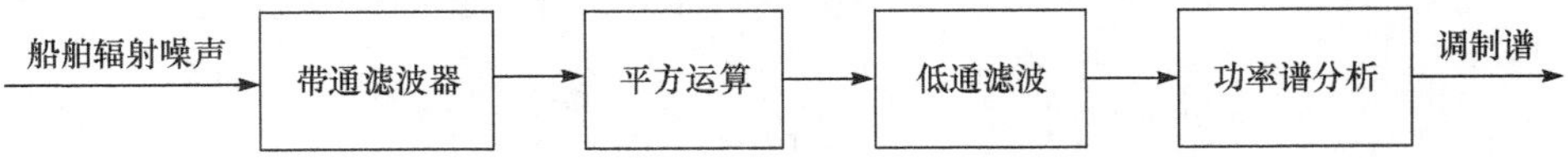

图 2-15　平方低通解调处理框图

调制信号表示同式(2-25)，根据平方低通解调处理模型，对输入信号 $x(t)$ 取平方，得

$$\begin{aligned}
x^2(t) &= A^2(1+m\sin\Omega t)^2\cdot\cos^2\omega t\\
&= A^2\cdot\cos^2\omega t + 2mA^2\sin\Omega t\cdot\cos^2\omega t + m^2A^2\sin^2\Omega t\cdot\cos^2\omega t\\
&= \frac{A^2}{2}+\frac{A^2}{2}\cos 2\omega t + mA^2\cdot\sin\Omega t + \frac{mA^2}{2}\sin(2\omega+\Omega)t\\
&\quad -\frac{mA^2}{2}\sin(2\omega-\Omega)t + \frac{m^2A^2}{4} + \frac{m^2A^2}{4}\cos 2\omega t - \frac{m^2A^2}{4}\cos 2\Omega t\\
&\quad -\frac{m^2A^2}{8}\cos(2\omega+\Omega)t - \frac{m^2A^2}{8}\cos(2\omega-\Omega)t
\end{aligned} \tag{2-29}$$

从式(2-29)可以看出，在 $x^2(t)$ 中含有直流成分及与调制度相关的调制频率谐波成分及其他高次谐波成分。同理，采用低通滤波的方式，也可以得到调制频率成分

$$x^2(t)\Big|_{\text{LF}=F_{\text{lpf}}} = \frac{A^2}{2}+\frac{m^2A^2}{4}+mA^2\cdot\sin\Omega t - \frac{m^2A^2}{4}\cos 2\Omega t \tag{2-30}$$

其中，低通滤波的截止频率 F_{lpf} 满足下述关系

$$2\Omega < F_{\text{lpf}} < 2\omega - \Omega \tag{2-31}$$

从式(2-30)可以看出，通过低通处理，可以获得调制频率的一次谐波和二次谐波分量。由于船舶噪声由多个频率分量组成，因此平方解调方法可以增加谐波的

功率，从而提高调制谱线谱强度。

由于宽带噪声信号 ω 覆盖了一个频段，故在取平方前应先做高通处理，要求高通滤波器的截止频率 F_{hpf1} 应满足 $F_{\text{hpf1}} > 2\Omega$，以滤除低频载波对调制频率成分的干扰。

2.3.3 希尔伯特变换解调方法

希尔伯特(Hilbert)变换解调又称正交相干解调，它是信号分析中的重要工具，也是信号包络解调的常用方法[65,66]。对于一个实因果信号，它的傅里叶(Fourier)变换的实部与虚部、幅频响应及相频响应之间存在着 Hilbert 变换关系。利用 Hilbert 变换可以构造出相应的解析信号，使其仅含正频率成分，从而降低信号的抽样率。

定义 2.1 设 $x(t)$ 是一连续时间信号，其希尔伯特变换 $\hat{x}(t)$ 定义为

$$\hat{x}(t) = \frac{1}{\pi}\int_{-\infty}^{\infty}\frac{x(\tau)}{t-\tau}\mathrm{d}\tau = \frac{1}{\pi}\int_{-\infty}^{\infty}\frac{x(t-\tau)}{\tau}\mathrm{d}\tau = \frac{1}{\pi t}x(t) \tag{2-32}$$

$\hat{x}(t)$ 可以看成是 $x(t)$ 通过滤波器的输出，该滤波器的单位冲击响应是 $h(t) = \dfrac{1}{\pi t}$，由 Fourier 变换的理论可知，$h(t)$ 的 Fourier 变换是符号函数 $\text{sgn}(\Omega)$，因此 Hilbert 变换器的频率响应

$$H(\mathrm{j}\Omega) = -\mathrm{j}\,\text{sgn}(\Omega) = \begin{cases} -\mathrm{j} & \Omega > 0 \\ \mathrm{j} & \Omega < 0 \end{cases} \tag{2-33}$$

若记 $H(\mathrm{j}\Omega) = |H(\mathrm{j}\Omega)|\mathrm{e}^{\mathrm{j}\psi(\Omega)}$，则 $|H(\mathrm{j}\Omega)| = 1$。其中

$$\psi(\Omega) = \begin{cases} -\dfrac{\pi}{2} & \Omega > 0 \\ \dfrac{\pi}{2} & \Omega < 0 \end{cases} \tag{2-34}$$

可见，Hilbert 变换是幅频特性为 1 的全通滤波器，信号 $x(t)$ 通过希尔伯特变换后，其负频率成分作+90°的相移，而正频率成分作−90°的相移。

定义 2.2 设 $\hat{x}(t)$ 为 $x(t)$ 的希尔伯特变换，则定义 $z(t) = x(t) + \mathrm{j}\hat{x}(t)$ 为信号 $x(t)$ 的解析信号。对 $z(t)$ 表达式两边作 Fourier 变换得

$$Z(\mathrm{j}\Omega) = X(\mathrm{j}\Omega) + \mathrm{j}X(\mathrm{j}\Omega) = X(\mathrm{j}\Omega) + \mathrm{j}H(\mathrm{j}\Omega)X(\mathrm{j}\Omega) \tag{2-35}$$

由此可得到

$$Z(\mathrm{j}\Omega) = \begin{cases} 2X(\mathrm{j}\Omega) & \Omega \geqslant 0 \\ 0 & \Omega < 0 \end{cases} \tag{2-36}$$

从式(2-36)可以看出，由希尔伯特变换构成的解析信号，只含有正频率成分，

且是原信号正频率分量的 2 倍。由此可以看出，信号 $x(t)$ 通过希尔伯特变换器后，其频谱的幅度不发生改变，引起频谱变化的只是其相位。所以说希尔伯特是一个全通滤波器。

对于式(2-25)所表示的单频载波的调制信号模型，对其进行 Hilbert 变换，获得 $\hat{x}(t)$

$$\hat{x}(t)=A(1+m\sin\Omega t)\cdot\sin\omega t \tag{2-37}$$

两者构成的解析函数式为

$$z(t)=x(t)+\mathrm{j}\hat{x}(t) \tag{2-38}$$

由此可得信号的包络为

$$\left|z(t)\right|=\sqrt{x^2(t)+\hat{x}^2(t)}=A(1+m\sin\Omega t) \tag{2-39}$$

因此可以看出，单载频信号可以通过 Hilbert 变换构成解析信号的方法求出其包络。

Hilbert 变换方法解调方法的处理框图如图 2-16 所示。

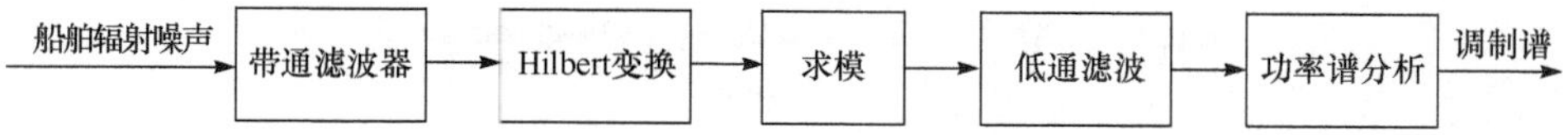

图 2-16　Hilbert 变换方法解调处理框图

2.3.4　不同解调方法性能比较

下面分别使用仿真信号和实际船舶辐射噪声信号进行解调处理获得解调谱，以比较上述三种方法的解调效果。仿真信号波形为

$$x(t)=\left(1+\sum_{k=1}^{K}m_k\cos k\Omega t\right)\cdot\sum_{n=N_L}^{N_H}A_n\cos(2\pi nf_0t+\varphi_n) \tag{2-40}$$

仿真参数为：采样频率 20KHz，信号时长 $T=5s$，载波频带 1000～2000Hz。其中，调制频率 Ω=5Hz；调制频率具有 K 阶谐波，在此取 $K=4$； m_k 是对应调制频率的调制度，满足 $0<m_k<1$，在此取 $m_1=m_2=m_3=m_4$； A_n 为各载波的幅值参数， φ_n 为各载波的初始相位； f_0 取为 $1/T$， $N_L=\mathrm{ceil}(1000/f_0)$， $N_H=\mathrm{floor}(2000/f_0)$。

图 2-17 为仿真信号三种处理方法的解调结果。从图中可以看出，平方解调算法使得调制谱产生了失真。失真体现在两个方面：一是调制线谱的幅度产生了变化，原本相等幅度的线谱变为随频率升高幅度逐渐减弱；二是在 25Hz、30Hz、35Hz 处增加了新的谐波。绝对值解调和希尔伯特变换解调性能基本一致，几乎无失真的还原了调制谱波形。图 2-18、图 2-19 给出了两船舶实际辐射噪声的三种方法解调结果，结论和仿真信号一致。

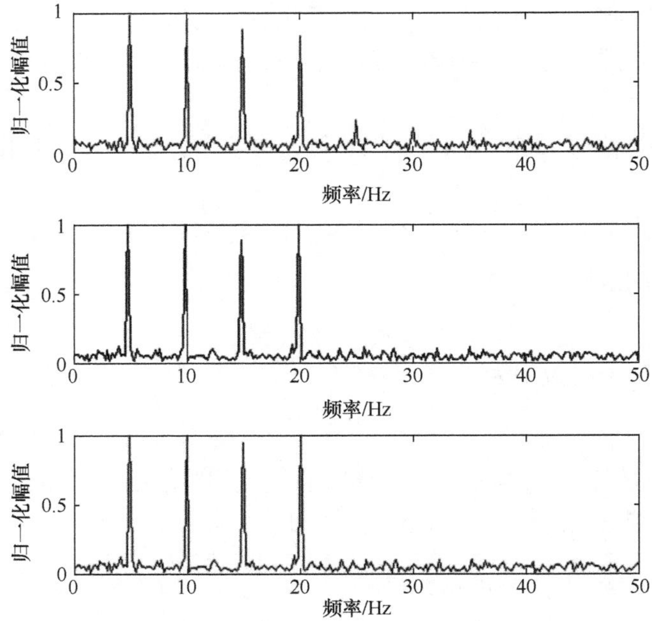

图 2-17　仿真信号三种解调方法比较

(上：平方低通解调；中：绝对值低通解调；下：希尔伯特变换解调)

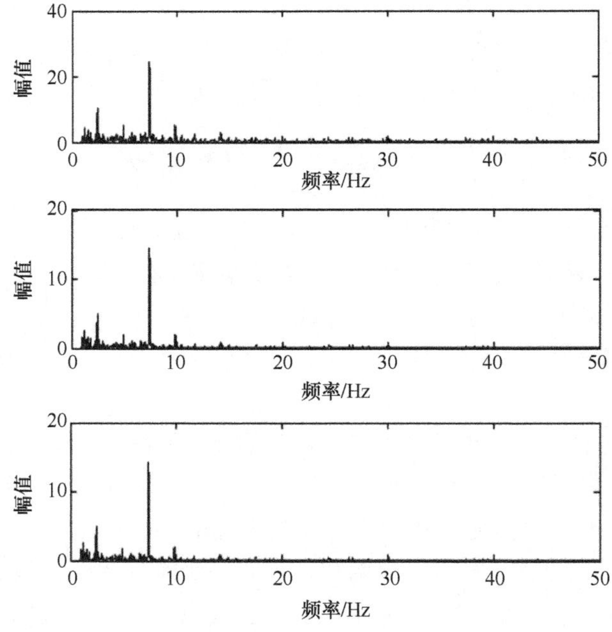

图 2-18　某实际船舶辐射噪声信号三种解调方法比较

(上：平方低通解调；中：绝对值低通解调；下：希尔伯特变换解调)

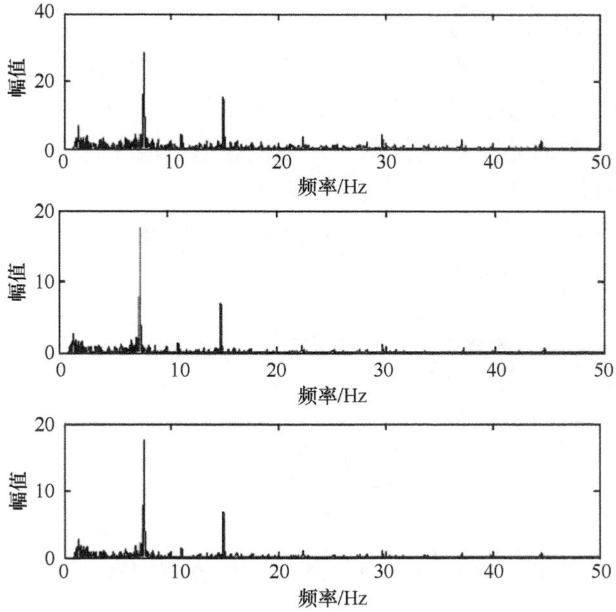

图 2-19　某实际船舶辐射噪声信号三种解调方法比较
(上：平方低通解调；中：绝对值低通解调；下：希尔伯特变换解调)

图 2-18 所示目标为 3 叶螺旋桨，轴频 2.5Hz，可以看出平方解调算法得到调制谱轴频以及 4 倍轴频谐波和 2 阶叶频谐波与绝对值解调和希尔伯特变换解调算法获得的调制谱的具有一定差异。图 2-19 目标轴频 7.5Hz，平方解调算法除轴频 2 倍频略高于其他两种算法外，3、4、5、6 阶轴频也微弱可见，产生的高阶谐波明显。因此，从保真获得调制谱来说，平方解调算法不是被推荐的算法，但从轴频谐波检测来说，平方解调算法则具有优势。

2.4　船舶辐射噪声调制谱连续谱平滑技术

船舶辐射噪声调制谱线谱叠加在连续谱之上。为了分解出线谱，首先获得连续谱，调制谱减去连续谱部分获得调制谱的线谱成分。调制谱的连续谱有时也被当作线谱的背景噪声看待。连续谱的计算通常使用平滑方法，常用方法有自适应 Gauss 平滑算法、双通分离窗算法、排序截短平均算法等。在此，在介绍以上算法的基础上，给出了每种算法的仿真结果供读者参考。

2.4.1　自适应高斯平滑算法

自适应高斯平滑滤波算法(adaptive Gaussian smoothing algorithm)在计算机视觉与模式识别以及数字图像处理中应用广泛，是一种对信号局部突变有自适应性的迭代算法[67]，其特点如下。

(1) 算法是自适应的，所采用的滤波器权值随着信号的变化而变化。

(2) 滤波器算法通过迭代实现，直到满意为止。

(3) 滤波器系数由信号梯度信息决定，根据信号的变化率自适应的调整滤波器系数，这样可以自动的确定平滑点和增强点。

设谱图信号为 $x^{(0)}(i)$，第 $k+1$ 次迭代平滑后的信号为 $x^{(k+1)}(i)$，则高斯平滑滤波过程可表示为如下的公式

$$x^{(k+1)}(i)=\frac{1}{N}\sum_{j=-l}^{l}x^{(k)}(i+j)w^{(k)}(i+j) \tag{2-41}$$

其中

$$N=\sum_{j=-l}^{l}w^{(k)}(i+j) \tag{2-42}$$

如果对于任何 k 和 x， $w^{(k)}(i)=1$，这种平滑将对信号任何地方都进行均匀平滑(包括突变点)。

为了保持好的平滑效果，这里的权系数 $w^{(k)}(i)$ 要根据信号的改变情况重新进行选取。度量信号的局部改变程度的数学参量是它的导数。记 $d^{(k)}(i)$ 为第 k 次迭代平滑在 i 点处的导数。导数幅值大的点是奇异性较强的点，希望予以保留，此时对应权值 $w^{(k)}(i)$ 应较小；而导数幅值较小的点则是缓变点，令这些点处对应的权系数稍大一些。通过迭代，可取得所要求的结果。所以，选取 $f(x)$ 为单调递减函数，即 $f(0)=1$，随着 x 的递增， $f(x)\to 0$。则取权系数为

$$w^{(k)}(i)=f(d^{(k)}(i)) \tag{2-43}$$

若选 $f(x)$ 为 Gauss 函数，则权系数可以表示为

$$w^{(k)}(i)=f(x'^{(k)}(i))=\exp\left(-\frac{\left|x'^{(k)}(i)\right|^2}{2c^2}\right) \tag{2-44}$$

其中，c 为尺度函数，它是一个控制平滑程度的参数；$x'^{(k)}(i)=x^{(k)}(i)-x^{(k)}(i-1)$。

平滑过程中权值是根据信号在不同点处的变化情况自动选取的，因此称为自适应高斯平滑滤波。图 2-20 中粗实线表示了自适应高斯平滑算法对实际船舶辐射噪声调制谱处理获得的连续谱估计(算法参数为： $c=5$ ， $k=5$ ， $l=10$)，图 2-21 为该图的局部放大。

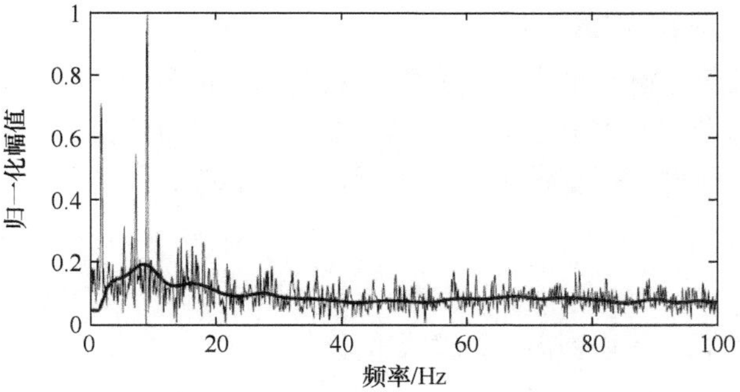

图 2-20　实际船舶辐射噪声调制谱自适应高斯平滑法连续谱估计

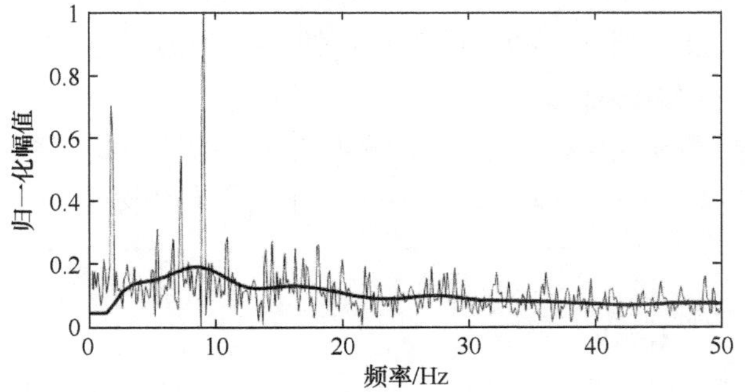

图 2-21　实际船舶辐射噪声调制谱自适应高斯平滑法连续谱估计局部放大图

2.4.2　双通分离窗算法

双通分离窗算法(two-pass split-window algorithm)是一种利用滑动窗估计噪声均值的方法[68,69]。背景噪声趋势项的计算其实是对一个局部区域计算均值。这个局部区域可以理解为是一个窗，它以点 k 为中心，可以用下面的式子来表示

$$R_k=\begin{cases}\{k-M,\cdots,k-1,k,k+1,\cdots,k+M\} & L=0\\ \{k-M,\cdots,k-L,k+L,\cdots,k+M\} & L\neq 0\end{cases} \tag{2-45}$$

这个窗共有点数为

$$K=\begin{cases}2M+1 & L=0\\ 2M+2-2L & L\neq 0\end{cases} \tag{2-46}$$

对于 $L\neq 0$ 情况，这个窗实际上就是以点 k 为中心的存在一个长度为 $2L-1$ 的缺口的窗。在所分析的数据段首尾两端($1\leqslant k\leqslant M$ 或者 $N-M+1\leqslant k\leqslant N$)的点，无法计算估计值，因此其估计值就要分别使用第 $M+1$ 点和第 $N-M$ 点的估计值代替。对于其他的不属于这两个边缘区域的点，本地均值的估计值为

$$\hat{x}(k)=\frac{1}{K}\sum_{n(R_k)}x(i) \tag{2-47}$$

式中，$n(R_k)$ 表示构成窗的点数。

另外，为了防止调制谱中出现幅度突变的信号而带来均值估计偏差，设定了以下准则：将每个 $x(k)$ 都和 $\hat{x}(k)$ 相比较，如果输入的值超过了 $a\hat{x}(k)$，其中 α 是一个参数，那么此输入就将被本地均值所置换。因而，可以得到一个新的序列

$$y(k)=\begin{cases}x(k) & x(k)\leqslant \alpha\hat{x}(k)\\ \hat{x}(k) & x(k)>\alpha\hat{x}(k)\end{cases} \tag{2-48}$$

最后就得到了“背景噪声”的均值估计

$$\hat{m}(k)=\frac{1}{K}\sum_{n(R_k)} y(i) \tag{2-49}$$

如果选择 $L=0$，那么这个窗就不存在缺口，利用式(2-47)～式(2-49)可以得到“背景噪声”的均值估计。

图 2-22 表示双通分离窗法处理实际船舶辐射噪声调制谱获得的连续谱估计(采用的参数为：$M=10$，$L=0$，$\alpha=0.6$)，图 2-23 为该图的局部放大。

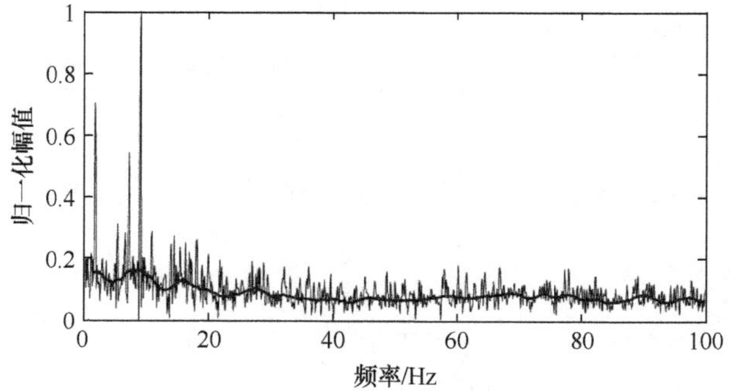

图 2-22　实际船舶辐射噪声调制谱双通分离窗法连续谱估计

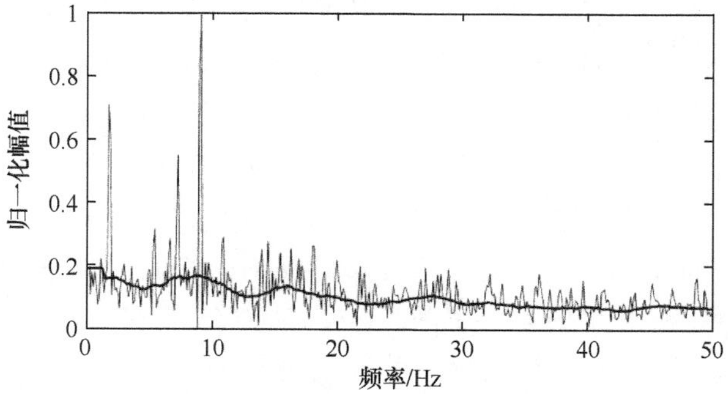

图 2-23　实际船舶辐射噪声调制谱双通分离窗法连续谱局部放大图

2.4.3　排序截短平均算法

针对有多个信号(线谱)情况下的“背景噪声”均值估计，在上述算法的基础上进一步提出了排序截断平均算法(Order- Truncate-Average Algorithm)[68,69]。这种方法常常通过设置式(2-44)中的 $L=0$，应用窗 R_k 中的全部点来计算 $x(k)$ 的局部均值。对于每一个点 k，可以对包含在窗中 $x(k)$ 的 K 个元素作升序排列，进而得到一个新的序列

$$\{y(1), y(2), \cdots, y(K)\} \tag{2-50}$$

其中，$y(1)$ 是窗内 K 个元素中的最小值，而 $y(K)$ 就是最大值。这时就可以得到局部样本均值

$$Y_{sm} = \frac{1}{K}\sum_{i=1}^{K} y(i) \tag{2-51}$$

$y(i)$ 中大于 αY_{sm} 的将不参与全局噪声均值的计算，最后的均值估计为

$$\hat{m}(k) = \frac{1}{I}\sum_{\substack{i=1 \\ i\in R_k}}^{I} y(i) \tag{2-52}$$

其中，$y(I) \leqslant \alpha Y_{sm}$，$y(I+1) > \alpha Y_{sm}$

排序截断平均算法在求本地均值的时候，将 $x(k)$ 中较大的元素排除在外，而不是像双通分离窗算法那样用别的值来代替，这样一来就提高了受强信号影响的微弱信号的检测能力。

图 2-24 表示了排序截断平均法处理实际船舶辐射噪声调制谱获得的连续谱，图 2-25 为该图的局部放大。算法参数为 $M=10$，$L=0$，$\alpha=1.5$。

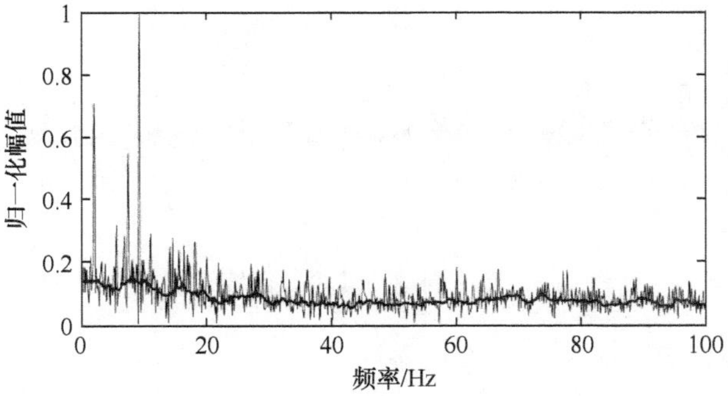

图 2-24　实际船舶辐射噪声调制谱排序截短法连续谱估计

当目标的线谱集中在低频段时，低频段噪声平滑的效果如何更值得关心。为了细化处理低频段，可以将原有的窗的长度缩小处理，但是这样一来，局部均值估计误差可能就更大了。对于在频域点最开始和最后的 M 个点，不能用窗的方法

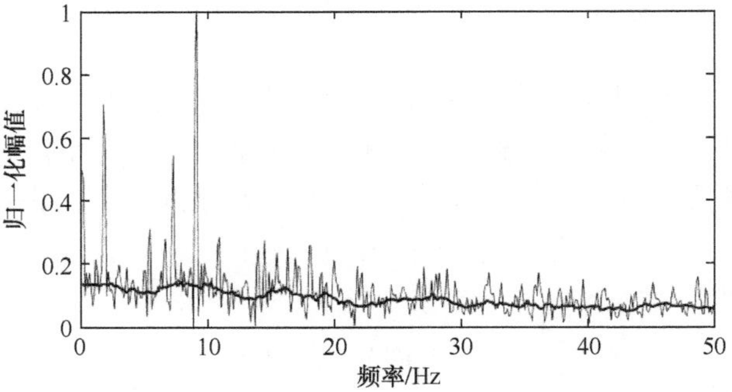

图 2-25　实际船舶辐射噪声调制谱排序截短法连续谱估计局部放大图

来估计均值，这里的做法是将前 M 个点等于第 M+1 个点的值，将后 M 个点等于倒数第 M+1 个点的值。也可以分别用前后 M 个点的均值来代替前后 M 个点的值或保持原值不变。

2.5　基于船舶辐射噪声调制谱转速特征提取技术

图 2-26 为某船舶辐射噪声的调制谱，在 140 转/分(对应轴频为 2.33Hz)、280 转/分、420 转/分、560 转/分等处均存在线谱，线谱频率成倍数关系。该船舶实际螺旋桨转速为 140 转/分。海上大多数船舶辐射噪声的调制谱中存在一组以螺旋桨轴频为基频的谐波线谱，利用这个特点可以获得准确的螺旋桨转速[70]。

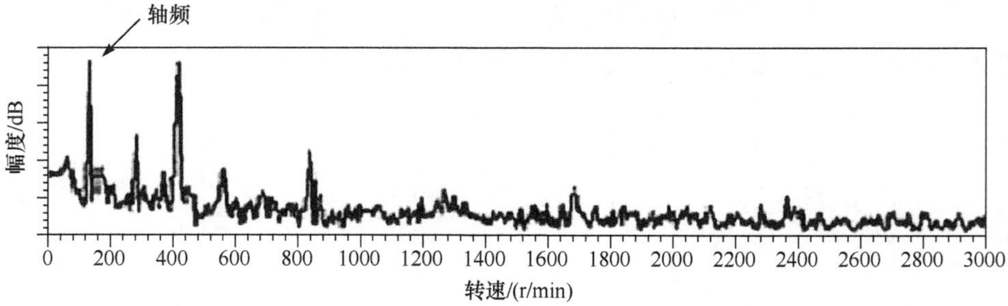

图 2-26　调制谱轴频及谐波线谱

2.5.1　倍频检测方法

倍频检测法是螺旋桨轴频自动提取最直观的算法，其主要依据是在轴频、轴频的倍频上存在谱峰。倍频检测方法的步骤如下。

步骤 1　确定轴频搜索范围。海上目标的轴频范围通常在 1～20Hz 之间，对于极少数目标也可能超出这个范围，该范围表示为$[F_{min},F_{max}]$。

步骤 2　计算轴频假设值所对应谐波线谱幅度均值

$$D_j = \frac{1}{N}\sum_{i=1}^{N} X(i \times f_j) \quad 0 < j \leqslant L, F_{\min} \leqslant f_j \leqslant F_{\max} \tag{2-53}$$

其中，D_j 为第 j 次搜索的均值；f_j 为轴频假设值；N 为计算的谐波阶数，通常取 10 左右；L 为搜索的次数。

步骤 3　确定轴频。D_j 最大时对应的 f_j 为轴频。

倍频检测方法计算简单,但在低信噪比情况下,转速特征提取的正确率较低，其次是 N 的选取对于不同的目标具有差异。

2.5.2　最大似然估计法

参考文献[71]给出了螺旋桨转速的最大似然估计法，其本质是调制谱及其谐波功率的计算。

1. 数学模型

声纳接收到的信号 $x(t)$ 表示为

$$x(t) = s(t) + n_a(t) \tag{2-54}$$

环境噪声 $n_a(t)$ 由海洋中雨、风、浪和海洋生物噪声等组成,可认为是白噪声。螺旋桨噪声 $s(t)$ 表示为周期为 T_k 的调制信号 $m_{\omega_k}(t)$（$\omega_k = 2\pi / T_k$）和螺旋桨空化噪声 $n_k(t)$ 的乘积，即调幅。因此，声纳接收的信号模型为

$$x(t) = s(t) + n_a(t) = m_{\omega_k}(t) \times n_k(t) + n_a(t) \tag{2-55}$$

假定两部分是统计独立的，由于 $n_k(t)$ 是白噪声，根据式(2-55)，$x(t)$ 满足白噪声统计特性。

2. 极大似然估计量

(1) 确定基函数(basis function)

给定估计器基于 T 时间观测窗口，观测信号 $x(t)$ 在 $\phi_i(t)$ 基函数的投影 x_i 为

$$x_i = \int_0^T x(t)\phi_i(t)\mathrm{d}t, \quad i = 1,2,3,\cdots \tag{2-56}$$

基函数必须使得在其上的投影信号之间是相互独立的，即

$$E\{x_i x_j\} = \lambda_i \delta_{ij} \tag{2-57}$$

其中，E 是期望值，λ_i 是一个常数，δ_{ij} 为狄拉克 δ 函数。

把式(2-56)代入式(2-57)中，可得

$$
\begin{aligned}
\lambda_i \cdot \delta_{ij} &= E\{x_i \cdot x_j\} \\
&= E\left\{\int_0^T x(t)\phi_i(t)\mathrm{d}t \cdot \int_0^T x(u)\phi_j(u)\mathrm{d}u\right\} \\
&= \int_0^T \phi_i(t)\int_0^T E\{x(t)x(u)\}\phi_j(u)\mathrm{d}u\mathrm{d}t
\end{aligned}
\tag{2-58}
$$

根据式(2-57)，这一方程成立仅当

$$
\lambda_i \cdot \phi_j(t) = \int_0^T E\{x(t)x(u)\}\phi_j(u)\mathrm{d}u \tag{2-59}
$$

根据模型假定，式(2-59)可以写为

$$
\begin{aligned}
\lambda_j \cdot \phi_j(t) &= \int_0^T E\{x(t)x(u)\}\phi_j(u)\mathrm{d}u \\
&= \int_0^T \left[m_{\omega_k}(t)m_{\omega_k}(u)\sigma_k^2 + \frac{N_0}{2}\right]\delta(t-u)\phi_j(u)\mathrm{d}u \\
&= \left[m_{\omega_k}^2(t)\sigma_k^2 + \frac{N_0}{2}\right]\phi_j(t)\int_0^T \delta(t-u)\mathrm{d}u \\
&= \left[m_{\omega_k}^2(t)\sigma_k^2 + \frac{N_0}{2}\right]\phi_j(t)
\end{aligned}
\tag{2-60}
$$

其中，σ_k^2 为空化噪声 $n_k(t)$ 的功率，$N_0/2$ 为环境噪声功率。

(2) 计算信号投影

根据式(2-55)的信号模型，接收信号样本 $x(t_i)$ 的均值为

$$
\begin{aligned}
m_i &= E\{x(t_i)\} = E\{m_{\omega_k}(t_i)n_k(t_i) + n_a(t_i)\} \\
&= m_{\omega_k}(t_i) \times E\{n_k(t_i)\} + E\{n_a(t_i)\} = 0
\end{aligned}
\tag{2-61}
$$

信号 $s(t)$ 的方差 $\lambda_j = m_{\omega_k}^2(t)\sigma_k^2$，噪声 $n_a(t)$ 的方差为 $N_0/2$。由此可知，第 i 个观察值 $x(t_i)$ 满足均值为零，方差为 $m_{\omega_k}^2(t_i)\sigma_k^2 + N_0/2 = \sigma_i^2$ 的高斯分布，其中 σ_i^2 为第 i 个观察值的方差。所以，概率密度函数为

$$
\begin{aligned}
p_x(x(t_i)|\omega_k) &= \frac{1}{\sqrt{2\pi\sigma_i^2}}\exp\left(-\frac{x^2(t_i)}{2\sigma_i^2}\right) \\
&= \frac{1}{\sqrt{2\pi(m_{\omega_k}^2(t_i)\sigma_k^2 + N_0/2)}}\exp\left(-\frac{x^2(t_i)}{2(m_{\omega_k}^2(t_i)\sigma_k^2 + N_0/2)}\right)
\end{aligned}
\tag{2-62}
$$

其中，$m_{\omega_k}^2(t_i)$ 是基频 ω_k 的周期函数。

(3) 计算总体分布

由于各观察值独立且为高斯分布，所以总体分布可以由个体分布的乘积给出

$$
\begin{aligned}
p_x(x|\omega_k) &= \prod_{i=1}^{K} p_x(x(t_i)|\omega_k) \\
&= \prod_{i=1}^{K} \frac{1}{\sqrt{2\pi\sigma_i^2}} \exp\left(-\left(\frac{x^2(t_i)}{2\sigma_i^2}\right)\right) \\
&= \prod_{i=1}^{K} \left(\frac{1}{\sqrt{2\pi\sigma_i^2}}\right) \exp\left(-\sum_{i=1}^{K} \frac{x^2(t_i)}{2\sigma_i^2}\right) \\
&= \prod_{i=1}^{K} \left(\frac{1}{\sqrt{2\pi(m_{\omega_k}^2(t_i)\sigma_k^2 + N_0/2)}}\right) \exp\left(-\sum_{i=1}^{K} \frac{x^2(t_i)}{2(m_{\omega_k}^2(t_i)\sigma_k^2 + N_0/2)}\right)
\end{aligned} \tag{2-63}
$$

其中，$m_{\omega_k}^2(t_i)$ 可以展开成傅里叶级数 $\sum_{n=0}^{\infty} c_n \mathrm{e}^{-\mathrm{j}\omega_k t_i}$，该分布式的方差项为 ω_k 的函数。当找到可以使上述分布取得最大值的 ω_k 时，即为螺旋桨转速的极大似然估计量。

(4) 计算最优估计量

为了获得真实螺旋桨转速的极大似然估计量，选择 ω_k 生成观察值 $x(t_i)$，使得 $p_x(x/\omega_k)$ 取得最大值。由于自然对数为单调递增函数，找出使得 $\ln(p_x(x/\omega_k))$ 取得最大值的 ω_k 就是其极大似然估计量，具体如下。

$$
\begin{aligned}
\ln(p_x(x|\omega_k)) &= \ln\left(\prod_{i=1}^{K} (2\pi\sigma_i^2)^{-\frac{1}{2}}\right) + \ln\left(\exp\left(-\sum_{i=1}^{K} \frac{x^2(t_i)}{2\sigma_i^2}\right)\right) \\
&= \sum_{i=1}^{K} \ln(2\pi\sigma_i^2)^{-\frac{1}{2}} - \sum_{i=1}^{K} \frac{x^2(t_i)}{2\sigma_i^2} \\
&= -\frac{K}{2}\ln(2\pi) - \sum_{i=1}^{K} \ln(\sigma_i) - \frac{1}{2}\sum_{i=1}^{K} \frac{x^2(t_i)}{\sigma_i^2} \\
&= -\frac{K}{2}\ln(2\pi) - \sum_{i=1}^{K} \ln\left(\sqrt{m_{\omega_k}^2(t_i)\sigma_k^2 + N_0/2}\right) - \frac{1}{2}\sum_{i=1}^{K} \frac{x^2(t_i)}{m_{\omega_k}^2(t_i)\sigma_k^2 + N_0/2}
\end{aligned} \tag{2-64}
$$

式(2-64)可以进一步表示为

$$
\ln(p_x(x|\omega_k)) = K_{\mathrm{dc}}^1 + \frac{2}{KN_0^2} \sum_{N=1}^{\infty} \left| \sum_{i=1}^{K} x^2(t_i) \mathrm{e}^{-\mathrm{j}n\omega_k t_i} \right|^2 \tag{2-65}
$$

其中，K_{dc}^1 是常数项。按照最大似然估计理论，使 $\ln(p_x(x|\omega_k))$ 最大的 $\hat{\omega}_k$ 即为最大似然估计。

这里需要注意的是，此方法虽然可以从理论上推导出 ω_k 的最大似然估计量，但过程必须满足两个假设：螺旋桨噪声远小于环境噪声；泰勒级数展开项的高阶分量为无穷小量。只有在此条件下，才可简化公式，最终得到式(2-64)。由此可以看出，所谓的最大似然估计和前述倍频检测法的差异主要有两点：信号的非线性变换采用的是平方方法，与第 3 章中所说的平方解调方法相同；轴频谐波的累加计算范围是$[1,\infty)$。

图 2-27 给出了某船舶辐射噪声采用最大似然估计和绝对值低通解调获得的调制谱，从图可以看出都可以获得螺旋桨转速。从左至右三个峰的频率依次为f_1=5.87Hz，f_2 = 11.73Hz，f_3=17.64Hz，三者满足倍频关系，相应螺旋桨转速为352 转/分。相比较而言，最大似然法估计法获得的调制谱高阶谐波幅值要高，这是因为最大似然估计法本质上是平方低通滤波信号处理算法，该算法会使得后续谐波有所增强。

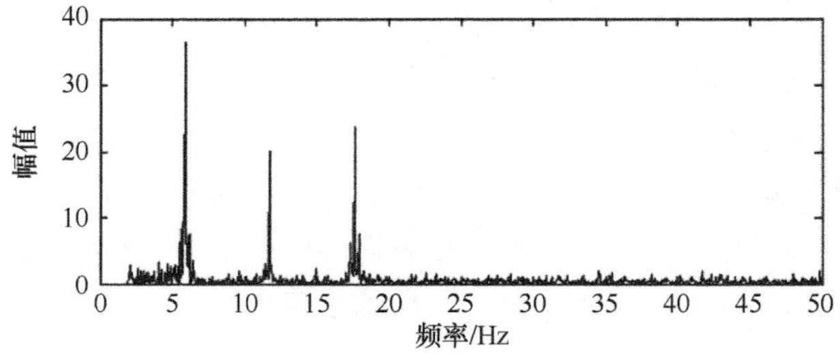

(a) 最大似然估计算法

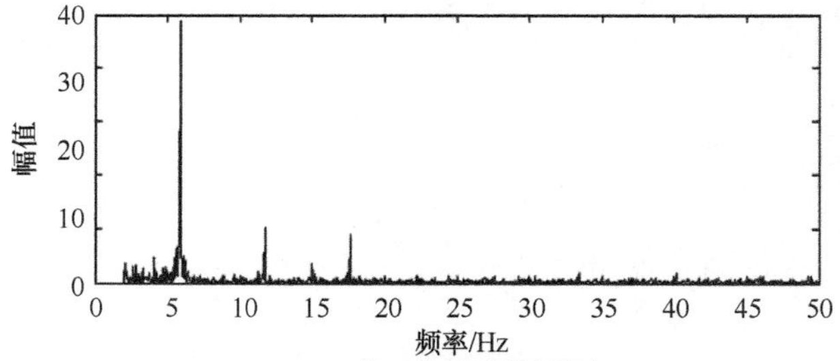

(b) 绝对值低通滤波算法

图 2-27　某船舶辐射噪声调制谱

2.6　基于船舶辐射噪声调制谱桨叶数特征提取技术

船舶辐射噪声调制谱中的谐波簇包含着船舶螺旋桨桨叶数特征信息，通过分析谐波簇中各谐波线谱之间的关系，可以提取桨叶数特征量。

2.6.1　基于专家系统的桨叶数特征提取方法

船舶辐射噪声调制是由于螺旋桨旋转对空化噪声的调制引起的，因此在辐射噪声调制谱中包含了螺旋桨的相关信息。桨叶数不同，调制谱的谐波线谱结构不同。图 2-28 分别为某 4 叶螺旋桨和 5 叶螺旋桨船舶辐射噪声调制谱。从图中可以看出这两个目标螺旋桨转速相近，但调制谱谐波簇的结构却有很大差别。

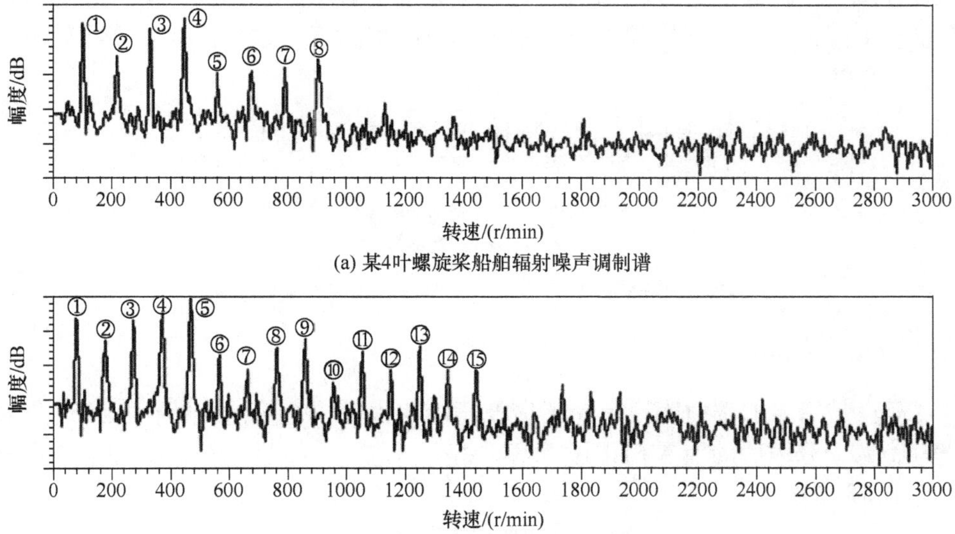

(a) 某4叶螺旋桨船舶辐射噪声调制谱

(b) 某5叶螺旋桨船舶辐射噪声调制谱

图 2-28　不同桨叶数船舶目标辐射噪声调制谱对比

文献[62]、[72]给出了谐波簇结构理论模型，根据模型建立规则可构成桨叶数识别专家系统，表 2-2 是桨叶数特征识别规则之一。由于船舶结构、工况、海洋环境等因素，调制谱线谱结构千变万化，有时模型也无法准确描述。因此，规则只能描述某些典型状况，无法包罗所有船舶调制谱线谱结构规律。

表 2-2　桨叶数特征识别规则

桨叶数	规则
3	$P(3) \geqslant P(l)$　$l \in [4,8]$ 且 $P(1) \geqslant P(2) \geqslant P(4) \geqslant P(5) \geqslant P(7) \geqslant P(8)$
4	$P(4) \geqslant P(l)$　$l \in [5,8]$ 且 $P(1) \geqslant P(3) \geqslant P(5) \geqslant P(7)$ 、 $P(2) \geqslant P(6)$
5	$P(5) \geqslant P(l)$　$l \in [6,8]$ 且 $P(2) \geqslant P(3) \geqslant P(7) \geqslant P(8)$ 、 $P(1) \geqslant P(4) \geqslant P(6)$
6	$P(6) \geqslant P(l)$　$l \in [7,8]$ 且 $P(1) \geqslant P(5) \geqslant P(7)$ 、 $P(2) \geqslant P(4) \geqslant P(8)$
7	$P(1) \geqslant P(6) \geqslant P(8)$ 、 $P(2) \geqslant P(5)$ 、 $P(3) \geqslant P(4)$ 、 $P(7) \geqslant P(8)$

注：$P(l)$ 代表轴频第 l 次谐波线谱的幅度值。

2.6.2　基于模板匹配的桨叶数特征提取方法

基于模板匹配的桨叶数特征提取方法首先利用规则和经验建立模板库，然后通过模板匹配算法进行匹配识别[73]。该方法的特点是桨叶数识别准确率高，难点在于模板库的建立比较复杂。基于模板匹配的桨叶数特征提取算法处理流程如图 2-29 所示。

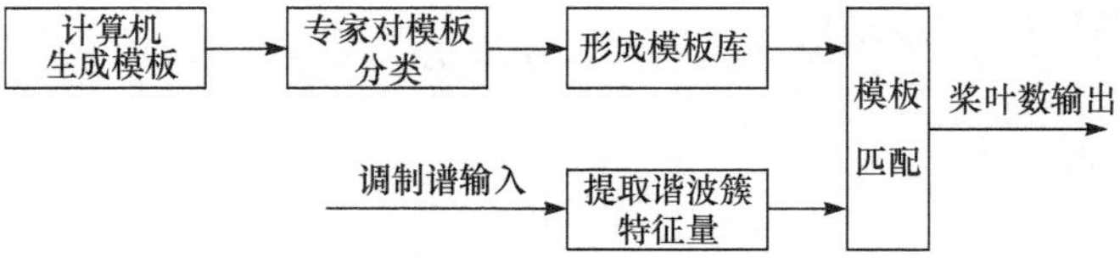

图 2-29　基于模板匹配的桨叶数特征提取算法处理流程图

1. 模板库建立

模板是指船舶辐射噪声调制谱谐波簇结构模板，每阶谐波特征值归一化后分为 M 级，分级后的前 N 阶谐波簇每种组合对应一个模板。图 2-30 为某 6 级分级的 10 阶模板。

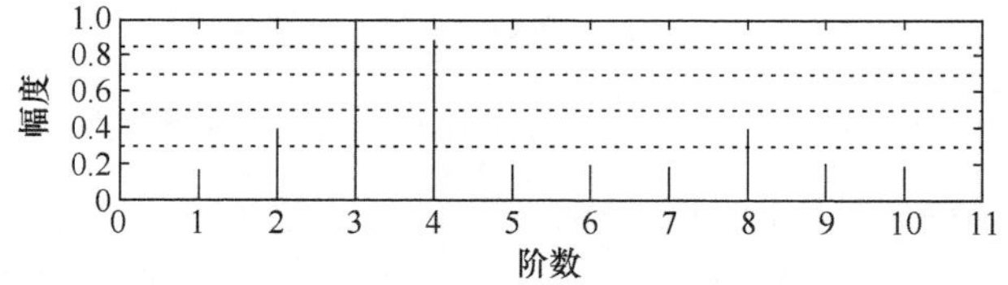

图 2-30　某 4 叶 DEMON 谱谐波簇特征结构模板

模板库的产生包括模板生成、模板细化、模板评估等步骤。模板生成先利用计算机生成级数、阶数都比较少的模板，目的是减少模板筛选、分类的工作量。然后利用规则和经验对模板进行初步分类，去除不可能存在的模板，形成初步的模板库。模板细化为对初步生成的模板库进行细化，在原有分级的基础上进一步细化分级，并增加谐波簇的阶数。最后，对新的模板库进行分类整理，评估模板库的完整性以及不同类模板之间的相似性。

2. 模板匹配算法

模板匹配的目的是寻找出与待测样本谐波簇特征向量相似，同时最具有该叶片类特征的模板。相似度算法包含向量相似度、距离相似度等方法。

余弦系数在谐波簇结构特征的模板匹配中具有较好的稳定性。但由于谐波簇各阶谐波在叶片数识别中的作用不一样，所以在余弦系数计算过程中，需要对每个特征值加上一定的权值。修改后的向量相似度定义为

$$\mathrm{Sim}(D,D')=\frac{\sum_{k=1}^{N}d_k d'_k\delta_k}{\sqrt{\sum_{k=1}^{N}(d_k\delta_k)^2\times\sum_{k=1}^{N}(d'_k\delta_k)^2}} \tag{2-66}$$

式中，δ_k 为第 k 阶谐波的权值系数；$D=[d_1, d_2, \cdots, d_k]$为待测样本谐波簇特征向量；$D'=[d'_1,d'_2,\cdots,d'_k]$为模板谐波簇特征向量。

在向量相似度匹配基础上，通过距离相似度算法进一步寻找出最具有该类谐波特征的模板。距离相似度定义为

$$\mathrm{Dis}(D,D')=\sqrt{\frac{1}{L-1}\sum_{k=1}^{L-1}(d_k-d'_k)^2-(d_L-d'_L)+(d_{L+1}-d'_{L+1})} \tag{2-67}$$

式中，L 为待匹配模板的桨叶数。

在模板匹配算法中，首先计算待测样本与各个模板的余弦相似度 Sim 和距离相似度 Dis；然后计算出待测样本与满足 $\mathrm{Sim}\geqslant m_1$ 和 $\mathrm{Dis}\leqslant m_2$ 两个约束条件模板之间的综合距离，根据综合距离最小的模板给出桨叶数识别结果。

2.6.3　基于调制谱相位耦合特性的桨叶数特征提取方法

通过船舶辐射噪声调制谱提取桨叶数特征通常利用的是调制谱中轴频线谱以及轴频各次谐波线谱的幅度特性。由于现代船舶降噪等因素的影响，调制谱线常常很弱，螺旋桨轴频及各次谐波线谱幅度很低，甚至完全淹没在噪声中，仅能获得叶频线谱(实际上很难判断是叶频还是轴频)。此种情况下，单纯依靠调制谱的幅度特性难以提取目标的桨叶数特征，此时可利用船舶辐射噪声调制线谱相位耦合关系识别桨叶数[74]。

1. 船舶辐射噪声调制线谱相位耦合关系

假定船舶辐射噪声解调后的信号为 $x_{\mathrm{DM}}(n)$，其离散傅里叶变换为

$$\begin{aligned}X(\mathrm{j}\omega)&=\sum_{n=-\infty}^{\infty}x_{\mathrm{DM}}(n)\mathrm{e}^{-\mathrm{j}\omega n}\\&=X_{\mathrm{RE}}(\mathrm{j}\omega)+\mathrm{j}X_{\mathrm{IM}}(\mathrm{j}\omega)\\&=|X(\mathrm{j}\omega)|\mathrm{e}^{\mathrm{j}\theta(\omega)}\end{aligned} \tag{2-68}$$

式中，$|X(\mathrm{j}\omega)|$ 为幅度谱；$\theta(\omega)$ 为相位谱，具体表示为

$$\theta(\omega)=\arg[X(\mathrm{j}\omega)]=\arctan[X_{\mathrm{IM}}(\mathrm{j}\omega)/X_{\mathrm{RE}}(\mathrm{j}\omega)] \tag{2-69}$$

图 2-31 为某船舶辐射噪声调制谱以及调制谱轴频线谱与轴频二、三、四次谐波线谱的相位值。

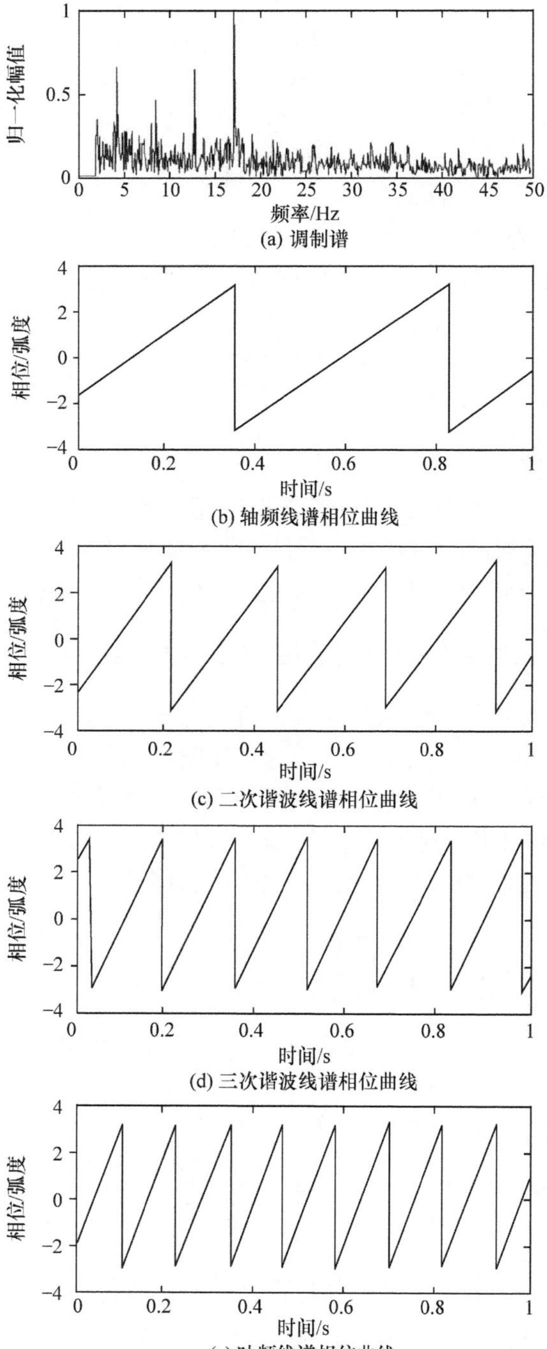

图 2-31　某 4 叶螺旋桨船舶调制谱和各次谐波线谱相位图

从图中可以看出，对于该 4 叶螺旋桨船舶目标来说，其轴频和各次谐波线谱相位有一定的规律性。图 2-32 为轴频线谱相位、轴频三次谐波线谱相位之和与叶频线谱相位的差值图，差值分布几乎是一条直线。因此，可以认为轴频线谱相位 φ_1、三次谐波线谱相位 φ_3 之和与叶频线谱相位 φ_4 的差基本为一常数，即满足

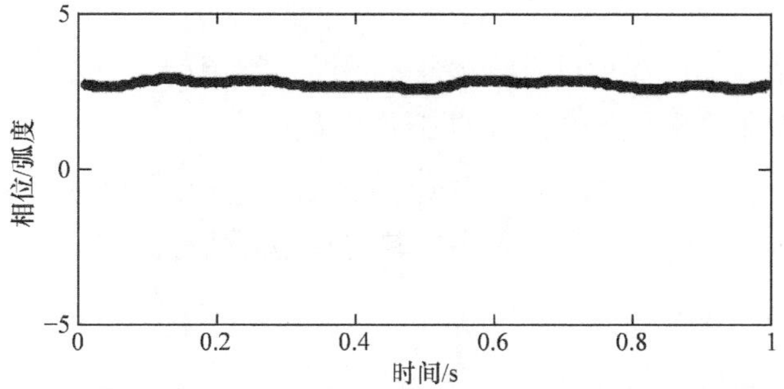

图 2-32　轴频线谱、三次谐波线谱相位之和与叶频线谱相位的差值

$$\omega_4 = \omega_1 + \omega_3 \tag{2-70}$$

$$\varphi_4 = \varphi_1 + \varphi_3 + \theta \tag{2-71}$$

其中，θ 为常数。

在此，我们把同时满足式(2-70)、式(2-71)的谐波线谱称为具有相位耦合关系的谐波线谱。如果 φ_1、φ_3 为独立同分布的随机变量，且 θ 为 0，则就是通常所说的二次相位耦合的谐波过程[29]。

若谐波信号为相位在 $[-\pi,\pi]$ 内均匀分布的随机变量的复值过程，即

$$x(n) = \sum_{j=1}^{p} a_j \exp[\mathrm{i}(\omega_j n + \varphi_j)] \tag{2-72}$$

式中，a_j 和 ω_j 皆为未知常量，相位 φ_j 为在 $[-\pi,\pi]$ 内均匀分布的随机变量。在此假设下，$x(n)$ 为二阶平稳的非高斯分布的随机过程，则该谐波过程的 3 阶累量为

$$\begin{aligned} C_{3x}(\tau_1,\tau_2) &= \mathrm{cum}[x^*(n), x(n+\tau_1), x(n+\tau_2)] \\ &= \sum_{j=1}^{3}\sum_{m=1}^{3}\sum_{q=1}^{3} a_j a_m a_q \exp[\mathrm{i}(\omega_m + \omega_q - \omega_j)n \\ &\quad + \mathrm{i}(\omega_m \tau_1 + \omega_q \tau_2)] E\{\exp[\mathrm{i}(\varphi_m + \varphi_q - \varphi_j)]\} \end{aligned} \tag{2-73}$$

对于具有二次相位耦合关系，即满足 $\omega_j = \omega_q + \omega_m$，$\varphi_j = \varphi_q + \varphi_m$（$j=3, m=1, q=2$ 或 $j=3, m=2, q=1$），此时有

$$C_{3x}(\tau_1,\tau_2)=a_3a_2a_1\{\exp[\mathrm{i}(\omega_1\tau_1+\omega_2\tau_2)]+\exp[\mathrm{i}(\omega_2\tau_1+\omega_1\tau_2)]\} \tag{2-74}$$

式(2-74)可以用来判断谐波信号过程 $x(n)$ 是否存在二次相位耦合。

除满足以上条件外，当满足 $\omega_j=\omega_q+\omega_m$，$\varphi_j=\varphi_q+\varphi_m+\theta$ ($j=3,m=1,q=2$ 或 $j=3,m=2,q=1$，θ 为固定常数值)条件时，即相位之间具有固定的相位差时，有

$$E\{\exp[\mathrm{i}(\varphi_1+\varphi_2-\varphi_3)]\}=\exp(\mathrm{i}\theta)=\lambda \tag{2-75}$$

显然，λ 为常数值，此时 $x(n)$ 的三阶累量为

$$C_{3x}(\tau_1,\tau_2)=a_3a_2a_1\lambda\{\exp[\mathrm{i}(\omega_1\tau_1+\omega_2\tau_2)]+\exp[\mathrm{i}(\omega_2\tau_1+\omega_1\tau_2)]\} \tag{2-76}$$

比较式(2-74)和式(2-76)可以看出，其具有相同的特性。

2. 基于双谱分析的桨叶数特征提取

利用船舶辐射噪声调制谱线谱之间的相位耦合关系，可以解决部分叶频明显而轴频及其谐波线谱不明显目标的桨叶数识别问题。图 2-33 为某 5 叶螺旋桨商船辐射噪声调制谱、双谱以及双谱切片图(三阶累量对应的高阶谱为双谱)。该商船的轴频为 2.03Hz，叶频为 10.2Hz。

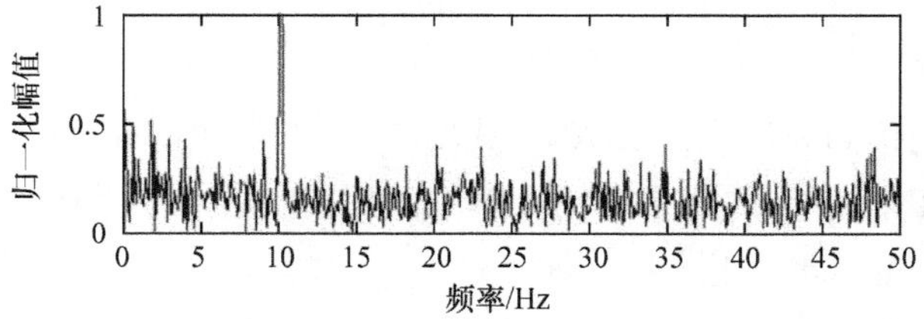

(a) 调制谱

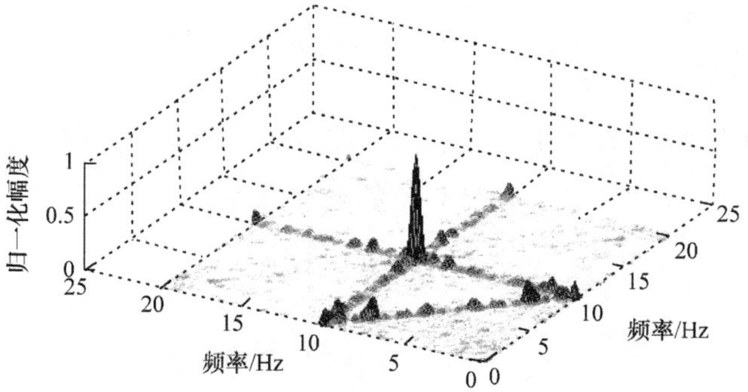

(b) 双谱

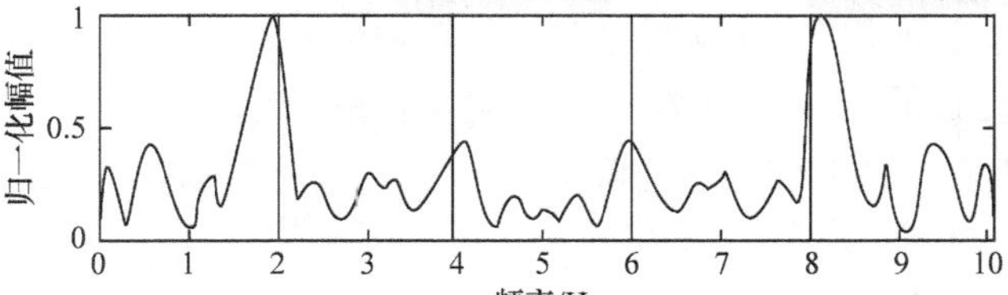

(c) 双谱切片图

图 2-33 某 5 叶螺旋桨商船辐射噪声的调制谱图、双谱图和双谱切片图

从图 2-33(a)中仅能看到叶频谐波，轴频谐波无法辨认，也就无法确定轴频。从图 2-33(b)中可以看出，在(2.03Hz, 8.13Hz)、(4.06Hz, 6.09Hz)、(6.09Hz, 4.06Hz)、(8.13Hz, 2.03Hz)处具有明显峰值，表明在 2.030Hz、4.06Hz、6.09Hz、8.13Hz 均存在谐波。对双谱图按图示方向做斜对角切片得到图 2-33(c)，从图中可以看到存在明显峰值把整个斜对角切线分成相等 5 份，表明该目标桨叶数为 5 叶。

2.7 船舶辐射噪声解调频带对解调谱的影响

2.7.1 船舶辐射噪声调制谱子带不均匀性

2.1 节介绍了船舶螺旋桨空化噪声模型，船舶螺旋桨空化噪声谱 $G(\omega,t)$ 具有时变性，原因是螺旋桨空化时崩溃的空泡平均空泡半径随时间变化，这将造成螺旋桨空化噪声频域上的不均匀调制，见图 2-4(c)。图中实曲线表示时间平均功率谱，其上下的虚曲线代表时变功率谱的变化的上下限。从图中可以看出，这四条曲线并不是简单地上下平移的关系，因此，在不同的频率上功率谱的变化量有明显的差别，意味着螺旋桨空化噪声幅度起伏在不同的频率点上是不一样的，也即是非均匀调制。

在图 2-8 所示船舶辐射噪声调制谱分析流程中，可以使用不同频带的带通滤波器，对船舶辐射噪声进行解调处理，获得宽频带解调谱(带通滤波通带覆盖船舶辐射噪声带宽)和子频带解调谱(带通滤波带宽取为船舶辐射噪声某一部分频带)。一般来说，同一船舶辐射噪声信号不同频带解调谱的线谱结构是具有差异的。不同频带的调制谱差异是船舶辐射噪声的一种特征。并且，综合利用不同频带调制谱可以更准确地提取螺旋桨转速和桨叶数特征。图 2-34 给出了某船舶辐射噪声不同频带的调制谱，可以看出其中的差异性，宽频带解调谱(1000～4000Hz)没有1.75Hz 轴频线谱，而在图 2-34(d)所示 3000～4000Hz 子频带解调谱上，1.75Hz 处存在明显线谱。

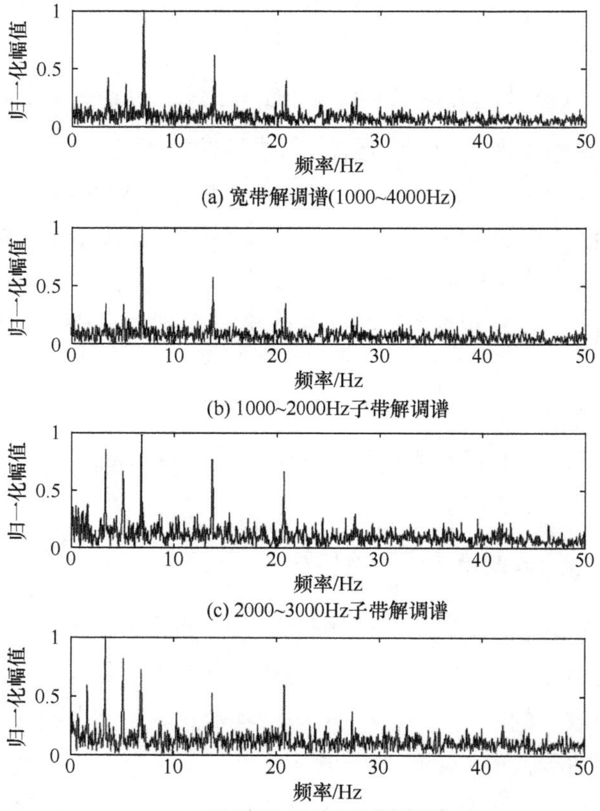

(a) 宽带解调谱(1000~4000Hz)
(b) 1000~2000Hz子带解调谱
(c) 2000~3000Hz子带解调谱
(d) 3000~4000Hz子带解调谱

图 2-34　某船舶辐射噪声不同频段解调谱

图 2-35 给出了某船舶辐射噪声在整个频带上的调制谱分布情况，从图中可以看出，不同频带上调制谱的差异。图最上面图形是采用 200Hz～10kHz 带宽获得的调制谱，下面图形是不同频带上的调制度，越亮的地方表示该频带上调制谱越强，在 2kHz 附近、6kHz 及以上频段有较高的调制度，而在 3.7kHz 附近频段调制度较低。

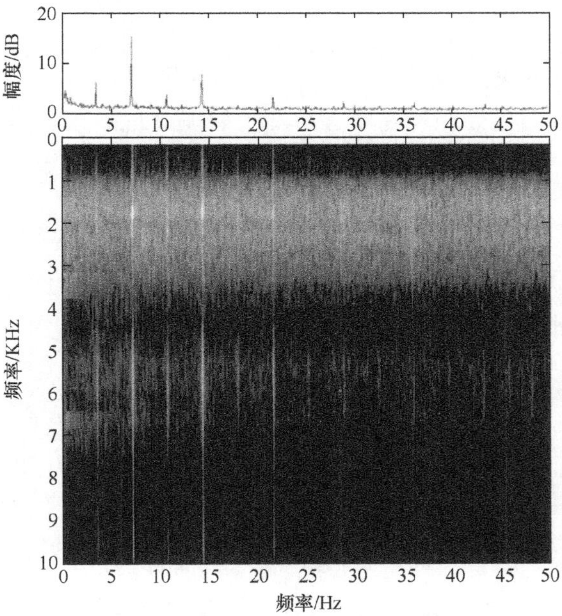

图 2-35 某船舶辐射噪声不同频带上的调制谱

2.7.2 船舶辐射噪声解调性能与带宽关系

船舶辐射噪声解调前都需要做一个带通滤波，除了 2.7.1 节介绍的子带不均匀性外，带宽选多宽合适呢？在各频带调制度相同的情况下，使用带宽越宽越有利于提高调制谱线谱的信噪比[75]。

船舶辐射噪声信号为 $x(t)$，带宽为 B，分解为 M 个互不覆盖的子频带，分别为 $B_1,B_2,\cdots,B_M$，参照式(2-40)模型，某一子频带信号 $x_i(t)$ 可以表示为

$$x_i(t)=\left[1+\sum_{k=1}^{K}m_{ik}\cos(k\Omega t+\phi_{ik})\right]\cdot N_i(t) \tag{2-77}$$

其中，Ω 是调制频率，调制频率具有 K 阶谐波；m_{ik} 是对应调制频率的调制度，满足 $0<m_{ik}<1$；ϕ_{ik} 为对应的相位；$N_i(t)$ 为载波信号，假定为平稳高斯各态历经的随机过程，其带宽为 B_i，频率范围为 $\left[f_{iL},f_{iH}\right]$。

对于一个时长为 T 的船舶辐射噪声，按傅里叶分解理论，载波信号 $N_i(t)$ 可以用一定数量谐波组合来拟合。谐波的最低频率 f_0 为 $1/T$，其余频率成分是其倍频，不同谐波幅值和相位不同。$N_i(t)$ 可以表示为

$$N_i(t)=\sum_{n=N_{iL}}^{N_{iH}}A_{in}\cos(2\pi nf_0t+\varphi_{in}) \tag{2-78}$$

其中，A_{in} 为各载波的幅值参数，φ_{in} 为各载波的初始相位，$N_{iL}=\text{ceil}(f_{iL}/f_0)$，$N_{iH}=\text{floor}(f_{iH}/f_0)$。宽带信号 $x(t)$ 可以表示为各子带信号之和，即

$$x(t)=\sum_{i=1}^{M}x_i(t)=\sum_{i=1}^{M}\left\{\left[1+\sum_{k=1}^{K}m_{ik}\cos(k\Omega t+\phi_{ik})\right]\cdot\sum_{n=N_{iL}}^{N_{iH}}A_{in}\cos(2\pi nf_0t+\varphi_{in})\right\} \tag{2-79}$$

使用平方低通信号处理解调算法，$X(t)$解调处理的数学模型为

$$x(t)_{\mathrm{DM}}=x^2(t)\Big|_{\mathrm{LPF\&PSD}} \tag{2-80}$$

其中，$x(t)_{\mathrm{DM}}$为解调谱，$x^2(t)\Big|_{\mathrm{LPF\&PSD}}$式中的下标表示信号经低通滤波和功率谱分析过程。

对于一定带宽船舶辐射噪声信号$x_i(t)$解调，可表示为

$$\begin{aligned}x_i^{\,2}(t)\Big|_{\mathrm{LPF\&PSD}}&=\left[1+\sum_{k=1}^{K}m_{ik}\cos(k\Omega t+\phi_{ik})\right]^2\left[\sum_{n=N_{iL}}^{N_{iH}}A_{in}\cos(2\pi nf_0t+\varphi_{in})\right]^2\Bigg|_{\mathrm{LPF\&PSD}}\\&=\left\{\left[1+\sum_{k=1}^{K}m_{ik}\cos(k\Omega t+\phi_{ik})\right]^2\sum_{n=N_{iL}}^{N_{iH}}\frac{A_{in}^{\;2}}{2}\right.\\&\quad+\left[1+\sum_{k=1}^{K}m_{ik}\cos(k\Omega t+\phi_{ik})\right]^2\sum_{m=N_{iL}+1}^{N_{iH}}\sum_{n=N_{iL}}^{m-1}A_{im}A_{in}\\&\quad\left.\times\cos\left[2\pi(m-n)f_0t+\varphi_{im}-\varphi_{in}\right]\right\}\Big|_{\mathrm{LPF\&PSD}}\end{aligned} \tag{2-81}$$

基于以上数学模型，仿真参数取为：信号时长 T=5s；调制频率为 5Hz，调制谐波数 K=4，调制系数分别为 0.4、0.4、0.4、0.9；各载波的幅值参数在$[0,1]$区间内均匀分布，相位在$[-\pi,\pi]$区间内均匀分布；载波信号带宽分别取 500Hz、1000Hz、2000Hz、4000Hz。从图 2-36 可以看出，随着解调带宽的增加，解调谱的背景噪声越来越低。

图 2-37 为某商船辐射噪声信号使用不同频带的解调结果。从图中可以看出，随着解调频带的增大，背景噪声成分相对于线谱成分越来越弱。

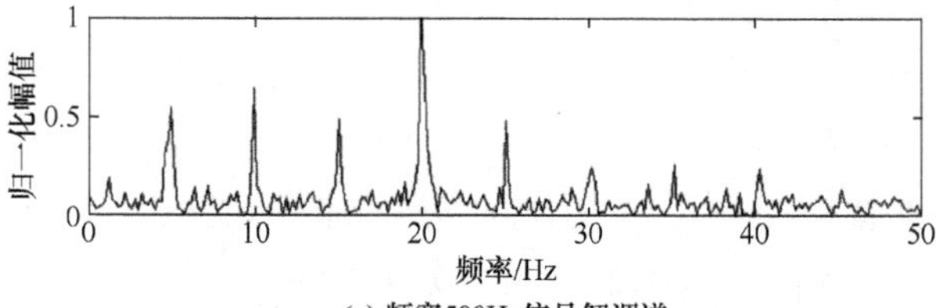

(a) 频宽500Hz信号解调谱

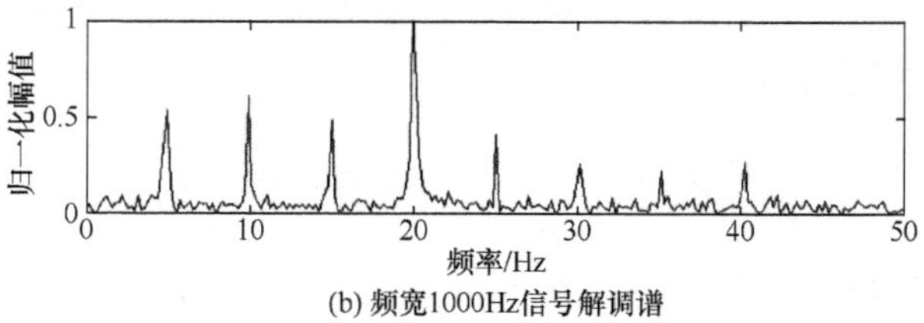

(b) 频宽1000Hz信号解调谱

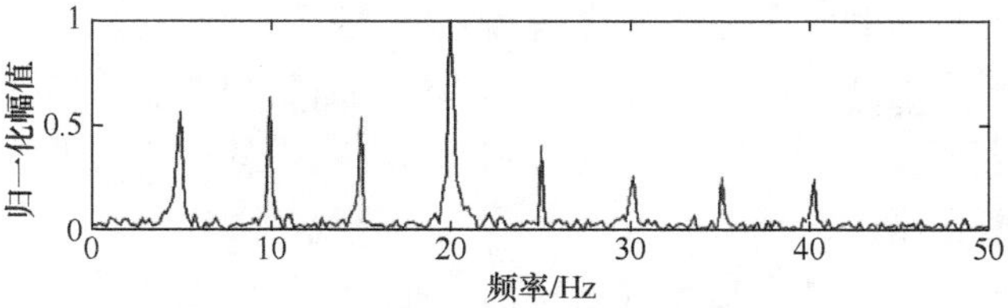

(c) 频宽2000Hz信号解调谱

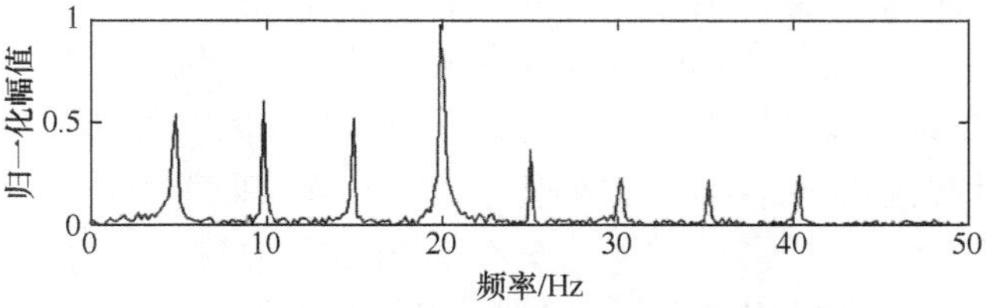

(d) 频宽4000Hz信号解调谱

图 2-36　不同带宽解调仿真比对

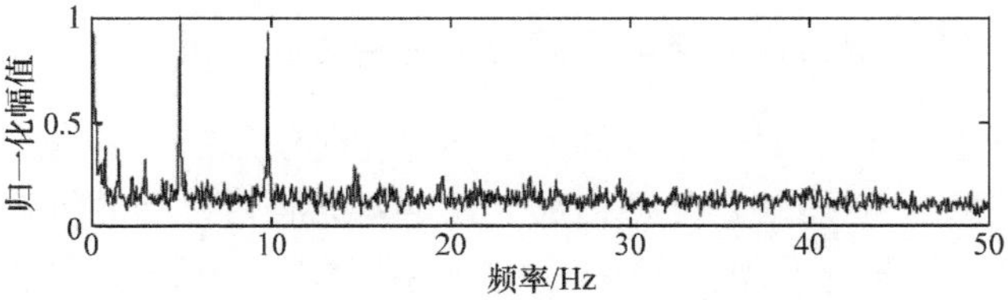

(a) 500Hz带宽信号解调谱

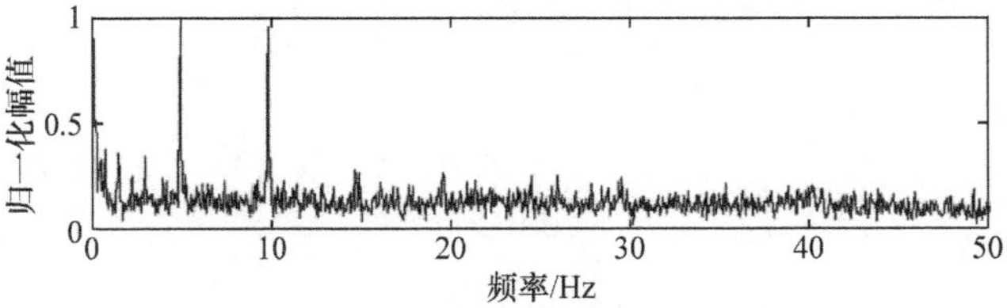

(b) 1000Hz带宽信号解调谱

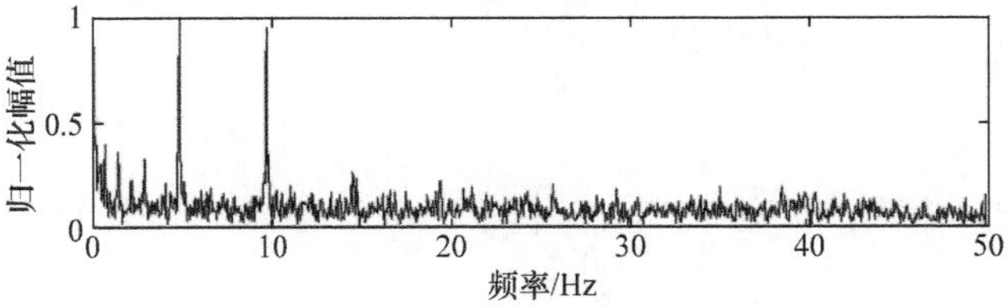

(c) 2000Hz带宽信号解调谱

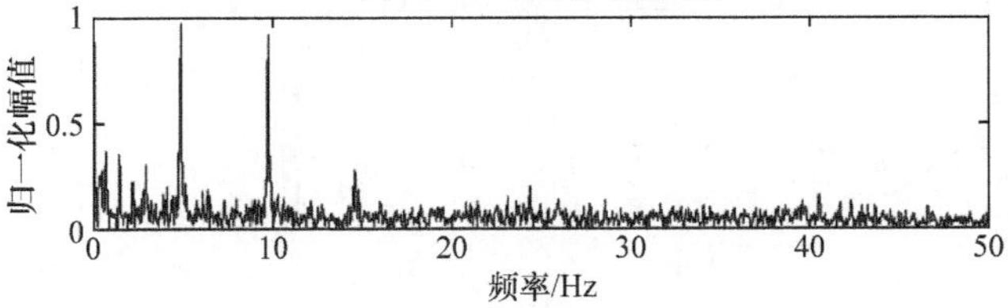

(d) 4000Hz带宽信号解调谱

图 2-37　某商船使用不同频带宽度做解调处理获得的解调谱图

从以上仿真分析和实际船舶噪声信号分析可以看出，在声纳接收的船舶辐射噪声信号各频带具有相同的调制度时，解调处理所获得调制谱的线谱清晰度与所选解调频带带宽成正比，即解调使用的频带越宽，获得的调制谱的背景噪声越低，调制谱的线谱越清晰。

需要注意的是，这并不意味着使用宽带解调效果就比使用窄带效果要好，原因是很多实际船舶辐射噪声信号各频带调制度是有差异的，一般低频段调制弱，高频段调制强，这也正是实际解调处理中很多船舶目标包含低频段的宽频带解调线谱比仅使用高频段窄带调制线谱要弱的原因。实际解调处理中，对于在各频带上调制都比较均匀的船舶目标，如商船和渔船，可以采用宽频带解调，可以获得更清晰的调制谱线；对于各频带上调制不均匀的船舶目标，根据其特点，宜把宽频带分解为 N 个子频带分别解调，通过各子频带调制谱的比较，选择最清晰的调制谱提取特征。

2.7.3 船舶辐射噪声宽带调制谱与子频带调制谱之间关系

船舶辐射噪声解调有时使用宽频带解调，有时使用其中的一个子频带解调，有时是多个子频带同时做解调处理，那么这些不同频带之间的解调谱有什么样的内在关系呢？ 分析研究发现宽频带解调谱近似为各子频带解调谱之和[75]。

宽带解调谱和 M 个子频带解调谱之和可以表示为

$$
\begin{aligned}
&X^2(t)\Big|_{\text{LPF\&PSD}} \\
&=\left\{\sum_{i=1}^{M}\left[1+\sum_{k=1}^{K} m_{ik}\cos(k\Omega t+\phi_{ik})\right]\sum_{n=N_{iL}}^{N_{iH}} A_{in}\cos(2\pi n f_0 t+\varphi_{in})\right\}^2\Bigg|_{\text{LPF\&PSD}} \\
&=\left\{\sum_{i=1}^{M}\left[1+\sum_{k=1}^{K} m_{ik}\cos(k\Omega t+\phi_{ik})\right]^2\sum_{n=N_{iL}}^{N_{iH}} \frac{A_{in}^{\ 2}}{2}\right. \\
&\quad+\sum_{i=1}^{M}\left[1+\sum_{k=1}^{K} m_{ik}\cos(k\Omega t+\phi_{ik})\right]^2\sum_{m=N_{iL}+1}^{N_{iH}}\sum_{n=N_{iL}}^{n-1} A_{im}A_{in}\cos\left[2\pi(m-n)f_0 t+\varphi_{im}-\varphi_{in}\right] \\
&\quad+\sum_{i=1}^{M-1}\left[1+\sum_{k=1}^{K} m_{i+1,k}\cos(k\Omega t+\phi_{i+1,k})\right]\left[1+\sum_{k=1}^{K} m_{ik}\cos(k\Omega t+\phi_{ik})\right] \\
&\quad\left.\times\sum_{m=N_{i+1,L}}^{N_{i+1,H}}\sum_{n=N_{iL}}^{N_{iH}} A_{i+1,m}A_{in}\cos\left[2\pi(m-n)f_0 t+\varphi_{i+1,m}-\varphi_{in}\right]\right\}\Bigg|_{\text{LPF\&PSD}}
\end{aligned}
\tag{2-82}
$$

$$
\begin{aligned}
&\sum_{i=1}^{M}\left[x_i^{\,2}(t)\Big|_{\text{LPF\&PSD}}\right] \\
&=\sum_{i=1}^{M}\left\{\left[1+\sum_{k=1}^{K}m_{ik}\cos(k\Omega t+\phi_{ik})\right]^2\left[\sum_{n=N_{iL}}^{N_{iH}}A_{in}\cos(2\pi n f_0 t+\varphi_{in})\right]^2\Bigg|_{\text{LPF\&PSD}}\right\} \\
&=\sum_{i=1}^{M}\left\{\left[1+\sum_{k=1}^{K}m_{ik}\cos(k\Omega t+\phi_{ik})\right]^2\sum_{n=N_{iL}}^{N_{iH}}\frac{A_{in}^{\;2}}{2}\right. \\
&\quad+\left[1+\sum_{k=1}^{K}m_{ik}\cos(k\Omega t+\phi_{ik})\right]^2 \\
&\quad\left.\times\sum_{m=N_{iL}+1}^{N_{iH}}\sum_{n=N_{iL}}^{n-1}A_{im}A_{in}\cos\left[2\pi(m-n)f_0 t+\varphi_{im}-\varphi_{in}\right]\right\}\Bigg|_{\text{LPF\&PSD}}
\end{aligned}
\tag{2-83}
$$

图 2-38 给出了式(2-82)、式(2-83)的仿真结果。宽频带为 1000～5000Hz、4 个子频带分别为 1000～2000Hz、2000～3000Hz、3000～4000Hz、4000～5000Hz。仿真时长 T=5s；调制信号基频为 5Hz，谐波数 K=4；各载波的幅值参数在$[0,1]$内均匀分布，相位在$[-\pi,\pi]$内均匀分布；仿真使用的各子频带的调制度如表 2-3 所示。

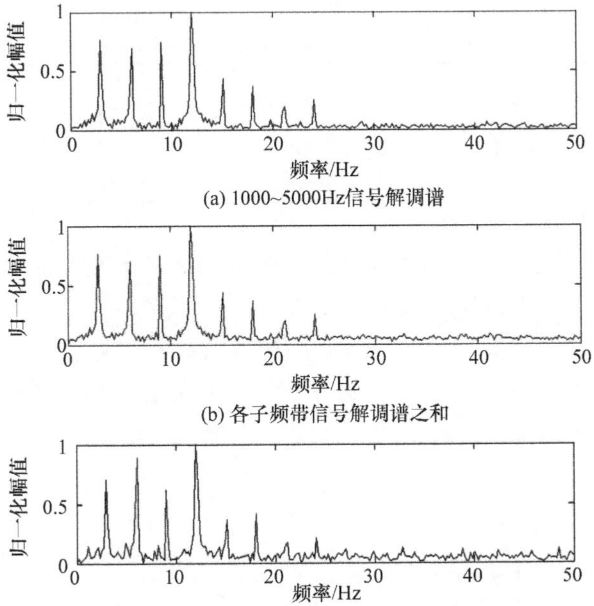

(c) 1000~2000Hz子频带信号解调谱

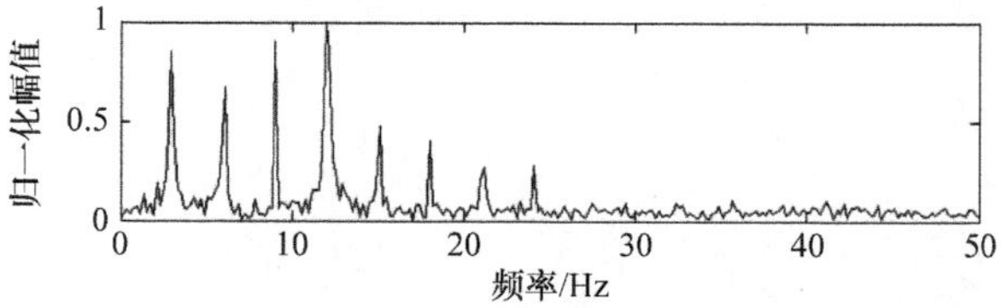

(d) 2000~3000Hz子频带信号解调谱

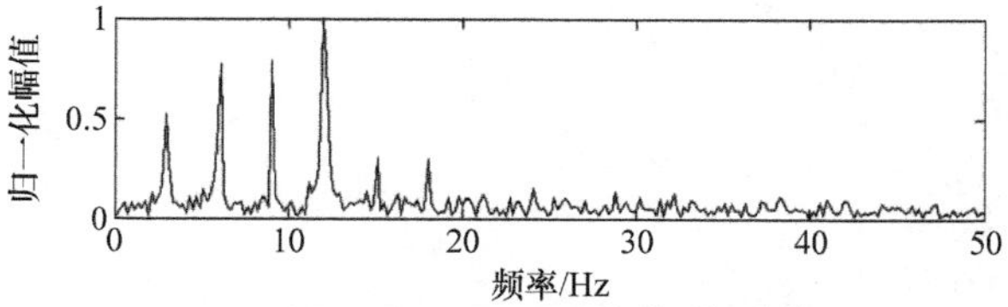

(e) 3000~4000Hz子频带信号解调谱

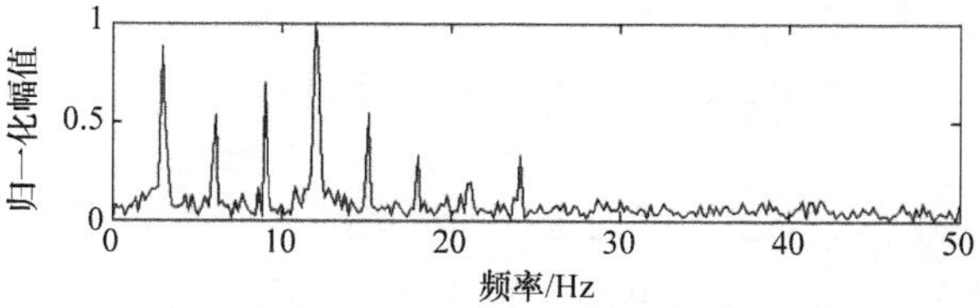

(f) 4000~5000Hz子频带信号解调谱

图 2-38　仿真信号解调谱图

表 2-3　仿真信号各子带的调制度

子带带宽	调制频率 调制度	调制频率 2 倍频调制度	调制频率 3 倍频调制度	调制频率 4 倍频调制度
1000～2000Hz	0.3	0.5	0.3	0.7
2000～3000Hz	0.4	0.4	0.5	0.8
3000～4000Hz	0.2	0.4	0.4	0.6
4000～5000Hz	0.6	0.3	0.4	0.9

图 2-39 给出了某实际船舶辐射噪声 1000～5000Hz 宽频带解调谱、4 个子频带解调谱(每个频带 1000Hz)以及 4 个子频带和解调谱。

比较图 2-38(a)、(b)以及图 2-39(a)、(b)可以看出，宽带解调谱和各子频带解调谱之和基本一致，可以近似认为是各子频带解调谱之和。文献[75]还对这种规律的普遍性进行了验证。

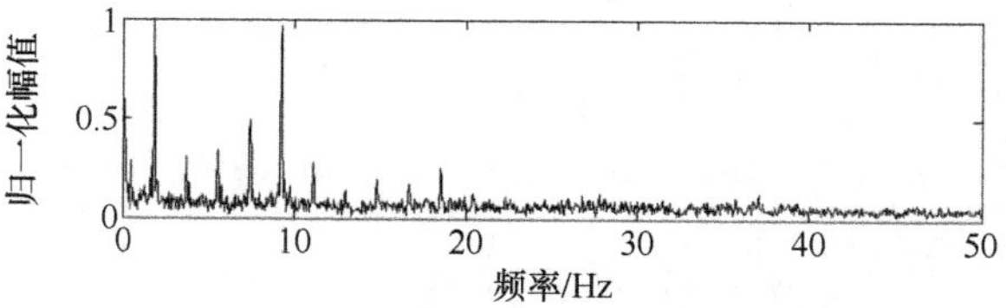

(a) 1000~5000Hz宽带解调谱

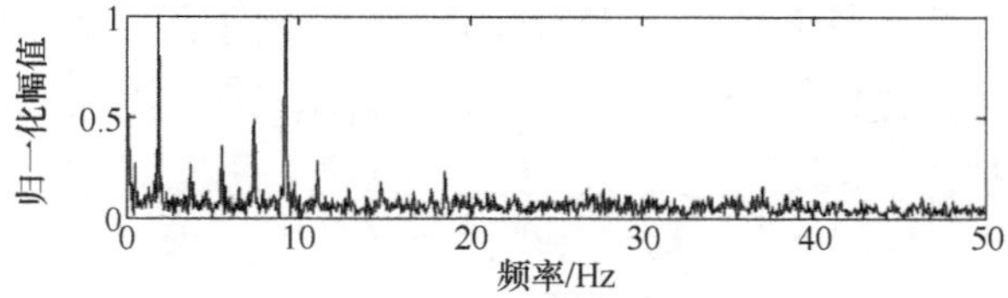

(b) 子带解调谱之和

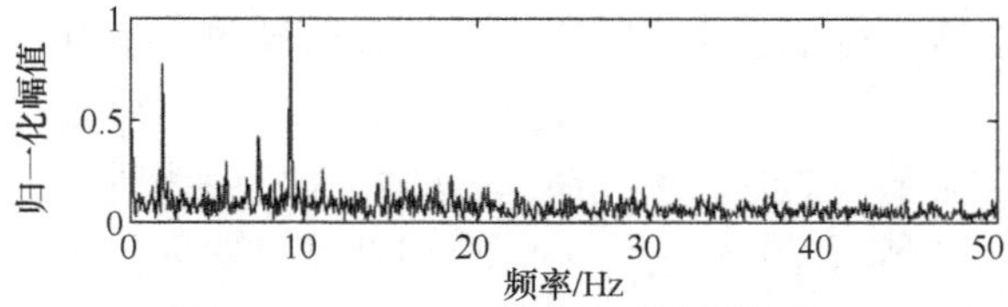

(c) 1000~2000Hz子带解调谱

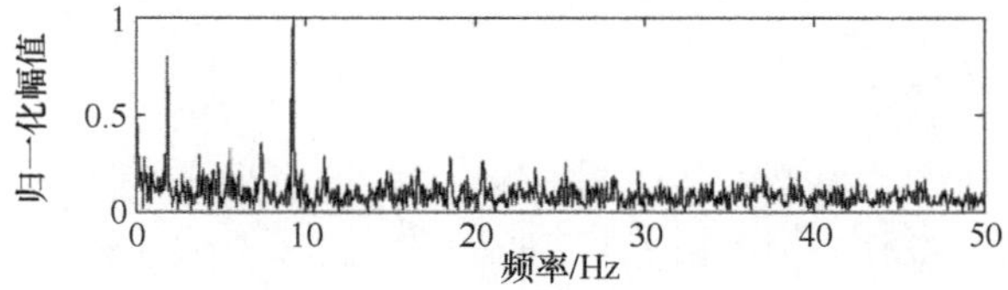

(d) 2000~3000Hz子带解调谱

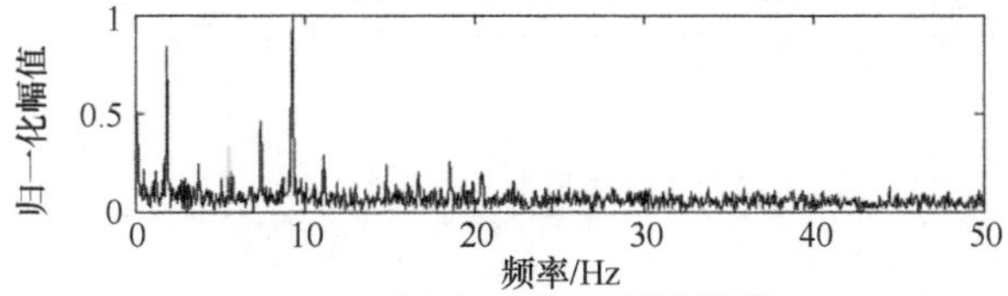

(e) 3000~4000Hz子带解调谱

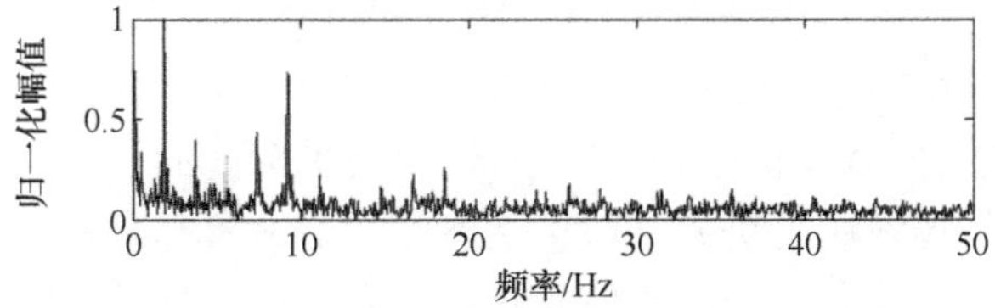

(f) 4000~5000Hz子带解调谱

图 2-39　实际船舶辐射噪声信号的解调谱谱结构

2.8　声纳预处理 AGC 对调制谱的影响

2.8.1　声纳预处理 AGC 电路及作用

1. 声纳预处理 AGC 电路的作用

大多用于特征提取及分类识别的船舶辐射噪声都经过了声纳设备的预处理电路。一般声纳预处理电路组成如图 2-40 所示，其中自动增益控制电路(automatic gain control, AGC)几乎是声纳预处理的标准配置。由于预处理电路位于声纳设备的最前端，因此对目标特征提取、分类识别及整个声纳性能都会产生影响。

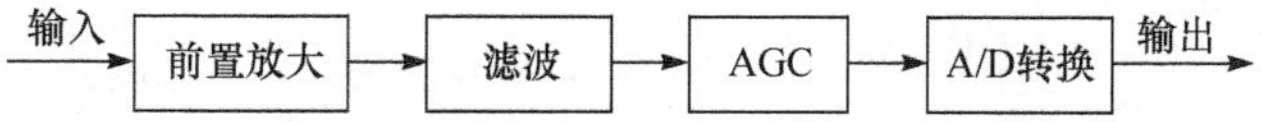

图 2-40　声纳预处理电路组成

声纳使用自动增益控制主要是解决声纳接收信号的动态范围不足问题。如采用 16bitAD，其动态范围为 2^{16}，约 100dB 左右，而实际声纳接收的信号很多情况下的动态范围远远大于 100dB。解决动态范围的方法一种是用更高精度 AD 转换器，如 24bitAD，另一种方法就是使用 AGC 电路调整输入信号的动态范围。在过去没有高精度 AD 器件情况下，使用 AGC 成为唯一选择。

2. AGC 工作过程

图 2-41 为声纳设备典型的 AGC 电路，主要组成为衰减网络(由电阻和场效应管组成)、放大器、检波和控制电路(时间常数—起控、释放)等。

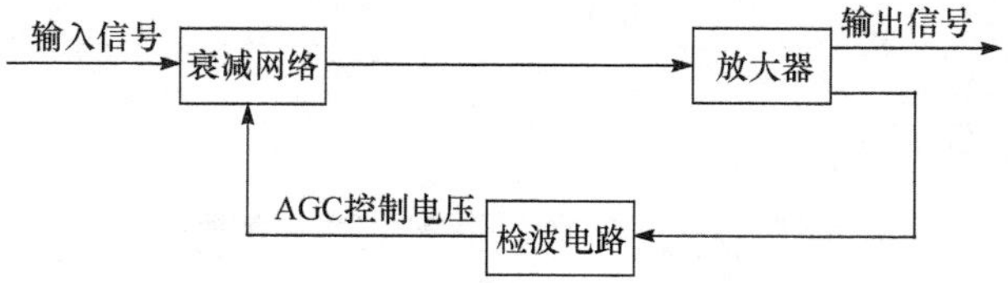

图 2-41　声纳设备典型 AGC 电路信号流程图

当输入信号较小时，可变衰减网络中的场效应管完全截止，信号毫无衰减的输入主放大器,经放大后的信号仍然较小,经检波平滑后的信号不足以超过门限，使得衰减网络中的场效应管仍处于截止状态而对信号不起衰减作用；当信号较大时，经放大器放大及检波平滑后的信号超过门限电压，使得衰减网络的场效应管导通起到分压作用，输入信号在衰减网络中衰减。输入信号电压幅度越大，衰减网络的衰减越大,放大器的输入减小。这样保证输出信号幅度不超过一定的范围，达到自动增益控制的目的。

3. AGC 对信号波形的影响[24]

通过对 AGC 电路试验发现，输入具有幅度调制的信号时，AGC 电路板的输出信号与输入信号相比,不仅仅是信号的放大与缩小,信号的波形也产生了变化。图 2-42 为 AGC 电路输入和输出信号，通过比较发现，信号波形的包络不再是规整的正弦波，而是产生了畸变。

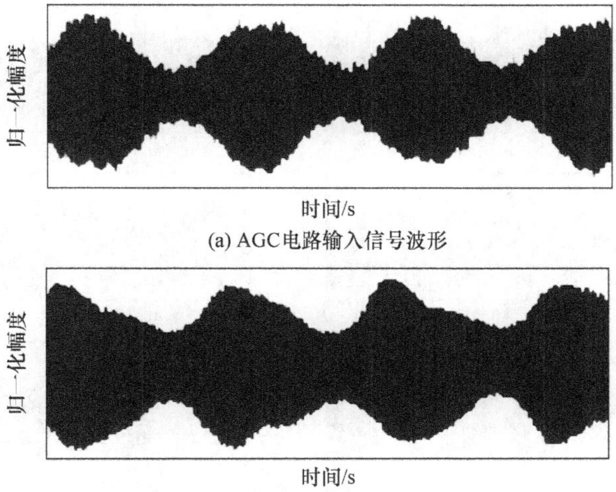

(a) AGC电路输入信号波形

(b) AGC电路输出信号波形

图 2-42　AGC 电路输入信号及输出信号波形

2.8.2　AGC 电路对船舶辐射噪声调制谱的影响

AGC 电路对调制谱的影响取决于 AGC 电路设计参数，包括 AGC 起控门限和时常数。下面就某典型 AGC 电路给出仿真信号和实际船舶噪声信号的试验结果。

1. 仿真试验

(1) AGC 影响与调制度的关系

假定 AGC 输入信号形式为

$$v_i = A(1+m\sin\Omega t)\cos\omega t \tag{2-84}$$

其中，$\Omega=2\pi F,\omega=2\pi f$。在此，调制频率 F 取 2Hz，载频 f 取 2000Hz，调制度 m 分别取 0.1、0.2、0.3、0.4、0.5。

图 2-43(a)为输入信号波形，2-43(b)为输出信号波形。对比可以看出输出信号发生了明显的失真，主要体现在以下方面：①调制信号的波形不再是余弦信号，发生畸变，调制谱产生多余谐波；②调制度明显降低，即信号最大值与最小值的差值变小；③随着调制度的增加，失真越严重，产生的谐波越多，且谐波幅度越强。

图 2-44 为 AGC 输入和输出信号的调制谱，比较可以发现：①在 AGC 的作用下，输出信号的调制谱中产生了多余的谐波；②随着输入信号调制度增大，产生的谐波越多，且谐波幅度越强。

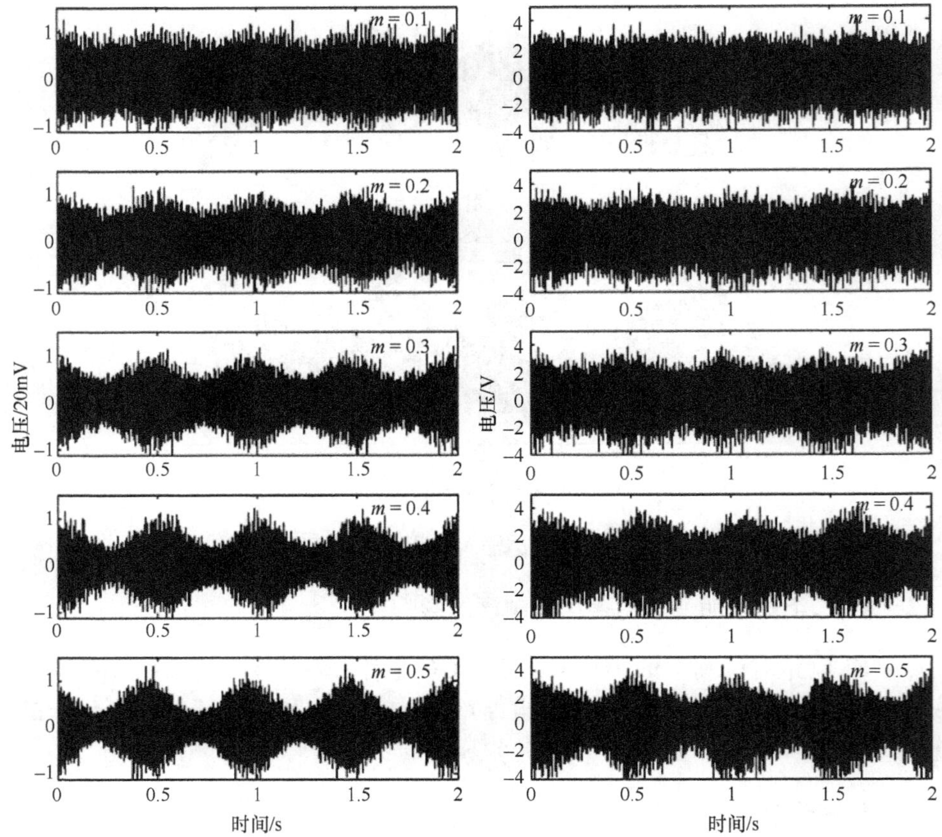

(a) 输入信号　　(b) 输出信号

图 2-43　不同调制度 AGC 电路输入与输出信号波形比对

(调制频率为 2Hz，载波为正弦波频率为 2000Hz)

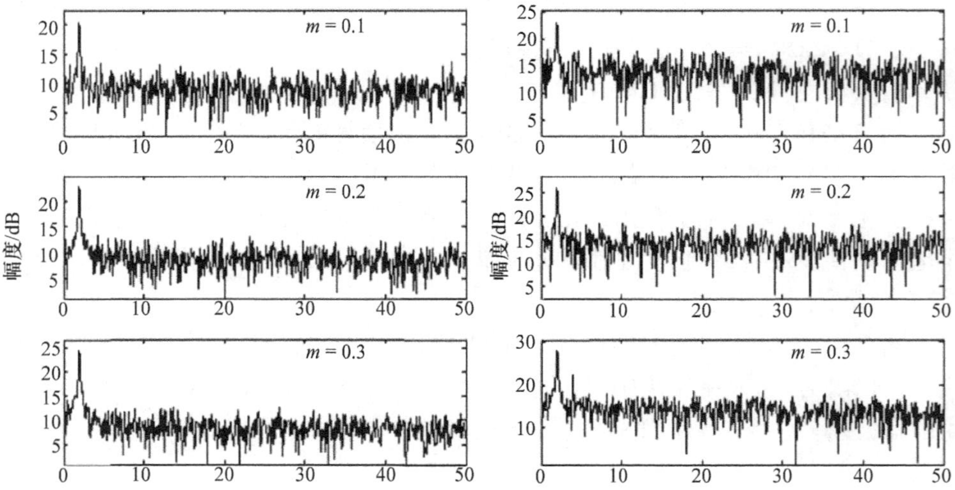

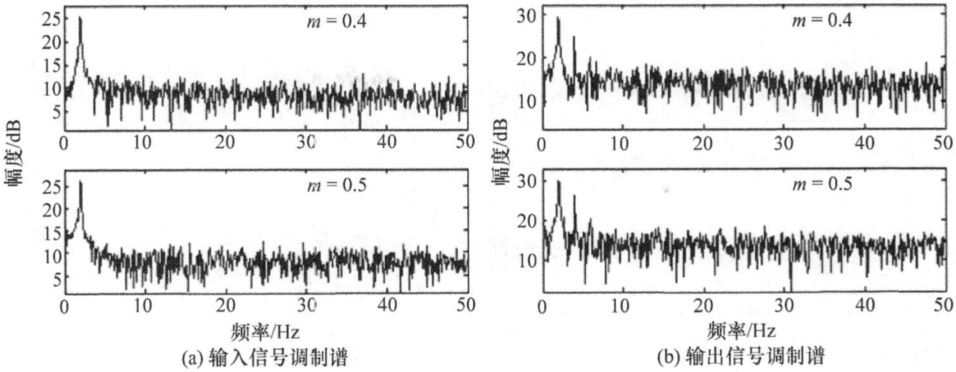

图 2-44　不同调制度 AGC 电路输入与输出信号调制谱比对

(调制频率为 2Hz，载波为正弦波频率为 2000Hz)

(2) AGC 影响与调制频率的关系

AGC 输入信号形式仍为式(2-84)，其中 m 取 0.5，调制频率分别取 2、4、8、16、24Hz。图 2-45 为 AGC 输入、输出波形，图 2-46 为对应的调制谱。

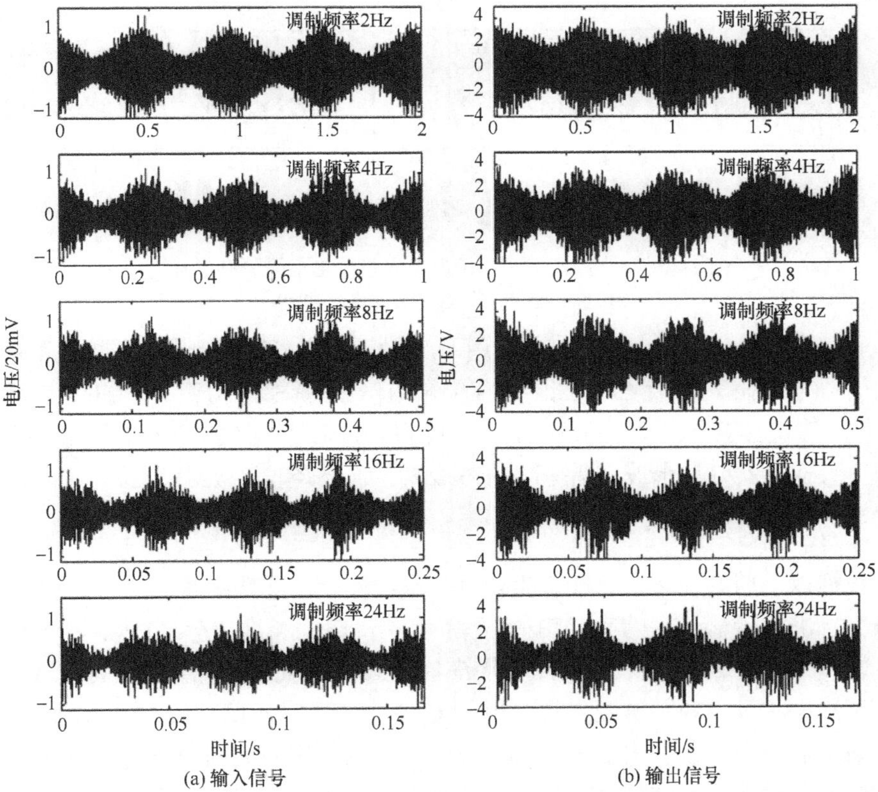

图 2-45　不同调制频率 AGC 输入与输出信号波形比对

(调制度为 0.5，载波正弦波频率为 2000Hz)

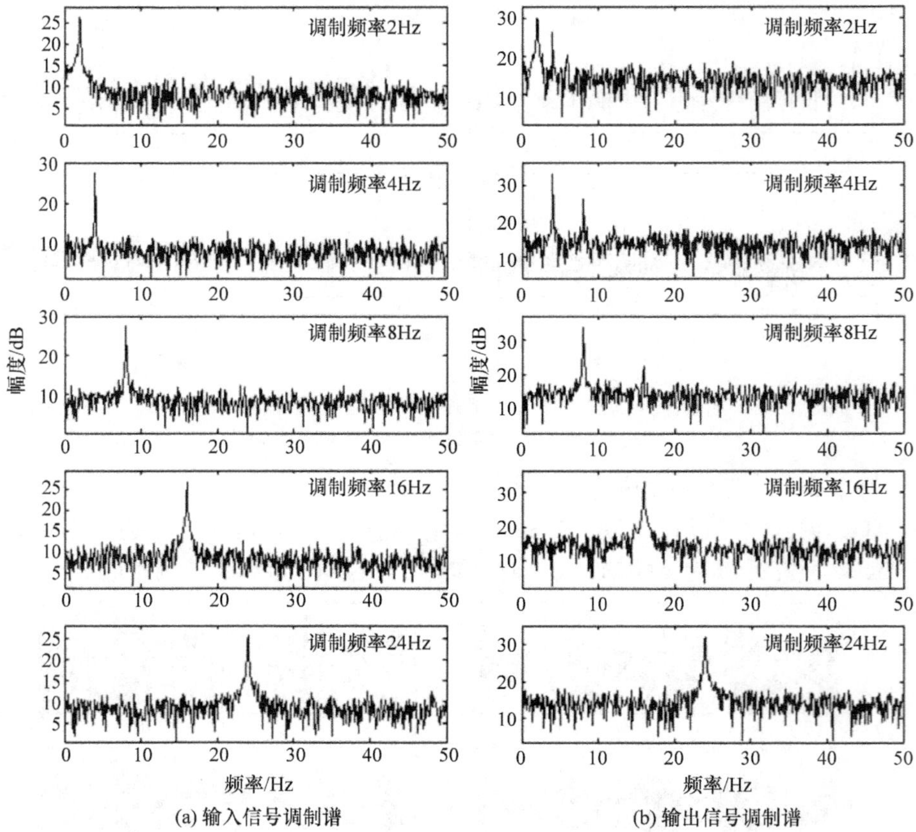

图 2-46　不同调制频率 AGC 输入与输出信号调制谱比对

(调制度为 0.5，载波正弦波频率为 2000Hz)

通过比较可以发现：在 AGC 的作用下，信号产生畸变，调制包络不再是正弦波，输出信号的调制谱中产生多余的谐波；随着输入信号调制频率升高，产生的谐波越少，且谐波幅度也在减小，即相同条件下，调制频率越高，信号失真越小。调制频率 2Hz 时产生明显的 2、3 阶谐波，调制频率 16Hz 时谐波已经非常微弱，几乎不可见。

2. 实际船舶辐射噪声试验

根据以上原则，挑选可能产生明显失真的实际船舶辐射噪声进行试验。输入信号为标准水听器录制的某船舶辐射噪声，录制时间长度 3 分 20 秒，噪声节拍清晰，转速为 102 转/分左右。将原始噪声信号通过 AGC 放大后(AGC 起控)，再观察其调制谱，可发现其谱图失真。图 2-47 给出了原噪声调制谱与经 AGC 放大后调制谱，从图中可以看出，经 AGC 放大后的调制谱最大的变化是信噪比的降低以及谐波的增强，原信号 2 次谐波并不明显，但经 AGC 放大后其 2 次谐波非常明显，从而使得调制谱产生了失真。

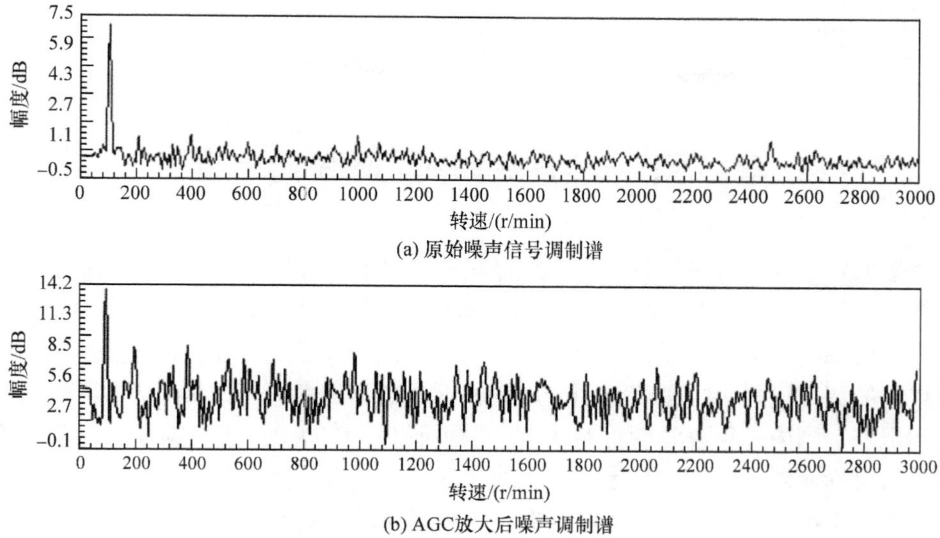

图 2-47　原始噪声信号与 AGC 放大后噪声调制谱图

选择合适的 AGC 电路参数可以减少调制谱失真。另外，设计合理的步进增益控制电路可以消除这种失真。目前很多声纳采用大动态范围的 AD 电路，彻底不使用 AGC 电路，避免了 AGC 电路给调制谱带来失真的风险。

第 3 章　船舶辐射噪声线谱特征

船舶辐射噪声含有比较丰富的线谱成分，潜艇、商船、鱼雷等目标辐射噪声中都含有线谱。如第 1 章所述，LOFAR 本意为低频分析和记录，但在水声工程领域，船舶辐射噪声低频线谱常被称为 LOFAR 谱。线谱或低频线谱是船舶辐射噪声重要的特征量之一，被广泛用于声纳目标探测和识别，尤其是用于对潜艇的探测和识别。国内外很多学者都对线谱开展了研究，有些是从船舶降噪的角度，有些是从目标探测和识别的角度，尤其对潜艇线谱的关注度更高。船舶辐射噪声线谱由于涉密性等因素，公开的材料有限，限制了该领域研究和发展的速度。

3.1　船舶辐射噪声线谱声源

3.1.1　船舶机械噪声线谱

船舶上装有众多复杂的机械，有作为船舶动力的主机和许多其他辅助机械，如用于空调、排注水、排注油、充气、操舵、抛锚等辅助机械。这些机械有的只在航行时工作，有的在船舶停泊时也工作，不可避免地产生摩擦、碰撞、振动，从而形成船舶机械噪声。这些噪声由各种途径通过船壳传到海水中去(如机座、与船壳相连结的振动部件等)，就形成了船舶辐射噪声中的机械噪声。实际中，在空气中测量和听到的机械噪声与水中实际测到和听到的机械噪声有很大不同，前者远远大于后者。声纳目标识别中所说的机械噪声，是指通过船舶壳体辐射于水中的那一部分[47]。

形成船舶机械噪声的各种声源，哪些是主要的，哪些是次要的，情况非常复杂。对于水面船舶来说，通常最强的噪声来自船舶主机。柴油机噪声主要来自于活塞和曲柄轴，汽轮机噪声主要来源于辅助机械及齿轮机(减速齿轮)。对水下电机推动的潜艇来说，电机噪声是重要的噪声源。总体来说，机械噪声主要来源有机械不平衡产生的噪声、电磁力脉动噪声、机械部件碰撞噪声、往复机活塞拍击噪声、轴承噪声。其中，前三种方式产生线谱，噪声中主要成分是振动的基频及其谐波的分量；活塞拍击噪声谱由线谱和连续谱两部分构成，其中线谱基频为曲轴旋转频率的谐波；轴承噪声主要产生连续谱。所以，船舶机械噪声谱可以看作是强线谱和连续谱的叠加，而这些强线谱是由于上述的一种或多种往复性振动而产生[47,76]。

1. 机械不平衡产生的噪声

机械中每个部件的运动不是旋转式的就是往复式的，它们都会产生不同类型的机械不平衡。机械不平衡分为旋转不平衡和往复不平衡两大类。

(1) 旋转不平衡

旋转不平衡是由于材料或结构缺陷、负荷和温度引起的形变，以及轴承偏离准线等原因而产生。所有的旋转系统都会产生轻微的静态和动态不平衡。静态不平衡可以用转子重心偏离旋转中心的位移来表示，动态不平衡可用位于不同截面的两个不平衡质量来表示，最后得到的脉动力和力矩都正比于角速度 ω 的平方。不平衡力和力矩通过轴承传到支架和底座上。声压正比于辐射面的振动速度，振动速度正比于引起振动的力。因此，对于一给定的机械而言，其机械不平衡产生的辐射声功率随角速度的四次方而增加。在旋转不平衡产生的辐射谱中，旋转频率的单频声是主要的，其带宽由电源和旋转速度的稳定度所确定，频率范围为柴油机不平衡力及力矩引起的柴油机轴旋转频率及倍频。柴油机转速范围从低速柴油机的几百转到高速柴油机的几千转，对应频率范围为几赫兹到几十赫兹。

(2) 往复不平衡

活塞在汽缸内作往复运动产生不平衡力和力矩。往复不平衡力和力矩按曲率转速的低次谐波出现，不同的机件和汽缸相角的排列使各次谐波有不同的强度，可以通过配置合适的平衡重量来降低某些较强谐波分量的强度。

多汽缸机械排列方式包含直列式、V 型式、对置活塞式和辐射式等，每一种都有各自的优缺点。从静态和动态平衡的观点来看，辐射式排列是比较好的。往复不平衡是低频振动的主要激励源。

2. 电磁力脉动噪声

水面船中电机噪声比其他机械噪声源小得多，但对于水下航行的潜艇来说，电机噪声是非常重要的噪声源。电机噪声主要是由磁致伸缩和磁力变化产生。

(1) 磁致伸缩效应

电机噪声中有一种是由磁致伸缩效应产生的。大多数材料被磁化时，由于单位磁畴的重新排列，使其尺度略有变化。在电压的每半个周期内，交流电磁系统的铁心经历一次尺度变化，导致铁心表面以两倍于电源的频率而振动。由于非线性和磁滞效应的作用，振动不是纯正弦波，还包括高次谐波。这样得到的频谱是由两倍于电源频率的基频和若干谐波组成，通常基频最强，这就是通常变压器的交流声。

(2) 磁力变化

电机噪声中另一种是由于磁力变化而产生的。在交流电机中，存在两类性质不同的磁力脉动，分别产生低频噪声和高频噪声。低频噪声是由于定子和转子之间径向吸力脉动而产生，该力与瞬变磁通密度的平方成正比。在每个电压周期内，经历两次“零—最大值—零”的完整循环，与磁致伸缩而产生的交流声相似，频率两倍于电源的频率，且与电机转速无关。高频噪声为转子槽噪声，其不仅在交流电机中出现，在直流电机中也出现。这种噪声是由于转子齿相对定子电极的位置变化时的磁通量稍有改变引起的，基频是转子槽数乘以实际的旋转频率。另外，在交流电机中还有两个较强的分量，其频率为槽频率加减两倍电源频率，即

$$f = Rn \text{ 或 } f = Rn \pm 2\tilde{f}$$

其中，R 是电枢齿数或转子槽数，n 是每秒钟的转数，$\tilde{f}$ 是电源频率。

潜艇主电机工作产生的电源频率的基频和若干谐波可能是潜艇辐射噪声线谱的组成部分。这种主电机电源频率有些国家为 50Hz，部分国家为 60Hz。

3. 机械部件碰撞噪声

对于许多机械噪声源，如齿轮、发动机阀门和链条传动装置等，它们的特点是一部分金属部件对另一部分金属表面的重复碰撞。碰撞的结果是结构受到短促的脉冲激励，脉冲重复周期比每个脉冲持续的时间要长很多。每次碰撞很快加速到初速度 ω_0，并在下一次碰撞前迅速衰减，如图 3-1 所示。碰撞产生的谱由与重复周期相关的单频分量的各次谐波组成，当这些谐波与结构的共振频率符合时，会产生更强烈的振动。

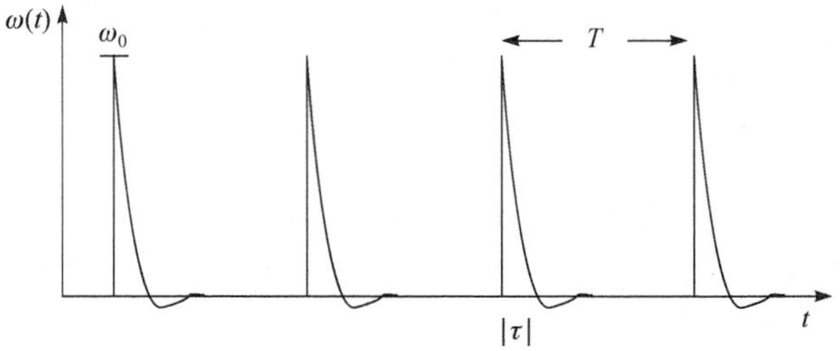

图 3-1　重复碰撞示意图

齿轮噪声也是转动机械的主要噪声源，齿碰撞和滚齿误差是产生齿轮噪声的两个主要原因。齿碰撞产生频率为齿接触频率整数倍的单频分量，通常基频最强，实际齿轮噪声测量中可以记录到高达 6 次谐波。齿轮碰撞基频频率范围为几十赫兹到几百赫兹。齿轮噪声取决于机械加工精度和齿的形状。滚齿误差是由于切削

齿轮的机床本身也是由齿轮传动的。切削机床齿轮传动的不平衡将会使切削的齿轮出现波状的外表面，齿上波纹的作用就像二级齿轮，从而产生附加噪声，滚齿误差通常产生单频噪声。

4. 往复机活塞拍击噪声

活塞拍击是指活塞对汽缸壁的碰撞。拍击原因是连杆的横向分力方向改变，使活塞发生穿越气缸间隙的侧向运动。典型往复机的连杆，相对于活塞运动的基线从一侧到另一侧来回运动。每当发生这种运动，横向分力的方向就会改变，使得被顶在气缸一侧的活塞运动到气缸的另一侧,并撞击气缸壁而引起碰撞式振动。当连杆力改变方向时，也会发生活塞拍击。曲轴每旋转一次出现多次活塞拍击，因为它们不是等间隔的，所以重复基频是曲轴的旋转频率。每个气缸所产生的频谱都是由大量按谐波分布的单频分量组成，在多气缸发动机中，汽缸与曲轴连接的角度彼此错开，以便抵消动态不平衡，结果使得同时点火的汽缸数的整数倍谐波得到加强。这些谐波称为点火速率单频分量，它不仅在柴油机中出现，也在压气机中出现。因此，典型的发动机频谱由旋转频率的多达 120 个谐波分量所组成。其中，点火速率整数倍的谐波和激励结构共振的那些谐波都是最强的。图 3-2 表示某商船辐射噪声在 200Hz 以下低频线谱分布情况，可以看出该船在此频段具有丰富的低频线谱，主要为叶片速率谐波、点火速率谐波以及柴油发电机产生的谐波[77]。

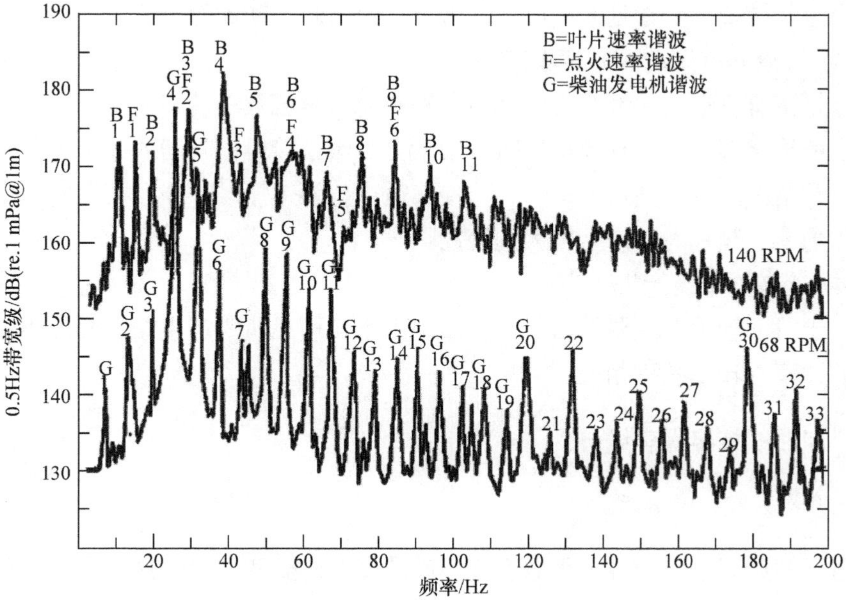

图 3-2　某商船的低频线谱

一般认为，活塞拍击是大多数往复式压气机、中速和高速船用柴油机的主要机械噪声源。船用柴油机的水下噪声主要有：活塞拍击是船用往复机的主要水下噪声源；选择低转速和低活塞线速度的机器，将产生比较低的噪声级；保持活塞间隙小到合理磨损范围，将降低噪声级；高大的有较长连杆的机器要比结构紧凑的有短连杆的机器噪声要低；低速船用柴油机比老式的蒸汽往复机要安静，因为它不仅低速运转，而且采用活节连杆。

5. 轴承噪声

旋转机械中的轴承既传递振动又产生振动。滑动轴承是两类常见轴承中的一种，其传递噪声但很少产生噪声，只有在润滑不良时，它才产生高音调的共振振动。另一类滚珠轴承，常常产生与转速和外环共振有关的单频噪声。在早期的船舶结构中，轴承被认为是发动机的主要噪声源，但随着精密制造工艺和轴承技术的发展，只有在轴承出现问题时才产生明显的轴承噪声。引起滚动轴承噪声的原因有以下几个方面[78]。

(1) 轴承中的滚珠有缺陷，或形状不规则

在轴承转动过程中，这些有缺陷或不规则的滚珠周期性的与内外滚道接触引起振动，并辐射出噪声。

(2) 内外滚道上有部分变形而产生噪声

当滚珠转过该变形处时会产生冲击，从而引起振动和噪声。

(3) 滚道固有振动而产生噪声

这是所有滚动轴承都会有的噪声。轴承内的滚道及滚动表面不可避免地存在无规则的形状误差。当轴承旋转时，滚动体与滚道接触，其间的作用力发生微小的变化，给滚道一个强迫振动力，迫使滚道产生强迫振动。当激振力的频率等于滚道体的固有频率时将产生较大的振动噪声。

(4) 旋转不平衡产生噪声

对于滑动轴承，主要是由于滑动面加工不良形成凸凹产生振动而形成噪声。噪声的频率与转动频率相关。

3.1.2 船舶螺旋桨噪声线谱

1.螺旋桨空化噪声线谱

对于螺旋桨空泡而言，无数空泡不断的交替产生和破灭，这些空泡随机破灭并辐射声压脉冲，远场中的一个观察点所接收到的噪声信号是许多随机脉冲的叠

加[79,80]。2.1.2 节已经讨论了某时刻所有空泡辐射能量叠加而产生的噪声主要为连续谱成分，但若从较长的一段时间看，由于桨叶工作在船尾不均匀伴流场中，空泡群辐射的总噪声能量随时间具有周期性起伏，因此，若从较长一段时间看螺旋桨空泡群辐射噪声，除包含 2.1.2 节所述连续谱外，还具有离散线谱。文献[55]、[56]、[81]、[82]探讨螺旋桨空化低频线谱时均将螺旋桨空泡辐射噪声视为脉冲序列处理，本书以该理论为基础，并考虑前述的周期性起伏因素，将螺旋桨空泡群辐射噪声的周期性起伏视为一个随机脉冲序列，如图 3-3 所示，以此分析螺旋桨空化噪声低频线谱问题。由于受桨叶形状、船尾形状等的影响，空泡群声脉冲的形状会因船而异，有可能类似高斯形状，或者双边负指数形状等。对于任一螺旋桨而言，由于各桨叶之间几近相似，其空泡群声脉冲序列中各脉冲的形状存在较大相似性。

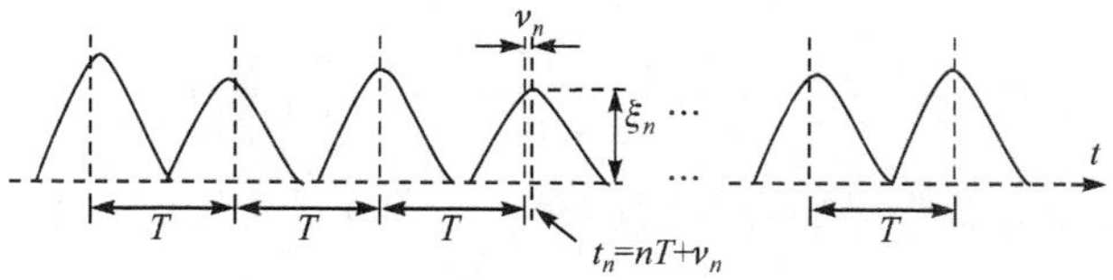

图 3-3　螺旋桨空泡总噪声随机脉冲序列

为研究问题方便，对随机脉冲序列做以下简化处理[49]。

(1) 空泡群辐射声脉冲产生时刻具有准周期性，表示为

$$t_n = nT + \nu_n \tag{3-1}$$

其中，n 为脉冲的序号；T 为发生时刻的平均或确定性间隔，一般为螺旋桨叶频倒数；υ_n 是均值为零的随机量。

(2) 空泡群辐射的各脉冲形状相同，并表示为

$$\xi_n u\left(t - t_n \big/ \tau_n\right) \tag{3-2}$$

其中，$u(t)$ 为确知函数，ξ_n 为幅度因子，τ_n 为有效宽度，均可以表示为随机量。

函数 $u(t)$ 的 Fourier 变换为 $g(\omega)$，则根据式(3-2)，取 $2N$+1 个脉冲组成序列的幅度谱为

$$Z_N(\omega) = \sum_{n=-N}^{N} \xi_n \tau_n g(\omega\tau_n) \mathrm{e}^{-\mathrm{i}\omega t_n} \tag{3-3}$$

此时，螺旋桨空泡噪声平均功率谱为

$$\begin{aligned} F(\omega) &= E\left[\lim_{N\to\infty} \frac{2}{(2N+1)T} \left|Z_N(\omega)\right|^2\right] \\ &= \frac{2}{T}\left\{K(\omega) + 2\lim_{N\to\infty}\sum_{p=1}^{2N}\left(1 - \frac{p}{2N+1}\right)\mathrm{Re}\left[h_p(\omega)\right]\right\} \end{aligned} \tag{3-4}$$

其中

$$K(\omega)=E\left[\xi_n^2\tau_n^2\left|g\left(\omega\tau_n\right)\right|^2\right] \tag{3-5}$$

$$h_{n-j}(\omega)=E\left[\xi_n\xi_j\tau_n\tau_j g\left(\omega\tau_n\right)g^*\left(\omega\tau_j\right)\mathrm{e}^{-\mathrm{i}\omega\left(t_n-t_j\right)}\right] \tag{3-6}$$

式(3-4)中第一项来自于每个脉冲的独立贡献,第二项则产生于脉冲之间的相关性。

将式(3-1)代入式(3-6)，可得

$$h_{n-j}(\omega)=\left|L(\omega)\right|^2\mathrm{e}^{-\mathrm{i}\omega(n-j)\mathrm{T}} \tag{3-7}$$

其中，$L(\omega)=E\left[\xi_n\tau_n g\left(\omega\tau_n\right)\mathrm{e}^{-\mathrm{i}\omega\upsilon_n}\right]$

根据文献[49]可推得

$$F(\omega)=\frac{2}{T}\left\{K(\omega)-\left|L(\omega)\right|^2+\frac{2\pi}{T}\left|L(\omega)\right|^2\sum_{m=-\infty}^{\infty}\delta\left(\omega-\frac{2m\pi}{T}\right)\right\} \tag{3-8}$$

可以看出，螺旋桨空化噪声平均功率谱由连续谱和线谱两部分组成，为

$$\left.\begin{aligned}&\text{连续谱}\quad F_c(\omega)=\frac{2}{T}\left(K(\omega)-\left|L(\omega)\right|^2\right)\\&\text{线状谱}\quad F_d(\omega)=\frac{4\pi}{T^2}\left|L(\omega)\right|^2\sum_{m=-\infty}^{\infty}\delta\left(\omega-\frac{2m\pi}{T}\right)\end{aligned}\right\} \tag{3-9}$$

其中，线谱频率仅出现在 $2\pi/T$ 的整数倍处，表现为螺旋桨叶频的谐波。

假定 $\upsilon_n\sim(0,\sigma_v^2)$，则在 $\omega\sigma_v\ll 1$ 时，功率谱的低频段连续谱成分远小于线状谱成分，主要由一系列线状谱组成，其基频等于螺旋桨叶频 $1/T$；而在高频段 $\omega\sigma_\upsilon\gg 1$，谱的形式将基本上与 2.1.2 节单个空泡群声脉冲的噪声谱相同，在高频段将以大约 –6dB/oct 的速率下降。

2. 螺旋桨无空化状态噪声线谱

螺旋桨可以工作在空化状态或无空化状态或半空化状态。对于无空化螺旋桨来说，其也可以产生低频离散线谱噪声。螺旋桨工作在船尾的非均匀流场中，当螺旋桨叶片周期性旋转时，会和此非均匀流场相互作用产生非定常升力脉动，从而辐射出周期性的离散谱噪声。

当螺旋桨在艉部和艏舵伴流场中运转前进时，桨的叶面受到流体动力非定常压力(包括阻力和升力)的作用。根据作用与反作用原理，桨面将作用于介质相等的反向力。这样，桨叶运转形成击水发声的“力源”。尽管桨面负荷分布不均匀，但由于桨运转的周期性，所以其辐射声仍存在线谱，基频为叶片数和转速乘积。辐射噪声还包括其倍频线谱，对实桨测得 5～7 次倍频谱线，为低频噪声中主要成

分。对于低频线谱谱级的估计是比较复杂的，人们根据叶面载荷 k 阶谐波升力系数 C_{LK} 和阻力系数 C_{DK} 计算叶面力源强度，估算无限介质远场辐射声。考虑桨叶厚度，可把桨叶运转瞬间排挤流体看作“体积”源作用，这部分声辐射加之于力源的辐射场之上，其贡献大小决定于叶面负荷力源强度与叶片体积源强度之比。当叶面很大平均厚度不大时，厚度影响可以忽略[83]。和航空螺旋桨不同，船舶螺旋桨是处于尾部结构的声散射场和尾部伴流场之中，声场、流体动力场及它们的相互作用都应考虑。目前，由于尾部结构和桨叶结构形状和诱导流场的复杂性，噪声预报都只是分别考虑结构振动、声和流场各自相互耦合作用。如果只考虑前后桨转子不同频率声模态的互耦合作用，忽略流体动力互作用对面力影响，对前几阶线谱声幅度影响可能不大，但对高谐声模态没有影响尚无可供证明的根据[84]。对于螺旋桨无空化时的低频离散谱噪声，理论研究有如下几点结论：低频离散线谱噪声的频率是螺旋桨转速和叶数乘积的整数倍[83]；离散谱噪声随螺旋桨直径减小而降低[84]；大侧斜桨叶可明显地降低螺旋桨的离散谱噪声[85]；流场的不均性会使离散谱噪声级明显增加[85]；螺旋桨参数不仅会影响离散谱噪声，而且影响宽带噪声。桨直径、轴转速的减小均有利于两者噪声的减小[85]。

3.1.3　船舶结构振动噪声线谱

1. 船舶结构振动激振力[47,86-89]

船舶上各种机械振动通过船体传递后产生的噪声即为结构噪声，其中透入水中的部分产生水下噪声。船体结构大多数可以分为两类，即梁状结构和板状结构。梁状结构通常是只有一个尺度大于振动波长的结构，板状结构是有两个尺度大于振动波长的结构。梁状结构的主要作用是传递振动，而板状结构通常与流体介质接触，所以是结构声的主要辐射体。

船体作为一个自由漂浮在水上的弹性壳体，可把它视为一个空心弹性梁，在运行过程中，不可避免地受到各种外界激振力的作用，使船体发生总振动和局部振动。引起船体产生稳态强迫振动的主要原因是螺旋桨和主机运转时所引起的周期性的激振力，这也是船体振动的主要振源。其他如汽轮机、发电机、电动机、空气压缩机和各种泵等，也会产生一些激振力，但一般情况下，其数值不大，只会引起局部振动。

(1) 螺旋桨激振力

螺旋桨的激振力可分为两类：一类是轴频激振力，即螺旋桨的激振频率等于桨轴转速的一阶激振力，它是由螺旋桨的机械不平衡引起的；另一类则是激振频率等于桨轴转速乘以桨叶数或桨叶数倍数的高阶激振力，称为叶频激振力或倍叶频激振力，它是由螺旋桨在不均匀流场中工作引起的。

螺旋桨激起的一阶振动主要和桨叶制造质量有关。提高螺旋桨制造精度，可使其一阶激振力或力矩降到最低程度。

叶频激振力与螺旋桨制造质量无关，这种力可分为两类：一是螺旋桨转动时经水传至船体表面的脉动水压力，称为螺旋桨脉动压力，其沿船体表面的积分值(合力)称为表面力；二是螺旋桨在船尾工作时，由于伴流在周向分布的不均匀性，使作用在桨叶上的流体力发生变化而引起的激振力，因它通过桨轴和轴承作用于船体，故称为轴承力。

当螺旋桨叶频激振力的频率与船体或部件的固有频率同步时，就会产生严重的振动，从而形成共振单频噪声，此时，船体或部件共振产生的单频噪声主要是叶频以及叶频的高次谐波。苏联在试验中注意到由转动的螺旋桨轴产生的线谱和叶片速率线谱重合。另外，如果螺旋桨制造工艺存在问题而产生机械不平衡，还可能出现轴频激振力引起的共振，共振产生噪声的频率应是轴频频率及高次谐波频率分量。

(2) 主机激振力

柴油机运转时产生的周期激振力主要有两种：一种是运动部件的惯性力产生的不平衡力和不平衡力矩，其幅值及频率取决于运动部件的质量、发火顺序、缸数、冲程数、曲柄排列及转速；二是气缸内气体爆炸压力产生的对气缸侧壁的侧向压力和倾覆力矩，其幅值及频率取决于缸径、工作压力、曲柄连杆长度比、缸数和冲程数。

为了避免共振，常在船舶设计时使第一、第二谐调固有频率与激振力频率错开，但由于激振力频率随工况变化而变化，具有多种高次谐波，因此要想完全错开激振力频率并不是件容易的事。另外，在固有频率附近的激振力也会使船体或部件振动显著增强，从而产生强的单频噪声，并具有高次谐波。

要让船舶叶频范围与主要船体临界频率范围不重合，对大型船舶而言通常容易做到，但对小型船舶来说相对要困难得多，这是因为大型船舶工作叶频通常大于船体临界频率范围，而在小型船舶上，工作叶频往往正处在船体临界频率范围内，当发生这种工况时，船体一般会有很多模态被激起来，每种模态的频率在某一频带内会随船体排水量发生变化，具体与船舶运行时的负荷有关，要避免船体共振，必然会面临很多困难。在船舶设计时，一般可以通过提高转速增加叶频，使其高于船体主要模态频率，采用较小直径的螺旋桨通过提高转速获得相同的推力，同时增加叶梢间隙。

2. 船体振动固有频率[86-89]

由于船体总振动是将船体作为梁来研究，梁的各种振动形式在船体总振动中都存在。按照振动形态将船体总振动分为四种振动形式：垂向振动——船体在铅垂方向上的弯曲振动；水平振动——船体沿水平方向上的弯曲振动；扭转振动——船体绕其纵向轴线的扭转振动；纵向振动——船体沿其纵向轴线的扭转振动。

由于船舶左右对称，质量中心与刚度中心均在船舶纵向剖面中，所以纵向振动时并不伴有水平振动和扭转振动，而只伴有垂向振动。但是由于船舶纵向振动一般比较小，因此可认为垂向振动和纵向振动是相互独立的。同理，水平振动和扭转振动是互相耦合的，只要两者的固有频率相差一定的数值，则其耦合作用也比较小，可近似认为它们是互相独立的。在实际中，船体最常见的振动形式为垂向弯曲振动，水平振动和扭转振动比较少见，纵向振动振幅极微。因此垂向弯曲振动是船体振动的主要形式。

船体是一个弹性体，有无限多个自由度，理论上有无限多个谐调的主振动，因而有无限多个固有频率和固有振形。船体作高谐调振动时，节点之间的距离已经小于或接近船深或船宽，此时梁的弯曲理论已经不再适合了，并且此时剪切变形已经上升到重要地位，还可能伴随船体横截面的变形，因此实际上只有最初几个谐调固有频率和固有振形是有实际意义的，固有振形和固有频率是由船体本身的性质决定的，即是由船体刚性和船舶质量分布的情况决定的，与初始条件和激振力大小无关。表 3-1 给出了部分船体的自由振动频率实测数据，船型主要为货船、油船和快艇，船长为 37～210m，排水量为 113～64400t[90]。

表 3-1　部分实船船体参数及自由振动频率

船名	船长/m	型宽/m	型深/m	吃水/m	排水量/t	fv1/Hz	fv2/Hz	fv3/Hz	fv4/Hz	fv5/Hz	fh1/Hz	fh2/Hz
某玻璃钢艇	37				113	3.58	6.42	9.08	13	16.6		
某快艇	42	7.8	4.4		165	5.28	9.42	11.8	16.67	25		
长江3002 拖	4	10.0	3.7	2.4	761	4.58	8					
长江2030 拖	44	10.0	3.7	3.3	880	4	7.5					
新丰	56	10.15	5.8		900	3.3	6.62	11.9				
昆仑	76	13.4	3.3	2.76	1700	2.33	4.15					
战斗 82	92	13.8	7.70		2475	2.5						
东 11	105	16.4	4.7	3.6	3680	1.5	2.67					
大庆 415	105	18.6	5.85	4.2	7807	0.98	2.13					

续表

船名	船长/m	型宽/m	型深/m	吃水/m	排水量/t	fv1/Hz	fv2/Hz	fv3/Hz	fv4/Hz	fv5/Hz	fh1/Hz	fh2/Hz
东风	147	20.2	12.4	8.46 4.52	16980 8340	1.18 1.47	2.35 3.05	3.88 4.05	4.67 4.75	5.35	1.68 2.25	3.25 4.87
海丰	140	20.0	11.55		18390	1.2						
长风	162	22.3	13.2	9.5 5.2	28100 15100	1.12 1.53				1.95		
大庆 61	170	25.0	12.6		32400	1						
西湖	210	31.0	16.8		64400	0.83						

从表 3-1 中可以看出垂向振动的首个谐调固有频率范围是 0.83～5.28Hz。最初几个谐调的振动频率均在 20Hz 以下。总体来说，船的吨位越大，固有频率越低。值得注意的是，船体的固有频率并不是呈谐波倍数关系的。

3. 船体局部振动频率[89]

船体局部振动是指组成船舶的各个局部结构构件或部件的振动，如梁、板、板架、螺旋桨、轴包架、轴支架等的振动。船体是由板和梁组成的，并且许多大型梁也可以看成是由板组成的，因此与船舶辐射噪声关系最为紧密的是船体板的振动。

板的振动可能是由直接作用在它上面的振动负荷所引起的，如螺旋桨上方的船底外板，也可能由板的周界振动引起的，如机舱底板。船上的板按其在振动负荷作用下弯曲的特性，分成绝对刚性板和有限刚性板。绝对刚性板内的悬链应力与弯曲应力相比很小，可以忽略，其振动可用线性理论来研究。而有限刚性板板内的悬链应力不能忽略，需采用非线性理论研究。但是，所有板的振动初始状态总是符合绝对刚性板弯曲的特性。根据绝对刚性矩形薄平板在静负荷作用下的弯曲方程和边界条件，再利用能量法求得板在不同边界条件下的自由振动频率。

矩形板长、宽、高分别为 a、b、h，四边简支矩形板的首谐自由振动频率为[89]

$$f = 2.37 \times 10^5 h\left(\frac{1}{a^2} + \frac{1}{b^2}\right) \tag{3-10}$$

四边刚性固定板的首谐自由振动频率为

$$f = 5.37 \times 10^5 \frac{h}{a^2}\sqrt{1 + 0.6\frac{a^2}{b^2} + \frac{a^4}{b^4}} \tag{3-11}$$

两相邻边刚性固定和两相邻边简支的首谐自由振动频率为

$$f = 3.7 \times 10^5 \frac{h}{a^2}\sqrt{1 + 1.115\frac{a^2}{b^2} + \frac{a^4}{b^4}} \tag{3-12}$$

长边刚性固定，短边简支的首谐自由振动频率为

$$f = 2.37 \times 10^5 \frac{h}{a^2}\sqrt{1 + 2.57\frac{a^2}{b^2} + 5.14\frac{a^4}{b^4}} \tag{3-13}$$

由此可知，板的边界条件不同，其首谐自由振动频率也不同。一些研究表明，船体绝大部分板的固有频率测量值介于四周简支和四周刚性固定板的计算值之间，并且大多数偏于四周简支板的计算值。对于实船来说，板的边界条件的确定比较困难，所以在船体振动计算中，常近似的取为四周简支。在实际中，对四边简支与四边刚性固定的矩形板，首谐自由振动频率可参见图 3-4。

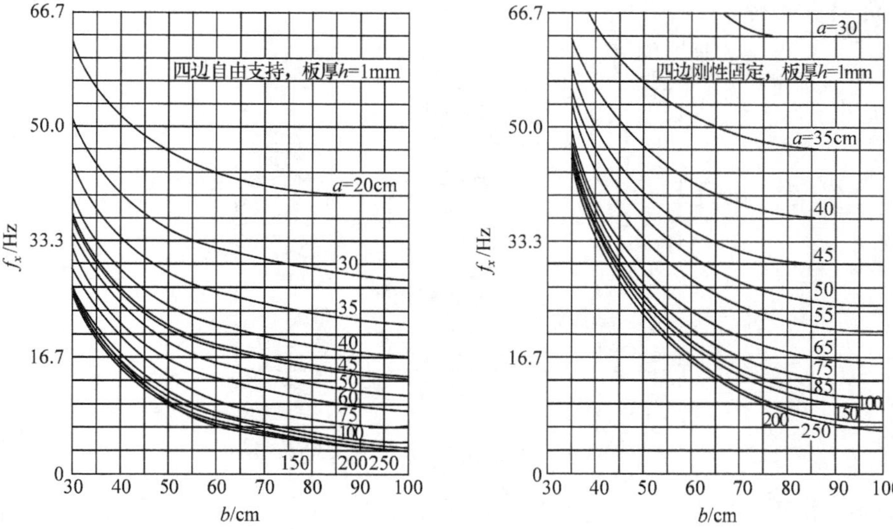

图 3-4　四边简支与四边刚性固定的矩形板首谐自由振动频率

实际中，在同一主机营运工况下，机舱内结构尺寸相同的板，有的板处于共振状态，或振动很大，有的板振动很小。在振动剧烈的板附近的其他板可能振动并不大，而离开一定距离的板可能有相当大的振动。当机器转速改变后，可明显地改变振动中心，某一块板可能停止振动，而另一块板却可能振动起来。显然尺寸相同的板其固有频率也可能是不相同的。这种差异是由于板的初挠度、中面内的应力等一系列因素所致。由上述分析可知，船体某些局部板的低振动阶固有频率可达几百赫兹的频率范围。

船体振动和局部振动都不同程度地通过船壳体辐射到水中，因此由于船体结构和局部振动辐射到水中的线谱频率应该覆盖几赫兹到几百赫兹的频率范围。

3.1.4 船舶辐射噪声线谱结构

由于产生线谱的原因很多，且影响船舶辐射噪声线谱的因素很多，因此对于每艘船舶来说，辐射噪声的线谱也是变化的，很多线谱与工况有很大关系。现在普遍的说法是结构振动线谱具有一定稳定性。同时，根据前面的描述，低阶的结构振动在船舶设计时一般尽量避免产生的，但高阶的结构振动可能还是存在的。

1. 典型船舶辐射噪声线谱结构

船舶辐射噪声线谱结构很复杂，下面给出一些典型的线谱结构情况。图 3-5 给出了典型航行体辐射噪声谱，包括未空化、起始空化、空化和完全空化四种状态[48]。在未空化时线谱最为明显，具有螺旋桨叶片速率线谱、机械噪声线谱和叶片结构唱音线谱等。

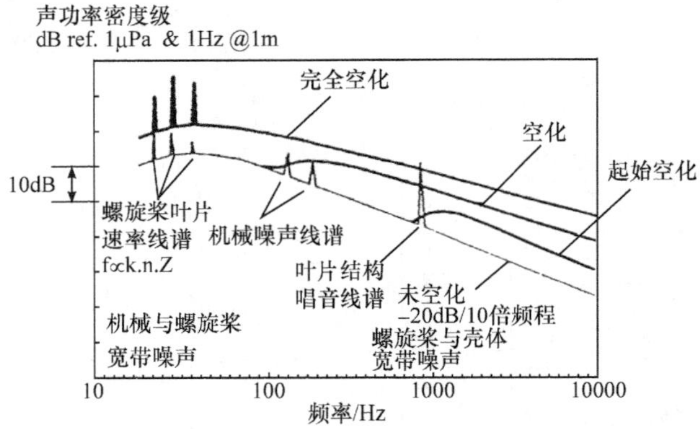

图 3-5　典型航行体辐射噪声线谱

商船由于尺度吨位大，通常会具有低频线谱。图 3-6、图 3-7 给出了两艘商船的低频线谱分布情况，其在 100Hz 以下有丰富的低频线谱[76]。

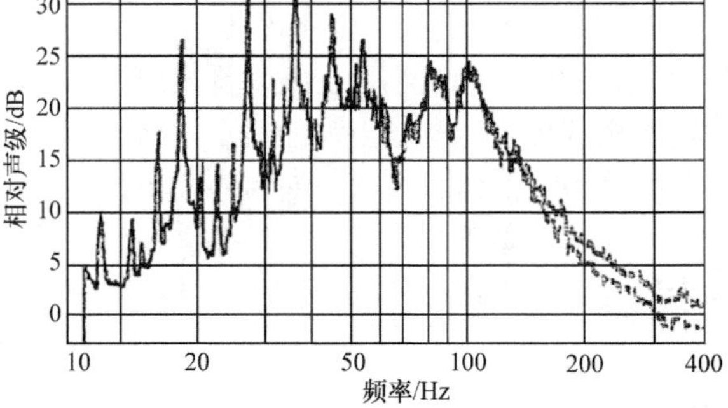

图 3-6　商船 A 低频线谱

(散装货船，载重量 1.2 万吨，航速 14.7 节，分析带宽 0.1Hz)

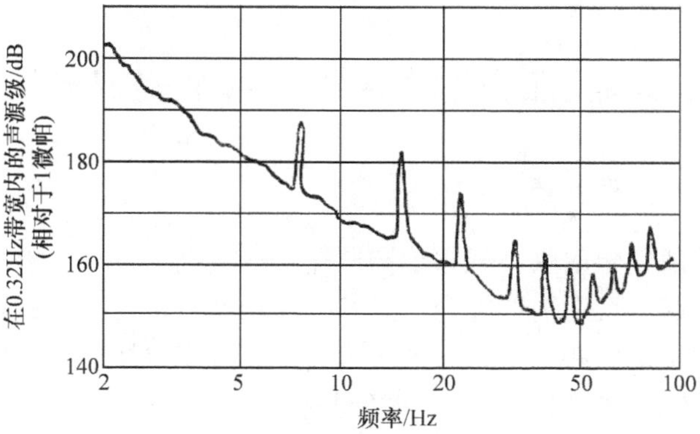

图 3-7　商船 B 低频线谱

(油船，27.1 万吨，航速 16 节，转速 86 转/分，桨叶数 5，分析带宽 0.32Hz)

2. 船舶辐射噪声低频线谱和调制谱关系

很多学者认为船舶辐射噪声的低频线谱与其调制谱线谱之间存在对应关系，通过对实际船舶辐射噪声分析，发现的确存在这种现象，如图 3-8 所示。但对于很多船舶辐射噪声来说，这种对应关系并不存在。因此确切的调制线谱和低频线谱的对应关系问题还需要进一步研究，影响这种对应关系的因素应与螺旋结构以及螺旋桨空化状态有关。

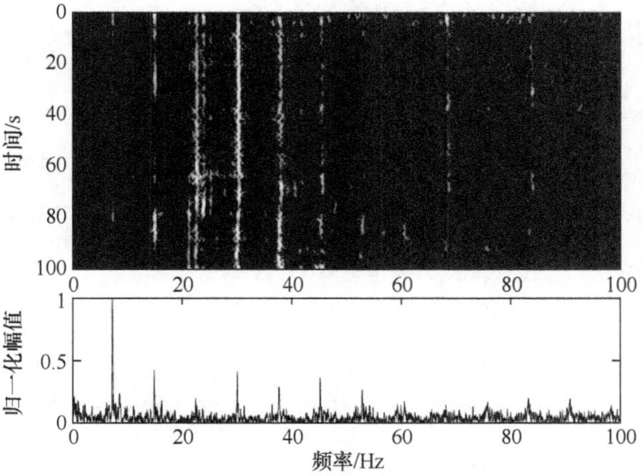

图 3-8　某船辐射噪声的低频线谱和调制谱

(上：低频线谱；下：调制谱)

3.2　船舶辐射噪声线谱特征提取方法

3.2.1　线谱分析分辨率问题

如前所述，船舶辐射噪声低频线谱覆盖几赫兹到几百赫兹频段。低频线谱的分辨率到底选择多少合适需要综合考虑各方面因素，也与关注的频段有关。高分辨率可以获得更精确的频率估计，同时也会提高线谱检测能力，但需要更长的时间信号。例如，0.1Hz 分辨率需要 10s 时间数据，而 0.01Hz 分辨率需要 100s 数据。研究表明选择合适的时长信号做FFT分析或采用分段积累方法可以提高线谱检测能力[91,92]。

若以线谱作为识别模板，线谱的分辨率设计需要考虑多普勒频移的影响，太高的分辨率并没有实际意义。目标匀速直线运动，线谱频率为 f_0，目标运动速度为 v，声传播速度为 c，测量水听器与目标运动轨迹的正横距离为 R_0，声源通过正横位置的时刻为 t_0。假设某典型态势下，各参数取值为：$f_0 = 200\text{Hz}$、$v = 16\text{kn}$、$R_0 = 1\text{km}$、$c = 1500\text{m/s}$、$t_0 = 300\text{s}$，则接收信号的频率变化范围如图 3-9 所示。

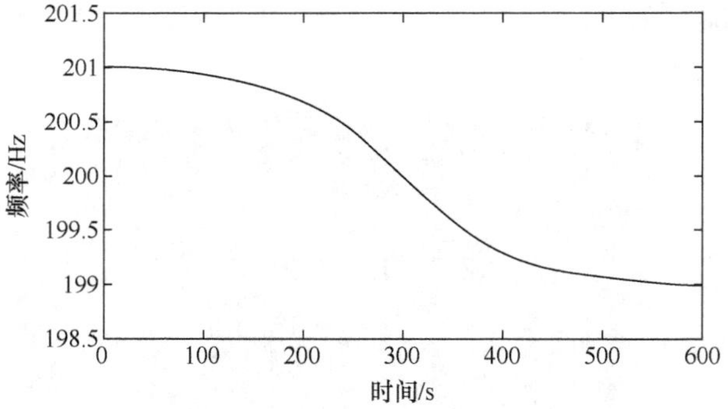

图 3-9　典型工况下的接收信号频率变化

从图中可以看出，整个过程信号频率由 201Hz 变到 199Hz，即存在线谱频率漂移。表 3-2 给出了不同频率线谱、不同径向速度下的多普勒频移。

表 3-2　频率、径向速度与多普勒频移对照表　(单位：Hz)

	4kn	6kn	8kn	10kn	12kn	14kn	16kn	18kn
50Hz	0.1	0.2	0.3	0.3	0.4	0.5	0.5	0.6
100Hz	0.3	0.4	0.5	0.7	0.8	1	1.1	1.2
200Hz	0.5	0.8	1.1	1.4	1.6	1.9	2.2	2.5
400Hz	1	1.6	2.2	2.7	3.3	3.8	4.4	4.9

3.2.2 线谱提取方法

线谱提取方法很多，关键是找到符合想定要求的线谱，同时又要减少干扰线谱的影响。线谱提取包括预处理、谱峰提取、后置处理等过程[93,94]。

1. 预处理

预处理主要包含了中心化处理、多时刻累积和去连续谱等步骤。将每段信号采样样本 $x(i)$ 做中心化处理，使样本的均值为零，具体为

$$y(i) = x(i) - \frac{1}{N}\sum_{j=0}^{N-1} x(j) \quad i = 0,\cdots,N-1 \tag{3-14}$$

对进行了中心化处理的信号进行功率谱分析可得到功率谱。由于低频线谱在频率和幅度上都存在不稳定性，尤其是幅度上的不稳定性给利用低频线谱进行识别带来了很大的影响。线谱的起伏不仅增加了线谱提取的难度，也对某些时刻提取线谱的可靠程度造成影响。通过多个时刻谱值积累可以减少偶然因素的影响，抑制随机干扰弱线谱，提高线谱提取的可靠性。

由于线谱叠加在连续谱之上，为了分解出线谱信息，需要通过谱平滑减去连续谱，得到拉直后的线谱图，只保留线谱。关于连续谱平滑方法可参考 2.4 节内容。

2. 谱峰提取

(1) 对拉直的线谱图进行归一化处理

$$y_1(i) = \frac{y(i) - \min[y(i)]}{\max[y(i)] - \min[y(i)]} \tag{3-15}$$

(2) 对每一点设置标志 $\mathrm{Flag}(i)$，对 y_1 求平均值，舍去小于平均值的点

$$\mathrm{Flag}(i) = \begin{cases} 1 & y_1(i) > \overline{y}_1(i) \\ -1 & y_1(i) \leqslant \overline{y}_1(i) \end{cases} \tag{3-16}$$

式中，$\overline{y}_1(i) = \frac{1}{N}\sum_{j=0}^{N-1} y_1(j)$

(3) 谱峰所在点在局部地区为最大点，不可能出现在中间点上，因此剔除连续上升或连续下降中间点，只留下转折点。记

$$y_2(i) = y_1(i+1) - y_1(i) \tag{3-17}$$

$$y_3(i) = y_1(i) - y_1(i-1) \tag{3-18}$$

可得

$$\text{Flag}(i)=\begin{cases}1 & y_2(i)\cdot y_3(i)\geqslant 0\\ -1 & y_2(i)\cdot y_3(i)<0\end{cases} \tag{3-19}$$

(4) 剔除极小值点，可得

$$Flag(i)=\begin{cases}1 & \text{其他}\\ -1 & y_1(i)<y_1(i+1)\text{且}y_1(i)<y_1(i-1)\end{cases} \tag{3-20}$$

(5) 将剔除的点所在位置的值置为零，得到 $y_4(i)$ 为

$$y_4(i)=\begin{cases}y_1(i) & \text{Flag}=1\\ 0 & \text{Flag}=-1\end{cases} \tag{3-21}$$

3. 后置处理

(1) 谱峰合并。设置频率范围门限 Δ_{gate}，将频率范围 Δ_{gate} 内的线谱看作同一根线谱，其频率局部最大值点为

$$y_5(i)=\begin{cases}y_4(i) & \max[y_4(i)]_{\Delta_{\text{gate}}}\\ 0 & 0\end{cases} \tag{3-22}$$

(2) 对剩下的局部最大点进行卡门限处理，即可提取特征线谱。

图 3-10 为某船舶辐射噪声低频功率谱时频图及采用上述方法提取的线谱。

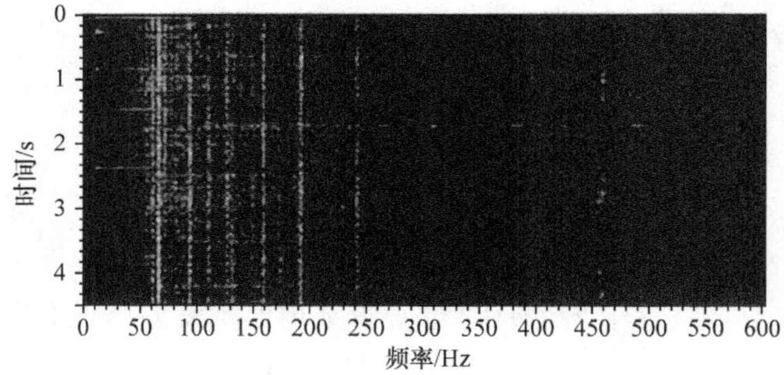

(a) 功率谱图

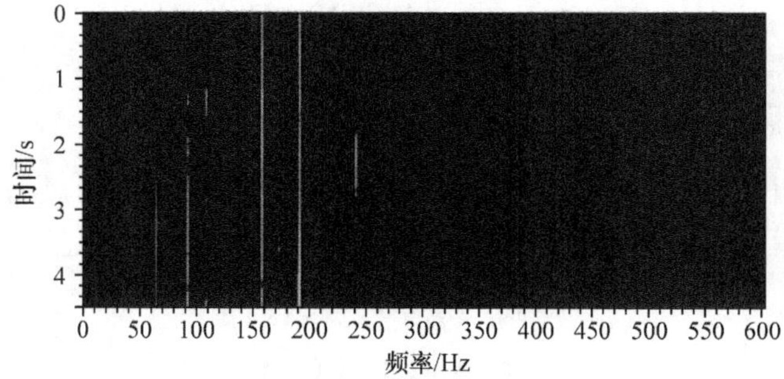

(b) 低频线谱图

图 3-10　某船舶辐射噪声功率谱时频图和低频线谱时频图

3.3　船舶辐射噪声线谱稳定性

3.3.1　船舶辐射噪声线谱频率稳定性和幅度稳定性

线谱的稳定性包含频率稳定性和幅度稳定性。文献[95]研究了利用被动声纳检测低频线谱的幅度起伏问题，把幅度起伏分解为两个部分，一部分是声纳处理器本身引起的幅度起伏；另一部分是由于声源特性和传播过程引起的幅度起伏。实际上，声源特性和传播过程引起的起伏更应该引起重视。

文献[96]基于实际数据研究了线谱的频率稳定性和幅度稳定性问题。图 3-11～图 3-13 分别为甲、乙两条不同类型船舶低频线谱的频率稳定性和幅度稳定性情况。从图上可以看出，船舶低频线谱的频率稳定性和幅度稳定性都存在差异，有的低频线谱的频率稳定性和幅度稳定性都很好，而有的船舶二者都比较差。图 3-11 表示甲船频率为 320.5Hz 的频率稳定度和幅度稳定度，其频率和幅度均有较大起伏。图 3-12 表示乙船频率为 128Hz 线谱的频率稳定度和幅度稳定度，其在频率上非常稳定，而幅度具有一定起伏。图 3-13 表示乙船 274.5Hz 不稳定线谱的频率稳定度与幅度稳定度，其频率和幅度均具有较大起伏。

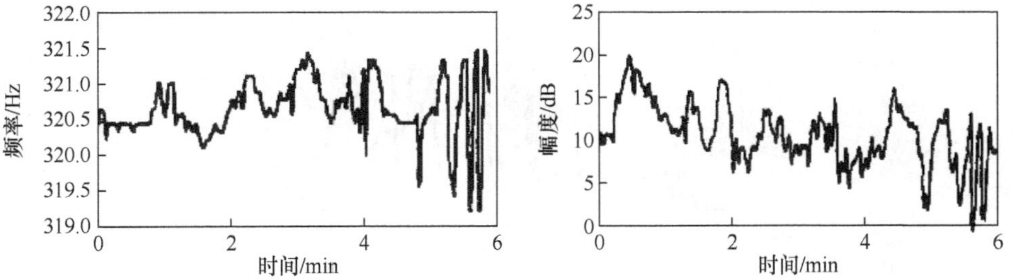

图 3-11　甲船 320.5Hz 稳定线谱的频率与幅度随时间变化图

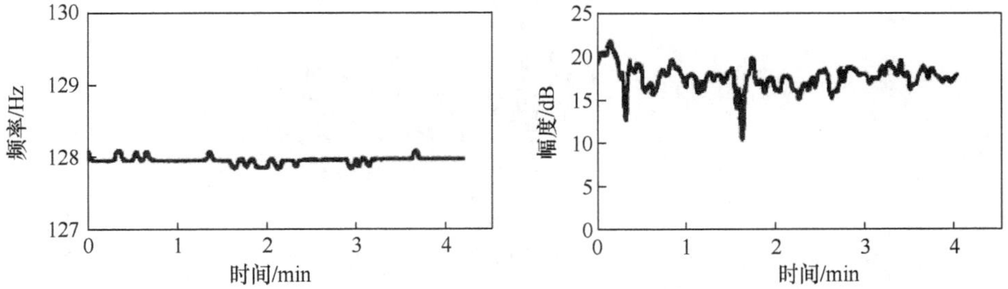

图 3-12　乙船 128Hz 稳定线谱的频率与幅度随时间变化图

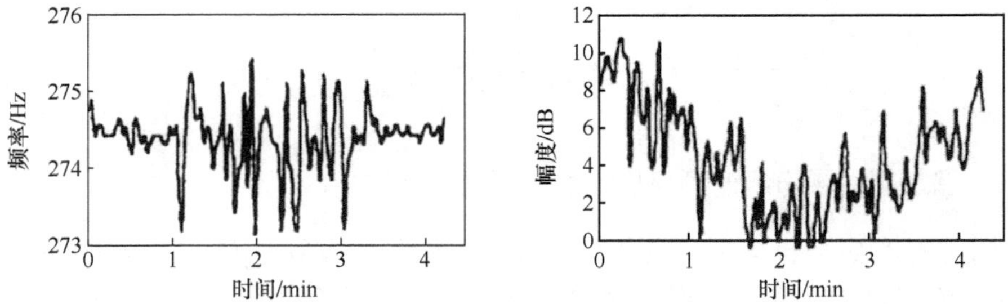

图 3-13　乙船 274.5Hz 不稳定线谱的频率与幅度随时间变化图

信道对线谱的幅度影响很大，文献[97]介绍了多途相干信道对声信号传输的影响，指出信道就像一个“梳状滤波器”，相间出现“通带”和“止带”。图 3-14 所示为海深 100m 的 10km 均匀浅海信道的传输函数的例子。图 3-15 所示为同样海深和距离处于负梯度水平层中浅海相干多途信道的传输函数。从图中可以看出，均匀层浅海信道的平均子通带较宽，约有 100～300Hz 的宽度，而对于负梯度水层却只有几十赫兹带宽。“梳状滤波器”严重影响声纳接收信号的波形，因此海洋环境对低频线谱幅度稳定性具有重要影响。对于相干多途信道来说，即使船舶辐射噪声线谱幅度是稳定的，只要声源与接收器距离在变化，声纳实际接收的船舶辐射噪声线谱的幅度一定是起伏的。

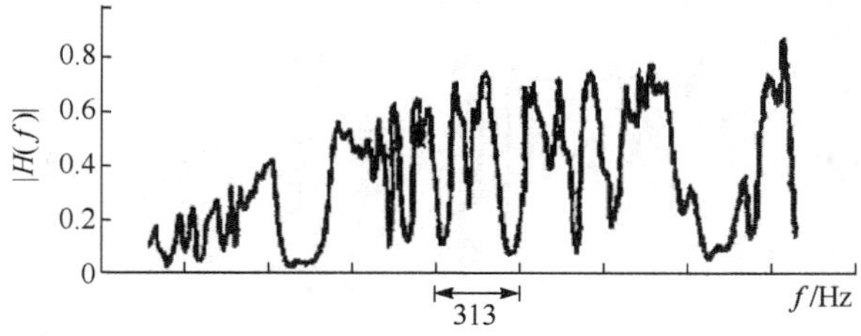

图 3-14　均匀层浅海传输函数

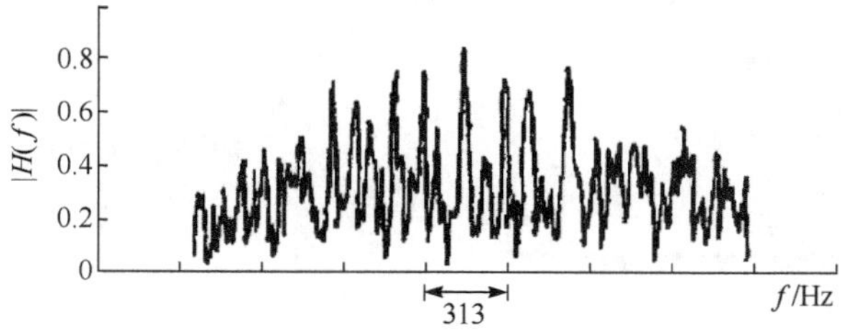

图 3-15　负梯度浅海传输函数

为了说明浅海环境对线谱幅度的影响，给出了下面的仿真计算结果供读者参考。仿真条件为：水深 100m，声源深度 10m，接收器深度 50m，海表声速 1500m/s，声速梯度$-0.1s^{-1}$，各声线初始幅值相同，不计海底、海面反射损失，接收信号幅度与传播距离成反比，取 20 根幅值较高的声线。对于图 3-16 所示的分布在 1～100Hz、间隔 1Hz 的一组低频线谱，由于多径影响在水平距离 5000m 和 10000m 处接收到的信号低频线谱如图 3-17、图 3-18 所示，可见其幅度发生了很大的变化。

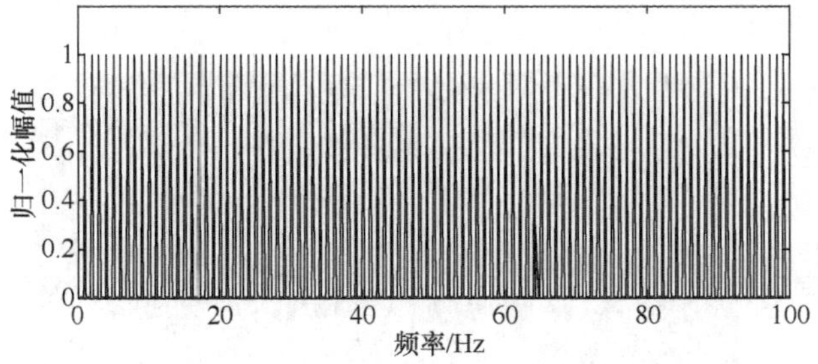

图 3-16　仿真的等强度甚低频线谱

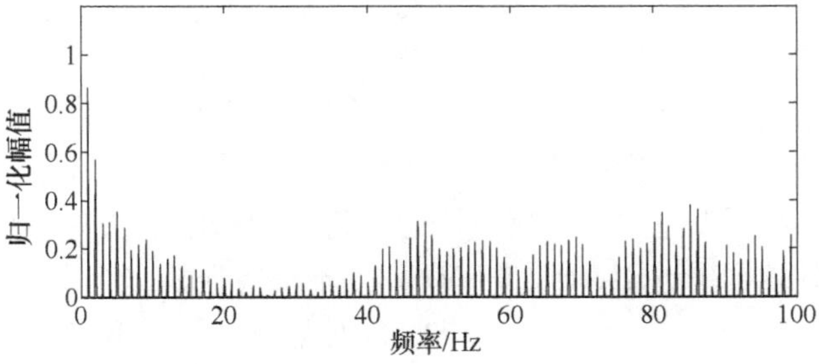

图 3-17　水平距离 5000m 时接收到的信号低频线谱

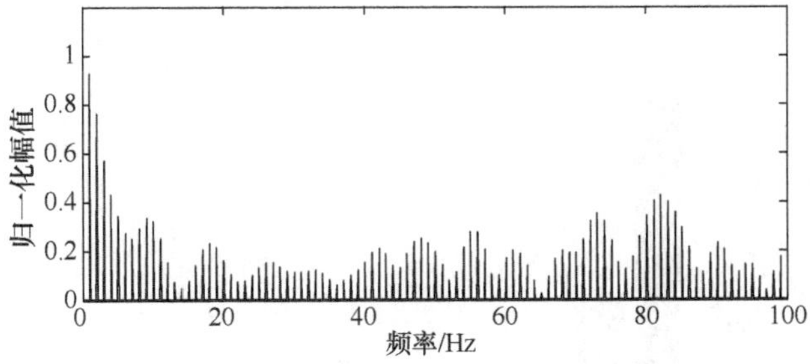

图 3-18　水平距离 10000m 时接收到的信号低频线谱

由于多普勒因素，低频线谱在频率上存在不稳定性；由于海洋环境因素，低频线谱在幅度上存在起伏。低频线谱在频率和幅度上的不稳定性给利用低频线谱识别带来很大的影响，增加了利用低频线谱识别目标的复杂性。

3.3.2　船舶辐射噪声稳定线谱存在情况

线谱的“稳定”是针对“时间”来讲的，在一定时间内，线谱始终存在即为稳定。只有稳定的线谱才能与目标进行关联。如前所述，受目标特性和海洋环境多种因素影响，线谱的频率和幅度都存在不稳定性，会出现频率漂移甚至线谱消失的情况。除此之外，在实测信号的低频线谱中还含有大量瞬态线谱，这会严重干扰对稳定线谱的提取。图 3-19 为某水面船舶 LOFAR 线谱图。

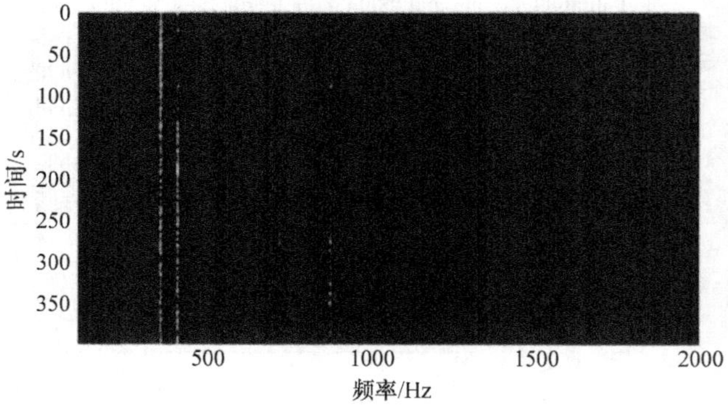

图 3-19　某水面船舶 LOFAR 谱

从图中可以看出，目标有些线谱非常稳定，有些线谱则起伏较大。通过时间积累在一定程度上可以滤除了干扰线谱[96]。稳定线谱限定条件为高于连续谱一定分贝数，频率漂移不超过 Δf，线谱出现率大于一定概率 P。基于这一限定条件，取高于连续谱 6dB，Δf =±0.5Hz，P =70%，对某海域船舶低频线谱分布情况进行了统计。独立目标数量共 915 批，其中 419 批目标样本含有稳定线谱，占比 45.8%。图 3-20 为含有稳定线谱目标数量和稳定线谱频率统计。

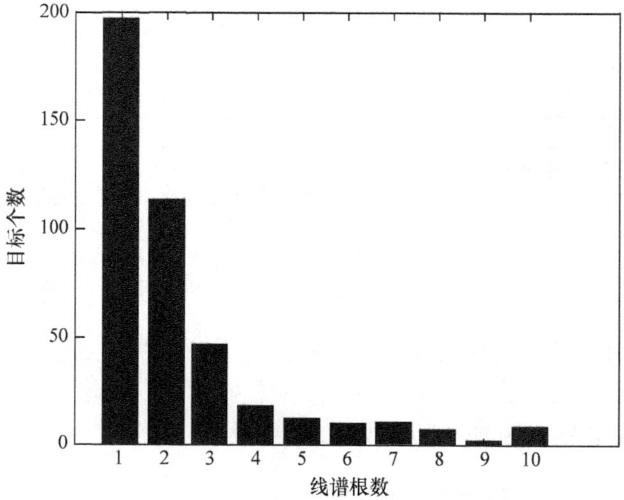

(a) 稳定线谱数量分布

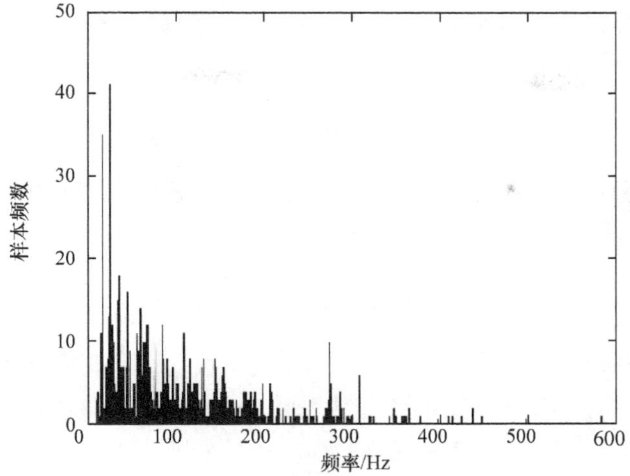

(b) 稳定线谱频率分布

图 3-20 某海域船舶稳定线谱数量和线谱频率分布

(分析频带 20～600Hz，分析带宽 0.1Hz)

从统计结果可知，目标线谱数量主要集中于 1～5 根，所占比例为含线谱目标总数的 92.9%，大于 5 根线谱的船舶目标数量很少；而频率分布上，则表现为在低频段线谱数量明显高于高频段。

3.4 船舶辐射噪声线谱识别能力

线谱识别是目标识别的重要手段,但不少研究者认为线谱就是水声目标的“声纹”，可以实现对目标的精细识别，甚至是个体识别，这里面可能存在一些误区。

1) “声纹” 概念的准确性问题

“声纹” 应源于 “指纹”，但指纹最大的特点是具有稳定性和唯一性，或在比较大的范围内具有唯一性，但对于水声目标的线谱来说，这两点都很难达到。

2) 线谱的识别能力问题

既然唯一性和稳定性无法保证,精细识别的能力肯定就是有限的,重叠是必然。本节通过基于实际数据的统计建模来探讨使用线谱作为特征量的识别能力问题。

3.4.1 线谱分布经验模型

线谱分布在什么频率位置，在此，以实际船舶辐射噪声的线谱数据为基础，采用直方图方法给出线谱样本经验分布密度函数。

设线谱频率为随机变量 ξ ，将实测频率看作是样本，则样本空间由实测线谱可能出现的所有频率值构成。若存在某一实测样本 $(\xi_1,\xi_2,\cdots,\xi_N)$ ，样本容量为 N，

样本观测值共包含 k 个不同频率 $f_i\left(i=1,2,\cdots,k\right)$，且有 $k<N$，m_i 表示样本观测值为 f_i 的频数，则有

$$\sum_{i=1}^{k} m_i = N \tag{3-23}$$

经验分布函数可表示为样本观测值中小于某一频率 f 的个数之和与样本容量 N 之间的比值，即

$$F_N(f) = \frac{\left\{\sum m_i \mid f_i \leqslant f\right\}}{N}, \quad f \in (0,+\infty) \tag{3-24}$$

基于此，利用 3.3.3 节统计的实际船舶噪声数据，求取线谱经验分布。根据 3.3.3 节对某海域船舶低频线谱的统计结果可知，有 419 批目标样本含有稳定线谱，在这些目标样本中，包含 1～3 根线谱的样本数量分别为 N_1=198，N_2=113，N_3=46，将 $N_i\left(i=1,2,3\right)$ 代入公式(3-24)，结合相应线谱频率观测值 f_i，即可得到 1～3 根线谱各自的经验分布函数，结果分别如图 3-21 所示。

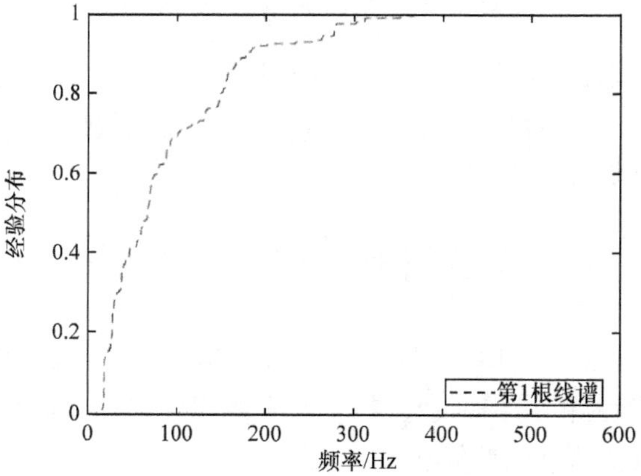

(a) 单根线谱分布函数

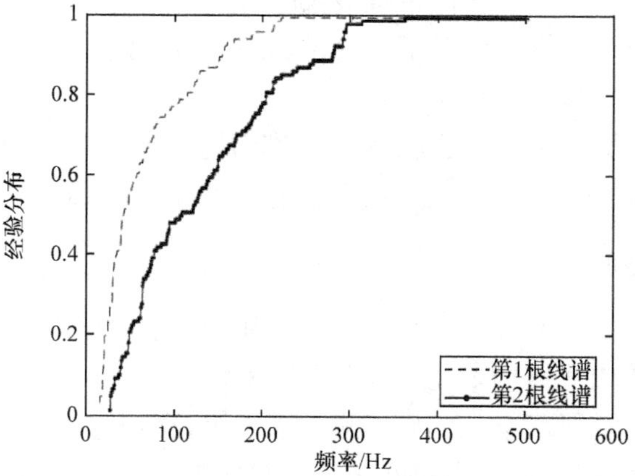

(b) 两根线谱分布函数

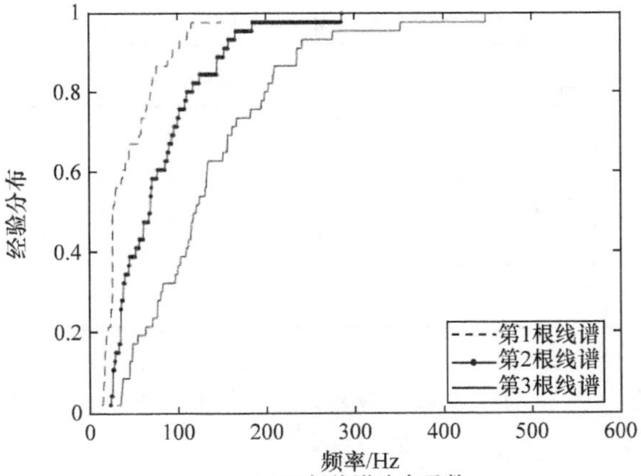

(c) 三根线谱分布函数

图 3-21　某海域船舶 LOFAR 线谱经验分布

3.4.2　线谱识别模板

模板是指船舶线谱结构模板，主要包括线谱的数量和频率，即不同数量和不同频率的线谱组合对应一个模板。想利用线谱识别目标，首先需要建立线谱模板库，用来存储不同船舶的线谱结构。在建立模板库时，有两种思路可供选择。

(1) 首先利用计算机生成不依赖于样本的线谱模板，然后利用实测数据的规则和经验对模板进行筛选，去除不可能存在的模板。

(2) 依据实测样本线谱的经验分布，采用统计方法并结合一定规则直接生成模板。对于第一种思路，随着线谱数量的增加以及频率分辨率的提高，模板总数将急剧增大，但这些模板在实际中绝大多数是不存在的。因此，为了提高效率，在此采用第二种思路建立模板库。

基于 3.4.1 节中 1～3 根线谱的经验分布，采用统计的方法建立模板库，需要考虑到实测频率的偶然性以及模板的唯一性，针对不同线谱数量的实测样本集，做如下处理。

(1) 统计某目标噪声所有线谱，合并重复出现频率，形成该目标模板。对大量目标进行统计形成初步模板库。

(2) 为避免某一样本可能会被两频率相近模板同时匹配的情况，根据 Δf 大小修改或删除相似模板，从而体现模板唯一性。

(3) 在实测数据中没有出现的线谱频率为小概率事件，不作为模板进行统计。

经过上述处理，即可得到含有不同线谱数量的模板库。取线谱频率分辨率为 0.5Hz，对所有实测样本进行统计建模，统计结果如表 3-3 所示。

表 3-3 实测船舶线谱模板库

海区	线谱数量	目标个数	模板总数
某海域	1	198	106
	2	113	103
	3	46	44
共计		357	253

从表 3-3 可以看出，对于含有多根线谱的目标，模板与目标个数相近，表明模板的唯一性较好。因此，目标所含线谱越丰富，找到完全匹配模板的难度越大。此模板库是根据现有实测样本集建立而成，当获取新样本时，可对模板库中模板进行添加或修改等。图 3-22 为根据含有 1 根线谱频率的经验分布产生的模板库。

模板库建成后，即可根据实际目标的 LOFAR 线谱特征，找出与之最匹配的模板，进而识别目标。

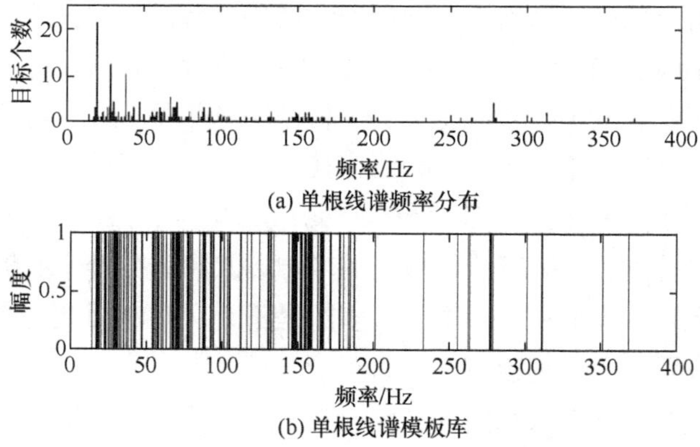

(a) 单根线谱频率分布

(b) 单根线谱模板库

图 3-22 单根线谱模板库建立

3.4.3 线谱识别能力数据试验

1. 待测目标样本产生

为了研究目标线谱特征对识别率的影响，需要以大量的实测信号为基础，统计他们与模板的匹配关系。由于数据量大，当前获取的实测样本数量有限，无法进行充分统计。为解决这一问题，在此采用 Monte-Carlo 方法，将现有实测数据的分布规律应用于仿真模型，从而生成待测样本。

在仿真生成样本的过程中，需要考虑的因素包括线谱的数量分布、频率分布，对于含有多根线谱的样本，还要考虑其不同频率之间的频差分布规律，这些因素都要作为样本生成的条件，将更加符合实际情况。

将实测数据的线谱频率看作是离散型随机变量的一组样本值，其分布概率为 $p(f_i)$，f_i 表示所有实测数据中不同的线谱频率，容量为 k，则有

$$\sum_{i=1}^{k} p(f_i) = 1 \tag{3-25}$$

假设仿真样本总数为 M，令 $m_i = M \cdot p(f_i)$，则 m_i 代表仿真样本中频率值为 f_i 的样本个数，且有 $M = \sum_{i=1}^{k} m_i$，根据 m_i 和 f_i 即可得到服从分布概率为 $p(f_i)$ 的随机序列。

由此，便可根据 LOFAR 线谱的频率分布仿真生成大量待测样本，并将其与每个模板进行匹配，最后统计模板匹配重叠率。

2. 线谱模板识别能力分析

上节给出了通过 Monte-Carlo 仿真生成目标线谱的方法，得到新生成的样本后，即可将其作为待测样本与模板进行匹配。模板匹配的目的是寻找出与待测样本 LOFAR 线谱特征相似的模板，而统计重叠率是寻找与某一模板线谱特征相似的样本集，并将其纳入统计结果。

假设生成的待测样本个数为 N，第 i 号线谱模板含 m 根线谱，用此模板与 N 个样本进行比对。如果第 i 号模板与第 j 号样本所含频率在误差允许范围内(±0.5Hz)有 n 根是一致的，则认为第 i 号模板与第 j 号样本部分匹配，匹配率 $w_{ij} = \dfrac{n}{m}$；如果线谱模板含 3 根线谱，其中 2 根与样本一致，则认为第 i 号模板与第 j 号样本部分匹配，匹配率 $w_{ij} = 0.66$；如果 3 根与样本全都一致，则认为第 i 号模板与第 j 号样本完全匹配，匹配率 $w_{ij} = 1$。当第 i 号模板与所有 N 个样本进行比对之后，即可得到第 i 号模板匹配率 $W_i = \dfrac{1}{N}\sum_{j=1}^{N} w_{ij}$。

根据上述方法分别计算某海区包含不同线谱数的模板匹配率，仿真目标样本数为 10000 个，包含线谱数量 1～3 根，统计结果如表 3-4 所示。

表 3-4 线谱模板匹配率统计分析(参与比对样本总数：10000)

线谱数量	模板总数	仿真生成样本个数	部分匹配重叠率最大值/%	完全匹配重叠率最大值/%
1	106	5450	9.94	9.94
2	103	3234	13.87	1.78
3	44	1316	18.74	0.6

部分匹配重叠率最大值(至少有一根线谱与模板匹配)：对于某一模板，若样本 LOFAR 线谱中至少有 1 根与模板重合，则将该样本统计在内，直至所有样本比对完毕后，统计与该模板存在重合线谱的样本总数，即为该模板的匹配目标数，最终取所有模板匹配目标数的最大值与总样本的比值。

完全匹配重叠率最大值（所有线谱和模板匹配）：对于某一模板，若样本所含 LOFAR 线谱与模板线谱完全重合，则将该样本统计在内，直至所有样本比对完毕后，统计与该模板线谱完全重合的样本总数，即为该模板的完全匹配目标数，最终取所有模板完全匹配目标数的最大值与总样本的比值。

从表 3-4 可以看出，针对 10000 个目标样本，对于含有 1 根线谱的模板而言，当含线谱样本个数为 10000 时，最多有 994 个样本的线谱与其中某一模板有重合，即对单根线谱模板来说，匹配重叠率为 9.94%；而对于含有 3 根线谱的模板而言，最多有 1874 个样本的线谱与模板存在有重合，最大匹配重叠率为 18.74%，这表明这一模板对应着大量的目标，即使某一目标线谱与此模板匹配，也不能认为该目标和模板具有一一对应关系。

以上分析结果表明模板所含线谱数量越多，越容易与样本线谱存在重合，虽然完全重合的概率很低，但即使部分重合，仍会导致无法确认目标个体。也就是说，虽然模板与目标的线谱信息可能无法进行完全匹配，但仍存在部分线谱匹配情况，且概率较高，严重干扰识别结果。分析上述现象产生的原因，可以发现其本质上是由于目标线谱分布的频段有限，即模板库的容量有限，而待匹配样本的数量远远大于模板库的容量，当样本数量达到一定程度后，必然会造成模板与样本的重叠。

除此以外，线谱特征还与目标船舶的船体结构、运动工况以及海洋环境噪声等息息相关，再加上目标本身的一些偶然因素，这些都可能导致目标线谱不稳定，线谱信息时有时无的情况经常发生，这会限制利用线谱特征识别目标的能力。

第 4 章　水声瞬态信号特征

船舶或鱼雷在航行时产生的噪声可以分为两类：一类是在时间上连续的基本稳定的噪声，如机械噪声和螺旋桨噪声；另一类是在时间上是瞬态的，像鱼雷出管入水声、潜艇开关水密门声音等。瞬态信号具有强时变、短时段的特点，持续时间一般在毫秒数量级。瞬态信号可以是确定性信号也可以是非平稳的随机信号，按频率成分又可划分为窄带瞬态信号和宽带瞬态信号两种。宽带瞬态信号的频率成分较丰富，所以特征较明显，更容易检测；窄带瞬态信号由于其频率成分单一、持续时间较短，如果能量较弱，则可能淹没在背景噪声中，往往更容易被忽略。

产生水声瞬态信号的原因有很多，除了舰艇发射鱼雷时鱼雷的出管声外，舰艇导弹发射所产生的声扰动、船舶机械和设备运行状态的突然变化、工况变化等突发信号都可以认为是瞬态信号。航空声纳浮标落水声也是典型的水声瞬态信号。这些瞬态信号或携带很强的能量，或具备独特的特征，因而利用水声瞬态信号进行检测和识别对于声纳探测具有重要意义。除了上述的瞬态信号外，海洋中还会有其他瞬态信号，如鲸或海豚的鸣叫声，以及冰破裂时产生的噪声等。

水声瞬态信号的研究对辅助目标识别有着重要的意义，国内外学者对此开展了很多的研究工作[98-110]。目前，目标识别特征提取主要关注点在连续噪声信号处理和特征提取上，而实际声纳使用时，确定某种瞬态信号的存在，就可以确定目标的存在，甚至确定目标的性质。例如，对声纳脉冲的检测和分析，对鱼雷出管瞬态信号的检测和分析都对目标探测和识别具有实际意义。

4.1　水声瞬态信号波形与频谱

对于冲击振动产生的瞬态信号，可以描述为

$$x_n(t) = (1-\mathrm{e}^{-bt})\mathrm{e}^{-at}\sin(2\pi ft)u(t) \tag{4-1}$$

式中，$u(t)$ 是单位阶跃函数。图 4-1 给出了式(4-1)描述的瞬态信号的时间波形和频谱。

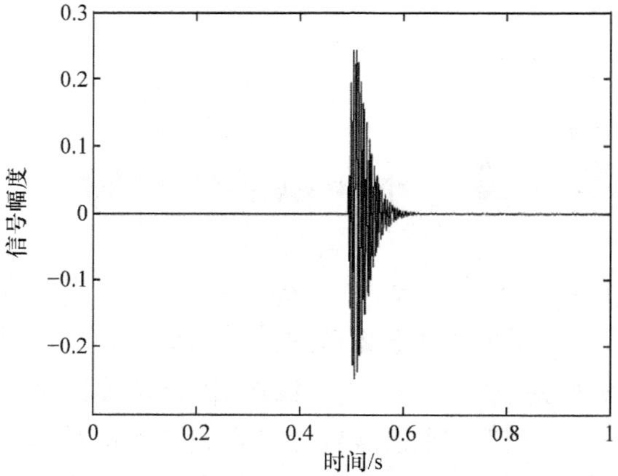

(a) 瞬态信号时间波形

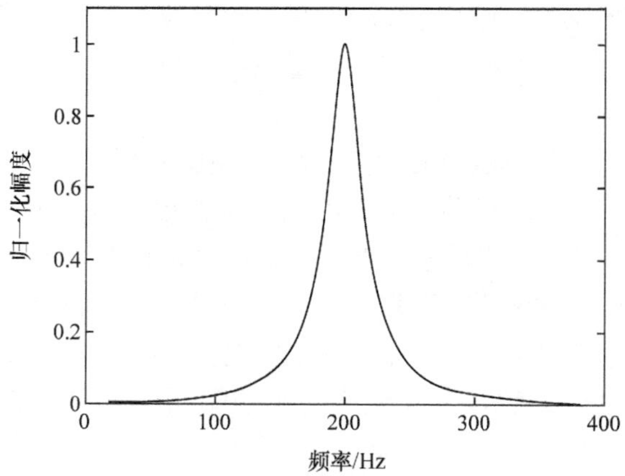

(b) 瞬态信号波形

图 4-1　冲击振动的瞬态信号时间波形和频谱

（参数：$a=50$，$b=50$，$f=200\text{Hz}$）

瞬态信号检测考虑的是在一定背景噪声下的检测问题。考虑背景噪声为高斯白噪声，瞬态信号的信噪比定义为瞬态信号功率与噪声功率之比为

$$\text{SNR}=10\lg\left(\frac{P_s}{\sigma_n^2}\right) \tag{4-2}$$

式中，P_s 是瞬态信号的功率，σ_n 是噪声的标准差。图 4-2 给出了信噪比为−8dB 时的信号时域波形，从信号波形中看不到瞬态信号的存在。实际上，瞬态信号在 11.5s 时出现，但由于过低的信噪比，瞬态信号淹没在噪声中。

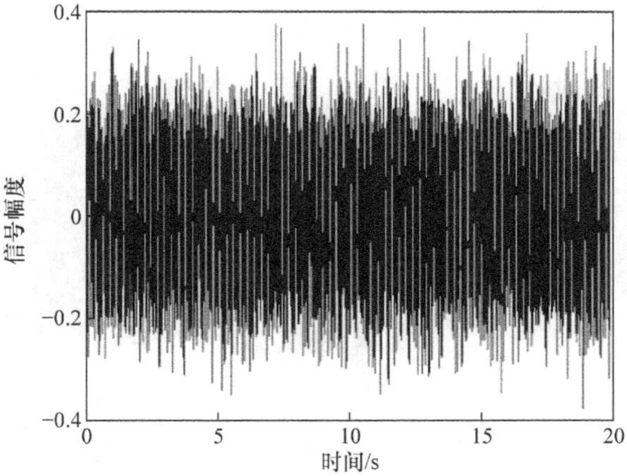

(a) 信噪比为−8dB时瞬态信号时域波形

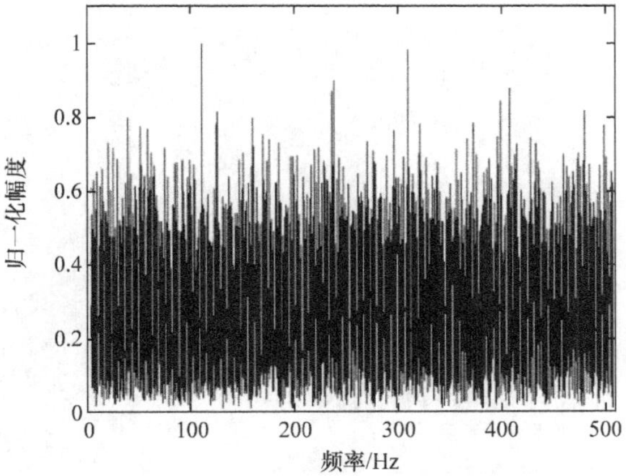

(b) 信噪比为−8dB时瞬态信号频谱

图 4-2　信噪比为−8dB 时的信号时域波形和频谱

瞬态信号的一个主要特点就是发生时间具有很强的随机性并且持续时间短。傅里叶变换作为一种全局频域分析方法，并不适合分析瞬态信号。因此，对瞬态信号分析，需要用时频分析手段，如短时傅里叶变换(STFT)、小波变换等。STFT 只能显示在变换时间内某个频率的总能量,并不能知道它出现和消失的精确时间，这正是短时傅里叶变换在瞬态信号分析中的局限性。

图 4-3 为潜艇鱼雷发射时瞬态信号时间波形和短时傅里叶变换时频分析，在时间波形图上体现了短时能量比较集中的特点，从时频分析图中可以看出瞬态信号发生的大概时间。

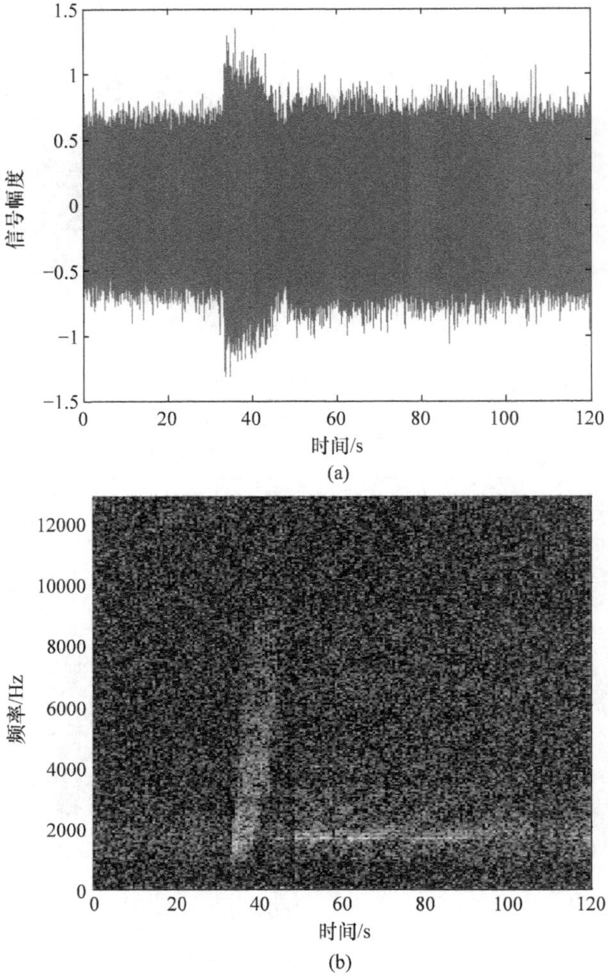

图 4-3　潜艇发射鱼雷瞬态信号时间波形和 STFT 时频图

4.2　瞬态信号基本检测器

4.2.1　瞬态信号能量检测器

能量检测的基本思想是比较信号的幅度与背景噪声的幅度，如果发现积分能量明显大于背景噪声的水平，那么可以认为发现了瞬态信号。能量检测方法不需要任何先验知识并且计算简单，在瞬态信号的检测中得到大量应用。能量检测的输出序列为[111,112]

$$E(t)=\int_{t-t_0}^{t}s^2(\tau)\mathrm{d}\tau \tag{4-3}$$

其中，t_0是积分时间。这样，在没有瞬态信号时(H_0假设)，能量检测输出序列$E(t)$就是噪声能量；而当积分时间内包含瞬态信号时(H_1假设)，积分能量$E(t)$会出现一个峰值，等于噪声能量和瞬态信号能量之和。所以只要能量检测输出序列出现明显大于噪声的情况，就可以认为检测到了瞬态信号。能量检测中对信号的信噪比要求较高，随着信噪比的下降能量检测方法的性能迅速下降。

以图 4-2 信号波形为例，固定信号的幅度不变，通过增大或减小背景噪声能量调整信噪比来看能量检测器的性能。能量检测从 0 开始，每次积分时间为 1s。在信噪比为−8dB 时，信号的能量检测输出序列见图 4-4 所示，能量检测输出结果中只能得到H_0假设。当信噪比为−3dB 时，信号的能量检测输出序列见图 4-5 所示，能量检测输出结果验证了H_1假设，即成功地检测到了瞬态信号。

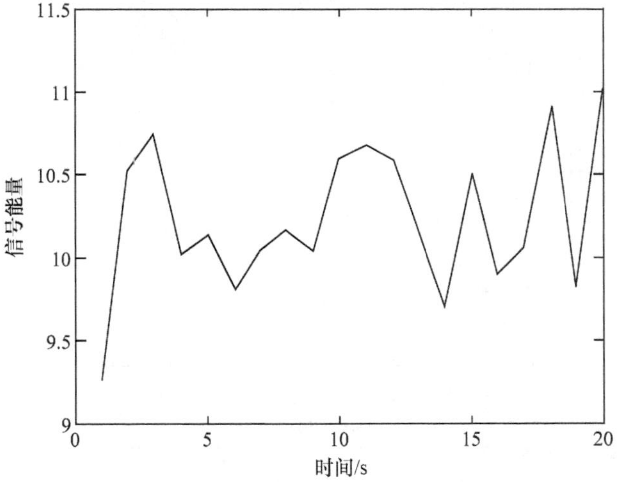

图 4-4　信噪比为−8dB 时的时域波形和能量检测输出序列

使用蒙特卡罗方法，可以计算不同信噪比情况下的瞬态信号检测概率。对每一个信噪比 SNR，利用 150 次随机产生的噪声，与瞬态信号叠加后，统计成功检测的概率，结果见图 4-6 所示。从图中可以看到，能量检测的检测性能，随着信噪比的下降而迅速下降。在积分时间$t_0=1\mathrm{s}$、SNR=−6dB 时，检测概率已经下降到 50%。

能量检测器需要注意积分时间问题。直观上讲，积分时间越长，越不利于瞬态信号检测。这是由于瞬态信号能量全部集中在很短的时间长度内，而当积分时间很长时，积分输出序列中的信号作用也会相对降低。所以能量检测方法中积分时间t_0越接近瞬态信号持续时间，检测效果越好。图 4-6 中积分时间为 0.5s 时的

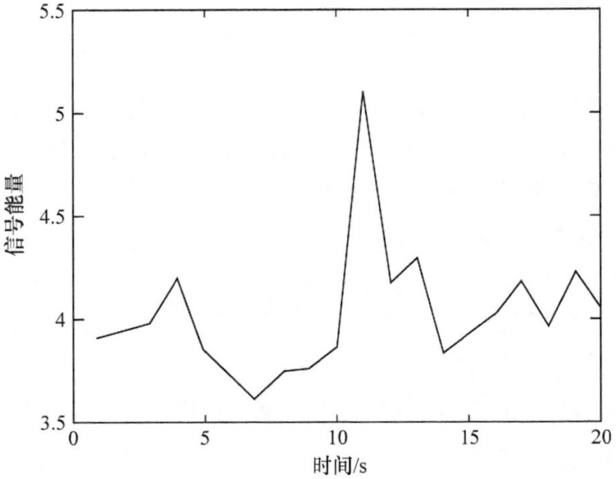

图 4-5　信噪比为−3dB 时的时域波形和能量检测输出序列

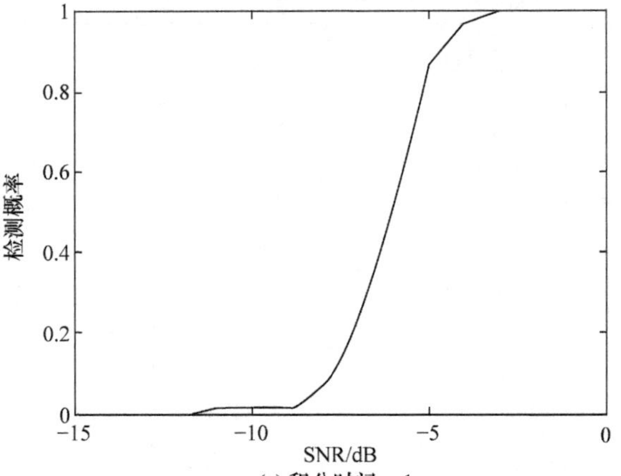

(a) 积分时间t_0=1s

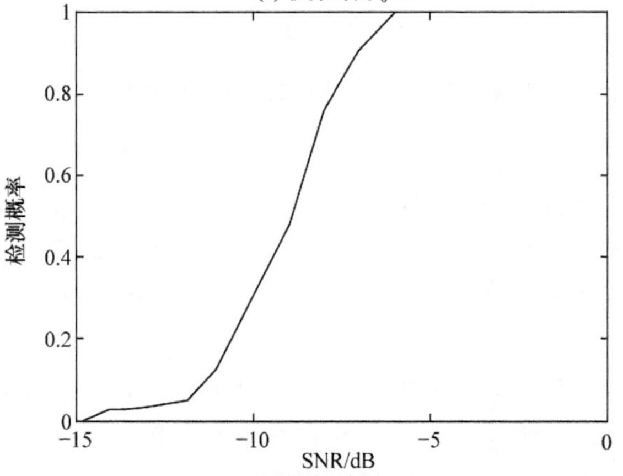

(b) 积分时间t_0=0.5s

图 4-6　瞬态信号能量检测器检测概率

检测概率明显优于积分时间为 1s 时的结果。实际使用中，由于不可能预知瞬态信号的持续时间，所以只能根据经验把积分时间控制在一定范围内。

4.2.2　瞬态信号幂律检测器

频谱分析方法基于能量集中在一个窄带内，而噪声一般整个带宽内分布。因此借助 FFT 的方法也可以提高检测性能，这就是 Nuttall 提出的幂律检测器(power-law detector)的出发点。

Nuttall 认为高斯背景下瞬态信号的检测问题可认为是在 N 点 DFT 数据中任意 M 点信号的检测问题。这里 M 指瞬态信号所占谱成分，而信号强度未知，这类似于检测未知谱形状的信号。他提出了以下的非参量 Power-Law 检测方法

$$T(x)=\sum_{n=1}^{N}X_k^v\begin{cases}>\lambda & \text{信号存在}\\<\lambda & \text{信号不存在}\end{cases}\tag{4-4}$$

其中，X_k 是接收时间序列信号 $x(t)$ DFT 第 k 个频域序列输出幅度平方值，λ 是门限，v 是一个非负实数。经过实验，Nuttall 提出 $v=2.5$ 时性能最佳。注意到式(4-4)中检验统计量仅是周期图谱值 v 次方的和，使用时不需要任何关于信号的先验知识，因此使用幂律检测器对信号及噪声的先验知识要求很少。

在实际使用中，大多是将数据分段处理，对每一段信号进行离散傅里叶变换(DFT)，然后根据检测量 $T(x)$ 判断瞬态信号的有无。这样，门限 λ 也可以根据无信号时的噪声统计获得。特别的，如果考虑到瞬态信号也是分布在一定带宽范围内，可以利用临近频点相加得到新的观测量 $U_k=X_k+X_{k-1}$，得到新的幂律检测器

$$T(x)=\sum_{k=2}^{N}U_k^v\tag{4-5}$$

同样的，也有相邻三个频点相加的检测器

$$T(x)=\sum_{k=3}^{N}\left(X_{k-2}+X_{k-1}+X_k\right)^v\tag{4-6}$$

临近频点相加的 Power-Law 检测器之所以能提高检测性能，主要是因为信号之间的相关性，而噪声是不相关的。

设定信号总长为 20s，瞬态信号在 10.5s 处出现，初始时 SNR=−7dB，从时域上看不出瞬态信号的存在，见图 4-7。为了检测瞬态信号，将信号分为 20 段，每段持续时间为 1s。分别采用能量检测和 Power-Law 检测，结果见图 4-8。

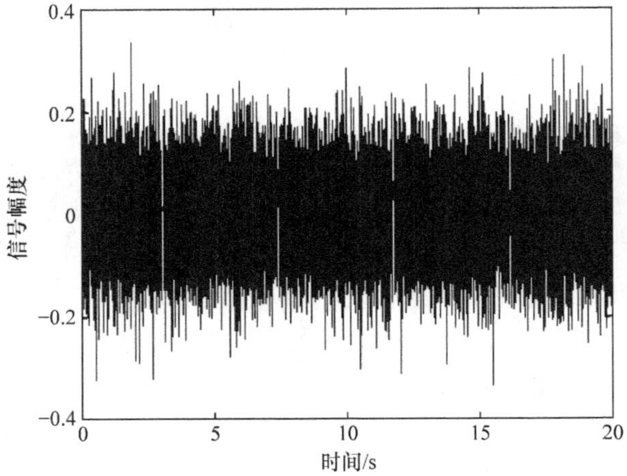

图 4-7　具有 SNR=−7dB 瞬态信号时域波形

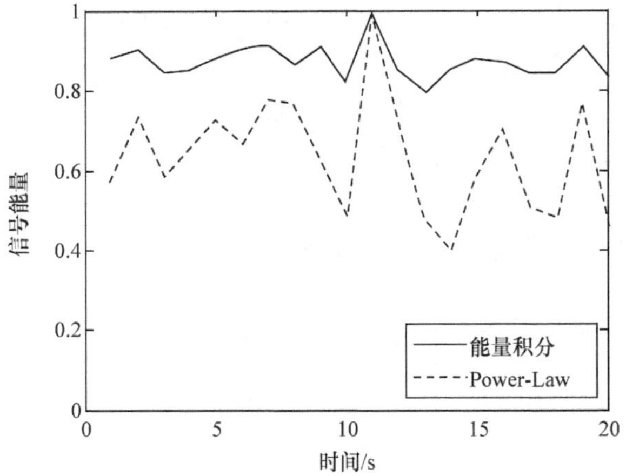

图 4-8　信噪比为−7dB 时，能量积分和 Power-Law 检测的对比

从图中可以看出，Power-Law 检测器的检测性能比能量检测方法好。图 4-9 给出了检测概率的对比，由该图可知，相邻频点叠加的方法能提高一定的检测性能。

幂律检测器和能量检测器都是鲁棒性很好的非参量检测器，它们对信号不要求任何先验知识，特别适合物理过程未知的瞬态信号检测。同时根据仿真可以看到，基于 DFT 的幂律检测器性能要优于时域上的能量检测器。传统傅里叶变换并不是非常适合分析瞬态信号，而短时傅里叶变换、小波变换等由其特性决定更适合瞬态信号的检测，基于这些时频分析方法的 Power-Law 检测性能也会更好。

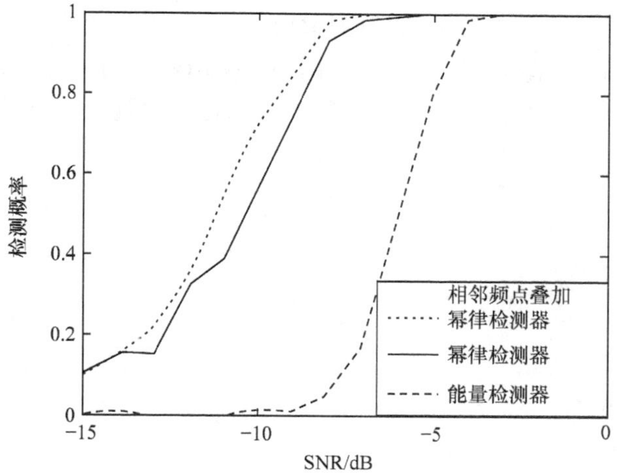

图 4-9 检测概率的对比

4.2.3 STFT 检测器

时频分析方法可以用于分析和检测瞬态信号，STFT 是基本的时频分析方法。对于非平稳信号，STFT 处理的基本思想是把信号划分成许多小的时间段，认为在每个时间段是平稳的，这样可以采用傅里叶变换方法分析每一个时间段的频率成分，从而获得信号频谱在时间上的变化规律。换言之，这是基于加时间窗的傅里叶频谱分析。

假定待分析的时变信号为 $x(t)$，窗函数为 $g(t)$，则 $x(t)$的短时傅里叶变换为

$$\mathrm{STFT}(\omega,t)=\int_{-\infty}^{\infty}x(\tau)g(t-\tau)\mathrm{e}^{-\mathrm{j}\omega\tau}\mathrm{d}\tau \tag{4-7}$$

图 4-10 为利用短时傅里叶变换获得的含有瞬态信号的时频图。在 3s 时间内，在 0.5s、1.5s 具有大约在 4kHz 和 2kHz 左右的窄带瞬态信号[113]。

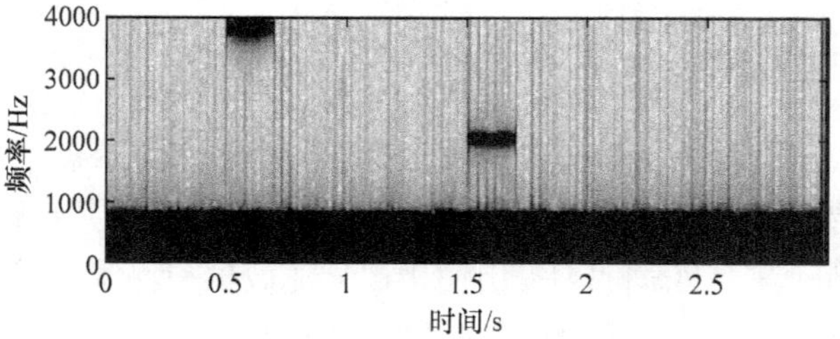

图 4-10 2 个窄带瞬态信号时频图

短时傅里叶变换常用的窗函数有矩形窗、汉宁窗等，使用不同的窗函数会对瞬态信号的检测产生影响。假定仍然采用图 4-1 所示的仿真信号，采用矩形窗和汉宁窗进行短时傅里叶变换，信号检测方式采用幂律检测器，其检测概率见图 4-11。可以看到采用汉宁窗时检测概率大一些。

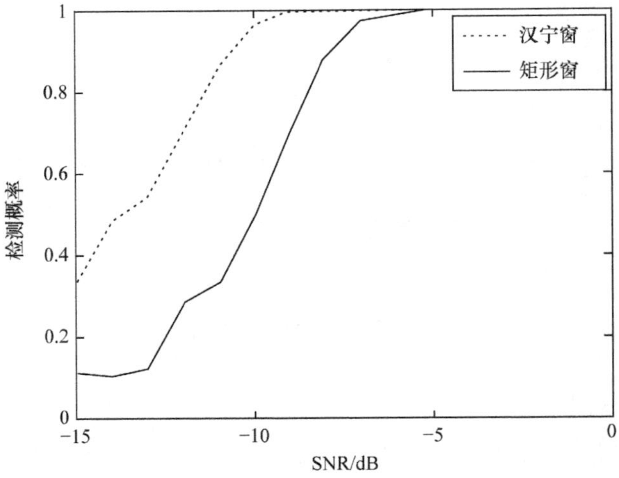

图 4-11　不同窗函数短时傅里叶变换对瞬态信号的检测概率

实际使用中可以根据信号特点选取合适的窗函数，然后滑动时间窗可以分析得到信号频谱随时间的变化。

短时傅里叶变换在瞬态信号分析中存在的问题是时间和频率分辨力上的矛盾，如果想得到更高的频域分辨率，就必须增大时间窗口长度，而这又会降低信号频谱的时间分辨能力。

4.3　瞬态信号其他检测方法

4.3.1　ARMA 逆滤波器法

海洋环境噪声、船舶辐射噪声都属于有色噪声，水声瞬态信号检测问题一般情况下都可以看作为色噪声背景下的瞬态信号检测问题。为了解决色噪声背景下的瞬态信号检测问题，文献[114]提出使用白化滤波器检测瞬态信号方法。任何有理式谱密度以及在白噪声中观测的 AR 过程和具有线谱的正弦波过程都可以通过 ARMA 过程建模，如图 4-12 所示。ARMA 模型的特点之一就是 ARMA 序列可视为白噪声序列通过脉冲传递函数 $H(z^{-1})$的线性系统产生色噪声序列，并且传递函

数 $H(z^{-1})$是最小相位系统，所以它的反函数 $H^{-1}(z^{-1})$能够将输入序列白化，如图 4-13 所示。

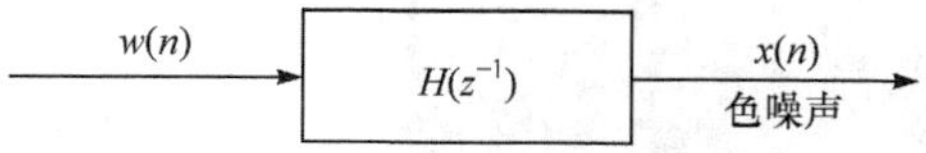

图 4-12　ARMA 的产生过程图

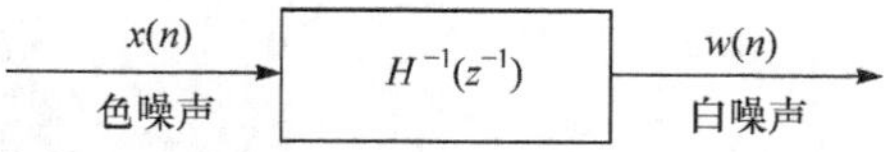

图 4-13　ARMA 逆滤波器框图

若$\{x(n)\}$为平稳随机过程，其差分方程可以表示为

$$x(n) = -\sum_{p=1}^{P} a_p x(n-p) + \sum_{q=0}^{Q} b_q w(n-q) \tag{4-8}$$

式中，a_p 为自回归系数；b_q 为移动平均系数；$w(n)$ 为零均值方差为 σ^2 的白噪声；$x(n)$ 为输出信号，此模型称为自回归移动平均模型。

因果 ARMA 滤波器为

$$H_{\text{ARMA}}(z^{-1}) = \frac{b_0 + b_1 z^{-1} + b_2 z^{-2} + \cdots + b_Q z^{-Q}}{1 + a_1 z^{-1} + a_2 z^{-2} + \cdots + a_P z^{-P}} \tag{4-9}$$

式(4-9)的转置模型用因果 ARMA 逆滤波器表示为

$$H_{\text{ARMA}}{}^{-1}(z^{-1}) = \frac{1 + a_1 z^{-1} + a_2 z^{-2} + \cdots + a_P z^{-P}}{b_0 + b_1 z^{-1} + b_2 z^{-2} + \cdots + b_Q z^{-Q}} \tag{4-10}$$

则有色噪声序列白化方法的时域实现为

$$w(n) = \left(a_0 + \sum_{p=1}^{P} a_p x(n-p) - \sum_{q=1}^{Q} b_q w(n-q) \right) / b_0 \tag{4-11}$$

由于 $w(n)$是白噪声，故此滤波器也称为白化滤波器。

选择一长度为 3s 的色噪声信号，在 0.5s、1.5s、2.0s 处分别叠加频率为 3800Hz、2000Hz 和 1000Hz、时长为 0.01s 单频正弦信号的数据来分析测试 ARMA 白化滤波器的检测性能，合成信号波形见图 4-14。当合成信号通过 ARMA 逆滤波器时，没有瞬态信号存在的色噪声信号均会变成白噪声，而瞬态信号在统计特性上与色噪声不相同，不能变为白噪声而作为尖峰信号显示出来，可以被检测到，见图 4-15。

4.3.2　小波变换法

STFT 是对非平稳信号进行时频域分析的一种方法，该方法通过加窗，把时变信号近似地分割成若干平稳信号进行分析，时间和频率分辨率都受到限制，如

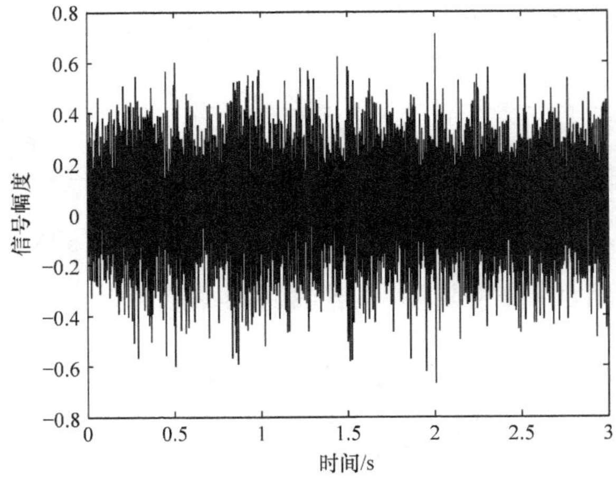

图 4-14　色噪声与瞬态信号的合成信号波形

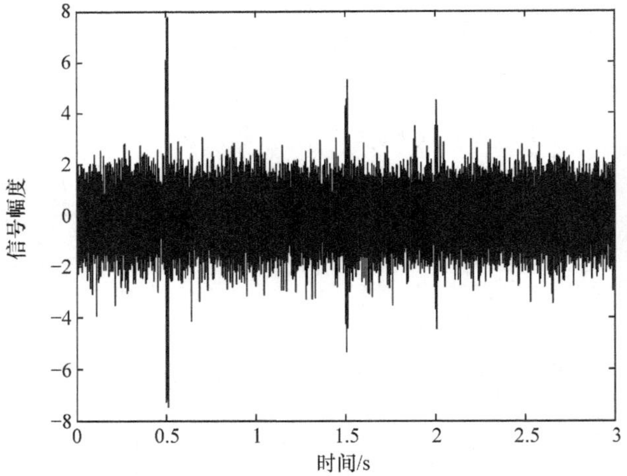

图 4-15　合成信号通过 ARMA 白化滤波器后输出波形

图 4-16(a)所示。若以 Δt 与 $\Delta\omega$ 分别表示该窗的宽度和高度，则前者可以作为时间分辨率的参数，后者作为频率分辨率的参数，所以 STFT 具有的分辨率是固定的，不随着频率变化而变化。但在实际中，对随时间变化比较快的信号要求高频段时间分辨率高(Δt 小)，由于是在高频段，所以对频率分辨率的要求可以低一些($\Delta\omega$ 大)。同理，对随时间变化较慢的信号，则要求 Δt 相对大些，$\Delta\omega$ 相对小些。显然，STFT 窗函数所确定的窗口大小和形状是固定不变的，因而不能满足要求。

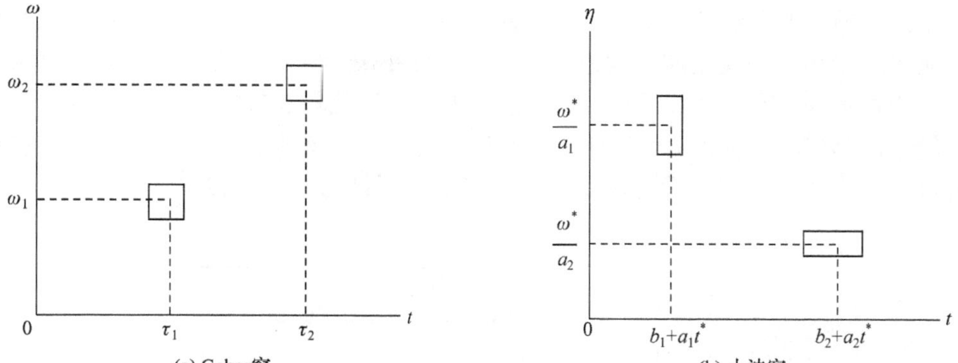

(a) Gabor窗　(b) 小波窗

图 4-16　时间-频域窗

小波变换发展了 STFT 加窗傅里叶变换的局部化思想，在窗函数中引进尺度可调的时频窗，使得在高频时使用短窗口，在低频时使用宽窗口，如图 4-16(b)所示，即以不同尺寸观测信号，以不同的分辨率分析信号，较好地解决时间和频率分辨率的矛盾，从而克服了上述 STFT 的缺点，实现了对非平稳信号较精确的时频分析。

一个平方可积信号 $s(t)$的小波变换定义为该信号与一个在时域和频域均具有良好局部化性质的小波基函数的内积，即

$$\mathrm{WT}(s(t);a,b)=W_s(a,b)=\langle s,\psi_{a,b}\rangle=\frac{1}{\sqrt{|a|}}\int_{-\infty}^{\infty}s(t)\psi^*\left(\frac{t-b}{a}\right)\mathrm{d}t \tag{4-12}$$

式中，$\psi(t)$称为小波母函数或小波函数。将母函数$\psi(t)$经平移和伸缩后，就可以得到一个小波序列。

对于连续的情况，小波序列为

$$\psi_{a,b}(t)=\frac{1}{\sqrt{|a|}}\psi\left(\frac{t-b}{a}\right)\quad a,b\in R;\quad a\neq 0 \tag{4-13}$$

其中，a 为伸缩因子，b 为平移因子。

根据式(4-13)，结合图 4-16(b)可知，当尺度参数 a_1 在高频段取小，则窗口的宽度变小，时间分辨率提高；当尺度参数 a_2 在低频段取大，则窗口宽度变大，时间分辨率下降。这样就实现了在高频时使用窄窗口，在低频时使用宽窗口，时频窗的尺度变化，但面积不变，即以不同的尺度观察信号，以不同的分辨率分析信号。由于具有优良的时频域局部化性质，所以能达到分辨率自动可调的目的。

1988 年 S. Mallat 在构造正交小波基时提出了多分辨分析的概念，从空间的概

念上形象地说明了小波的多分辨率特性，将此之前的所有正交小波基的构造法统一起来，给出了正交小波的构造方法以及正交小波的快速算法，即 Mallat 算法。

Mallat 提出利用滤波器组实现小波变换是一种比较有效的方法，Mallat 多分辨算法能够将频率轴均分为一组低通和高通滤波器，这些滤波器组称为正交镜像滤波器组，如图 4-17 所示，其小波多分辨分析树结构如图 4-18 所示。

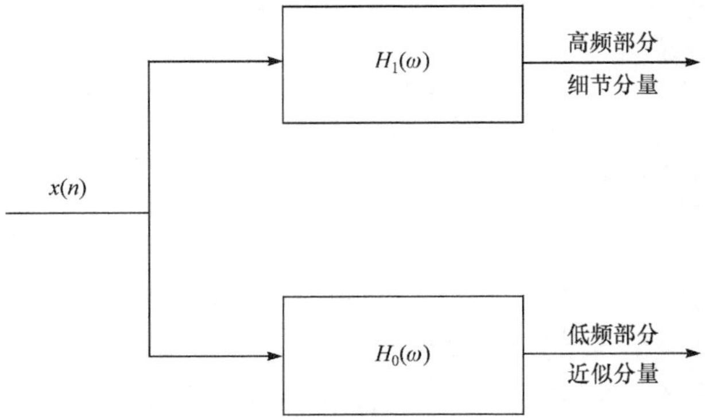

图 4-17　正交镜像滤波器组

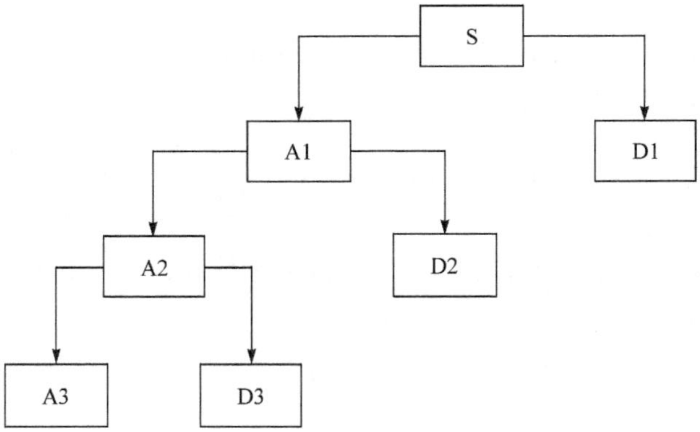

图 4-18　三层多分辨分析树结构

从图 4-18 可以看出，多分辨分析只是对低频部分进行进一步分解，而高频部分则不予以考虑。分解具有关系：S=A3+D3+D2+D1。这里只是以三层分解进行说明，如果要进行进一步的分解，则可以把低频部分 A3 分解成低频部分 A4 和高频部分 D4，以下再分解依此类推。多分辨分解的最终目的就是力求构造一个在频率上高度逼近 $L^2(R)$空间的正交小波基，这些频率分辨率不同的正交小波基相当于带宽各异的带通滤波器。

仍使用图 4-14 的色噪声加瞬态信号波形，将信号输入到小波多分辨带通滤波器组，选用了 3 层小波多分辨分解。为了观察方便，对于实际的小波尺度取其相对值，也就是将信号进行归一化处理(即将信号每一采样点平方后，取与最大值的比值)，其结果如图 4-19～图 4-21 所示。从图中可以看出，在不同的尺度分解中都很容易检测到瞬态信号的存在，尤其是 A1、D1、AA2、DA2、DAA3 尺度上。

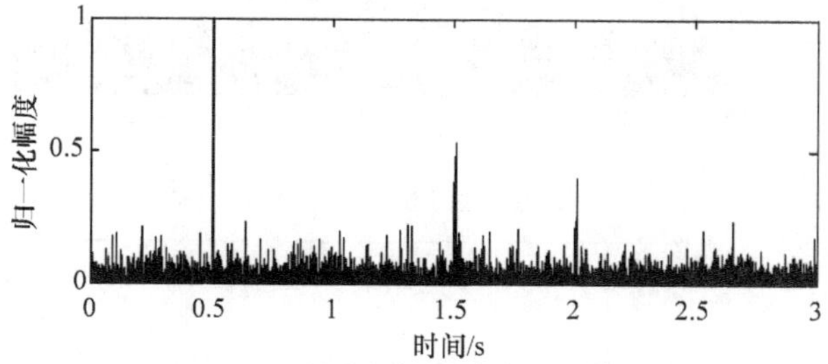

(a) 低通通道带通滤波器A1滤波

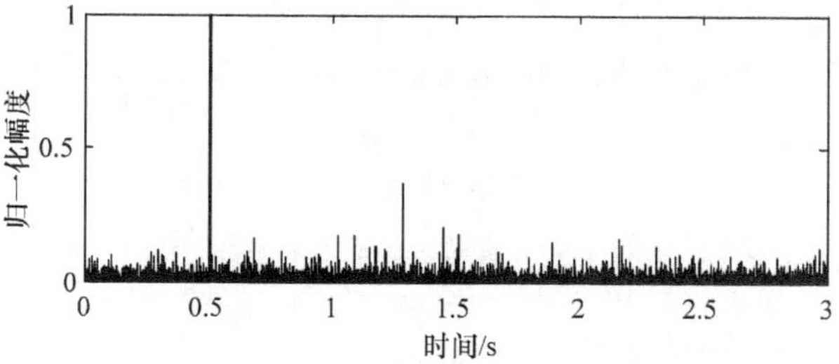

(b) 高通通道带通滤波器D1滤波

图 4-19　第一层小波分解结果

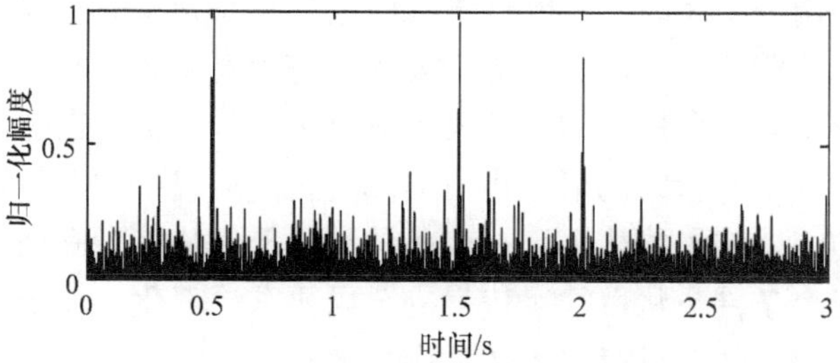

(a) 低通通道带通滤波器AA2滤波

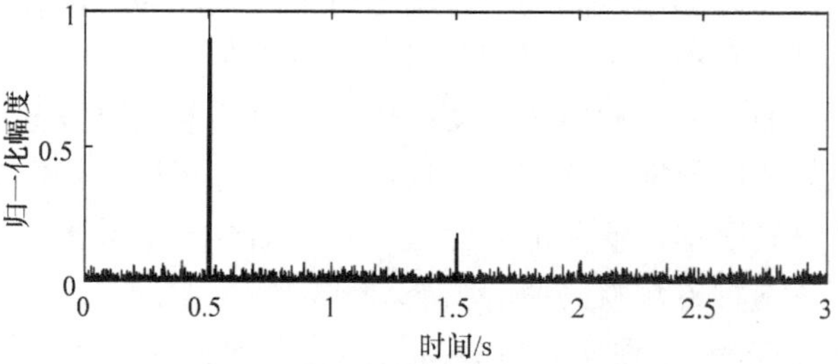

(b) 高通通道带通滤波器DA2滤波

图 4-20　第二层小波分解结果

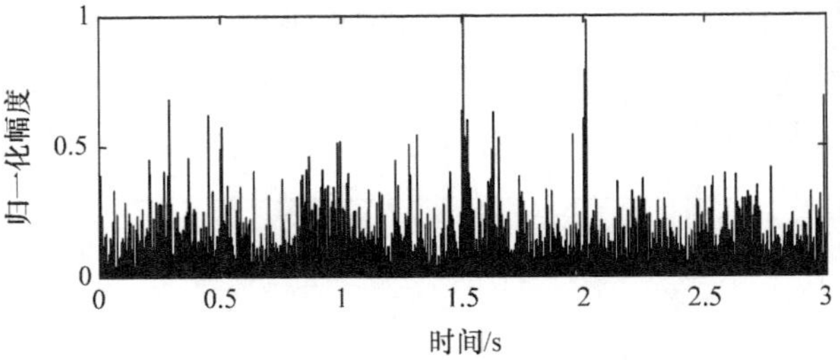

(a) 低通通道带通滤波器AAA3滤波

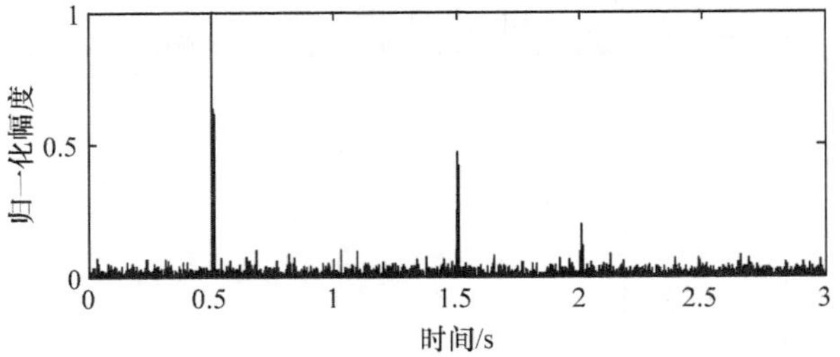

(b) 高通通道带通滤波器DAA3滤波

图 4-21　第三层小波分解结果

4.3.3　Hilbert-Huang 变换法

1. 经验模态分解[115-119]

时频分析中引入了瞬时频率的概念，而定义瞬时频率的必要条件是信号均值为零且局部对称。鉴于此，Huang 等定义了固有模态函数(IMF)以满足上述要求，即在整个数据集中零点和极点的个数相等或至多相差一个；在任何时刻，信号的包络均值为零。其中，包络均值是指由局部极大值点定义的上包络线和局部极小值点定义的下包络线的平均值。第一个条件类似于传统稳态高斯过程中，窄带信号的要求；第二个条件是将以往对信号的全局要求局部化，使瞬时频率不受非对称波形的影响。理想情况下第二个条件应当表述为数据的局部均值为零，但考虑对非平稳信号，计算局部均值涉及计算局部时间尺度。为方便计算，用包络均值来近似代替。IMF 没有被限制为窄带信号，它可以是频率幅度调制的、非平稳的信号。它表示一个简单的振动模态，相当于一个更普遍的谐波基函数，是一个单分量信号。一个复杂的数据在任何一个局部时刻都有超过一个的瞬时频率存在。为了更好地应用瞬时频率，就要把多分量的随机信号分解成多个 IMF，再对每个 IMF 求瞬时频率，这种方法就是经验模态分解。

用 Hilbert 变换求瞬时频率对单分量信号具有有效性，但实际情况中绝大部分数据都不是单分量的，在任意时刻都存在一个以上的振动模态。为此，Huang

提出了经验模态分解(empirical mode decomposition, EMD)来求解信号中的 IMF 分量。

经验模态分解有三个假设：①信号至少有一个极大值点和一个极小值点；②特征时间尺度定义为极点时间尺度；③假如信号没有极点但存在奇异点，特征尺度可以被定义为信号一次或二次差分的极值点。其分解的具体步骤如下。

步骤 1　找到所有的局部极点，将局部极大值作为上包络，局部极小值作为下包络。

步骤 2　上下包络均值用 m_1 表示，将输入数据 $X(t)$ 与 m_1 作差，记为 h_1，即

$$X(t)-m_1=h_1 \tag{4-14}$$

步骤 3　重复上面的筛选过程，直至第 k 次提取出的信号 h_{1k} 满足 IMF 条件，即

$$h_{1(k-1)}-m_{1k}=h_{1k} \tag{4-15}$$

定义 c_1 为第一阶 IMF，即

$$c_1=h_{1k} \tag{4-16}$$

上述过程称为筛选过程，目的在于消除模态波形现象，提高波形对称性。同时，为确保分离出的 IMF 分量保留了幅度和频率调制的足够的物理信息，需要限制筛选次数。因为筛选次数过多会使所有分量成为常幅度的频率调制信号，从而失去物理意义。将筛选的停止条件称为分量终止条件，Huang 在文献[119]中提出了两种终止原则：①当极点和过零点的个数相等或分解出的 IMF 极点小于 3(没有足够的极点)时停止筛选；②柯西收敛准则。定义门限

$$\mathrm{SD}=\frac{\sum_{t=0}^{T}\left|h_{1(k-1)}(t)-h_{1k}(t)\right|^2}{\sum_{t=0}^{T}h_{1(k-1)}^2(t)} \tag{4-17}$$

当 $0.2\leqslant \mathrm{SD}\leqslant 0.3$ 时，筛选过程终止。

步骤 4　将得到的周期较短的 IMF 分量从原始信号中分离出来

$$X(t)-c_1=r_1 \tag{4-18}$$

步骤 5　将余量作为新的信号重复步骤 1～4，结果记为

$$\begin{matrix} r_1-c_2=r_2 \\ \vdots \\ \vdots \\ r_{n-1}-c_n=r_n \end{matrix} \tag{4-19}$$

满足任何一个预设的判决标准(分解终止条件)，上述分解过程终止，即分量 c_n

或者余量 r_n 幅度非常小，低于门限值，或者余量 r_n 变为单调函数，分解不出更多的 IMF，至此 EMD 分解结束。

2. 基于 EMD 信号重构的瞬态信号检测[120-122]

噪声是影响信号处理效果的主要原因之一，降噪是提高系统检测性能的最基本也是最有效的手段。瞬态信号在哪几个模态具有表象，这和背景噪声以及瞬态信号的特性有关，需要通过实际数据分析确定采用哪些模态重构实现对瞬态信号的检测。根据 EMD 的这一特性，我们可以通过信号重构的方式来提高信噪比，具体过程如下。

(1) 对采样信号进行 EMD 分解。

(2) 选择部分阶 IMF 求和，作为待检测信号 $s_i(t)$ 。

(3) 求 $\left|s_i(t)\right|^2$ ，并估计噪声能量，自适应地确定幅度门限。

(4) 将 $\left|s_i(t)\right|^2$ 通过低通滤波，得到检验统计量，进行信号能量幅度和宽度联合检测。

下面给出基于 Hilbert-Huang 变换的瞬态信号检测仿真实例。试验信号仍采用图 4-14 的时间波形信号,其在三个时间点具有瞬态信号,图 4-22 给出前 8 阶 EMD 分解信号。从图中可以看出，在前 1、2、3 阶模态信号具有明显的瞬态信号，选择前三阶模态 EMD 分解信号做重构作为检测信号，如图 4-23 所示，可以准确地检测到噪声掩盖下的瞬态信号。

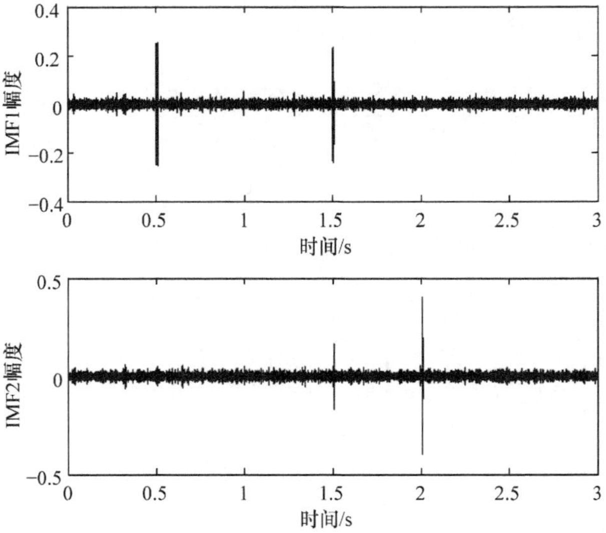

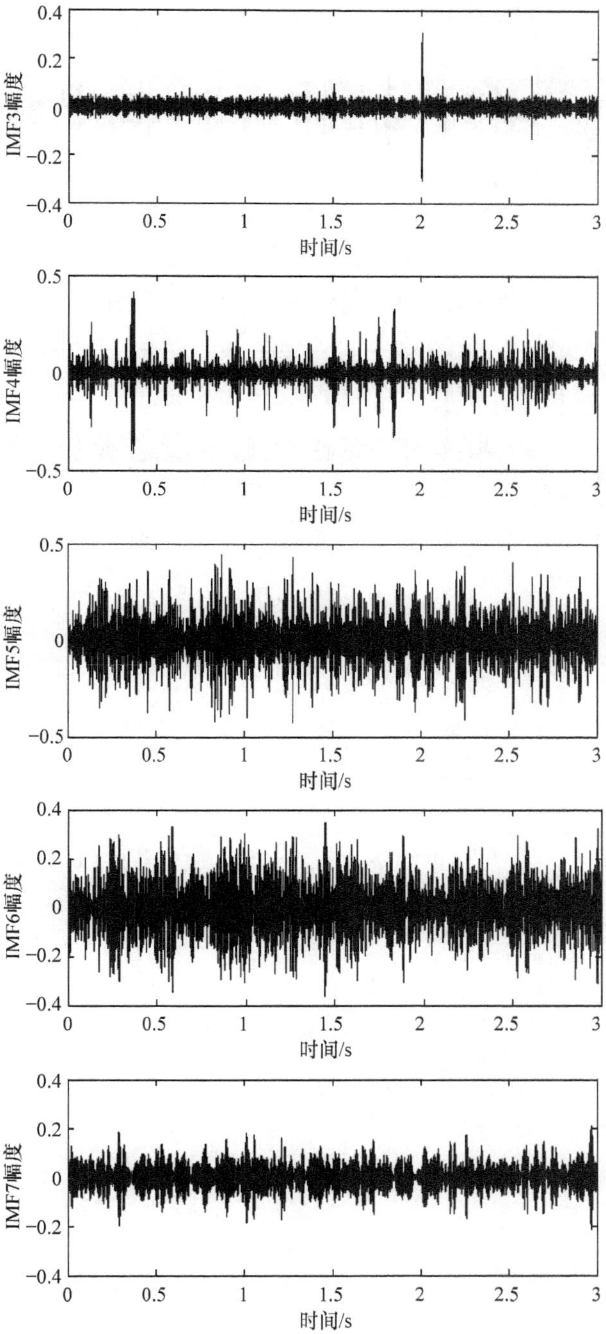
IMF3幅度
时间/s
IMF4幅度
时间/s
IMF5幅度
时间/s
IMF6幅度
时间/s
IMF7幅度
时间/s

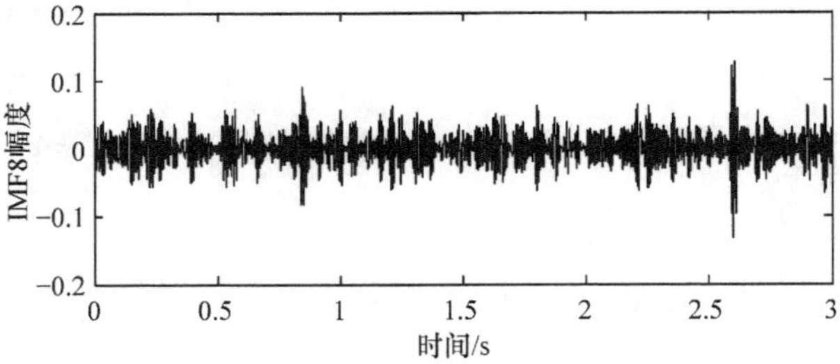

图 4-22　EMD 分解前八阶 IMF 信号波形

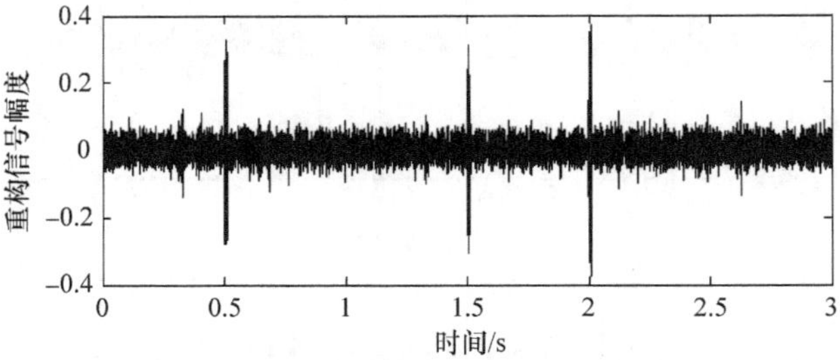

图 4-23　由前三阶 IMF 重构的信号波形

第 5 章　辅助分类识别特征

水声目标部分特征可以用于对目标的辅助分类，或说用于粗分类，如船舶目标的声源级、目标的运动特征等，其可以在一定程度上压缩目标类型或是排除部分目标类型。听觉感知特征是声纳兵听音判型的主要依据，虽然现在还不能从理论上实现定量数值化的精确表示，但从目前研究看，基本可以用船舶辐射噪声的多维频谱特征来近似描述。这些特征有些类别之间具有重叠，有些数字描述还比较简单，但它们都对分类识别具有意义，可以作为辅助特征使用。

5.1　船舶辐射噪声的听觉感知特征

5.1.1　声音的听觉感知特征

船舶类型不同，其辐射噪声的听觉感知是不同的，这也是声纳兵听音判型的重要依据,因此人们希望通过提取船舶辐射噪声听觉感知特征用于水声目标识别。虽然对于听音识别来说，听觉感知特征是极其重要甚至是唯一的特征量，但由于目前从技术上数字化的听觉感知特征准确性和完备性都存在不足，因此在机器识别中，听觉感知特征还只能作为一种辅助性的特征去使用。更好的听觉感知特征需要进一步去探索，如现阶段研究比较热的基于数据驱动的深度学习特征提取技术等。

听觉感知属于心理声学,心理声学对于声音的感觉有三个要素,分别为音高、响度和音色。音高与乐谱上的音符、琴键、旋律、和声、音律和节目的音调等有关，响度则与音乐的动态特性、合奏音乐各成员之间的平衡有关。用于描述声音质量的音色术语包括：柔和的、丰富的、隐蔽的、开放的、暗淡的、明亮的、刺耳的、烦躁的、粗糙的等。

1. 音高(音调)

音高是听觉对声音高低的感觉。美国国家标准协会给出的音高的正式定义为：“音高是听觉对声音在音阶上按从低到高顺序排列的感知属性”。因为音高的测量需要听音者做出主观感觉的判断，因此具有主观性，这与在实验室里的物理测量方法是完全不同的。例如，测量一个音符的基频，它就属于“客观测量”。时间上周期性变化的声压波形被听觉系统接收后会产生一定的音高感，听觉不对时间上非周期性变化的声压波形产生音高感知。波形和具有音高的频谱以及不具有音高的频谱之间的关系如表 5-1 所示。

声音的音高是随着其基频 f_0 的变化而改变的。基频 f_0 越大音高越高，反之亦然。尽管音高和基频 f_0 可以分别通过主观和客观测量得到，并分别以音符的高低为尺度以及 Hz 为测量单位，音高的主观测量结果也可用 Hz 表示。这可以通过不断切换一个声音和频率可变的正弦波，让听音者对两个声音的音高进行比较而得到。听音者可以调整正弦波的频率直到感知两个声音的音高相等，该声音的音高就是正弦波的频率大小。

表 5-1　有音高和无音高声音的波形和频谱特点

	有音高	无音高
波形(时域)	周期性的(有规律的重复)	非周期性的(没有规律不重复)
频谱(频域)	线状谱(谐波成分)	连续谱(无谐波成分)

音高的感知主要受到基频 f_0 的影响，但两者又具有区别。如果保持基频不变，当改变声音的强度和持续时间时，音高感觉也会发生变化。对于正弦波形来说，如果保持基频不变，强度在 40～90dB 变化，除 1k～2kHz 以外的所有基频的音高感知会随之变化。当基频大于 2kHz 时，音高感知随强度的增大而变高；当基频小于 1kHz 时，音高的感知随强度的增大而变低。图 5-1 描述了不同频率音高随强度的变化[123](图中纵坐标单位为音分，音乐上把半个音程的 1%作为 1 个音分)。

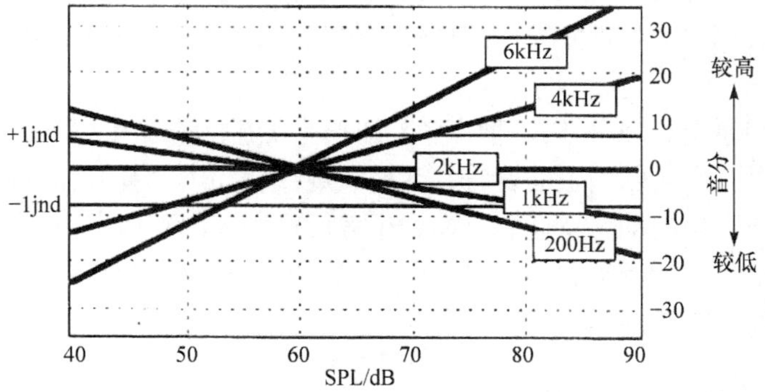

图 5-1　保持基频不变时正弦波的音高随强度的变化特性

声音的持续时间对音高感知的影响不是一个简单关系，但这种关系可以用图 5-2 来说明[123]。图中给出了基频 f_0 为特定值时能在听觉产生音高感的最小周期数目。较短持续时间的声音可能被感知具有一定音高，但当声音持续时间一旦低于图 5-2 中最小周期数时，听音者判断音高的准确性会变差。

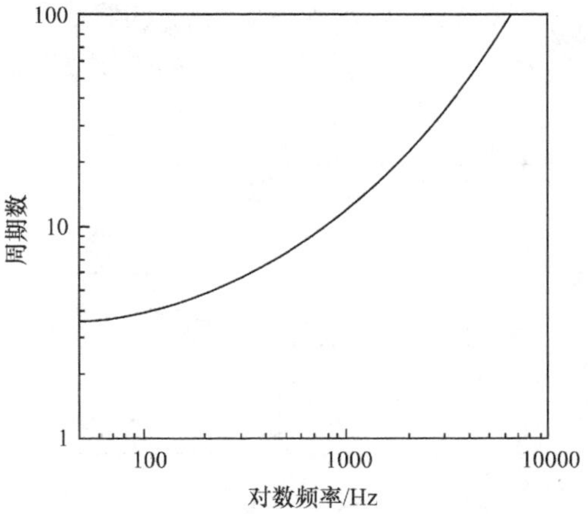

图 5-2　听觉能够感知特定频率音高所需的最小周期数

2. 响度

虽然声音在听觉上产生的响度感觉与振幅相关，但它们之间不是简单的一对一的函数关系。心理声学效应不仅受环境和背景的影响，而且与声音的本身性质有关。同时，心理声学效应是很难度量的，因为它与听音者对声音的描述有关。

人耳是一个对声压非常敏感的器官，它可以将声音信号的频谱划分成一系列带宽重叠的频带，其带宽随频率的增加而增大。声波的声压幅度与响度感觉并没有直接的联系，实际上声压幅度较小的声音有可能比声压幅度较大的声音具有更强的响度感觉。原因是频率的影响，因为声音的频率各不相同，听觉的灵敏度随频率的变化而变化。图 5-3 所示为人耳的等响曲线[123]。Fletche 和 Munson(1933)最早对等响曲线进行了测量，随后其他人也进行了测量。这些曲线表示了声压级和听觉感知的响度之间的关系，表明了当声音的声压级达到多少时，才能感觉到它与某特定声压级的 1kHz 纯音同样响。

等响曲线有两个主要声学特征：第一，在大于 1kHz 时等响曲线变得凹凸不平，这是由于外耳的共振产生的。外耳道长约 25mm，一端封闭另一端开放，使得听觉在约 3.4kHz 产生第一个共振，由于外耳道形状的不均匀性，第二个共振频率约为 13kHz。共振现象可以提高听觉在共振频率的灵敏度。需要注意的是，灵敏度的提高是由于外耳的声学效应引起的，与信号本身的强度无关。第二，听觉的灵敏度还与声压级有关，这是由听觉内在的转换和诠释声波的方式决定的，使灵敏度频率响应随声压幅度的变化而变化。这种效应在低频尤为明显，但是在高频处也存在。以上两个现象引起的最终效果是，听觉的灵敏度是随频率和振幅变化的函数。换言之，双耳的频率响应是不平坦的，同时它也与声压大小有关。所以，两个声压级相等的纯音信号的响度不一定相同。例如，以一个刚刚能够听到的 20Hz 纯音信号的声压级重放 4kHz 纯音信号，响度要比 20Hz 响得多。响度相同的不同频率纯音信号具有不同的声压级，同时不同声压级声音的相对响度与其重放的绝对声压级有关。

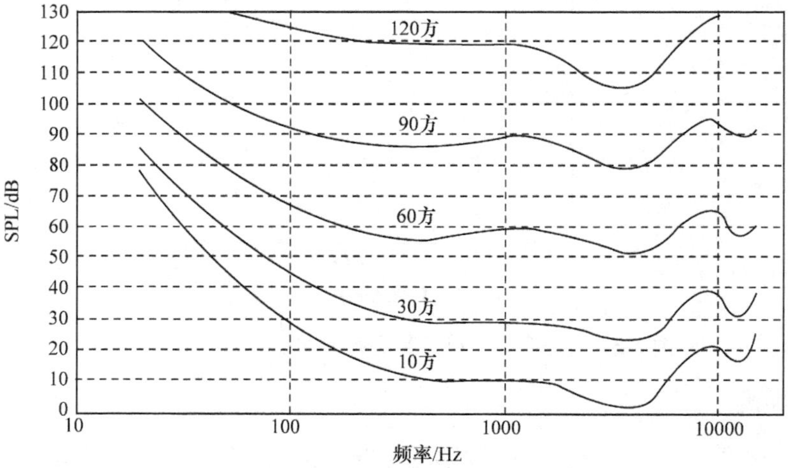

图 5-3　人耳等响曲线

与频率和声压级有关的正弦波响度通常用单位“方”(phon)进行度量。“方”值是通过让听音者将声音与 1kHz 纯音的响度进行比较得到。一个声音的响度级(“方”值)定义为和它同样响的 1kHz 纯音的声压级。观察图 5-3 人耳等响曲线可以看出，N 方的曲线穿过 1kHz、声压级为 NdB(SPL)的点，声压级较大时等响曲线相对比较平坦。由于不同频率的相对响度随着声压级变化而改变，因此当重放音量变化时，声音在不同频率的平衡感也会发生变化。这个现象正如在听录音作品时，当减小音量时，低频、高频成分与中频成分相比在一定程度上被抑制，声音变得比较单薄、暗淡。

3. 音色

在音乐领域，音色是描述具有特定音高和响度的声音的质量感受和声音特质的。听音者能够对声音的音高或响度按照从“高”到“低”的顺序排列，但是，与音高和响度不同，音色的主观评价不存在一个度量尺度。美国国家标准化研究所关于音色的正式定义说明了这一点：“音色是指声音在听觉上产生的某种属性，听音者能够据此判断两个以同样方式呈现、具有相同音高和响度的声音的不同”。换句话说，两个相同响度感觉和音高感觉的声音能凭借他们的音色加以区别。乐音的音色是指，当不同的乐器演奏具有相同音高、响度和持续时间的音符时，听音者用来判别所演奏乐器的声音感觉。

音色的感觉在频谱上有何差异是水声目标识别利用音色特征所要关心的问题。先看一个例子，图 5-4 给出了小提琴、小号、长笛和双簧管分别演奏 A4(钢琴某音符，440Hz)的频谱图[123]。

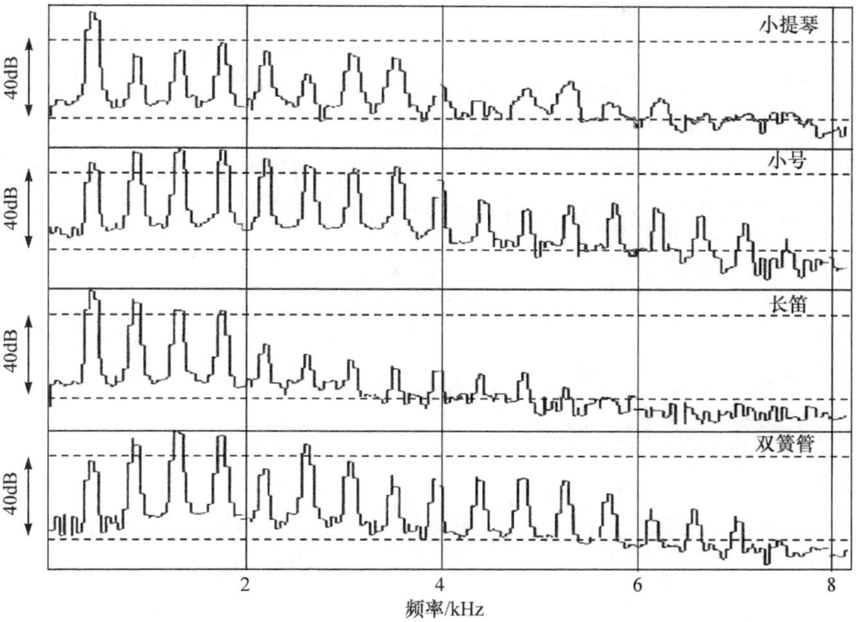

图 5-4　小提琴、小号、长笛和双簧管分别演奏 A4 的频谱图

从图中可以看出，各种乐器演奏的基频都是相同的，差异在各次谐波的幅度的大小，这些差异表示各种乐器的音色特点。

对于水声信号来说，声纳员听音识别的音色包括哪些，怎么去描述音色，这些都是我们需要研究的问题。船舶辐射噪声不是单音信号，其为宽带噪声，因此其频率组成以及各频率成分的强弱就组成了该水声信号的音色特点，提取音色特征也围绕这些方面。

5.1.2　船舶辐射噪声听觉感知特征

心理声学听觉感知特征很多都以船舶辐射噪声功率谱为基础。由于海洋传播中，高频和低频衰减的幅度不一样，高频衰减得快，所以，船舶辐射噪声的功率谱是和目标距离相关的，而很多研究水声目标识别的听觉感知特征往往都没有把这些考虑在内。听觉感知特征虽然很难准确描述，但是可以作为一个粗尺度的特征来应用，很多围绕功率谱提取的特征如谱中心、谱下降率等反映的都是听觉感知特征。参考文献[124]～[133]从不同角度提出了很多听觉感知特征，文献[134]

提出谱质心、谱质心带宽、谱下降率等 13 维听觉感知特征，在此结合其他文献，把主要听觉感知特征以及提取算法做一些介绍。

1. 谱质心

在音乐领域中，谱质心是描述音色属性的重要物理参数之一，它是声音信号频率分布和能量分布的重要信息。在主观感知领域，谱质心描述了声音的明亮度，声纳员听音中讲的音色具有“暗”特征的噪声信号通常谱质心相对较低，而音色具有“亮”特征的噪声信号通常谱质心较高。

谱质心(spectral centroid, SC)是声音信号频率成分的重心，是在一定频率范围内通过能量加权平均的频率，表示随强度变化的特性，其单位是 Hz，计算公式为

$$\mathrm{SC}=\frac{\int_0^{f_{\max}} f\cdot X^2(f)\mathrm{d}f}{\int_0^{f_{\max}} X^2(f)\mathrm{d}f} \tag{5-1}$$

其中，f 为信号频率，$X(f)$ 为连续时域信号 $x(t)$ 的短时傅里叶变换。

为了便于解释谱质心的物理意义，将式(5-1)变换为

$$\mathrm{SC}=\frac{\sum_{n=0}^{N-1} f(n)X^2(n)}{\sum_{n=0}^{N-1} X^2(n)}=\sum_{n=0}^{N-1} f(n)\frac{X^2(n)}{\sum_{n=0}^{N-1} X^2(n)}=\sum_{n=0}^{N-1} f(n)P(X^2(n)) \tag{5-2}$$

式中，$X(n)$ 为离散时域信号 $x(n)$ 的短时傅里叶变换后对应频率的谱能量；N 为 DFT 的长度；$P(X^2(n))$ 为各点能量在总能量上的概率值。

从式(5-2)可以看出，谱质心就是各频率点上频率与该点能量分布概率值的乘积求和，从统计方法上可以认为，谱质心即是频率的一阶矩，也称为基于能量分布的平均频率。

2. 谱质心带宽

谱质心带宽(spectral centroid band width, SBW)是指能量集中的频带宽度，即高于 SC 频带内的谱质心与低于 SC 频带内的谱质心的差值。谱质心带宽可以理解为频带成分和对应质心之间差值的振幅加权平均，相对谱质心来说，它反映了声音能量的集中区域，单位是 Hz，其计算方法为

$$\mathrm{SBW}=\mathrm{SC}_{\mathrm{high}}-\mathrm{SC}_{\mathrm{low}}=\frac{\sum_{n=1}^{N}\left|\mathrm{SC}-f(n)\right|\cdot E(n)}{\sum_{n=1}^{N}E(n)} \tag{5-3}$$

式中，SC_{low} 为 $[0,\text{SC}]$ 频段内的谱质心，SC_{high} 为 $[\text{SC}, f_{\max}]$ 频段内的谱质心。

3. 谱下降率

谱下降率(spectral roll-off, SR)描述频谱的下降速率。通常认为船舶辐射噪声在高频段以 6dB/倍频程下降，但实际上对于不同的噪声源来说是有差异的，主要原因还在于空化程度的不同，如水面航行的商船、水下航行的潜艇和鱼雷谱下降率具有明显的差异。

谱下降率通常以功率谱最大值点后的下降速率的平均值来表示，单位是 dB/倍频程，即

$$\text{SR} = \frac{P_F - P_{nF}}{(n-1)} \tag{5-4}$$

其中，P_F 表示功率谱最大值，此时频率为 F，P_{nF} 表示在 n 倍频程时的功率谱值。

4. 谱不规律性

谱不规律性(spectral irregularity, SI)描述了谱包络的形状，是一个复音在频谱上相邻分音的幅度差程度的系数。因此，大幅度差值产生凹口包络，而较小差值则产生较平滑包络。计算方法如下：

$$\text{SI} = \frac{\sum_{n=1}^{N}(|X(n)| - |X(n-1)|)^2}{\sum_{n=1}^{N} X^2(n)} \tag{5-5}$$

利用正弦信号研究发现，信号能量越大、谐波次数越多的信号其 SI 越小，反映声音的噪声特性越明显，越不具有规律。

5. 谱平整度

谱平整度(spectral flatness measurement, SFM)定义为谱的几何平均(Gm)与其算术平均(Am)的比值，用于描述谱的平坦程度，单位为 dB。当 SFM 接近 0 时，意味着信号更像正弦曲线，当 SFM 接近 1 时意味着信号更平整、更不相互关联。计算公式为

$$\text{SFM} = 10\lg\left(\frac{\text{Gm}}{\text{Am}}\right) = 10\lg\left(\frac{\left(\prod_{n=1}^{N}|X(n)|\right)^{\frac{1}{N}}}{\frac{1}{N}\sum_{n=1}^{N}|X(n)|}\right) \tag{5-6}$$

6. 噪度

噪度(noisiness)又称为烦恼度，它是描述声音噪乱程度的心理声学参量。听音识别过程中，在响度相当的情况下，不同目标噪声的噪乱程度是不同的。一般来说，鱼雷目标的噪声音细，最具乐感，噪度小；水下电机航行的潜艇声音清晰，其噪声杂乱无章感往往低于水面船舶；各种水面船舶由于机械噪声强，空化噪声强，听起来往往更杂乱。可见不同的目标噪度具有一定的可分性。影响噪度感觉的主要物理因素包括谱成分的能量级、频谱的复杂度及纯音分量、幅度调制的频率和幅度以及脉冲音的上升时间等。

根据船舶辐射噪声听音特点，频谱的复杂度、是否存在纯音、幅度调制的频率和幅度是噪声杂乱程度的主要因素。在此，将频谱复杂度以及纯音的存在作为噪度特征的主要因素。一般来说，线谱成分能量比重越大，噪度越小。因此可以用连续谱平均能量和线谱的能量比来衡量噪度[135,136]，为

$$\text{Noisiness} = \frac{\frac{1}{N}\sum_{f_L}^{f_H} X_1(f)}{\sum_i X_2(f_i)} \tag{5-7}$$

其中，$\frac{1}{N}\sum_{f_L}^{f_H} X_1(f)$ 表示频带 $f_L \sim f_H$ 内的连续谱平均值，$\sum_i X_2(f_i)$ 表示频带 $f_L \sim f_H$ 内线谱的能量和。

7. 尖锐度

尖锐度(sharpness)是描述高频成分在声音频谱中所占比例的心理声学参数，它反映着声音信号的刺耳程度[131]。噪声尖锐度值越高，给人的感觉就越刺耳。它的单位是 acum。规定中心频率为 1kHz、带宽为 160Hz 的 60dB 窄带噪声的尖锐度为 1 acum。尖锐度的大小与响度有很大的关系。目前，尖锐度计算还没有一个统一的国际标准，一般采用临界频带的频谱响应对总响度加权积分的方式计算。常用的公式为[137]

$$S = 0.11 \times \frac{\int_0^{24} N'(z) g(z) \mathrm{d}z}{\int_0^{24} N'(z) \mathrm{d}z} \tag{5-8}$$

其中，$N'(z) = 0.08 \times \left(\frac{E_{\mathrm{TQ}}}{E_0}\right)\left[\left(0.5 + 0.5 \times \frac{E}{E_{\mathrm{TQ}}}\right)^{0.23} - 1\right]$，$E_{\mathrm{TQ}}$ 为安静状态下听阈对应

的激励；E_0 为参考声强 $I_0 = 10^{-12}\ \mathrm{W/m^2}$ 对应的激励；E 为被计算声音对应的激励；$g(z)$ 为附加因子，其值随临界频带的变化而变化，计算公式为

$$g(z)=\begin{cases}1 & z\leqslant 16\\ 0.06\mathrm{e}^{0.171z} & 16<z\leqslant 24\end{cases}$$

8. 粗糙度

粗糙度(roughness)是描述声音信号调制程度的心理声学参数，它反映着信号调制幅度的大小、调制频率的分布情况等特征，适用于评价 20～200Hz 调制频率的声音[131]。声音信号的时域结构、调制的频率分布、调制频率大小、调制程度、声压级的不同决定着粗糙度的大小。粗糙度的单位是 asper，规定一个 1kH 正弦波纯音信号，调制幅度为 1，调制频率为 70Hz，声压级为 60dB 时的粗糙度为 1 asper。关于粗糙度的计算目前亦无统一的国际标准，常用的公式为[137]

$$R = 0.0003 f_{\mathrm{mod}} \int_0^{24} \Delta L_E(z)\mathrm{d}z \tag{5-9}$$

其中，f_{mod} 为调制频率，ΔL_E 为临界频带内的声压变化幅值。

9. Mel 频率倒谱系数[138-140]

人耳对不同频率的语音具有不同的感知能力，实验发现，在 1000Hz 以下，感知能力与频率呈线性关系，而在 1000Hz 以上，感知能力则与频率成对数关系。为了模拟人耳对不同频率语音的感知特性，人们提出了 Mel 频率的概念，其含义为：1Mel 为 1000Hz 的音调感知程度的 1/1000。频率 f 与 Mel 频率 B 之间的转换关系如图 5-5 所示，其转换公式为

$$\mathrm{Mel}(f) = 2595\lg(1+f/700) \tag{5-10}$$

式中，f 的单位是 Hz。

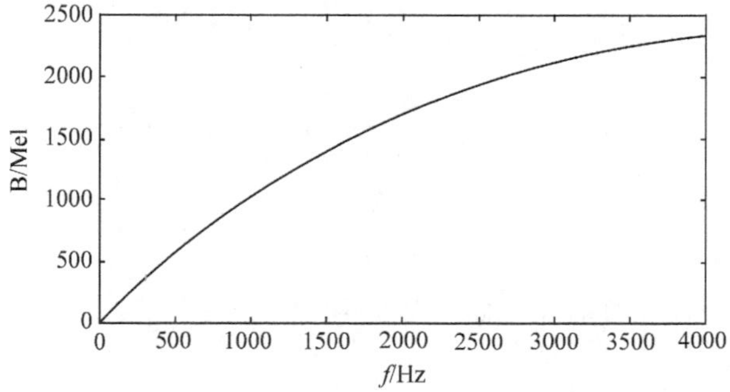

图 5-5　频率与 Mel 频率对应关系

Mel 频率倒谱系数(mel-frequency cepstrum coefficients, MFCC)特征提取及计

算过程如图 5-6 所示[126, 128]。

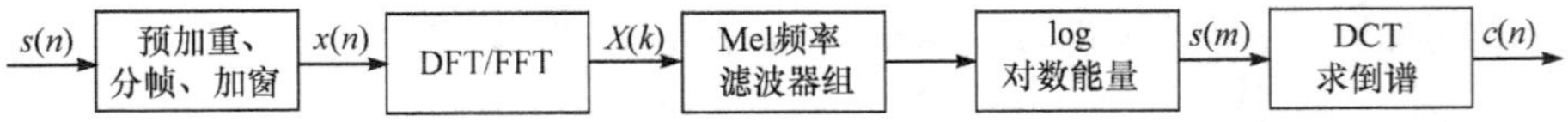

图 5-6　Mel 频率倒谱系数(MFCC)提取过程

MFCC 参数的计算过程的具体步骤如下。

步骤 1　根据式(5-10)将实际频率尺度转换为 Mel 频率尺度。

步骤 2　在 Mel 频率轴上配置 L 个通道的三角形滤波器组，L 的个数由信号截止频率决定。每一个三角形滤波器的中心频率 $c(l)$ 在 Mel 频率轴上等间隔分配。设 $o(l)$ 、$c(l)$ 和 $h(l)$ 分别是第 l 个三角滤波器下限、中心和上限频率，则相邻三角滤波器之间的下限、中心和上限频率有如图 5-7 所示的式(5-11)关系成立：

$$c(l) = h(l-1) = o(l+1) \tag{5-11}$$

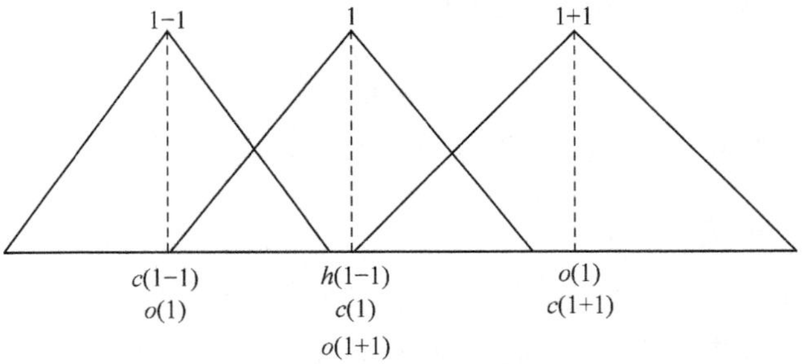

图 5-7　相邻三角形滤波器之间的关系

一般在 Mel 滤波器的选择中，Mel 滤波器组都选择三角形的滤波器。但是 Mel 滤波器组也可以选择其他形状，如正弦型的滤波器组等。

步骤 3　根据信号幅度谱 $|X_n(k)|$ 求每一个三角滤波器的输出，为

$$m(l) = \sum_{k=o(l)}^{h(l)} W_l(k)|X_n(k)| \quad l = 1,2,\cdots,L \tag{5-12}$$

$$W_l(k) = \begin{cases} \dfrac{k-o(l)}{c(l)-o(l)} & o(l) \leqslant k \leqslant c(l) \\ \dfrac{h(l)-k}{h(l)-c(l)} & c(l) < k \leqslant h(l) \end{cases} \tag{5-13}$$

步骤 4　对所有滤波器输出做对数运算，再进一步作离散余弦变换(DCT)即可得到 MFCC，即

$$c_{\text{mfcc}}(i) = \sqrt{\frac{2}{N}} \sum_{l=1}^{L} \lg m(l) \cos\left\{\left(l-\frac{1}{2}\right)\frac{i\pi}{L}\right\} \tag{5-14}$$

图 5-8 是对某船舶辐射噪声提取 MFCC 特征[126,128]。

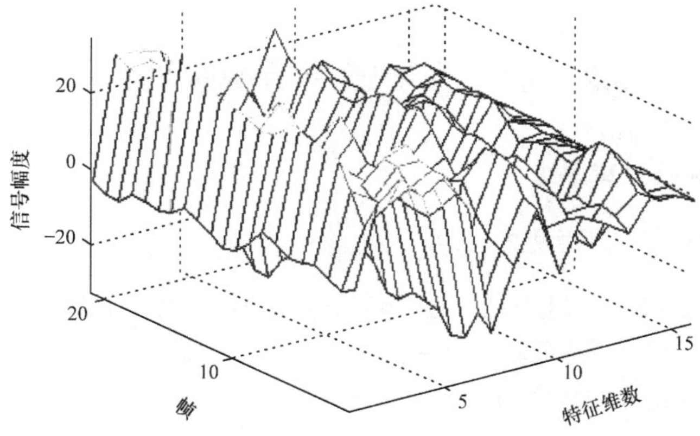

(a) 16维MFCC特征

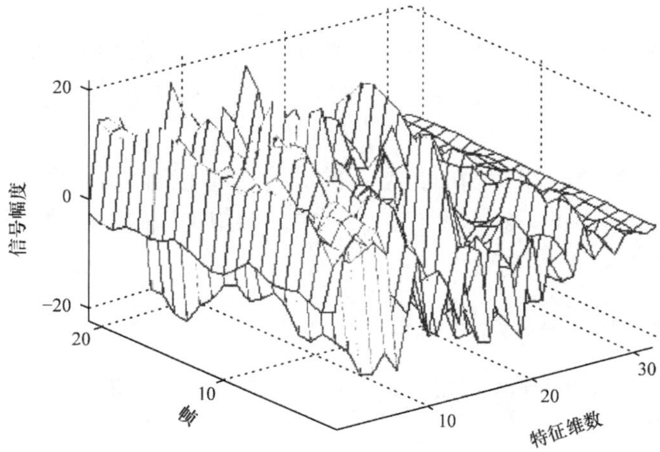

(b) 32维MFCC特征

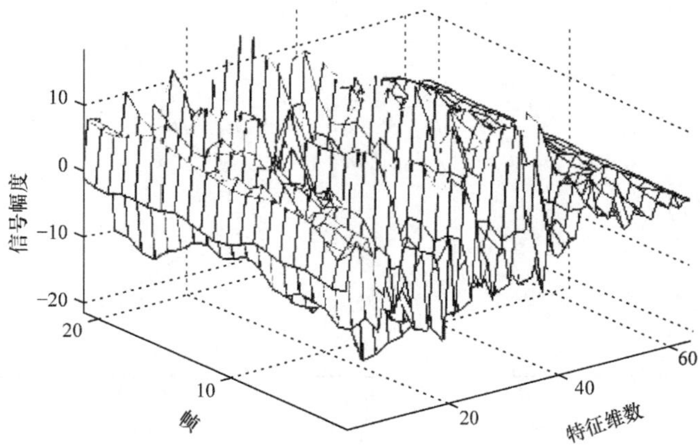

(c) 64维MFCC特征

图 5-8　某船舶辐射噪声提取 MFCC 特征

5.2 船舶辐射噪声声源级特征

5.2.1 船舶辐射噪声声源级

1. 船舶辐射噪声声源级定义

船舶辐射噪声声源级是用来描述辐射噪声信号能量强弱最基本的参数，在水声目标识别中作为识别特征具有良好的稳定性。声源级定义为距离等效中心距离(国际单位制为 1m)处的声强与参考声强之比的分贝数，用符号 SL 来表示，即

$$\mathrm{SL} = 10\lg\frac{I}{I_0}\bigg|_{r=1} \tag{5-15}$$

式中，I 是距声源中心 1m 处的噪声声强值，I_0 是参考声强。在水声学中，通常将均方根声压为 1 微帕的平面波的声强作为参考声强，约等于 $0.67\times10^{-22}\mathrm{W/cm^2}$。

船舶辐射噪声声源级与船舶类型、排水量、航速等因素有密切的关系，对于潜艇来说，还与潜艇的下潜深度有关，其中，船舶类型是影响目标辐射噪声声源级的主要因素。

2. 船舶辐射噪声声源级计算方法

当声压谱源级曲线比较规则时，可通过对声压谱源级曲线积分的方法计算声源级[141,142]，如图 5-9 所示。

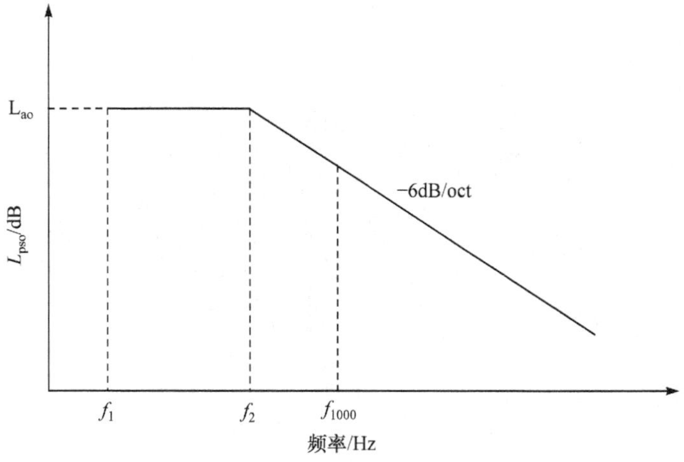

图 5-9 船舶辐射噪声声压谱源级限制线示意图

如果声压谱级曲线在频率 f_1 和 f_2 之间是平直的，即 $L_{pso}=L_{ao}$ 为一恒定值，则在频率 f_1 和 f_2 范围内的声源级为

$$L_{po}(f_1,f_2)=L_{ao}+10\lg(f_2-f_1) \tag{5-16}$$

一般情况下，当 f_1=0 或 $f_2\gg f_1$ 时，式(5-16)可简化为

$$L_{po}(f_1,f_2)=L_{ao}+10\lg f_2 \tag{5-17}$$

如果声压谱源级曲线随频率以 q 次方衰减，其斜率为 $-3q\text{dB/oct}$，则在频率 f_2 和 f_3 范围内($f_3\gg f_2$)的声源级为

$$L_{po}(f_2,f_3)=L_{pso}(f_2)+10\lg f_2-10\lg(q-1) \tag{5-18}$$

其中，q 又称为衰减指数，表示噪声谱级 SL～$\lg f$ 以 q 次方关系而衰减。

依据斜率为 $-3q$ dB/oct 关系，当螺旋桨空化时，$\Delta SL=-6\text{dB/oct}$，对应 $q=2$；当螺旋桨无空化时，$\Delta SL=-10\text{dB/oct}$，对应 $q=\dfrac{10}{3}$。

当 f_2 为过渡频率时，$L_{pso}(f_2)=L_{ao}$，利用式(5-17)和式(5-18)，求得从频率 f_1 到 f_3 的声源级为

$$L_{po}(f_1,f_3)=L_{ao}+10\lg f_2+3-10\lg(q-1) \tag{5-19}$$

式中，L_{ao} 为低频平直部分的谱级；f_2 为声压谱级从平直向下降斜线过渡的过渡频率，单位为 Hz。

下面考虑以 1kHz 为声压谱级表示的声源级的计算问题。参照图 5-9，根据声压连续谱源级随频率的变化关系曲线($q=2$)，可以得出如下关系式

$$\frac{L_{ao}-L_{1000}}{6}=\log_2\left(\frac{1000}{f_2}\right) \tag{5-20}$$

化简得

$$L_{ao}=L_{1000}+60-20\lg f_2 \tag{5-21}$$

利用式(5-19)和式(5-20)，求得

$$L_{po}=L_{1000}-10\lg f_2+63 \tag{5-22}$$

当平直部分的上限频率 f_2=200Hz 时，求得

$$L_{po}=L_{1000}+40 \tag{5-23}$$

5.2.2　船舶螺旋桨空化对声源级的影响

船舶螺旋桨工作在非空化状态时，船舶辐射噪声频谱由低频离散线谱和高频宽带连续谱组成[143]。船舶在非空化状态其辐射噪声的线谱数量以及总声级都要少

于空化状态，见图 3-4。船舶航速高于临界航速就会产生空化，因此船舶辐射噪声的声源级和航速有很大的关系。

图 5-10 为某舰船在不同航速时空化噪声谱的情况。从图中可以看出，在低航速时，峰值出现在低端，如在航速为 11.8 节时峰出现在 220Hz 左右，而在航速为 25.6 节时峰值出现在 150Hz 左右，反映了峰值随着航速的增加向低频移动的趋势[48]。

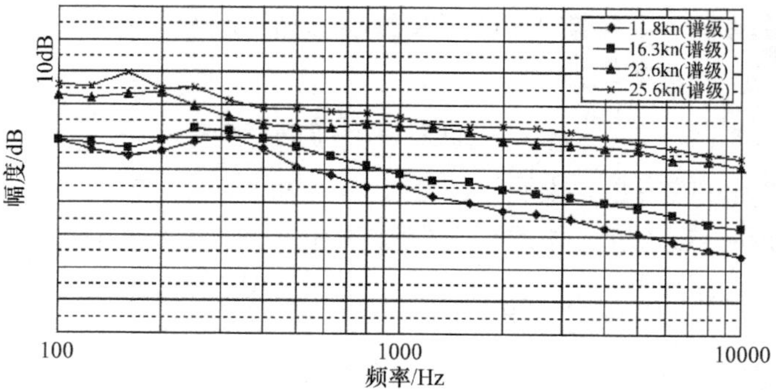

图 5-10　舰船空化噪声随航速变化情况

Ross 和 McCormick 运用量纲分析，研究了船舶辐射噪声总声源级和螺旋桨转速的关系，其基本指导思想是辐射噪声的声功率正比于崩溃压力和单位时间产生的空化体积的乘积。声源级与叶梢速度的关系式为[47]

$$\mathrm{SL} = M + 10\lg\left[\left(\frac{U_t}{U_{ti}}\right)\cdot\left(\frac{U_t}{U_{ti}} - 1\right)^2\right] \tag{5-24}$$

式中，$\dfrac{U_t}{U_{ti}}$ 表示相对叶梢速度，M 为一定值。对于同一船舶叶梢速度之比等于螺旋桨转速之比，所以式(5-24)也可以表示为

$$\mathrm{SL} = M + 10\lg\left[\left(\frac{N}{N_i}\right)\cdot\left(\frac{N}{N_i} - 1\right)^2\right] \tag{5-25}$$

式中，$\dfrac{N}{N_i}$ 表示相对螺旋桨转速。

根据式(5-25)可得到噪声级和相对速度的函数关系曲线，如图 5-11 所示。从图中可以看出，声源级随空化起始而急剧增加，然后随速度的增加变平。

空化状态的船舶在高频段谱特性以 6dB/倍频程下降，参见 5.2.1 节内容。实际上，水下航行的潜艇一般在非空化状态下运行，其具有与空化状态不一样的辐射噪声频谱特性。图 5-12 给出了两种状态辐射噪声的频谱特性[141]。

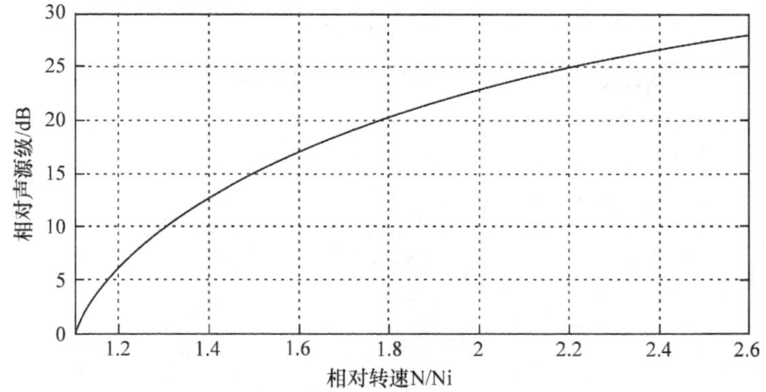

图 5-11　螺旋桨总噪声级和相对速度的函数关系曲线

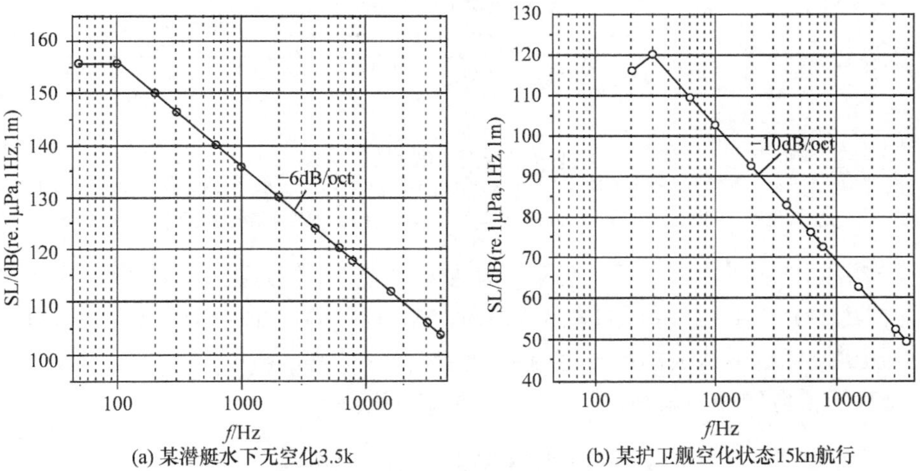

图 5-12　船舶航行辐射噪声谱

从图中可以看出，与空化状态的护卫舰不同，非空化状态的潜艇高频段是以 10dB/倍频程衰减，这也是判断船舶是否空化的一个判据。

5.2.3　声源级特征可分性分析

1. 潜艇声源级[144-147]

自第二次世界大战以来，各国十分重视潜艇的隐蔽性，通过整体设计、设备制造和结构声学方面广泛而复杂的减振降噪研究，使潜艇平均辐射噪声每年下降约 1dB。尤其是在 20 世纪六七十年代中期这项工作取得了明显的进展，美国潜艇噪声声源级由第二次世界大战的 160dB 左右下降到 135dB 左右。到了 80 年代中后期，又下降了 20～30dB，最低已经达到 105dB。与美国相比，苏联在 1960～1975 年潜艇噪声仅下降了 5～10dB，但到了 70 年代后期，其降噪工作取得显著进步，

1975～1985 年成功地降低了 30dB。图 5-13 是第二次世界大战以来美苏潜艇辐射噪声声源级随年度降低的趋势[142]。

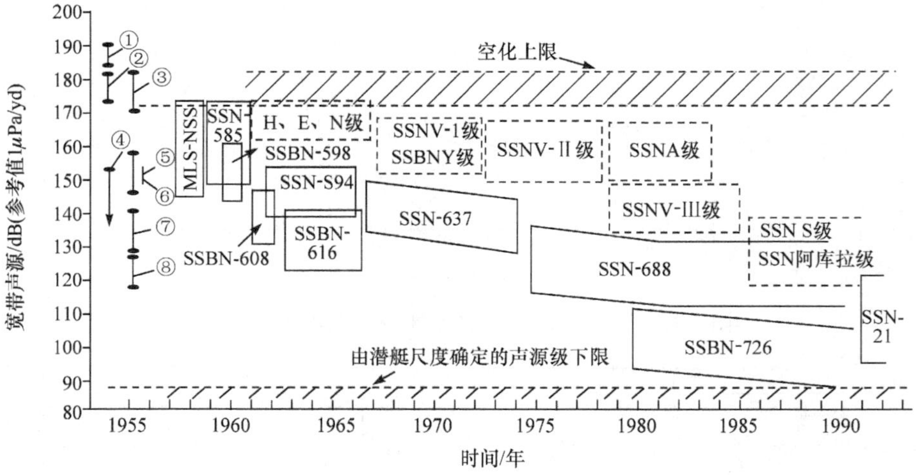

图 5-13　美苏潜艇宽带辐射噪声级的估计

①商船；②高速潜艇；③第二次世界大战空化状态潜艇；④安静型潜艇；⑤轻度空化潜艇；⑥第二次世界大战非空化状态潜艇；⑦第二次世界大战柴电潜艇(经航 4kn 左右)；⑧现代柴电潜艇(经航 4kn 左右)

按潜艇辐射噪声声源级可将潜艇分为噪声潜艇、安静型潜艇和极安静型潜艇 3 类，其 1kHz 谱级和源级如表 5-2 所示[142]。表中第三列相当声源级是利用给出的声压谱源级数据构成的声压谱源级限值线(5～200Hz 声压谱源级为一水平线，1kHz 声压谱源级为一斜线，按 6dB/oct 衰减)计算的。

表 5-2　不同类型潜艇声源级

潜艇划分	5～200Hz 声压谱源级/dB	1kHz 声压谱源级/dB	总声源级/dB
噪声潜艇	134	120	160
安静型潜艇	114	100	140
极安静型潜艇	94	80	120

潜艇的噪声级和航速有关，上述噪声级是在“安静工况”，低速(4kn)航行时的噪声级，当航速提高时，噪声级会相应增加。若以巡航速度航行，声源级将在上述基础上升高 5～10dB。

2. 水面船舶声源级[148-151]

大量船舶辐射噪声数据的唯一来源，是在第二次世界大战期间进行的测量，

1945 年美国科学研究和发展署(O.S.R.D)发表了摘要，并于 1960 年解密。测量是在美国、加拿大和英国等海域测量场地进行的。

20 世纪 40 年代初期建造的大多数船舶，呈现出下列典型的特征：①在中频范围 500～1000Hz 的噪声，按 $U^5 \sim U^6$ 次方增加(U 表示船速)；②速度较高时，频谱的斜率约为每倍频程−5.5～−6dB；而低速时大约每倍频程−7～−8dB；③低于 100Hz 的频率，谱级随速度增加的速率较大。

尽管现代船只的水下噪声测量很少发表，但它们的辐射噪声声源级相比第二次世界大战期间的数据有明显的变化。对于民用船舶，现在平均船速超过第二次世界大战期间的 50%左右，辐射噪声的声源级平均要提高约 9dB。典型的螺旋桨直径和转速的数据都表明叶梢速度往往在 30～45m/s 之间，比第二次世界大战时要高 60%左右，叶梢速度的增加将意味着噪声声源级要增加 12dB。而唯一可下降的因素只能是起始指数的改善，能使估计值下降 3～5dB。因此，目前民用水面船舶的平均声源级比第二次世界大战末期要高出 5～8dB。而军用水面船舶虽然对减振降噪的要求不如潜艇显著和迫切，但各国也极为重视，对船舶噪声的抑制进行了大量的研究工作，取得了实际工程效果，并已作为船舶鉴定验收标准之一。对于不同类型的军舰其降噪的程度是不一样的，从统计资料来看，目前军用船舶声源级比第二次世界大战时低得多。根据所获取的资料，正常巡航速度航行状态的典型水面船舶声源级统计均值如表 5-3 所示[151]。

表 5-3　不同类型船舶声源级

船舶类型	5～200Hz 声压谱源级/dB	1kHz 声压谱源级/dB	总声源级/dB
大型军舰	158	144	184
小型军舰	140	126	166
商船	154	140	180

从声源级特征来看，水面船舶由于处于空化状态，其声源级远远高于水下航行的潜艇。而对于水面船舶本身，由于不同类型船舶的船体结构、航行状态有很大的重叠性，利用声源级难以进行准确分类识别，但通过该特征可以压缩目标类型，然后结合其他特征进一步识别。

将声源级特征应用于水下目标识别过程中，要充分考虑声源级误差对识别结果的影响。声源级估计误差主要由测量误差和传播损失估算误差组成。测量误差来源于声纳设备、测量方法等方面，与具体的测量水听器、测量系统的性能有关。这些测量设备与系统的误差通常是按固定不变的或某一类确定规律变化的误差，对于这一类误差，可以通过试验数据进行估计和修正。而传播损失估算是在远场进行的，受到测距误差以及海洋水文条件的不确定性的影响较大，因此成为声源级估计误差的主要部分。

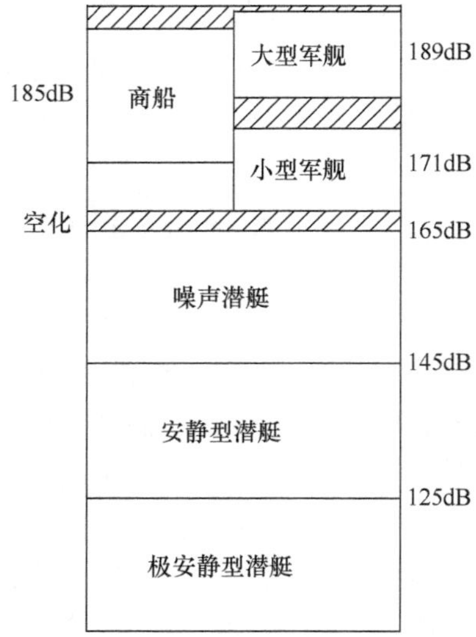

图 5-14　不同类型船舶声源级分布图

3. 可分性分析

不同类型船舶声源级分布是有差异的，差异的大小直接决定了声源级特征在识别中的可用性。根据获取的资料统计分析，不同类型船舶声源级分布如图 5-14 所示[142, 151]。

从图中可以看出，潜艇和水面船舶由于分别处在非空化和空化状态，声源级相差很大，尤其是安静型潜艇和水面船舶之间，即使存在 4～7dB 声源级估计误差，利用声源级特征也可以较好地对其分类识别。而水面船舶之间由于种类繁多，一般都处于空化状态，声源级具有很大的重叠性，可分性较差。

5.2.4　声源级特征提取技术

在水声学中，声纳方程是将声纳设备、海水介质和声纳目标联系在一起的关系式。经典的声纳方程是建立在声纳平均能量的基础上，通过被动声纳方程可估计船舶目标辐射噪声的能量，即目标的声源级信息。

根据被动声纳方程，声纳接收机和所跟踪的船舶目标声源级有以下关系

$$\mathrm{SL}=\mathrm{SNR}_{\mathrm{out}}-G+\mathrm{NL}+\mathrm{TL} \tag{5-26}$$

其中，SL 为目标声源级，NL 为干扰噪声级，G 为声纳信号处理增益，TL 为海洋信道传播损失，$\mathrm{SNR}_{\mathrm{out}}$ 为声纳系统输出信噪比。

利用舰艇声纳估计船舶目标声源级，当声纳设备工作参数和海洋介质特征已知时，$\mathrm{SNR}_{\mathrm{out}}$，NL，$G$ 均作为已知量，再根据目标距离以及水文条件计算传播损失 TL，从而估计出船舶目标声源级，流程如图 5-15 所示。

1. 声纳基阵增益计算

声纳基阵增益为阵接收信号的输出信噪比 $\mathrm{SNR}_{\mathrm{out}}$ 与单个阵元接收信号的输出信噪比 $\mathrm{SNR}_{\mathrm{in}}$ 的比值取分贝数，通常以符号 AG 表示[152]

$$\mathrm{AG}=10\lg\left(\frac{\text{基阵输出信噪比}}{\text{基阵输入信噪比}}\right)=10\lg\left(\frac{\mathrm{SNR}_{\mathrm{out}}}{\mathrm{SNR}_{\mathrm{in}}}\right) \tag{5-27}$$

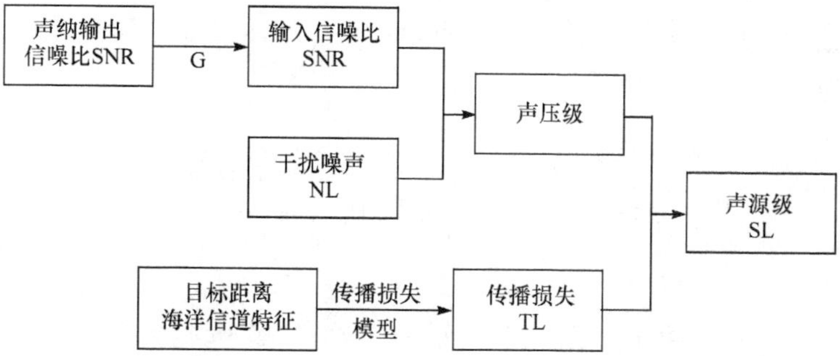

图 5-15　船舶目标声源级估计流程图

基阵增益的估算需要考虑信号和噪声在基阵尺寸范围内的相关性，即在任意两个阵元之间的信号或波形的相似程度。相关性由任意两个阵元输出之间的互相关系数来度量。假如 $v_1(t)$ 和 $v_2(t)$ 是两个阵元产生信号的时间函数，则他们之间的互相关系数就定义为

$$\rho_{12}=\frac{E\left[v_1(t)v_2(t)\right]}{\sqrt{(v_1)^2(v_2)^2}} \tag{5-28}$$

式中，分子 $E[\cdot]$ 表示时间平均，而分母是归一化因子。所以，两个时间函数的互相关系数就是两函数的时间平均乘积的归一化值。

基阵增益取决于阵元之间的信号和噪声的互相关系数。N 元声纳基阵第 i 个阵元输出信号加入延时后用 $s_i(t)$ 来表示，则阵输出信号为 $\sum_{i=1}^{N}s_i(t)$，其送给负载的平均信号功率为

$$S^2=mE\left[\left(\sum_{i=1}^{N}s_i(t)\right)^2\right] \tag{5-29}$$

式中，m 是比例系数。同样，噪声功率为

$$N^2=mE\left[\left(\sum_{i=1}^{N}n_i(t)\right)^2\right] \tag{5-30}$$

式中，$n_i(t)$ 为第 i 个阵元的噪声输出。令 $E[s_i^2]=s^2$，$E[n_i^2]=n^2$，根据互相关系数的定义，基阵的平均信噪比为

$$\frac{S^2}{N^2}=\frac{E\left[\left(\sum_{i=1}^{N}s_i(t)\right)^2\right]}{E\left[\left(\sum_{i=1}^{N}n_i(t)\right)^2\right]}=\frac{s^2}{n^2}\cdot\frac{\sum_{i=1}^{N}\sum_{j=1}^{N}(\rho_s)_{ij}}{\sum_{i=1}^{N}\sum_{j=1}^{N}(\rho_n)_{ij}} \tag{5-31}$$

式中，$(\rho_s)_{ij}$，$(\rho_n)_{ij}$ 分别是信号和噪声第 i 和第 j 各阵元之间的互相关系数。则基阵增益为

$$\mathrm{AG}=10\lg\frac{S^2/N^2}{s^2/n^2}=10\lg\frac{\sum_{i=1}^{N}\sum_{j=1}^{N}(\rho_s)_{ij}}{\sum_{i=1}^{N}\sum_{j=1}^{N}(\rho_n)_{ij}} \tag{5-32}$$

$(\rho_s)_{ij}$，$(\rho_n)_{ij}$ 取决于放置基阵空间中信号场和噪声场特征。显然，同一个基阵放在不同的信号场和噪声场就可能有不同的基阵增益。其中，$(\rho_s)_{ij}$ 依赖于基阵波束形成而引入的电延时，延时的目的是为了把基阵所具有的波束转到信号传来的那个方向，使 $(\rho_s)_{ij}$ 达到最大。

在实际计算中，针对以下几种情况进行考虑。

(1) 噪声场是完全不相关的，即 $(\rho_n)_{ij}=1, i=j$，$(\rho_n)_{ij}=0, i\neq j$，那么

$$\mathrm{AG}=10\lg\frac{\sum_{i=1}^{N}\sum_{j=1}^{N}(\rho_s)_{ij}}{N} \tag{5-33}$$

而当信号完全相关时，则

$$\mathrm{AG}=10\lg N \tag{5-34}$$

(2) 噪声场是部分相关的，即 $(\rho_n)_{ij}=1, i=j$，$(\rho_n)_{ij}=\rho, i\neq j$，那么

$$\mathrm{AG}=10\lg\frac{\sum_{i=1}^{N}\sum_{j=1}^{N}(\rho_s)_{ij}}{N(1+(N-1)\rho)} \tag{5-35}$$

而当信号完全相关时，则

$$\mathrm{AG}=10\lg\frac{N}{1+(N-1)\rho} \tag{5-36}$$

当信号是单向传播的平面波，同时噪声是各向同性的，阵增益即归结为指向性指数。所以当海洋噪声场相关性很小时，基阵的指向性指数可以作为基阵增益的近似估计，但在实际海洋中，这样的理想条件是很少存在的。另外，海洋中声纳接收的信号通常是从不同的垂直方向上来的折射信号与多途反射信号，当基阵转向某一方向到来的多途信号时，则另外方向到来的多途信号便起到噪声作用。虽然指向性指数在声纳的近似计算中仍是一个很重要的参数，但当海洋环境噪声场信号与噪声的相关性为已知或是能估计出来时，可以用式(5-33)、式(5-35)来计算阵增益。

2. 声纳输出信噪比计算

声纳输出信噪比定义为有目标时引起输出能量的增量与无目标时输出能量之比，可以表示为[153]

$$\mathrm{SNR_{out}} = 10\log\{\{E[y_{s+n}^2(t)] - E[y_n^2(t)]\} / \sigma_n\} \tag{5-37}$$

$$\sigma_n^2 = E[(y_n^2(t) - E[y_n^2(t)])^2] \tag{5-38}$$

式中，$E[\cdot]$表示平均，$y_{s+n}(t)$为有目标时的输出，$y_n(t)$为无目标时的输出。

对于船舶辐射噪声，$E[\cdot]$的计算可以采用线性平均方式。线性平均在固定的时间窗内进行，参加平均的数据对结果有相同的影响，而时间窗外的数据被忽略。采样滤波后，滤波器输出的第i个样本为y_i，如果采样周期为T，有效平均时间为$N\cdot T$，则均方值为

$$E[y^2(t)] = \frac{1}{N}\sum_{i=1}^{N} y_i^2 \tag{5-39}$$

对于平稳随机信号，线性平均算法使得平均时间窗以外的干扰不起作用，这样可以在一定程度上消除短时间内存在的瞬时干扰。当距离较近或目标运动速度较快时，输出信号的噪声级随时间变化较快，此时宜采用指数平均方式，便于观察噪声级的变化过程[151]。

3. 噪声干扰级计算

声纳工作时所受到的噪声干扰是声纳导流罩内的自噪声，它在声纳方程中表现为噪声干扰级NL，主要由舰艇自噪声和海洋背景噪声组成，与所处的海区环境以及本艇的航行状态有密切的关系。

对于各向同性干扰噪声级通常是用无指向性水听器的测量结果表示，由于基阵具有指向性，使用声纳基阵测量干扰噪声级时必须考虑基阵指向性对测量结果的影响。设声纳基阵测得的声级是NL′，则等效各向同性干扰噪声级NL是

$$\mathrm{NL} = \mathrm{NL}' - \mathrm{DI} \tag{5-40}$$

式中，DI是声纳基阵的指向性指数。当信号为平面波传播且噪声是各向同性时，DI=AG，AG为阵增益。

NL′通过对基阵和路输出信号能量的大小检测获得。$E[y_n^2]$干扰噪声信号经滤波采样后的均值，则其对应的声级NL′表示为[153]

$$\mathrm{NL}' = 10\lg E(y_n^2) - e_w \tag{5-41}$$

式中，e_w是基阵的灵敏度级，与基阵的结构、前放大小等因素有关，对于某一固定声纳可通过校准获得。

5.3　船舶运动特征

5.3.1　运动特征对船舶目标分类的意义

船舶运动特征是指描述船舶运动特点，并对分类识别具有意义的参数特征。船舶目标的运动速度和方位变化率是重要的运动特征，如潜艇运动速度一般远低于水面船舶，高速来袭鱼雷目标的方位变化率远大于一般船舶目标。

船舶航速不仅与其螺旋桨转速有关，同时还与螺距、船型、主机功率等因素有关，通过对大量船舶的相关参数统计可以看出，部分具有相同螺旋桨转速的不同类型的船舶在速度上具有明显差异。由于速度信息受测量环境等因素影响较小，其作为目标识别的特征量具有较好的稳定性。因此，若引入船舶速度这一运动特征，对于目标类型的区分具有重要作用，如图 5-16(a)、(b)所示。两图是具有相同叶频和轴频的两个不同类别目标的调制谱，可以看出两者是比较相似的，从调制谱上很难区分它们，而实际上，类别Ⅰ、类别Ⅱ在速度上具有显著差异。如果获取目标运动速度特征量，则可以很好地区分它们。

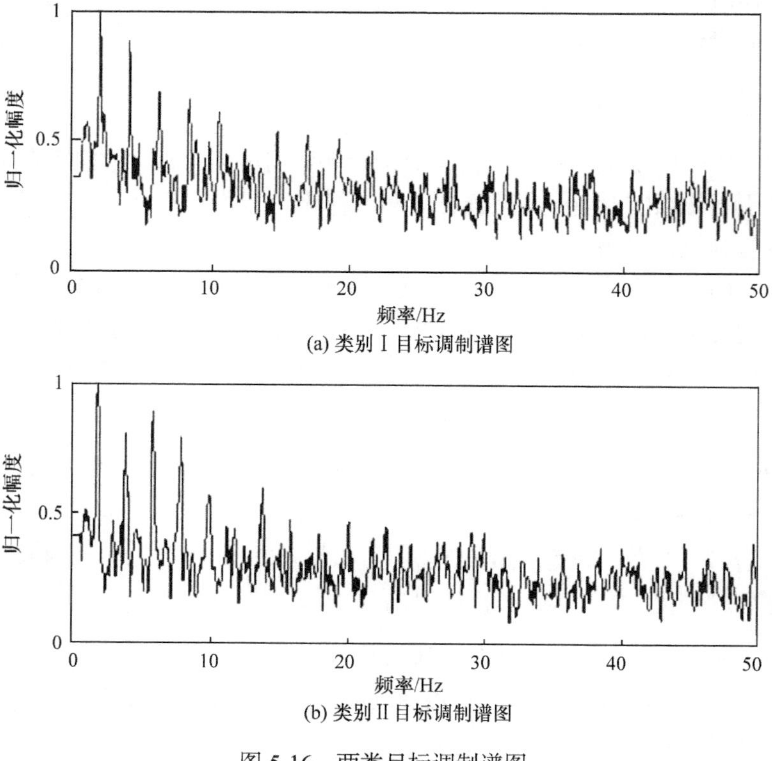

图 5-16　两类目标调制谱图

5.3.2　船舶目标速度特征

1. 船舶目标速度估计

目标运动速度主要有两种方法：一是根据获取的目标情报，结合敌情通报或资料凭经验直接估计或辅以查表确定目标速度；二是将声纳探测器材获得的目标方位、距离等测量值经指挥仪计算获取目标速度，如潜艇通过被动声纳获得的目标方位、距离通过方位、距离解要素法估计目标运动速度[154]。

假定目标为等速直航运动，设初始距离为 D_1、初始方位为 F_1，t_i时刻测得的目标方位为 F_i，距离为 D_i，如图 5-17 所示。

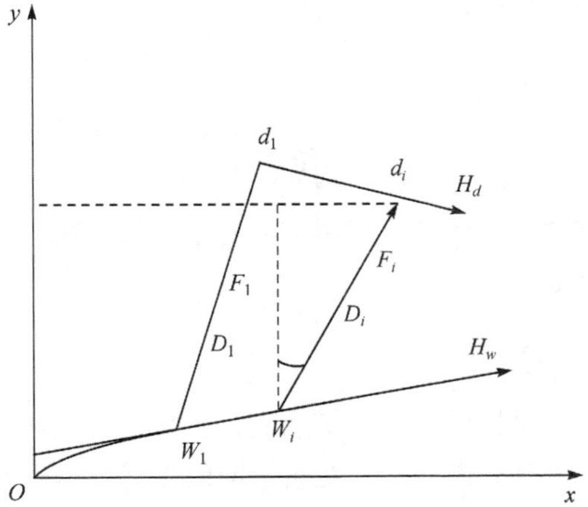

图 5-17　运动态势

则在横轴分量上有

$$D_{1x} + V_{dx}t_{1i} - D_i \sin F_i - J_{1is} = 0 \tag{5-42}$$

式中，D_{1x}表示初距在横轴的分量，V_{dx}表示目标速度在横轴的分量，J_{1is}表示本艇(舰)经过 t_{1i}时间后的横移。

由于测量的方位和距离都存在误差，可将式(5-42)改写为

$$D_{1x} + V_{dx}t_{1i} - D_i \sin F_i - J_{1is} = \varepsilon_i \tag{5-43}$$

根据最小二乘法，为使方差 $E = \sum_{i=1}^{n} \varepsilon_i^2$ 最小，则

$$\begin{cases} \dfrac{\partial E}{\partial D_{1x}} = \sum_{i=1}^{n} (D_{1x} + V_{dx}t_{1i} - D_i \sin F_i - J_{1is}) = 0 \\ \dfrac{\partial E}{\partial V_{dx}} = \sum_{i=1}^{n} (D_{1x} + V_{dx}t_{1i} - D_i \sin F_i - J_{1is})t_{1i} = 0 \end{cases} \tag{5-44}$$

解方程得

$$V_{dx} = \frac{n\sum_{i=1}^{n} t_{1i}(D_i \sin F_i + J_{1is}) - (\sum_{i=1}^{n} t_{1i})(\sum_{i=1}^{n} D_i \sin F_i + J_{1is})}{n\sum_{i=1}^{n} {t_{1i}}^2 - (\sum_{i=1}^{n} t_{1i})^2} \tag{5-45}$$

同理，可求出

$$V_{dy} = \frac{n\sum_{i=1}^{n} t_{1i}(D_i \cos F_i + J_{1ic}) - (\sum_{i=1}^{n} t_{1i})(\sum_{i=1}^{n} D_i \cos F_i + J_{1ic})}{n\sum_{i=1}^{n} {t_{1i}}^2 - (\sum_{i=1}^{n} t_{1i})^2} \tag{5-46}$$

从而求得目标的速度

$$V_d = \sqrt{V_{dx}^2 + V_{dy}^2} \tag{5-47}$$

除了采用上述方法外，还可以采用纯方位平差法、距离平差法、舷角平差法等方法来提取速度特征。

2. 船舶目标速度特征可用性

船舶目标速度无疑对目标分类具有意义，关键是能否获得这个特征量。噪声测距声纳在距离估计上是有误差的，对于不同的态势，速度的收敛时间和精度也不一样。为了分析声纳测量误差对速度估计尤其对收敛时间的影响，在此给出了一些典型态势下仿真计算结果。表 5-4 是仿真计算的几种典型态势。

表 5-4　目标态势

目标初距/链	20～110
初始方位/度	30～150
目标速度/节	6，12，18
目标方位/度	0～360

在仿真过程中，方位取 0.3°均方误差，距离取 14%的均方误差。按照 3σ原则进行仿真。表 5-5～表 5-7 给出了不同初始距离情况下仿真结果，表中百分比是在该时间下能够收敛的仿真态势个数占仿真总态势的百分比。

表 5-5　目标速度 6 节时收敛时间

初始距离/链	收敛时间统计/%		
	<10min	<7min	<5min
20	99.30	92.61	72.25
50	80.07	51.76	27.76
80	55.74	28.71	12.31
110	38.64	18.55	4.93

表 5-6　目标速度 12 节时收敛时间

初始距离/链	收敛时间统计/%		
	<10min	<7min	<5min
20	100.0	99.42	93.75
50	98.29	85.39	60.24
80	90.21	63.38	34.68
110	76.08	45.46	24.16

表 5-7　目标速度 18 节时收敛时间

初始距离/链	收敛时间统计/%		
	<10min	<7min	<5min
20	100.0	100.0	98.30
50	99.57	94.61	79.52
80	97.26	80.98	55.44
110	91.02	66.46	38.57

从仿真结果可以看出，随着初距的增加，目标速度估计收敛时间越来越长。在 50 链初距内，目标速度估计在 10min 之内基本都能收敛，精度均满足识别的要求，部分初距下，5min 就能获得一定精度估计的速度。超过 50 链时，低速目标收敛时间较长，短时间内难以获得目标的速度信息。所以，对于近距离目标和远距离高速目标，这种方法可以在 5min 获得部分目标的速度估计，其可以作为区分特定类别目标的特征量。

5.3.3　船舶目标方位变化率特征

对于声纳站来说，由于目标运动、不同的目标类型方位变化率是有差异的，尤其是高速和低速目标之间，如水下潜艇、水面船舶、鱼雷之间速度都具有较大的差异，在对它们分类识别时，方位变化率可以作为特征量，在此以固定声纳站为对象介绍船舶目标的方位变化率特征。

1. 船舶目标方位变化率

对于固定声纳站来说，目标运动几何模型如图 5-18 所示，只考虑其运动平面的二维情形，以观测站为坐标原点 O，以正北方向为 y 轴，正东方向为 x 轴建立坐标系，目标航向、航速分别为 H_d、V_m。

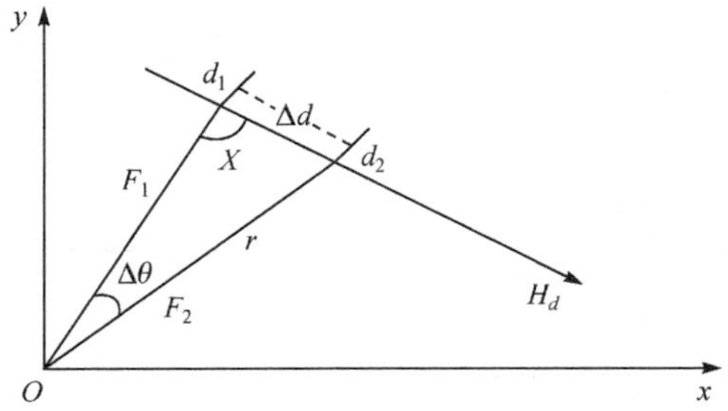

图 5-18　目标运动几何态势

令时间变化量 $\Delta t = t_2 - t_1$，方位变化量 $\Delta\theta = F_2 - F_1$，目标在 Δt 时间内的移动距离为 Δd，目标与声纳当前距离为 r，X 为目标瞬时舷角，根据三角形正弦定理，在 $\Delta O d_1 d_2$ 中，有

$$\frac{\Delta d}{\sin\Delta\theta} = \frac{r}{\sin X} \tag{5-48}$$

由于 $\Delta\theta$ 变化趋于无穷小，故 $\lim\limits_{\Delta\theta\to 0}\dfrac{\sin\Delta\theta}{\Delta\theta} = 1$。

由此可得

$$\Delta\theta = \frac{\Delta d \sin X}{r} \tag{5-49}$$

若瞬时舷角 X 和当前距离 r 均已知，等式两边对 t 求导，求得目标方位变化率

$$\dot{\theta} = \frac{\mathrm{d}\theta}{\mathrm{d}t} = \lim_{\Delta t\to 0}\frac{\Delta\theta}{\Delta t} = \lim_{\Delta t\to 0}\frac{\Delta d}{\Delta t}\frac{\sin X}{r} = V_m\frac{\sin X}{r} \tag{5-50}$$

从式(5-50)可以看出，目标方位变化率与目标航速 V_m、瞬时舷角 X 和当前距离 r 有关。

2. 方位变化率与目标方位关系

当目标航向、航速和距离给定时，目标方位变化率随方位呈周期性变化，且方位变化率极值所对应的方位取决于航向，极值大小取决于航速和距离之比。假设目标航向 $H_d = 90°$，航速 $V_m = 16\text{kn}$，距离 $r = 6\text{km}$，则目标方位变化率随其方位变化如图 5-19 所示。从图中可以看出，当方位为 $0°$ 或 $180°$ 时，方位变化率最大，当其方位为 $90°$ 或 $270°$ 时，方位变化率为 0。

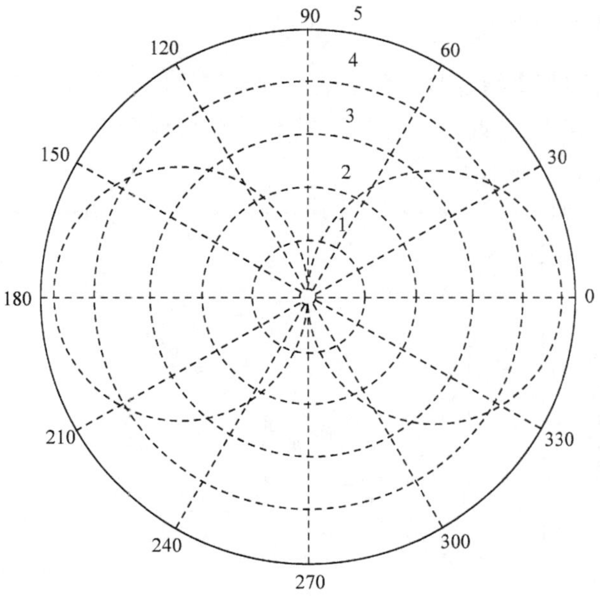

图 5-19　目标方位变化率随方位变化趋势图

假设目标 1 航速 6kn，目标 2 航速为16kn，目标初始距离和航向相同，且同以上假定，两个目标方位变化率随其方位变化如图 5-20 所示。对于这两个目标而言，只有目标方位在 90° 或 270° 附近时，无法根据方位变化率将两类目标区分开，若目标位于其他方位，两类目标方位变化率相差较大，理论上都可据此特征判断目标类别。

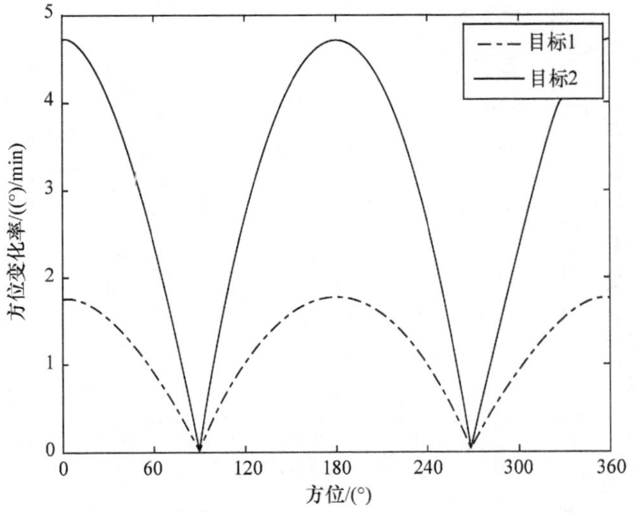

图 5-20　不同速度目标方位变化率随方位变化曲线

3. 方位变化率与目标航速关系

当目标航向和距离给定时，对于某一方位的目标，其方位变化率与航速成正比。假设目标航向 $H_d = 90°$，距离 $r = 3\text{km}$，若目标方位 $F = 180°$，则其方位变化率随航速变化如图 5-21 所示。

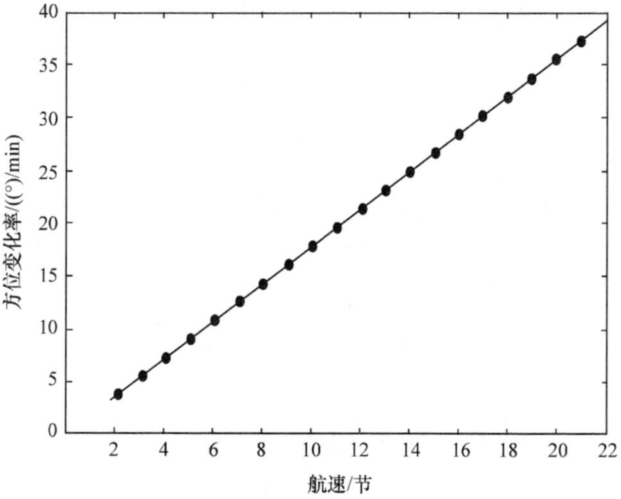

图 5-21　目标方位变化率随航速变化曲线

假设目标 1 航速范围为 4～6kn，目标 2 航速范围 16～22kn，距离范围均为 3～6km，其他参数同上，则两类目标方位变化率随航速变化如图 5-22 所示。

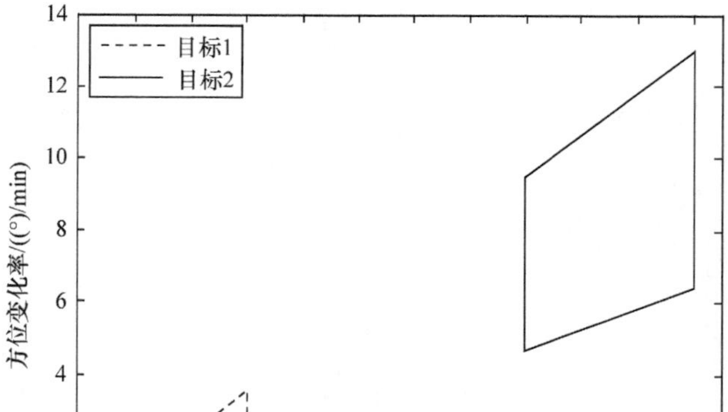

图 5-22　两类目标方位变化率随航速变化曲线对比

从图 5-21、图 5-22 可以看出，对于航速具有明显差异的目标来说，如潜艇和水面船舶，方位变化率是可以利用的分类识别特征。

4. 方位变化率与目标距离关系

当目标航向和航速给定时，对于某一方位的目标，其方位变化率与距离成反比。假设目标航向 $H_d = 90°$，航速 $V_m = 6\text{kn}$，若目标方位 $F = 180°$，则其方位变化率随距离变化如图 5-23 所示。

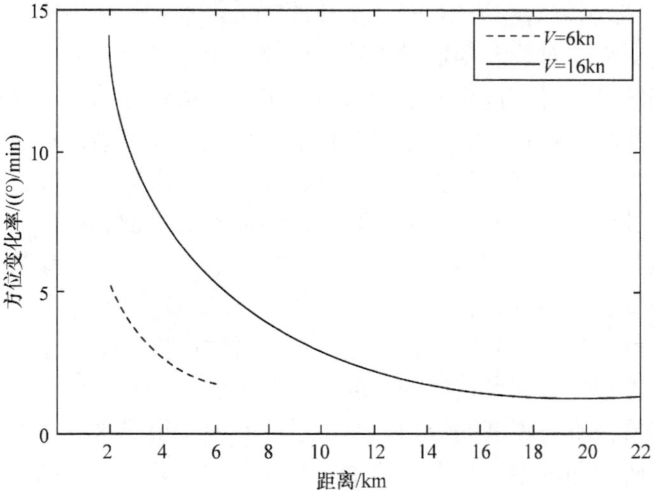

图 5-23　目标方位变化率随距离变化曲线

从图中可以看出，随着目标距离增加，其方位变化率等不断减小，且目标处于不同航速时，曲线具有一定的可分性。因此，根据目标距离及其方位变化率之间关系以及声纳对不同目标的探测能力，方位变化率可以作为某些类型目标分类识别的特征量。

第 6 章　现代信号处理技术在谱特征分析中的应用

如前所述,船舶辐射噪声 LOFAR 谱和调制谱是水声目标识别重要的特征量,要获取这些特征需要对船舶辐射噪声信号或解调后包络信号做频谱分析。船舶辐射噪声是随机信号，对其进行频谱分析需要采用谱估计方法。典型的谱估计方法有非参数化方法和参数化方法。非参数化谱估计又叫经典谱估计方法，其特点是计算简单，但由于受数据时间长度的限制，频率分辨率较低，并且由于假定数据在观测区间以外等于零，不同程度的存在频谱泄露等问题。现代谱分析方法有参数模型法、最大似然法、熵谱估计法和特征分解法等。其中，参数模型法是现代谱估计技术的重要内容，其利用有限个参数模型来描述时间序列，在估计这些参数的同时也估计了整个时间序列，也包括这个时间序列的功率谱。

现代信号处理技术在谱估计的精度、分辨率等方面具有优势,在雷达、声纳、通信等领域都得到不同程度的应用，不少学者开展了很多这些技术在目标识别信号处理方面的研究和试验。本章在简单介绍现代信号处理技术的基础上，介绍相关的研究成果，便于读者在水声目标识别领域合理地利用现代信号处理技术。

6.1　经典谱估计方法

经典谱估计方法分为两种:一种是先估计自相关函数,然后根据维纳-辛欣定理经傅里叶变换来获得功率谱估计,这种方法称自相关法,又称为 Blackman Tukey 法(简称 BT 法)；另一种方法是先用傅里叶变换计算傅里叶系数，然后取模平方求得功率谱，这种方法称为周期图法[155-159]。

6.1.1　自相关法

根据维纳-辛钦定理，功率谱和自相关函数是一对傅氏变换对，可以表示为

$$\left.\begin{aligned} P_x(\omega) &= \sum_{m=-\infty}^{\infty} \phi_x(m)\mathrm{e}^{-\mathrm{j}\omega m} \\ \phi_x(m) &= \frac{1}{2\pi}\int_{-\pi}^{\pi} P_x(\omega)\mathrm{e}^{\mathrm{j}\omega m}\mathrm{d}\omega \end{aligned}\right\} \tag{6-1}$$

自相关法是由有限长观察数据 $x(0), x(1), \cdots, x(N-1)$，计算自相关函数 $\hat{\phi}_x(m)$ 的估计量，为

$$\hat{\phi}_x(m)=\frac{1}{N}\sum_{n=0}^{N-|m|-1}x(n)x(n+|m|) \qquad |m|\leqslant N-1 \tag{6-2}$$

然后取 $\hat{\phi}_x(m)$ 的傅氏变换作为功率谱的估计，即

$$\hat{P}_x(\omega)=\sum_{m=-(N-1)}^{N-1}\hat{\phi}_x(m)\mathrm{e}^{-\mathrm{j}\omega m} \tag{6-3}$$

6.1.2　周期图法

周期图法先计算有限长数据 $x(0), x(1), \cdots, x(N-1)$ 的傅氏变换，为

$$X_N(\mathrm{e}^{\mathrm{j}\omega})=\sum_{n=0}^{N-1}x(n)\mathrm{e}^{-\mathrm{j}\omega n} \tag{6-4}$$

然后取其模平方并除以 N，求得功率谱估计，即

$$\hat{P}_x(\omega)=\frac{1}{N}\left|X_N(\mathrm{e}^{\mathrm{j}\omega})\right|^2 \tag{6-5}$$

周期图法又称为直接法。直接法虽然计算方法简单，但估计的谱 $\hat{P}_x(\omega)$ 性能不好，当数据长度 N 太大时，谱曲线起伏加剧，N 太小时，谱的分辨率又不好，因此需要加以改进。通过自相关函数估计功率谱为间接法，是对直接法的一种改进。另一种改进的办法是所谓的平均法，它的指导思想是把一长度为 N 的数据 $x_N(n)$ 分成 L 段，分别求每一段的功率谱，然后加以平均，以达到所希望的目的。根据分段平均方法的不同，主要有 Welch 法和 Bartlett 法。

1. Welch 法

假定观察数据是 $x(n)$，$n=0,1,\cdots,N-1$，现将其分段，每段长度为 M，段与段之间的重叠为 $M-K$，如图 6-1 所示。

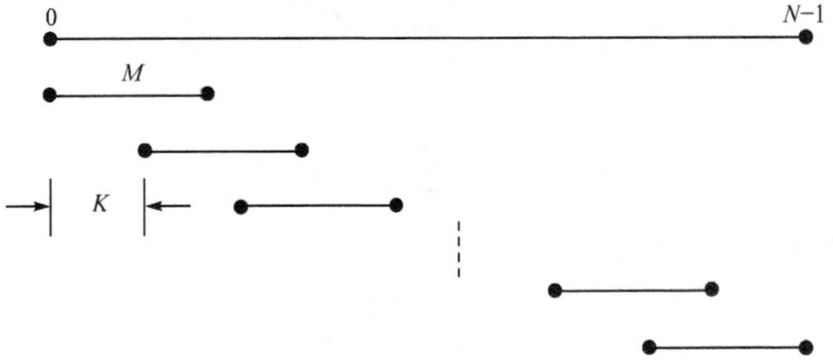

图 6-1　数据分段

第 i 个数据段经加窗后可表示为

$$x_M^i(n) = a(n)x(n+iK) \qquad i = 0,1,\cdots,L-1;\ n = 0,1,\cdots,M-1 \tag{6-6}$$

其中，$a(n)$ 为窗函数，K 为一整数，L 为分段数，它们之间满足如下关系

$$(L-1)K + M \leqslant N \tag{6-7}$$

该数据段的周期图法功率谱估计为

$$\hat{P}_x^i(\omega) = \frac{1}{MU}\left|X_M^i(\omega)\right|^2 \tag{6-8}$$

其中

$$X_M^i(\omega) = \sum_{n=0}^{M-1} x_M^i(n)\mathrm{e}^{-\mathrm{j}\omega n} \tag{6-9}$$

U 为归一化因子，使用它是为了保证所得到的谱是真正功率谱的渐近无偏估计，表示为

$$U = \frac{1}{M}\sum_{n=0}^{M-1} a^2(n) \tag{6-10}$$

由此得到平均周期图法功率谱估计为

$$\overline{P}_x(\omega) = \frac{1}{L}\sum_{i=0}^{L-1} \hat{P}_x^i(\omega) \tag{6-11}$$

2. Bartlett 法

对应 Welch 法，如果段与段之间互不重叠，且数据窗选用的是矩形窗，此时得到的周期图求平均的方法即为 Bartlett 法，可以从上面讨论的 Welch 法得到 Bartlett 法有关计算公式，第 i 个数据段可表示为

$$x_M^i(n) = x(n+iM) \qquad i = 0,1,\cdots,L-1;\ n = 0,1,\cdots,M-1 \tag{6-12}$$

其中，$LM \leqslant N$，该数据段的周期图法功率谱估计为

$$\hat{P}_x^i(\omega) = \frac{1}{M}\left|X_M^i(\omega)\right|^2 \tag{6-13}$$

其中

$$X_M^i(\omega) = \sum_{n=0}^{M-1} x_M^i(n)\mathrm{e}^{-\mathrm{j}\omega n} \tag{6-14}$$

平均周期图法功率谱估计为

$$\overline{P}_x(\omega) = \frac{1}{L}\sum_{i=0}^{L-1} \hat{P}_x^i(\omega) \tag{6-15}$$

6.2　参数模型法

参数模型法把待分析的信号(如船舶辐射噪声信号)作为由白噪声激励一线性系统的输出响应，如图 6-2 所示。参数模型法的思路是：①假定所研究的随机过程 $x(n)$ 是由一个输入序列 $w(n)$ 激励一个线性系统 $h(n)$ 的输出；②由已知的 $x(n)$ 或其自相关函数模型 $\phi_{xx}(m)$ 来估计 $h(n)$ 的参数；③由 $h(n)$ 的参数来估计 $x(n)$ 的功率谱[155-162]。

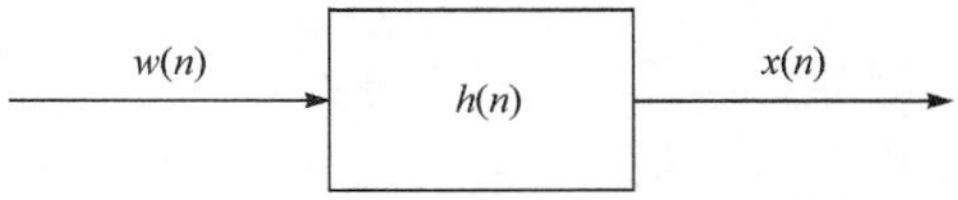

图 6-2　随机过程的简化模型

$x(n)$ 和 $w(n)$ 之间满足如下的输入输出关系

$$x(n)=-\sum_{k=1}^{p}a_k x(n-k)+\sum_{k=0}^{q}b_k w(n-k) \tag{6-16}$$

对式(6-16)两边分别取 z 变换，并假定 $b_0=1$，可得

$$H(z)=\frac{B(z)}{A(z)} \tag{6-17}$$

式中，$A(z)=1+\sum_{k=1}^{p}a_k z^{-k}$，$B(z)=1+\sum_{k=1}^{q}b_k z^{-k}$。为了保证 $H(z)$ 是一个稳定的且是最小相位的系统，$A(z)$、$B(z)$ 的零点都应在单位圆内。

假定 $w(n)$ 是一个白噪声序列，方差为 σ^2，由随机信号通过线性系统的理论可知，输出信号 $x(n)$ 的功率谱密度 $P_x(\mathrm{e}^{\mathrm{j}\omega})$ 与输入信号 $w(n)$ 的功率谱密度 $P_w(\mathrm{e}^{\mathrm{j}\omega})$ 存在如下关系

$$P_x(\mathrm{e}^{\mathrm{j}\omega})=P_w(\mathrm{e}^{\mathrm{j}\omega})\left|H(\mathrm{e}^{\mathrm{j}\omega})\right|^2 \tag{6-18}$$

其中，$H(\mathrm{e}^{\mathrm{j}\omega})$ 是系统的传递函数。所以，输出序列 $x(n)$ 的功率谱可以表示为

$$P_x(\mathrm{e}^{\mathrm{j}\omega})=\frac{\sigma^2 B(\mathrm{e}^{\mathrm{j}\omega})B^*(\mathrm{e}^{\mathrm{j}\omega})}{A(\mathrm{e}^{\mathrm{j}\omega})A^*(\mathrm{e}^{\mathrm{j}\omega})}=\frac{\sigma^2\left|B(\mathrm{e}^{\mathrm{j}\omega})\right|^2}{\left|A(\mathrm{e}^{\mathrm{j}\omega})\right|^2} \tag{6-19}$$

这样，如果激励白噪声的方差 σ^2 及模型的参数 $a_1,a_2,\cdots,a_p$，$b_1,b_2,\cdots,b_q$ 已知，那么由式(6-19)可求出输出序列 $x(n)$ 的功率谱。

针对式(6-16)，有以下几种情况。

(1) 如果 $b_1,b_2,\cdots,b_q$ 全为零，那么式(6-16)、式(6-17)和式(6-19)分别变成

$$x(n)=-\sum_{k=1}^{p}a_k x(n-k)+w(n) \tag{6-20}$$

$$H(z)=\frac{1}{A(z)}=\frac{1}{1+\sum_{k=1}^{p}a_k z^{-k}} \tag{6-21}$$

$$P_x(\mathrm{e}^{\mathrm{j}\omega})=\frac{\sigma^2}{\left|A(\mathrm{e}^{\mathrm{j}\omega})\right|^2}=\frac{\sigma^2}{\left|1+\sum_{k=1}^{p}a_k \mathrm{e}^{-\mathrm{j}\omega k}\right|^2} \tag{6-22}$$

式(6-20)～式(6-22)给出的模型称为 p 阶自回归模型—AR(p)模型，也称为全极点模型。

(2) 如果 $a_1,a_2,\cdots,a_p$ 全为零，那么式(6-16)、式(6-17)和式(6-19)分别变成

$$x(n)=\sum_{k=0}^{q}b_k w(n-k)=w(n)+\sum_{k=1}^{q}b_k w(n-k),\quad b_0=1 \tag{6-23}$$

$$H(z)=B(z)=1+\sum_{k=1}^{q}b_k z^{-k} \tag{6-24}$$

$$P_x(\mathrm{e}^{\mathrm{j}\omega})=\sigma^2\left|B(\mathrm{e}^{\mathrm{j}\omega})\right|^2=\sigma^2\left|1+\sum_{k=1}^{q}b_k \mathrm{e}^{-\mathrm{j}\omega k}\right|^2 \tag{6-25}$$

上述三式给出的模型称为 q 阶滑动平均模型—MA(q)模型，也称为全零点模型。

(3) 如果 $a_1,a_2,\cdots,a_p$ ，$b_1,b_2,\cdots,b_q$ 不全为零，那么式(6-16)、式(6-17)和式(6-19)给出的模型称为 (p,q) 阶自回归—滑动平均模型— ARMA(p,q) 模型。显然，ARMA(p,q) 模型是一个既有极点又有零点的模型。AR(p)模型是 ARMA(p,q)模型的一种特殊情况，其是一个极点模型。p 阶 AR 模型满足如下差分方程：

$$x(n)+a_1x(n-1)+\cdots+a_px(n-p)=w(n) \tag{6-26}$$

其中，$a_1,a_2,a_3,\cdots,a_p$ 为实常数，且 $a_p\neq 0$ ，$w(n)$ 是均值为零和方差为 σ^2 的平稳白噪声序列。

将式(6-26)两边求 z 变换，得

$$X(z)=\frac{E(z)}{1+a_1z^{-1}+\cdots+a_pz^{-p}} \tag{6-27}$$

令特征多项式 $f(z)=z^p+a_1z^{p-1}+\cdots+a_p$ 的 p 个根为 $z_1,z_2,\cdots,z_p$ ，可以证明，当满足

$$\left|z_i\right|<1\qquad i=1,2,\cdots,p \tag{6-28}$$

时，AR(p)过程具有渐近平稳性。

在此条件下，将式(6-26)的两边乘以 $x(n-r)$ 并取平均，得

$$\begin{aligned}&E\left[x(n-r)x(n)\right]+a_1E\left[x(n-r)x(n-1)\right]+\cdots+a_pE\left[x(n-r)x(n-p)\right]\\&=E\left[w(n)x(n-r)\right],\quad r=0,1,2,\cdots\end{aligned}\tag{6-29}$$

或写成

$$r_x(r)=\begin{cases}-\sum\limits_{l=1}^{p}a_lr_x(r-l)+\sigma^2 & r=0\\-\sum\limits_{l=1}^{p}a_lr_x(r-l) & r>0\end{cases}\tag{6-30}$$

对于$0\leqslant p\leqslant r$，得

$$\begin{cases}r_x(0)+a_1r_x(1)+\cdots+a_pr_x(p)=\sigma^2\\r_x(1)+a_1r_x(0)+\cdots+a_pr_x(p-1)=0\\\qquad\vdots\\r_x(p)+a_1r_x(p-1)+\cdots+a_pr_x(0)=0\end{cases}\tag{6-31}$$

式(6-31)也就是平稳 AR(p)过程的自相关函数所满足的 Yule-Walker 方程，它与模型参数之间是一个线性方程组的关系，将其写成矩阵表示式是

$$\begin{bmatrix}r_x(0) & r_x(1) & \cdots & r_x(p)\\r_x(1) & r_x(0) & \cdots & r_x(p-1)\\\vdots & \vdots & & \vdots\\r_x(p) & r_x(p-1) & \cdots & r_x(0)\end{bmatrix}\begin{bmatrix}1\\a_1\\\vdots\\a_p\end{bmatrix}=\begin{bmatrix}\sigma^2\\0\\\vdots\\0\end{bmatrix}\tag{6-32}$$

由式(6-26)所定义的 AR(p)过程$x(n)$可以看作是白噪声序列$w(n)$通过一个传递函数为

$$H(z)=\frac{1}{1+a_1z^{-1}+\cdots+a_pz^{-p}}\tag{6-33}$$

的全极点滤波器所产生，因此$x(n)$的功率谱密度$P_x(\omega)$可表示为

$$P_x(\omega)=\sigma^2\left|\frac{1}{1+a_1z^{-1}+\cdots+a_pz^{-p}}\right|^2_{z=\mathrm{e}^{\mathrm{j}\omega}}\tag{6-34}$$

或

$$P_x(\omega)=\sigma^2\left|\frac{1}{(z-z_1)\cdots(z-z_p)}\right|^2_{z=\mathrm{e}^{\mathrm{j}\omega}}\tag{6-35}$$

这样的谱密度函数称为全极谱，而全极谱函数的形状完全取决于其极点在单位圆内的分布。

实际中的随机过程，通常均可以采用以上这个有理分式的传递函数模型来很好地表示。根据 wold 分解定理，任何有限方差的 ARMA 或 MA 过程均可以用无限阶的 AR 模型来表达。在通常情况下，船舶辐射噪声信号可以用 AR 过程来描述。由于使用 AR 参数来描述噪声信号相当于消除了时间加窗造成的有限数据对 FFT 分析的影响，故而 AR 模型谱分析具有比加窗 FFT 分析更高的分辨率。

利用 AR 模型进行功率谱估计，必须先得到 AR 模型的参数 $a_1, a_2, \cdots, a_p$ 及白噪声序列的方差 σ^2，可以采用 Levinson-Durbin 递推算法、Burg 递推算法等，在得到以上参数后可以计算 AR 模型的功率谱估计，为

$$\hat{P}_x(\omega) = \frac{\sigma^2}{\left|1 + \sum_{k=1}^{p} a_k \mathrm{e}^{-\mathrm{j}\omega k}\right|^2} \tag{6-36}$$

图 6-3 为采用 AR 模型方法和经典 FFT 方法对船舶噪声解调信号谱分析结果。

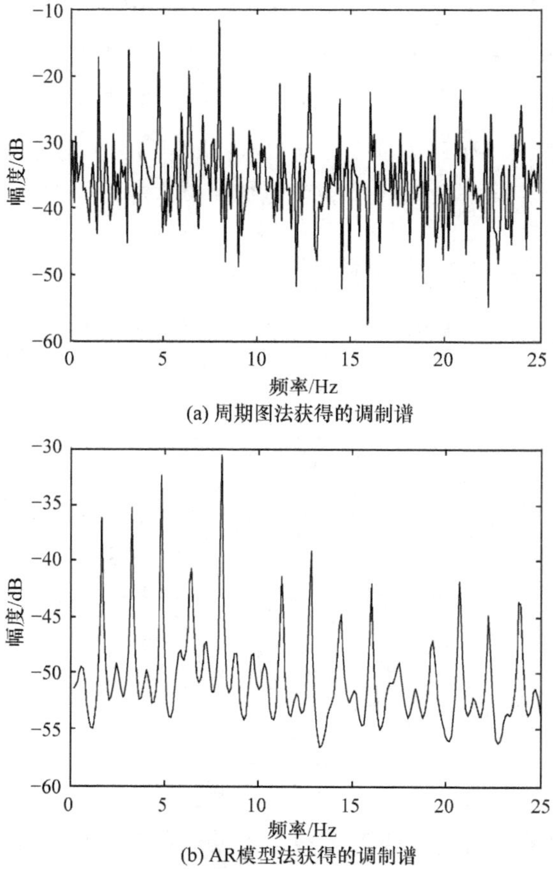

图 6-3　周期图法调制谱与 AR 模型法调制谱比较

从图中可以看出，参数模型法获得的调制谱线谱信噪比更高，有利于螺旋桨轴频和叶频的提取。文献[161]研究了利用 ARMA 模型做调制谱分析，指出其可以提高轴频估计精度。从目前的认识来说，虽然轴频估计精度高有利于精确测量螺旋桨转速，但转速一定测速误差对提高识别的准确性影响有限。从另一方面来说，ARMA 模型或 AR 模型的高分辨率对于多轴的分辨可能有利。多轴船舶，如 2 轴、3 轴、4 轴，其螺旋桨转速可能具有差异，采用高分辨率的谱分析有可能检测出转速的微弱差异，从而确定目标是多轴目标。

通过研究发现，AR 模型方法虽然对有一定调制谱特征(有一定的线谱强度)的信号能获得较好的分析结果，但是对于调制谱特征低的信号很难获得满意的谱估计结果。图 6-4 是一个轴频为 3.2Hz、5 叶桨的商船辐射噪声通过不同方法获取的调制谱，使用传统周期图法调制谱仅有叶频而无轴频线谱，使用 AR 模型法的周期图法并没有表现出优势。

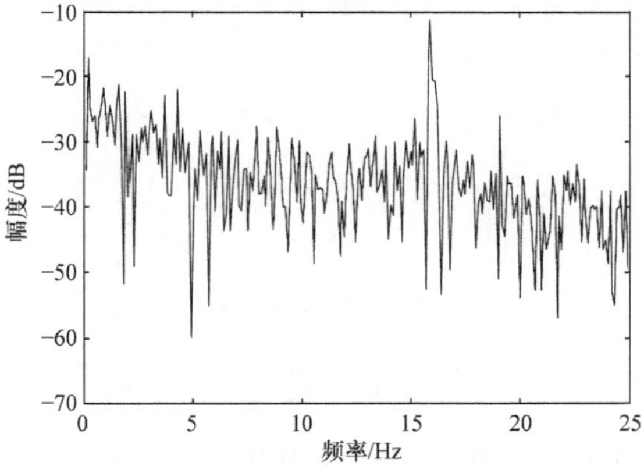

(a) 周期图法获得的调制谱

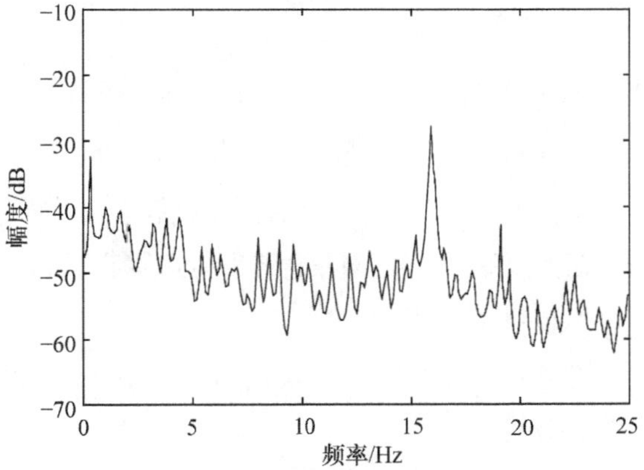

(b) 模型法获得的调制谱

图 6-4　调制谱特征弱时周期图法与 AR 模型法调制谱图比较

6.3 特征值分解法

设序列 $x(n)$ 是由 M 个复正弦信号加白噪声组成，则其自相关函数为

$$R_x(k)=\sum_{i=1}^{M}A_i\exp(\mathrm{j}\omega_i k)+\sigma^2\delta(k) \tag{6-37}$$

式中，A_i,ω_i 分别是第 i 个复正弦信号的功率及频率，σ^2 是白噪声的方差。如果有$(p+1)$个 $R_x(k)$ 组成相关阵为

$$R_{p+1}=\begin{bmatrix} R_x(0) & R_x^*(1) & \cdots & R_x^*(p) \\ R_x(1) & R_x^*(0) & \cdots & R_x^*(p-1) \\ \vdots & \vdots & & \vdots \\ R_x(p) & R_x^*(p-1) & \cdots & R_x^*(0) \end{bmatrix} \tag{6-38}$$

定义信号向量为

$$e_i=[1,\exp(\mathrm{j}\omega_i),\cdots,\exp(\mathrm{j}\omega_i p)]^{\mathrm{T}} \quad i=1,2,\cdots,M \tag{6-39}$$

则

$$R_{p+1}=\sum_{i=1}^{M}A_i e_i e_i^{\mathrm{H}}+\sigma^2 I_{p+1} \tag{6-40}$$

其中，I_{p+1} 为单位阵。对 R_{p+1} 作特征分解，则可得

$$R_{p+1}=\sum_{i=1}^{M}(\lambda_i+\sigma^2)V_iV_i^{\mathrm{H}}+\sum_{i=M+1}^{p+1}\sigma^2V_iV_i^{\mathrm{H}} \tag{6-41}$$

V_i 是对应于特征值 λ_i 的特征向量，且是相互正交的，即

$$V_i^{\mathrm{H}}V_j=\begin{cases}1 & i=j \\ 0 & i\neq j\end{cases} \tag{6-42}$$

式(6-41)即为相关阵的特征分解，其中的所有特征向量 $V_1,V_2,\cdots,V_{p+1}$ 形成了一个 $p+1$ 维的向量空间，且它们是互相正交的。该向量空间由信号子空间和噪声子空间两部分组成，$V_1,V_2,\cdots,V_M$ 组成的信号子空间，其特征值分别是 $(\sigma^2+\lambda_1),(\sigma^2+\lambda_2),\cdots,(\sigma^2+\lambda_M)$，$\sigma^2$ 在此反映了噪声对信号空间的影响；而 $V_{M+1},V_{M+2},\cdots,V_{p+1}$ 组成的噪声子空间，每个向量的特征值都是 σ^2。

由于信号向量 e_i 和噪声空间的各个向量 $V_{M+1},V_{M+2},\cdots,V_{p+1}$ 都是正交的，因此，它们的线形组合也是正交的，即

$$e_i^{\mathrm{H}}\left(\sum_{k=M+1}^{p+1}a_kV_k\right)=0 \quad i=1,2,\cdots,M \tag{6-43}$$

令 $e(\omega)=[1,\exp(\mathrm{j}\omega),\cdots,\exp(\mathrm{j}\omega p)]^{\mathrm{T}}$

则有

$$e^{\mathrm{H}}(\omega)\left[\sum_{k=M+1}^{p+1}a_kV_kV_k^{\mathrm{H}}\right]e(\omega)=\sum_{k=M+1}^{p+1}a_k\left|e^{\mathrm{H}}(\omega)V_k\right|^2 \tag{6-44}$$

当 $\omega=\omega_i$ 时应为零，那么

$$\hat{P}_x(\omega)=\frac{1}{\sum\limits_{k=M+1}^{p+1}a_k\left|e^{\mathrm{H}}(\omega)V_k\right|^2} \tag{6-45}$$

在 $\omega=\omega_i$ 处应为无穷大，但由于 V_k 是由于相关阵分解得到的，而相关阵是估计必有误差，所以 $\hat{P}_x(\omega_i)$ 为有限值，但呈现尖的峰值，其峰值所对应的位置即是正弦信号的频率。

根据 a_k 取不同的值，有两种不同的算法，即 MUSIC 算法和特征向量估计算法。若令 $a_k=1,k=M+1,\cdots,p+1$，所得估计即为 MUSIC 估计，即

$$\hat{P}_{\mathrm{MUSIC}}(\omega)=\frac{1}{e^{\mathrm{H}}(\omega)\left(\sum\limits_{k=M+1}^{p+1}V_kV_{\mathrm{k}}^{\mathrm{H}}\right)e(\omega)} \tag{6-46}$$

若令 $a_k=\dfrac{1}{\lambda_k},k=M+1,\cdots,p+1$，所得估计即为特征向量估计，即

$$\hat{P}_{ev}(\omega)=\frac{1}{e^{\mathrm{H}}(\omega)\left(\sum\limits_{k=M+1}^{p+1}\dfrac{1}{\lambda_k}V_kV_k^{\mathrm{H}}\right)e(\omega)} \tag{6-47}$$

图 6-5 是周期图算法、AR 模型算法、MUSIC 算法及特征向量估计算法对同

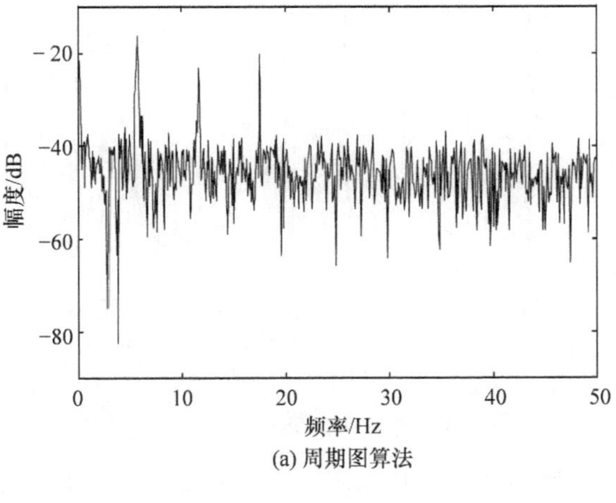

(a) 周期图算法

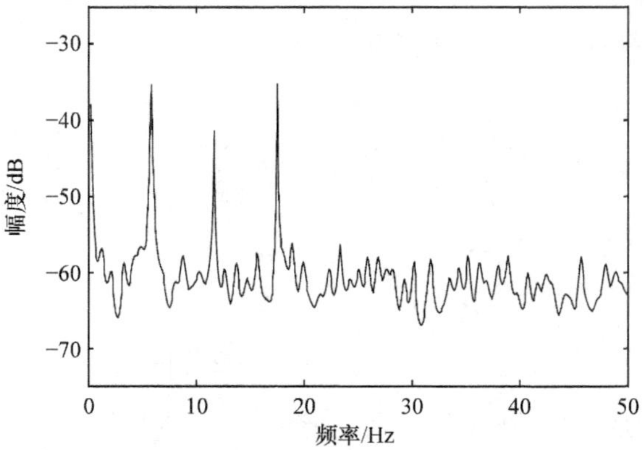

(b) AR模型算法

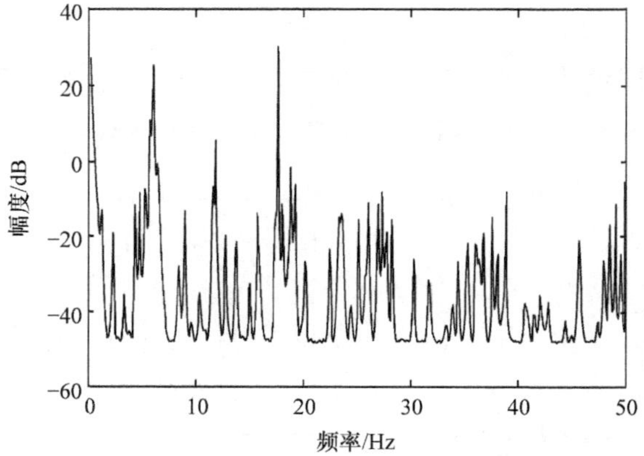

(c) MUSIC算法

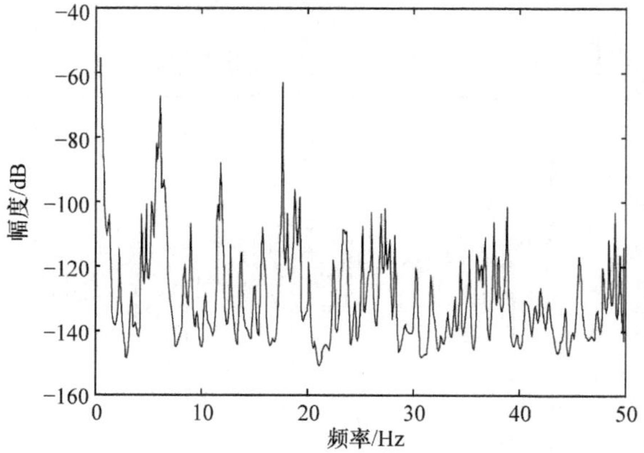

(d) 特征向量估计算法

图 6-5　四种算法获得的调制谱比较

一船舶辐射噪声包络信号的谱分析结果。由图可见，AR 模型算法获得的调制谱线谱最为明显，而特征值分解法、MUSIC 算法虽然分辨率要高，但看起来峰值多，其中不少为伪峰，并不利于线谱特征的提取。

6.4　自适应线谱增强技术

自适应线谱增强(ALE)技术通常用于检测宽带噪声中的未知频率正弦信号，达到消除或降低噪声，增强线谱检测能力的作用，在水声信号处理领域也得到比较广泛的应用。如图 6-6 所示，时域 FIR 自适应线谱增强器由 M 个权系数的线性预测滤波器所组成，其中，权系数 $W_l(n)$以输入采样速率 f_s 自适应地被更新[155,159]。

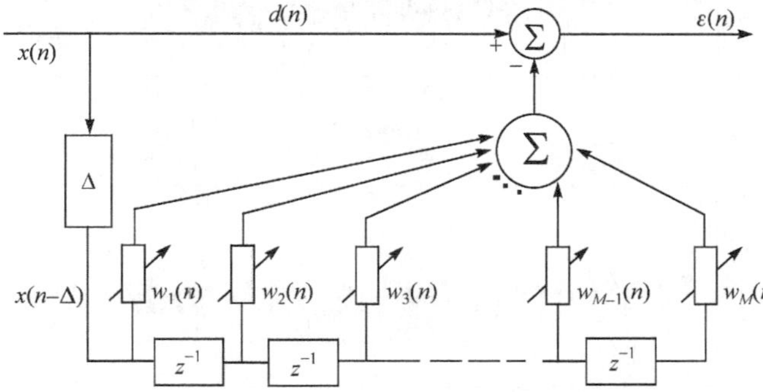

图 6-6　时域 FIR 自适应线谱增强器

自适应谱线增强器的输出 $r(n)$定义为

$$r(n)=\sum_{l=1}^{M}W_l(n)x(n-l+1-\Delta) \tag{6-48}$$

其中，Δ 是滤波器的预测时间间距，单位与采样周期相同。从输入序列 $x(n)$减去 $r(k)$得到误差序列 $\varepsilon(n)$，即

$$\varepsilon(n)=x(n)-r(n) \tag{6-49}$$

这一误差序列乘以比例因子 2μ，再反馈给输入，以便按照 Widrow-Hoff 的 LMS 算法，即

$$\overline{W(n+1)}=\overline{W(n)}+2\mu\varepsilon(n)\overline{x(n-\Delta)} \tag{6-50}$$

其中

$$\overline{x(n-\Delta)}=[x(n-\Delta),x(n-\Delta-1),\cdots,x(n-\Delta-L+1)]^{\mathrm{T}} \tag{6-51}$$

以上即为自适应线谱增强过程。

图 6-7 为调制谱分析中使用 ALE 技术信号处理框图。图 6-8 给出了某实际船舶辐射噪声周期图获得的调制谱和采用自适应线谱增强技术后的调制谱，ALE 技术明显增强了轴频线谱强度，有利于轴频线谱的提取。但从大量实际数据试验来

看，ALE 技术并不能解决在没有调制谱特征时的轴频的估计问题。

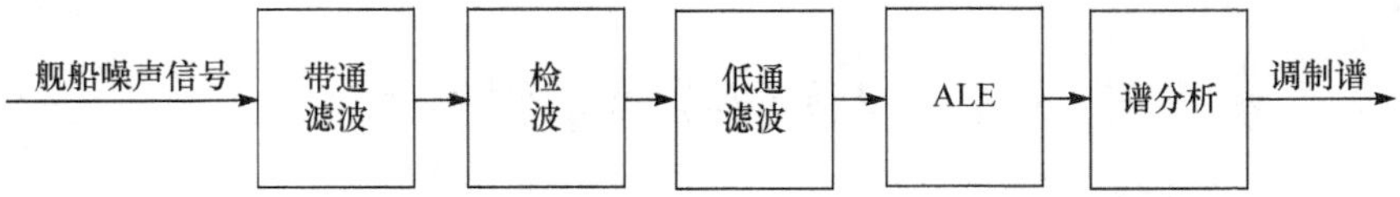

图 6-7　基于 ALE 技术船舶辐射噪声调制谱分析处理框图

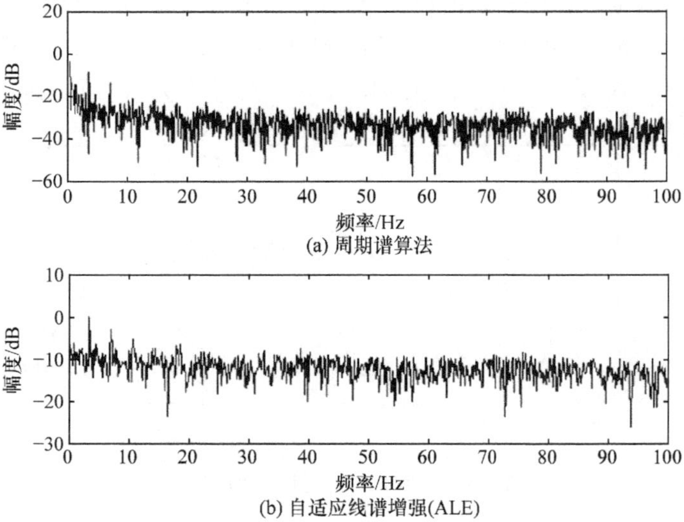

图 6-8　船舶辐射噪声周期图法和 ALE 技术调制谱分析比较

在线谱增强的设计中，需考虑参数选择问题。影响增强性能的参数有搜索步长 μ 、FIR 滤波器阶数 L、延迟时间 Δ 。搜索步长影响自适应算法的跟踪速度和跟踪精度，μ 大跟踪快，但精度低，反之则跟踪慢，精度高；FIR 滤波器的阶数决定了自适应滤波器的传递函数，选择合适的阶数才能达到比较好的效果，同时满足实时性要求；延迟时间 Δ 决定要增强信号的特性，若增强长时间稳定的信号则选择比较大的值，若增强瞬态信号则选择比较小的值。

从对船舶辐射噪声使用 ALE 技术的试验来看，该技术具有如下特点。

(1) 自适应线谱增强器用于船舶辐射噪声调制谱分析，能够显著增强调制谱中的线谱成分，提高轴频、叶频线谱检测能力。

(2) 自适应线谱增强器是一个学习过程，需要一定的学习时间，因此需要有较长的数据序列。

(3) 自适应线谱增强在抑制噪声的同时，也抑制了一些弱的线谱成分，这些弱线谱成分有时可能包含了目标的重要特征信息，会对特征提取造成不利的影响。

(4) 对于调制谱线谱弱或没有线谱的目标，采用 ALE 技术并不能获得轴频或叶频线谱的估计。

6.5　高阶谱分析

随着信息科学的迅猛发展，研究和处理非高斯信号的主要数学分析工具——高阶统计量及基于高阶统计量的高阶谱估计技术在 20 世纪 80 年代后期得到迅速发展。高阶谱估计技术不仅可以自动抑制高斯有色噪声对非高斯信号的影响，而且也能抑制对称分布的非高斯有色噪声的影响，还可以辨识非因果、非最小相位系统或重构非最小相位信号，检测和表征系统的非线性等。高阶谱估计技术在船舶辐射噪声分析和目标识别特征提取中得到了广泛的应用。在此，先介绍一下高阶谱估计方法，并给出高阶谱在实际船舶辐射噪声信号分析中获得的一些结果，供读者参考。

6.5.1　高阶谱

定义 6.1　假定随机过程 $\{x(n)\}$ 的 k 阶累量 $c_{kx}(\tau_1,\tau_2,\cdots,\tau_{k-1})$ 是绝对可和的，即

$$\sum_{\tau_1,\tau_2,\cdots,\tau_{k-1}=-\infty}^{\infty}\left|c_{kx}(\tau_1,\tau_2,\cdots,\tau_{k-1})\right|<\infty \tag{6-52}$$

则 $\{x(n)\}$ 的 k 阶谱定义为 c_{kx} 的 $(k-1)$ 维傅里叶变换，即

$$s_{kx}(\omega_1,\cdots,\omega_{k-1})=\sum_{\tau_1=-\infty}^{\infty}\cdots\sum_{\tau_{k-1}=-\infty}^{\infty}c_{kx}(\tau_1,\tau_2,\cdots,\tau_{k-1})\cdot\exp\left[-\mathrm{j}\sum_{i=1}^{k-1}\omega_i\tau_i\right] \tag{6-53}$$

高阶谱又称多谱或累量谱。特别称经常使用的三阶谱 $S_{3x}(\omega_1,\omega_2)$ 为双谱，并用 $B_x(\omega_1,\omega_2)$ 表示；而称四阶谱 $S_{4x}(\omega_1,\omega_2,\omega_3)$ 为三谱，用 $T_x(\omega_1,\omega_2,\omega_3)$ 表示。

6.5.2　确定性信号的高阶谱

对于离散时间的确定性信号 $\{x(n)\}$ (包括有限能量信号和周期信号)，我们可以将其高阶谱进行如下定义[29]。

定义 6.2　令 $x(n)$ 是一个具有有限能量的确定性序列，其傅里叶变换为

$$X(\omega)=\sum_{k=-\infty}^{\infty}x(k)\mathrm{e}^{-\mathrm{j}\omega k} \tag{6-54}$$

则其能量谱、双谱和三谱可定义为

$$P_x(\omega)=\left|X(\omega)\right|^2 \tag{6-55}$$

$$B_x(\omega_1,\omega_2)=X(\omega_1)X(\omega_2)X^*(\omega_1+\omega_2) \tag{6-56}$$

$$T_x(\omega_1,\omega_2,\omega_3)=X(\omega_1)X(\omega_2)X(\omega_3)X^*(\omega_1+\omega_2+\omega_3) \tag{6-57}$$

定义 6.3 令 $x(n)$ 是一个确定性的周期序列，其周期为 N，其主值序列所决定的离散傅里叶变换为

$$X(k)=\sum_{n=0}^{N-1}x(n)\mathrm{e}^{-\mathrm{j}\frac{2\pi}{N}nk} \qquad 0\leqslant k\leqslant N-1 \tag{6-58}$$

则其功率谱、双谱和三谱可定义为

$$P_x(k)=\frac{1}{N}\left|X(k)\right|^2 \tag{6-59}$$

$$B_x(k_1,k_2)=\frac{1}{N}X(k_1)X(k_2)X^*(k_1+k_2) \tag{6-60}$$

$$T_x(k_1,k_2,k_3)=\frac{1}{N}X(k_1)X(k_2)X(k_3)X^*(k_1+k_2+k_3) \tag{6-61}$$

周期性序列与随机序列一样，同属于具有无限能量、有限平均功率的功率信号，因而只能借助主值序列来定义其频谱(即离散傅里叶变换)，其高阶谱也只能像随机信号那样从功率的角度来定义。

6.5.3 非参数法高阶谱估计

非参数法高阶谱估计方法可分为间接法和直接法两大类。它们都从已知的一段样本序列 $\{x(1),x(2),\cdots,x(N)\}$ 出发，并假定在 $n\leqslant 0$ 或 $n\geqslant(N+1)$ 范围内，样本序列 $x(n)$ 恒等于零，由此来构造随机信号 $\{x(n)\}$ 的高阶谱估计式[29]。

非参数法高阶谱估计的优点是简单、易于实现、可以使用 FFT 算法。对于随机信号 $\{x(n)\}$ 的一段 N 点样本序列 $x(1),x(2),\cdots,x(N)$，可以使用直接法和间接法计算高阶谱。下面分别介绍这两种算法步骤。

(1) 算法一：直接法(平滑周期图法)

步骤 1 分段

将所定义的 N 点分为 K 段，每段含 M 个样本值，即 $N=KM$，记第 i 段为 $x^{(i)}(n),i=1,2,\cdots,K$。$M$ 值应满足 FFT 所用的通用长度要求，如有必要，可在分段后在每段尾部添零以满足这一要求；与功率谱估计相似，为兼顾频率分辨率与估计方差的要求，各段间可重叠；分段后应对各段进行去均值处理。

步骤 2 计算 DFT

$$Y^{(i)}(\lambda)=\frac{1}{M}\sum_{n=0}^{M-1}x^{(i)}(n)\mathrm{e}^{-\mathrm{j}\frac{2\pi}{M}n\lambda} \qquad i=1,2,\cdots,K;\ \lambda=0,1,\cdots,(M-1) \tag{6-62}$$

对于实序列，由于 $Y^{(i)}(\lambda)$ 的对称性，可取 $\lambda = 0,1,\cdots,\left(\dfrac{M}{2}-1\right)$。与通常的 DFT 公式相比，式(6-62)多了因子 1/M，这是为了简化后面的公式。

步骤 3　频域平滑

将频域 M 点序列 $Y^{(i)}(\lambda)$ 进行频域再取样，使 M 点序列变为 $M_n=(2L_1+1)$ 个 N_0 点子序列，即 $M=(2L_1+1)N_0$。若原来 $x(n)$ 的取样频率为 f_s，则按取样定理，$Y^{(i)}(\lambda)$ 的谱线间隔应为 f_s/M，而再取样后的频域子序列的谱线间隔则变为 f_s/N_0。将上述 $(2L_1+1)$ 个 N_0 子序列进行频域平滑处理，即得到第 i 段的双谱估计

$$\hat{B}^{(i)}(\lambda_1,\lambda_2)=\frac{1}{\Delta_0^2}\sum_{k_1=-L_1}^{L_1}\sum_{k_2=-L_1}^{L_1}Y^{(i)}(\lambda_1+k_1)Y^{(i)}(\lambda_2+k_2)Y^{(i)^*}(\lambda_1+\lambda_2+k_1+k_2)$$

$$i=1,2,\cdots,K \tag{6-63}$$

式中，$\Delta_0=\dfrac{f_s}{N_0}$。按双谱的对称性和周期性，其计算区域应满足

$$0\leqslant\lambda_2\leqslant\lambda_1,\ \lambda_1+\lambda_2\leqslant\frac{f_s}{2\Delta_0} \tag{6-64}$$

可以证明，上述估计 $\hat{B}^{(i)}(\lambda_1,\lambda_2)$ 正是 M 点序列 $x^{(i)}(n)$ 双谱的渐近无偏估计，并称 $\hat{B}^{(i)}(\lambda_1,\lambda_2)$ 为 $x^{(i)}(n)$ 的三阶周期图，所以此算法也称为平滑周期图法。其中第 (λ_1,λ_2) 条谱线所对应的频率为 $(\Delta_0\lambda_1,\Delta_0\lambda_2)$，或用数字频率表示为 $\left(\dfrac{2\pi}{N_0}\lambda_1,\dfrac{2\pi}{N_0}\lambda_2\right)$。

步骤 4　时域平滑

令

$$\hat{B}_x(\lambda_1,\lambda_2)=\frac{1}{K}\sum_{i=1}^{K}\hat{B}^{(i)}(\lambda_1,\lambda_2) \tag{6-65}$$

式(6-65)也可用角频率记为

$$\hat{B}_x(\omega_1,\omega_2)=\frac{1}{K}\sum_{i=1}^{K}\hat{B}^{(i)}(\omega_1,\omega_2) \tag{6-66}$$

由 (λ_1,λ_2) 所对应的频率关系，可知

$$\omega_1=\frac{2\pi f_s}{N_0}\lambda_1,\quad \omega_2=\frac{2\pi f_s}{N_0}\lambda_2 \tag{6-67}$$

虽然，时频域平滑都能降低双谱估计的方差，但其代价是将原来的频率分辨率由 f_s/N 降低为 f_s/N_0。因此在数据分段平滑时，应考虑最后的频率分辨率 f_s/N_0

满足技术要求。估计方差特性与频率分辨率的矛盾是传统谱估计方法的固有矛盾，在实际谱估计中只能折中选取。

(2) 算法二：间接法

步骤 1 同算法一步骤 1。

步骤 2 计算三阶累量

$$\hat{c}^{(i)}(l,k)=\frac{1}{M}\sum_{n=M_1}^{M_2}x^{(i)}(n)x^{(i)}(n+l)x^{(i)}(n+k) \qquad i=1,2,\cdots,K \tag{6-68}$$

式中

$$M_1=\max(0,-l,-k)$$
$$M_2=\min(M-1,M-1-l,M-1-k)$$

以保证 $0\leqslant n+l\leqslant M-1, 0\leqslant n+k\leqslant M-1$ 成立。此外，l,k 的取值可利用三阶累量的对称性决定(即仅在支撑区内取值)，以简化运算。

步骤 3 时域平滑

$$\hat{c}(l,k)=\frac{1}{K}\sum_{i=1}^{K}\hat{c}^{(i)}(l,k) \tag{6-69}$$

步骤 4 计算双谱

选择窗函数 $\omega(l,k)$，计算双谱估计为

$$\hat{B}(\omega_1,\omega_2)=\sum_{l=-L}^{L}\sum_{k=-L}^{L}\hat{c}(l,k)\omega(l,k)\mathrm{e}^{-\mathrm{j}(\omega_1 l+\omega_2 k)} \tag{6-70}$$

式中，$L<(M-1)$。

6.5.4 双谱对角切片谱

定义 6.4 随机变量 $x(t)$，其三阶累积量 $c_{3x}(\tau_1,\tau_2)$ 的对角切片 $c_{3x}(\tau,\tau)$ $(\tau_1=\tau_2=\tau)$ 的傅里叶变换为该随机变量 $x(t)$ 的 $1\frac{1}{2}$ 维谱 $C(\omega)$，即

$$C(\omega)=\int_{-\infty}^{\infty}\left[\int_{-\infty}^{\infty}x(t)x^2(t+\tau)\mathrm{d}t\right]\mathrm{e}^{-\mathrm{j}\omega\tau}\mathrm{d}\tau \tag{6-71}$$

双谱对角切片谱又称为 $1\frac{1}{2}$ 维谱，主要有如下特点[31]。

(1) 加强基频

假定 $x(t)$ 为零均值、基频是 ω_0 的 n 次实谐波信号，在幅值相等、相位为零的情况下，当 $|\omega_m|<|\omega_l|$ 时，有

$$C(\omega_m)>C(\omega_l),(\omega_m=m\omega_0,m=\pm1,\pm2,\cdots,\pm n,\ \ \omega_l=l\omega_0,l=\pm1,\pm2,\cdots,\pm n) \tag{6-72}$$

以上表明当用$1\frac{1}{2}$维谱分析谐波信号时，信号的基频分量可得到加强，这对抽取信号中的基频分量非常有利。

(2) 抑制高斯噪声与对称分布的随机噪声

对于$n(t)$是均值为零的高斯噪声，有$C_{3n}(\omega)=0$，表明$1\frac{1}{2}$维谱可抑制高斯随机噪声。对于$n(t)$是均值为零的随机噪声，任何两个不同时刻互不相关，且概率密度函数$f(n)$为对称分布，则有$C_{3n}(\omega)=0$，表明$1\frac{1}{2}$维谱可抑制对称分布的随机噪声。

(3) 抑制非相位耦合谐波

对于谐波信号$x(t)$，ω_m、ω_p、ω_q为其中三个谐波分量，若$\omega_m \neq \omega_p+\omega_q$，则$C(\omega_m)=0$，表明信号中含有非相位耦合的谐波项时，通过$1\frac{1}{2}$维谱的处理，这些谐波项可被抑制。

6.5.5　基于双谱对角切片谱的调制谱分析

很多学者都对高阶谱在船舶辐射噪声特征提取中的应用开展了研究[163-167]，或用于 LOFAR 特征分析，或用于调制特征分析，尤其是$1\frac{1}{2}$维谱被广泛讨论。如上所述，$1\frac{1}{2}$维谱的几个重要特性对于调制谱分析具有意义，具体为：①加强基频有利于螺旋桨轴频信息的提取；②抑制高斯噪声和对称分布的随机噪声有利于提高调制谱特征信噪比，从而提高轴、叶频自动提取的能力；③抑制非相位耦合谐波有利于轴频谐波簇的提取，通常情况下轴频谐波簇是重要的识别特征。图 6-9～图 6-11 是采用周期图法和$1\frac{1}{2}$维谱方法获得的实际船舶辐射噪声的调制谱比较图，从图中可以看出$1\frac{1}{2}$维谱具有抑制噪声、抑制非相位耦合谐波、增强基频的能力。

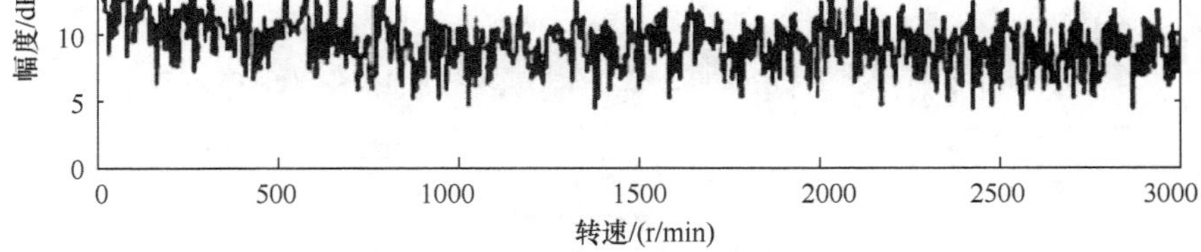

(a) 周期图法调制谱

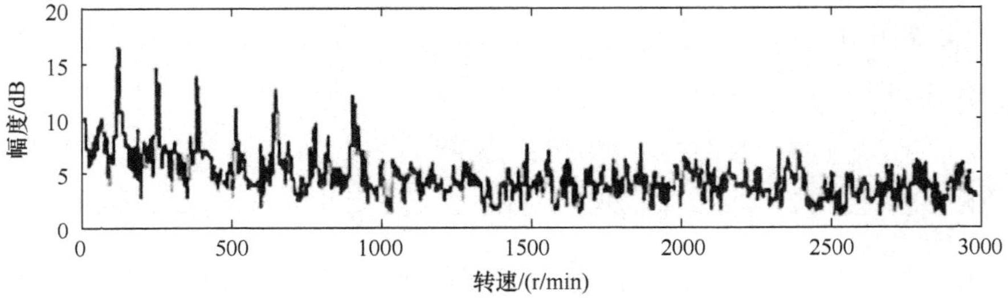

(b) $1\frac{1}{2}$ 维谱法调制谱

图 6-9　某型船舶周期图法与 $1\frac{1}{2}$ 维谱法调制谱对比(抑制噪声)

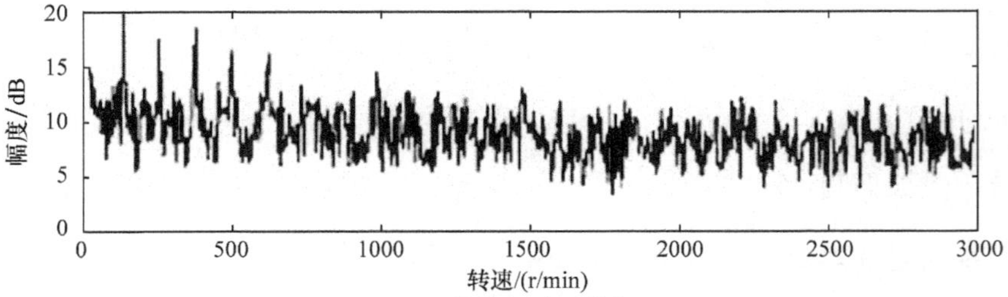

(a) 周期图法调制谱

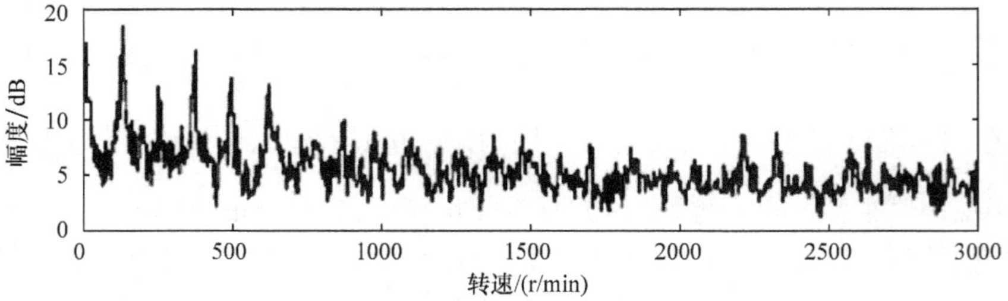

(b) $1\frac{1}{2}$ 维谱法调制谱

图 6-10　某型商船周期图法与 $1\frac{1}{2}$ 维谱法调制谱对比(抑制非相位耦合谐波)

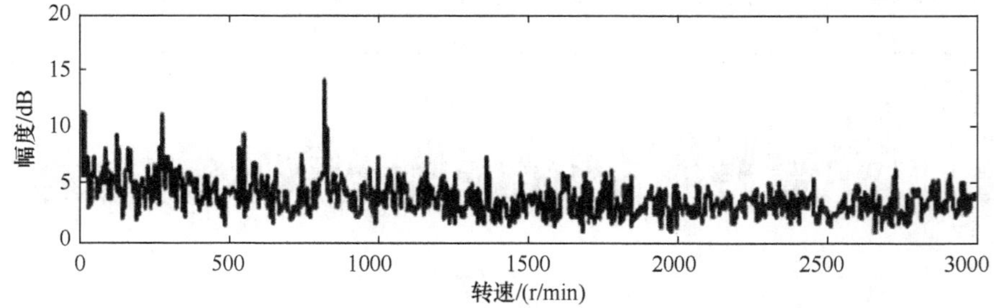

(a) 周期图法调制谱

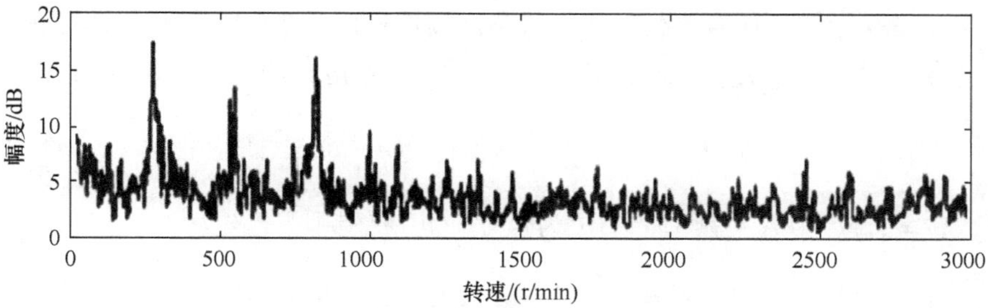

(b) $1\frac{1}{2}$ 维谱法调制谱

图 6-11　某渔船周期图法与 $1\frac{1}{2}$ 维谱法调制谱对比(增强基频)

从对大量数据试验发现，$1\frac{1}{2}$ 维谱并不是完美无缺的，其在抑制噪声和某些线谱的同时，有时也会抑制掉对识别有重要意义的弱线谱，同样也不能把调制特征很弱或者几乎没有调制线谱处理成有调制谱，只能把有调制谱信号处理得更清楚，或者说只能是锦上添花。

6.6　Wigner-Ville 分布

Wigner 于 1932 年率先提出了 Wigner 分布的概念，并把它用于量子力学领域，但在之后的一段时间内并没有引起人们的重视，直到 1948 年，由 Ville 把它应用于信号分析。因此 Wigner 分布又称 Wigner-Ville 分布，简称 WVD[29,158-159]。

6.6.1　WVD 的定义

定义 6.5　设连续时间复信号为 $x(t)$，$t \in R$，则该信号的 Wigner-Ville 分布为

$$W_x(t,f)=\int_{-\infty}^{\infty} x\left(t+\frac{\tau}{2}\right)x^*\left(t-\frac{\tau}{2}\right)\mathrm{e}^{-\mathrm{j}2\pi f\tau}\mathrm{d}\tau \tag{6-73}$$

若用信号频谱表示还可得

$$W_x(t,f)=\int_{-\infty}^{\infty} X\left(f+\frac{v}{2}\right)X^*\left(f-\frac{v}{2}\right)\mathrm{e}^{\mathrm{j}2\pi tv}\mathrm{d}v \tag{6-74}$$

其中，$X(f)$ 为 $x(t)$ 的频谱。

对于非平稳随机信号，它的 WVD 常称为 Wigner-Ville 谱。由非平稳随机信号时变相关函数的定义，其 Wigner-Ville 谱定义为

$$W_x(t,f)=\int_{-\infty}^{\infty} E\left[x\left(t+\frac{\tau}{2}\right)x^*\left(t-\frac{\tau}{2}\right)\right]\mathrm{e}^{-\mathrm{j}2\pi f\tau}\mathrm{d}\tau \tag{6-75}$$

定义 6.6　设 $x(n)$ 为连续时间信号 $x(t)$ 按取样间隔 T_s 进行取样而得到的离散时间信号，则由式(6-73)，令 $t=nT_s$，$\tau=2kT_s$，可得 $x(n)$ 的 Wigner-Ville 分布为

$$W_x(n,\omega)=2\sum_{k=-\infty}^{\infty}x(n+k)x^*(n-k)\mathrm{e}^{-\mathrm{j}2k\omega} \tag{6-76}$$

式中，$\omega=2\pi fT_s$ 为数字频率，单位为弧度。相应的频域定义为

$$W_x(n,\omega)=\frac{1}{\pi}\int_{-\pi}^{\pi}X^*(\omega+\xi)X(\omega-\xi)\mathrm{e}^{-\mathrm{j}2\xi n}\mathrm{d}\xi \tag{6-77}$$

由式(6-76)可知，$W_x(n,\omega)$ 在频域上的重复周期为 π，而不是 $X(\omega)$ 的 2π，因而可能产生频域混叠现象。也就是说，即使时域取样间隔 T_s 对 $x(n)$ 而言，满足取样定理要求，保证 $X(\omega)$ 不产生混叠现象，如图 6-12(a)所示，但对于 $W_x(n,\omega)$ 而言仍可能存在频域混叠，如图 6-12(c)所示，图中为 $W_x(n,\omega)$ 的 $n=0$ 的一个“切片”。克服频域混叠可采用两个途径：一是使用 $T_s/2$ 的取样周期进行取样，从而使 $X(\omega)$ 的非零值限制在 $\pm\pi/2$ 的范围内；二是采用解析信号 $x(t)$，$x(t)$ 取样得到 $x(n)$ 的频谱如图 6-12(b)所示，按式(6-76)求 WVD 后也不会产生频域混叠。

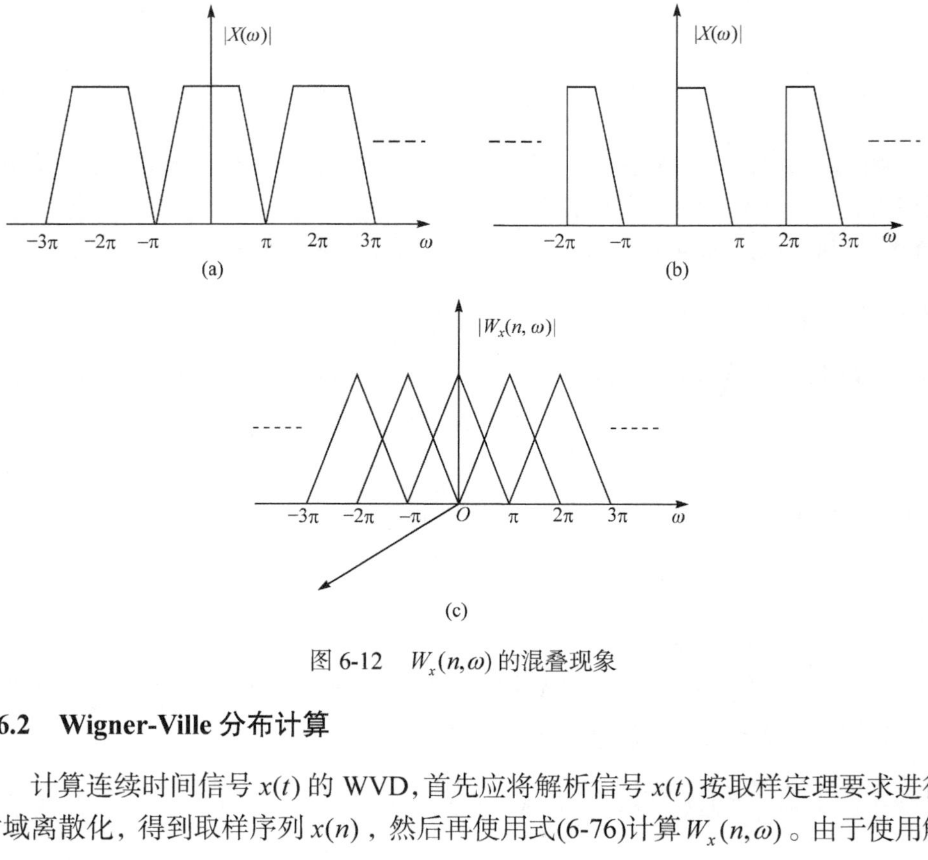

图 6-12　$W_x(n,\omega)$ 的混叠现象

6.6.2　Wigner-Ville 分布计算

计算连续时间信号 $x(t)$ 的 WVD，首先应将解析信号 $x(t)$ 按取样定理要求进行时域离散化，得到取样序列 $x(n)$，然后再使用式(6-76)计算 $W_x(n,\omega)$。由于使用解

析信号，从而避免了计算 $W_x(n,\omega)$ 时的频域混叠问题。

按式(6-76)，$W_x(n,\omega)$ 的计算为无限区间求和，并且为非因果计算。因此在实际计算中必须进行加窗和重排处理，从而化为有限区间的因果计算。

令加窗后的 WVD 为

$$W_x(n,\omega)=2\sum_{l=-L+1}^{L-1}x(n+l)x^*(n-l)g(l)g^*(-l)\mathrm{e}^{-\mathrm{j}2l\omega} \tag{6-78}$$

式中，$g(l)$ 为时宽为 $2L-1$ 的窗函数，满足

$$g(l)=0\ ,\quad |l|\geqslant L \tag{6-79}$$

为减小误差，L 的选择应使得在计算点 n 处，$x(n+l)x^*(n-l)$ 包含大部分有意义的信号值。

令

$$G(n,l)=g(l)x(n+l)$$

则式(6-78)可记为

$$W_x(n,\omega)=2\sum_{l=-L+1}^{L-1}G(n,l)G^*(n,-l)\mathrm{e}^{-\mathrm{j}2l\omega} \tag{6-80}$$

因为 $W_x(n,\omega)$ 的频域周期为 π，因此可令频域取样间隔 $\omega=\pi/N$，并且为适应 FFT 计算的需要，令 $N=2^M>(2L-1)$。这样式(6-80)就变为

$$\begin{aligned}W_x(n,\omega)&=W_x(n,k\pi/N)\\&=2\sum_{l=-L+1}^{L-1}G(n,l)G^*(n,-l)\mathrm{e}^{-\mathrm{j}2\pi lk/N}\end{aligned} \tag{6-81}$$

为了进行因果性计算，还需对数据进行重排，即将长度为 $2L-1$ 的数据 $G(n,l)G^*(n,-l)$ 按周期为 N 进行周期延拓为 $\tilde{f}(n,l)$，其主值序列为

$$f(n,l)=\begin{cases}G(n,l)G^*(n,-l) & l=0,1,\cdots,\dfrac{N}{2}-1\\[2ex] G(n,l-N)G^*(n,-l+N) & l=\dfrac{N}{2},\cdots,N-1\end{cases}$$

最后得到使用 FFT 计算 $W_x(n,\omega)$ 的公式为

$$W_x(n,k)=2\sum_{l=0}^{N-1}f(n,l)\mathrm{e}^{-\mathrm{j}2\pi kl/N} \tag{6-82}$$

显然，为减少误差，应使 $2L-1$ 尽量接近于 N。

$W_x(n,\omega)$ 的计算还可以使用离散 Hartley 变换来实现(DHT 算法)。使用 DHT 可使 FFT 算法的复数运算变为等量的实数运算，但总的来说，WVD 的计算量还

比较大。

6.6.3 Wigner-Ville 分布数据试验

1. 线性调频信号 WVD 分析

为了比较 WVD 与 STFT 在信号分析上特点，以多分量线性调频信号 $x(t)$ 为例，给出了 WVD 和 STFT 两种时频分析方法的结果，如图 6-13 所示。$x(t)$ 由 3 种调频信号组成，表达式为

$$x(t) = \sin[(60\pi + \pi t)\times t] + \sin[(100\pi + \pi t)\times t] + \sin[(40\pi + 3\pi t)\times t] \tag{6-83}$$

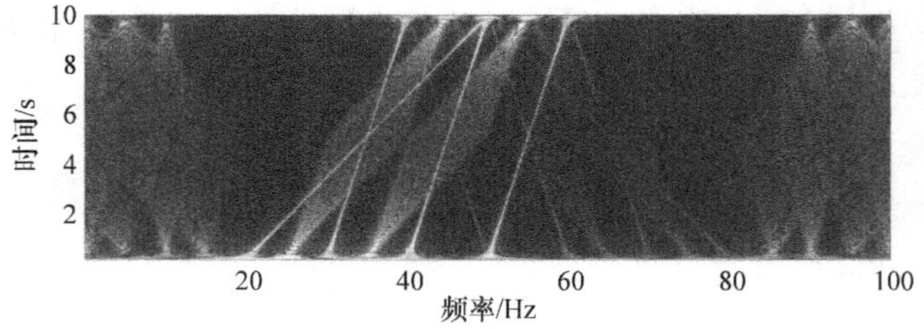

(a) 线性调频信号WVD分析

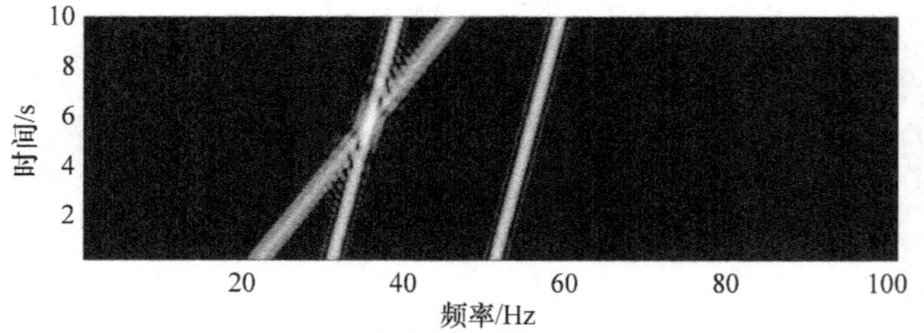

(b) 线性调频信号STFT分析

图 6-13　线性调频信号 WVD 与 STFT 分析比较

从图 6-13 可以看出，WVD 具有比 STFT 更高的频率分辨率，其获得的频率估计峰更尖锐，使得频率估计更准确，但也产生了交叉项，使得信号的时频结构增加了干扰。

为了进一步验证两种算法频率估计精度，进行了蒙特卡洛试验。仿真信号分别为单频信号和线性调频信号，信号表达式分别如下所示。

(1) 信号 1(单频信号)：$x(t) = \sin(60\pi t) + n(t)$，$n(t)$ 为高斯白噪声，STFT 计算时长为 1.25s，时移步长 0.05s。

(2) 信号 2(线性调频信号)：$x(t) = \sin[(60\pi + 2\pi t)\times t] + n(t)$，$n(t)$ 为高斯白噪声，STFT 计算时长 1s，时移步长 0.05s。

(3) 信号 3(线性调频信号)：$x(t) = \sin[(60\pi + 4\pi t)\times t] + n(t)$，$n(t)$ 为高斯白噪声，STFT 计算时长 0.75s，时移步长 0.05s。

针对不同的信噪比，进行 1000 次蒙特卡洛实验，统计结果见表 6-1。从表中可以看出，WVD 方法由于具有更高的频率分辨率，因而具有比 STFT 方法更高的频率估计精度，在调频信号时效果更为显著。

表 6-1　WVD 与 STFT 频差平均值比较

信噪比	−3dB		−1dB		0dB		1dB		3dB	
分析方法	WVD	STFT	WVD	STFT	WVD	STFT	WVD	STFT	WVD	STFT
信号 1	0.099	0.159	0.050	0.122	0.050	0.113	0.050	0.104	0.050	0.091
信号 2	0.198	0.231	0.051	0.160	0.050	0.144	0.050	0.135	0.050	0.111
信号 3	0.263	0.391	0.051	0.242	0.050	0.206	0.050	0.181	0.050	0.148

2. 实际船舶辐射噪声 WVD 分析

图 6-14 给出了某船舶辐射噪声调制谱 WVD 分析结果。

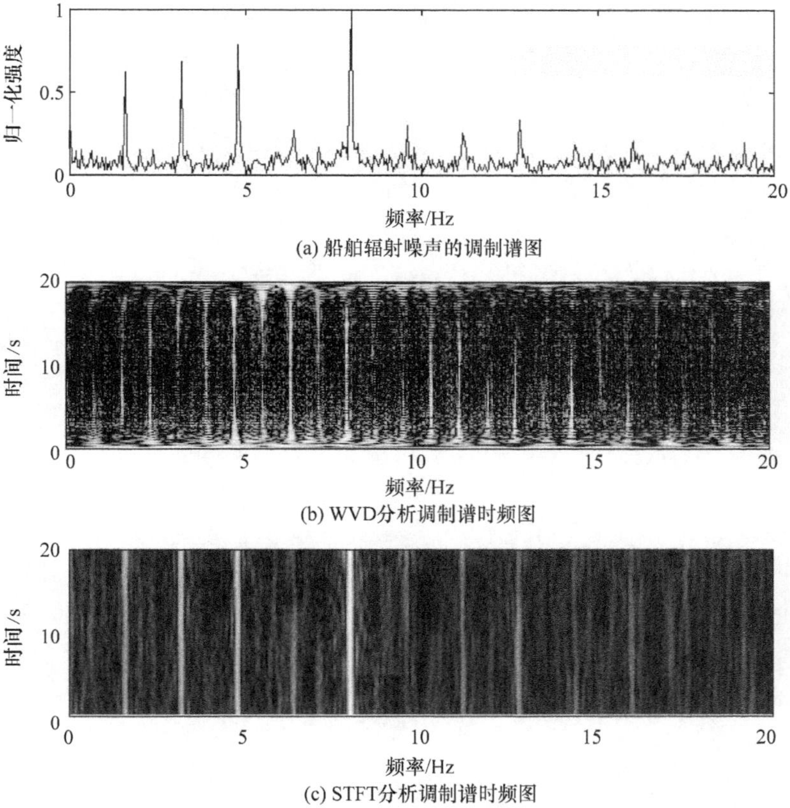

(a) 船舶辐射噪声的调制谱图

(b) WVD分析调制谱时频图

(c) STFT分析调制谱时频图

图 6-14　某船舶辐射噪声调制谱 WVD 与 STFT 比较

图 6-14(a)为该船舶辐射噪声的调制谱图，图 6-14(b)为采用 WVD 方法获得调制谱时频图，图 6-14(c)为 STFT 分析结果，从图中可以看出具有更高的频率分辨率，谱线更细，但也增加了交叉干扰项，并不有利于轴频和叶频的检测。

从前面仿真分析可以看出，WVD 算法能够同时满足高的时间、频率分辨率，若对船舶辐射噪声或包络信号进行 WVD 处理，可以解决时变性和频率分辨率上的矛盾，在分析时变信号的同时，获得较高的特征频率估计精度，如低频线谱频率或螺旋桨的轴频和叶频。WVD 作为一种典型非线性时频分析方法，不但对噪声非常敏感，而且产生的交叉项对目标特征提取不利，可能会导致特征线谱提取的错误。目前，对于 WVD 交叉项的认识研究还不深入，很难运用交叉项的信息，所以一般将其视为干扰项。关于交叉干扰项的抑制可参考文献[168]～[172]。

第 7 章　特征选择与变换

为了提高船舶辐射噪声分类识别的正确率，人们使用各种方法提取不同的特征参数，如谱特征、小波变换特征、高阶统计量特征、基于模型估计的参数特征等。然而，由于船舶目标特性、海洋环境等因素的影响，难以获得稳健的特征量，造成分类识别效果不能令人满意。针对以上问题，许多研究者通过增加特征维数以求改善识别效果，但是特征维数增加面临着另外一个问题，人们发现当特征维数增加到某一个临界点后，继续增加反而会导致分类性能变差，高维数据造成的维数灾难以及特征之间可能存在的相关性和冗余，都严重影响识别性能，甚至影响识别方法的可行性和应用性。选择合适的特征来描述水声信号模型不仅对识别准确率、训练时间和训练样本数量等影响很大，并且对分类器的构造也起着非常重要的作用。减少数据样本的特征维数，不仅有利于降低数据的测试和储存要求，减少训练和分类的时间，避免维数灾难，也有利于提高分类、预测的效果。所以说，特征降维是水声目标识别研究的重要内容。

特征降维有两种方式，一种是从原始特征中挑选出一些最具有代表性的特征，这就是特征选择；另一种是用变换(或映射)的方法把原始特征变换为较少的新特征，这就是特征变换。两种方式的区别在于有没有对原始特征进行变换，特征选择致力于寻找一个可以代表原始数据的合适的特征子集，而特征变换技术则是找到新的特征而不是原始特征的子集。

特征形成得到原始特征后，可以只作特征选择，也可以只作特征变换，当然也可以先进行特征选择再做特征变换，特征选择和特征变换不是截然分开的。例如，可以先将原始特征空间变换到维数较低的空间，在这个空间再进行特征选择以进一步降低维数。也可以先经过选择去掉那些明显没有分类信息的特征，再进行变换以降低维数[6,7,173-174]。

本章在介绍特征选择和变换的评估准则的基础上，分别介绍特征选择和特征变换常用的方法以及在水声目标识别中应用的案例。

7.1　类别可分性的评估准则

特征选择与变换的共同任务是特征降维并找到一组对分类最有效的特征，因此需要一个定量的准则(或称判据)来衡量特征对分类系统(分类器)分类的有效性。

换言之，在从高维特征空间到低维特征空间的选择(或变换)中，存在多种可能性，到底哪一种选择(或变换)对分类来说最有效，需要一个准则来衡量。此外，选出低维特征后，其组合的可能性也不是唯一的，故还需要一个比较准则来评定哪一种组合最有利于分类。不同的评估标准往往导致不同的最优特征子集。下面介绍几种常用的类别可分性的评估准则。

7.1.1　基于距离的可分性准则

各类样本可以分开是因为它们位于特征空间中的不同区域，显然这些区域之间距离越大类别可分性就越大。因此可以用各类样本之间的距离的平均值作为可分性准则[6,7]，即

$$J_d = \frac{1}{2}\sum_{i=1}^{c} P_i \sum_{j=1}^{c} P_j \frac{1}{N_i N_j} \sum_{x^i \in \omega_i} \sum_{x^j \in \omega_j} D(x^i, x^j) \tag{7-1}$$

式中，c 为类别数；N_i 为 ω_i 类中的样本数；N_j 为 ω_j 类中的样本数；P_i, P_j 是相应类别的先验概率；$D(x^i, x^j)$ 是样本 x^i 与 x^j 之间的距离，如果采用欧氏距离，则有

$$D(x^i, x^j) = (x^i - x^j)^{\mathrm{T}}(x^i - x^j) \tag{7-2}$$

如果用 m_i 表示第 i 类样本集的均值向量，用 m 表示所有各类的样本集总平均向量，则

$$m_i = \frac{1}{N_i}\sum_{x^i \in \omega_i} x^i \tag{7-3}$$

$$m = \sum_{i=1}^{c} P_i m_i \tag{7-4}$$

将式(7-2)～式(7-4)代入式(7-1)，得

$$J_d = \sum_{i=1}^{c} P_i \left[\frac{1}{N_i}\sum_{x^i \in \omega_i} (x^i - m_i)^{\mathrm{T}}(x^i - m_i) + (m_i - m)^{\mathrm{T}}(m_i - m) \right] \tag{7-5}$$

也可以用下面定义的矩阵写出 J_d 的表达式。令

$$S_b = \sum_{i=1}^{c} P_i (m_i - m)(m_i - m)^{\mathrm{T}} \tag{7-6}$$

$$S_\omega = \sum_{i=1}^{c} P_i \frac{1}{N_i}\sum_{x^i \in \omega_i} (x^i - m_i)(x^i - m_i)^{\mathrm{T}} \tag{7-7}$$

则

$$J_d = \mathrm{tr}(S_\omega + S_b) \tag{7-8}$$

其中，$\mathrm{tr}(S_\omega + S_b)$ 表示矩阵 $S_\omega + S_b$ 的迹，S_ω 为类内离散度矩阵，S_b 为类间离散度矩阵。

判据 J_d 是计算特征向量的总平均距离，可以作为类别可分性的判据之一。此外，还希望类内离散度尽量小，类间离散度尽量大，因此除了 J_d 之外，还可以提出下列准则函数[175]

$$J_2 = \mathrm{tr}(S_\omega^{-1} S_b) \tag{7-9}$$

$$J_3 = \ln \frac{|S_b|}{|S_\omega|} \tag{7-10}$$

$$J_4 = \frac{\mathrm{tr}S_b}{\mathrm{tr}S_\omega} \tag{7-11}$$

$$J_5 = \frac{|S_b - S_\omega|}{|S_\omega|} \tag{7-12}$$

7.1.2　基于概率分布的可分性准则

基于距离的可分性判据基于样本间的距离，没有考虑样本的分布情况，很难与错误率建立直接的联系。为了考查在不同特征下两类样本概率的分布情况，人们定义了基于概率分布的可分性判据[175]。先研究两类情况(如图 7-1 所示)：图 7-1(a)为完全可分的情况；图 7-1(b)为完全不可分情况。

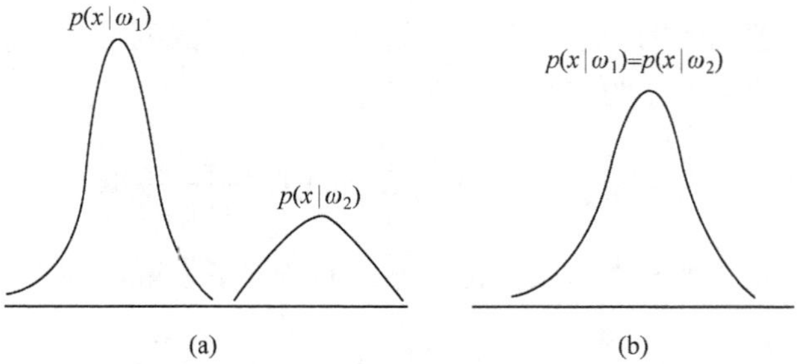

图 7-1　完全可分与完全不可分情况

假定先验概率相等，若对所有使 $p(x|\omega_2) \neq 0$ 的点有 $p(x|\omega_1) = 0$ (如图 7-1(a)所示)，则两类为完全可分的；相反，如果对所有 x 都有 $p(x|\omega_1) = p(x|\omega_2)$ (如图 7-1(b)所示)，则两类完全不可分。

分布密度的交叠程度可用 $p(x|\omega_1)$ 及 $p(x|\omega_2)$ 这两个分布密度函数之间的距离 J_p 来度量。任何函数 $J(\cdot) = \int g[p(x|\omega_1), p(x|\omega_2), P_1, P_2]\mathrm{d}x$，如果满足条件：① J_p 为非负，即 $J_p \geqslant 0$；②当两类完全不交叠时 J_p 取最大值，即若对所有 x 有

$p(x|\omega_2) \neq 0$ 时 $p(x|\omega_1)=0$，则 $J_p = \text{Max}$；③当两类分布密度相同时，J_p 应为零，即若 $p(x|\omega_1)=p(x|\omega_2)$，则 $J_p=0$，则都可用来作为类分离性的概率距离度量。常用的概率距离度量有以下几种。

(1) Bhattacharyya 距离

具体表示为

$$J_B = -\ln\int[p(x|\omega_1)p(x|\omega_2)]^{\frac{1}{2}}\mathrm{d}x \tag{7-13}$$

通过直观分析可以看出，当两类概率密度函数完全重合时，$J_B=0$；而当两类概率密度完全没有交叠时，$J_B=\infty$。经过简单的推导可以得出，理论上的错误率 P_e 与 Bhattacharyya 距离之间有如下关系：

$$P_e \leqslant [P(\omega_1)P(\omega_2)]^{\frac{1}{2}}\exp\{-J_B\} \tag{7-14}$$

(2) Chernoff 界限

具体表示为

$$J_C = -\ln\int P^s(x|\omega_1)P^{1-s}(x|\omega_2)\mathrm{d}x \tag{7-15}$$

其中，s 是在 [0,1] 区间内的一个参数。显然，当 $s=0.5$ 时，Chernoff 界限与 Bhattacharyya 距离相同。

(3) 散度

两类概率密度函数的似然比对于分类是一个重要的度量，人们在似然比的基础上定义了以下的散度作为类别可分性的度量：

$$J_D = \int_x[p(x|\omega_1)-p(x|\omega_2)]\ln\frac{p(x|\omega_1)}{p(x|\omega_2)}\mathrm{d}x \tag{7-16}$$

不难得出，在两类样本都服从正态分布的情况下，散度为

$$J_D = \frac{1}{2}\mathrm{tr}[\textstyle\sum_1^{-1}\sum_2+\sum_2^{-1}\sum_1-2I]+\frac{1}{2}(\mu_1-\mu_2)^{\mathrm{T}}(\sum_1^{-1}+\sum_2^{-1})(\mu_1-\mu_2) \tag{7-17}$$

其中，μ_1、μ_2、$\sum_1$、$\sum_2$ 分别是两类的均值向量和协方差矩阵。特别地，当两类协方差矩阵相等时，Bhattacharyya 距离和散度之间有如下关系：

$$J_D = (\mu_1-\mu_2)^{\mathrm{T}}\textstyle\sum^{-1}(\mu_1-\mu_2)=8J_B \tag{7-18}$$

这也等于两类均值之间的 Mahalanobis 距离。

上面给出的是考查两类概率密度函数之间距离的一些准则，与此类似，也可以定义类条件概率密度函数与总体概率密度函数之间的差别，用来衡量一个类别与各类混合的样本总体的可分离程度。考查特征 x 与类 ω_i 的联合概率密度函数：

$$p(x,\omega) = p(x|\omega_i)P(\omega_i) \tag{7-19}$$

如果 x 与类 ω_i 独立，则 $p(x,\omega_i) = p(x)P(\omega_i)$，即 $p(x) = p(x|\omega_i)$，特征 x 不提供分类 ω_i 的信息。$p(x|\omega_i)$ 与 $p(x)$ 差别越大，则 x 提供的分类信息越多。因此可以用 $p(x|\omega_i)$ 与 $p(x)$ 之间的函数距离作为特征对分类贡献的判据：

$$J_i = \int g(p(x|\omega_i), p(x), P(\omega_i))\mathrm{d}x \tag{7-20}$$

以上称作概率相关性判据。

对上面介绍的每一种概率密度距离判据，都可以得到对应的概率相关性判据，只需把式(7-13)、式(7-15)、式(7-16)中的 $p(x|\omega_1)$ 换成 $p(x|\omega_i)$、$p(x|\omega_2)$ 换成 $p(x)$ 即可。

7.1.3　基于熵函数的可分性准则

最佳分类器由后验概率确定，所以可由特征的后验概率分布来衡量它对分类的有效性[6,7]。如果对某些特征各类后验概率是相等的，即

$$P(\omega_i|x) = \frac{1}{c} \tag{7-21}$$

其中，c 为类别数，则将无从确定样本所属类别，或者只能任意指定 x 属于某一类(假定先验概率相等或不知道)，此时其错误概率为

$$P_e = 1 - \frac{1}{c} = \frac{c-1}{c} \tag{7-22}$$

另一个极端情况是，如果能有一组特征使得

$$P(\omega_i / x) = 1\text{，且 } P(\omega_j / x) = 0, \forall j \neq i \tag{7-23}$$

此时 x 划归 ω_i 类，其错误概率为 0。

由此可见后验概率越集中，错误概率就越小。后验分布概率越平缓(接近均匀分布)，则分类错误概率就越大。

为了衡量后验概率分布的集中程度，需要规定一个定量准则，可以借助信息论中关于熵的概念。设 ω 可能取值为 $\omega_i, i = 1, 2, \cdots, c$ 的一个随机变量，其取值依赖于分布密度为 $p(x)$ 的随机向量 x (特征向量)，即给定 x 后 ω_i 的概率是 $P(\omega_i|x)$。现在进行观察变量 x 以及相应的 ω 值的实验，我们想知道的是给定某一 x 后，从观察 ω 的结果中得到了多少信息？或者说 ω 的不确定性减少了多少？显然，假如对某一 x，有 $P(\omega_i|x) = 1$，且 $P(\omega_j|x) = 0, \forall j \neq i$，则观察结果必然为 $\omega = \omega_j$。因此观察的结果并未使我们得到任何信息。反之，若对所有的 i，$P(\omega_i|x)$ 都相等，我们只能任意猜测 ω 的可能结果，而从观察到的实际发生的 ω_i 事件中得到的信息

量就不再等于零，而相应于观察前的不确定程度。

从特征抽取的角度看，显然用具有最小不确定性的那些特征进行分类是有利的。在信息论中用熵作为不确定性的度量，它是 $P(\omega_1|x)$，$P(\omega_2|x),\cdots$，$P(\omega_c|x)$ 的函数。可定义如下形式的广义熵

$$\begin{aligned} & J_C^{\alpha}[P(\omega_1|x), P(\omega_2|x), \cdots, P(\omega_c|x)] \\ & = (2^{1-\alpha}-1)^{-1}\left[\sum_{i=1}^{c} P^{\alpha}(\omega_i|x)-1\right] \end{aligned} \tag{7-24}$$

式中，α 是一个实的正参数，$\alpha \neq 1$。

不同的 α 值可以得到不同的熵分离度量，如当 α 趋近于 1 时，据 L'Hospital 法则有

$$\begin{aligned} & J_C^{1}[P(\omega_1|x), P(\omega_2|x), \cdots, P(\omega_c|x)] \\ & = \lim_{\alpha \to 1}(2^{1-\alpha}-1)^{-1}[\sum_{i=1}^{c} P^{\alpha}(\omega_i|x)-1] \\ & = -\sum_{i=1}^{c} P(\omega_i|x)\log_2 P(\omega_i|x) \end{aligned} \tag{7-25}$$

这就是 Shannon 熵。

当 α=2 时，得到平方熵为

$$J_C^{2}[P(\omega_1|x), P(\omega_2|x), \cdots, P(\omega_c|x)] = 2[1-\sum_{i=1}^{c} P^{2}(\omega_i|x)] \tag{7-26}$$

显然，为了对所提取的特征进行评价，我们要计算空间每一点的熵函数。在熵函数取值较大的那一部分空间，不同类的样本必然在较大程度上互相重叠，因此熵函数的期望值为

$$J(\cdot) = E\{J_C^{\alpha}[P(\omega_1|x), P(\omega_2|x), \cdots, P(\omega_c|x)]\} \tag{7-27}$$

它可以用来表征类别的分离程度，也可以作为所提取特征分类性能的准则函数。

7.2　特 征 选 择

特征选择的任务是从一组数量为 D 的特征中选择出数量为 $d(D>d)$的一组最优特征来，这个过程中冗余的和不相关的特征被删除。特征选择是学习算法的前处理，良好的特征集可以提高学习的准确性，减少学习的时间以及简化学习结果；相反，由于不相关的、冗余的、干扰性的特征等因素影响使得有些学习算法结果

很差，甚至失败。特征选择可以看作是一个组合优化和搜索过程。特征选择的流程如图 7-2 所示[176]。

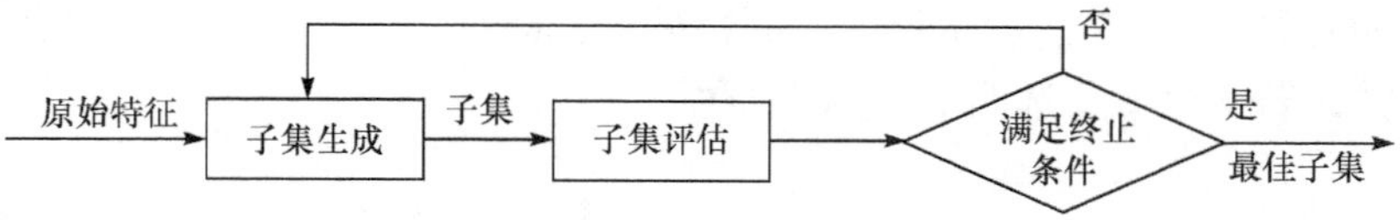

图 7-2　特征选择流程

特征选择最主要的两个步骤是子集生成模块(即搜索过程)和子集评估模块，要选择优化的特征子集，完成特征选择的任务，必须解决两个问题，一个是选择的标准，这可用前面讲的类别可分性准则，选出使某一可分性达到最大的特征组来；另一问题是找一个较好的搜索策略，以便在较短的时间内找出最优的那一组特征。

从 D 个原始特征中选择出 d 个特征，需要使用搜索技术，典型搜索策略有全局最优搜索、次优搜索和随机搜索三种。

7.2.1　全局最优搜索策略

全局最优搜索策略有穷举法和分支定界法[6,175]。

1. 穷举法

穷举法就是穷尽列举全部特征子集。从 D 个原始特征中选择出 d 个特征，所有可能的组合数为

$$q = C_D^d = \frac{D!}{(D-d)!d!} \tag{7-28}$$

比如 D=20，d=10，从 20 个特征中选出 10 个特征，有 q=184756 种特征组合方式。如果把 184756 种可能的特征组合的可分性准则函数值都算出来再加以比较，然后看哪一种特征组合的准则函数值最大，就选中该组合的 10 个特征，这种穷举法显然计算量太大而无法实现，这就使得寻找一种可行性算法变得非常重要。

2. 分支定界法

到目前为止唯一能得到最优结果的搜索方法是分支定界算法，它是一种自上而下方法，但具有回溯功能，可使所有可能的特征组合都被考虑到。由于搜索过程合理，使得可以避免计算某些特征组合且不影响最优结果的搜索。这主要利用了可分离性判据的单调性，即加入新的特征时，准则函数值不减少，即

$$J(x_1, x_2, \cdots, x_d) \leqslant J(x_1, x_2, \cdots, x_d, x_{d+1}) \tag{7-29}$$

整个搜索过程可用树表示，图 7-3 为从五个特征中选择两个的例子，节点上的标号是去掉的特征序号，每一级在上一级的基础上再去掉一个特征。例如，节点 A 表示去掉第 2、3 号两个特征后的特征组，即(x_1,x_4,x_5)，级数正好是已去掉的特征数，若六个特征选两个，四级即可。

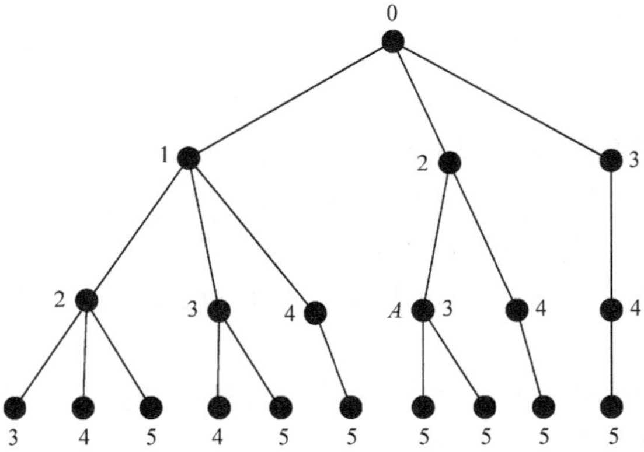

图 7-3　搜索树的生成和搜索过程举例

若某一支已搜索到叶节点，比如已搜索到图 7-3 中右侧第一支的叶节点，该节点表示的特征组为$x^*=(x_1,x_2)^{\mathrm{T}}$，计算出相应的准则函数值$B=J(x^*)$作为界。此时树中某个节点，比如节点 A 表示的特征组为(x_1,x_4,x_5)，计算出相应的准则函数值 J_A，若 $J_A \leqslant B$，则节点 A 以下各点都不必去计算，因为根据单调性，它们的 J 值都不会大于 B。

如果在搜索过程中发现一个叶节点所对应的准则函数 $J>B$，则可断言，它是当前搜索到的最优特征组，于是修改 x^* 和 B，然后继续搜索，直到全树搜索完毕为止。

该算法避免了部分特征组合的判据计算，当原始特征维数较多时，与穷举法相比节约了时间，但该算法要求具有单调性可分离性判据。

7.2.2　次优搜索策略

分支定界法比穷举法效率高，但在有些情况下仍然计算量太大而难以实现，而且当可分离性判据单调性不成立时，该算法不再适用，这时不得不放弃最优解而采取计算量小的次优搜索方法。常用的次优搜索方法有以下几种。

1. 单独最优特征组合

单独最优特征组合是最简单的方法，把 D 个原始特征的每个特征单独使用时的可分性准则函数都算出来，然后按准则函数值从大到小排序，如

$$J(x_1) > J(x_2) > \cdots > J(x_d) > \cdots > J(x_D) \tag{7-30}$$

然后，取使 J 较大的前 d 个特征作为选择结果。除一些特殊情况外，这样选取的 d 个特征并非最优的特征组。

2. 顺序前进法(sequential forward selection , SFS)

SFS 是最简单的自下而上搜索方法。首先计算每个特征单独进行分类的判据值，并选择其中 J 值最大的特征作为入选特征。然后每次从未入选的特征中选择一个特征，使得它与已入选的特征组合在一起时所得的 J 值为最大，直到特征数增至 d 个为止。

顺序前进法与单独特征最优化组合相比，由于考虑了特征之间的相关性，在选择特征时计算并比较了组合特征的判据值，一般说来要比前者具有优势。主要缺点是，一旦某一特征被选入，即使由于后加入的特征使它变为多余，也无法再把它剔除。该法可推广至每次入选 r 个特征，称为广义顺序前进法(GSFS)。

3. 顺序后退法(sequential backward selection , SBS)

SBS 是一种与顺序前进法相反的方法，是自上而下的方法。做法也很简单，从现有的特征组中每次减去一个不同的特征并计算其判据 J 值，找出这些 J 值中之最大值，如此重复下去，直到特征数达到预定数值 d 个为止。

与 SFS 相比，此法计算判据 J 值是在高维特征空间进行的，因此计算量比较大。此法也可推广至每次剔除 r 个，称为广义顺序后退法(GSBS)。

4. 增 l 减 r 法(l–r 法)

为避免前面两种方法的一旦被选入(或剔除)就不能再剔除(或选入)的缺点，可在选择过程中加入局部回溯过程，将两种方法结合起来。例如，在第 k 步可先用 SFS 法一个个加入特征到 $k+l$ 个，然后再用 SBS 法一个个剔去 r 个特征，我们把这种算法叫作增 l 减 r 法(l–r 法)。该算法以增加计算复杂度为代价，大大提高了性能。

7.2.3　随机搜索策略

随机搜索与前面的两种搜索方法不同，完全随机或者基于概率地进行下一步的搜索并且可以通过设置最大迭代次数减少搜索空间。在此介绍模拟退火算法、遗传算法等[6]，这类算法通过设置适当参数来得到最优特征子集。

1. 模拟退火算法

模拟退火算法是模拟加热融化的金属的退火过程，来寻找全局最优解的有效方法之一。统计力学表明材料中粒子的不同结构对应于粒子的不同能量水平。在高温条件下，粒子的能量较高，可以自由运动和重新排序。在低温条件下，粒子能量较低。如果从高温开始，非常缓慢地降温(这个过程被称作退火)，粒子就可以在每个温度下达到热平衡。当系统完全被冷却时，最终形成处于低能状态的晶体。

如果用粒子的能量定义材料的状态，Metropolis 算法用一个简单的数学模型描述了退火过程。假设材料在状态 i 之下的能量为 $E(i)$，那么材料在温度 T 时从状态 i 进入状态 j 遵循规律：①如果 $E(j) \leqslant E(i)$，接收该状态被转换；②如果 $E(j) > E(i)$，则状态转换以 $\mathrm{e}^{\frac{E(i)-E(j)}{KT}}$ 概率被接收。其中，K 是物理学中的波尔兹曼常数，T 是材料的温度。

在某一个特定温度下，进行了充分的转换之后，材料将达到热平衡。这时材料处于状态 i 的概率满足波尔兹曼分布：

$$P_T(x=i)=\frac{\mathrm{e}^{-\frac{E(i)}{KT}}}{\sum\limits_{j\in S}\mathrm{e}^{-\frac{E(j)}{KT}}} \tag{7-31}$$

其中，x 表示材料当前状态的随机变量，S 表示状态空间集合。

显然

$$\lim_{T\to\infty}\frac{\mathrm{e}^{-\frac{E(i)}{KT}}}{\sum\limits_{j\in S}\mathrm{e}^{-\frac{E(j)}{KT}}}=\frac{1}{|S|} \tag{7-32}$$

其中，$|S|$ 表示集合 S 中状态的数量，这表明所有状态在高温下具有相同的概率。而当温度下降时，有

$$\begin{aligned}\lim_{T\to 0}\frac{\mathrm{e}^{-\frac{E(i)-E_{\min}}{KT}}}{\sum\limits_{j\in S}\mathrm{e}^{-\frac{E(j)-E_{\min}}{KT}}}&=\lim_{T\to 0}\frac{\mathrm{e}^{-\frac{E(i)-E_{\min}}{KT}}}{\sum\limits_{j\in S_{\min}}\mathrm{e}^{-\frac{E(j)-E_{\min}}{KT}}+\sum\limits_{j\notin S_{\min}}\mathrm{e}^{-\frac{E(j)-E_{\min}}{KT}}}\\&=\lim_{T\to 0}\frac{\mathrm{e}^{-\frac{E(i)-E_{\min}}{KT}}}{\sum\limits_{j\in S_{\min}}\mathrm{e}^{-\frac{E(j)-E_{\min}}{KT}}}=\begin{cases}\dfrac{1}{|S_{\min}|} & 若 i\in S_{\min}\\ 0 & 其他\end{cases}\end{aligned} \tag{7-33}$$

其中，$E_{\min}=\min\limits_{j\in S}E(j)$ 且 $S_{\min}=\{i:E(i)=E_{\min}\}$。

式(7-33)表明当温度降至很低时，材料会以很大概率进入最小能量状态。假定

我们要解决的问题是一个寻找最小值的优化问题，将物理学中模拟退火的思想应用于优化问题就可以得到模拟退火寻优方法。

考虑这样一个组合优化问题：优化函数为 $f: x \to R^+$，其中 $x \in S$，表示优化问题的一个可行解，$R^+ = \{y | y \in R, y > 0\}$，$S$ 表示函数的定义域。$N(x) \subseteq S$ 表示 x 的一个邻域集合。

首先给定一个初始温度 T_0 和该优化问题的一个初始解 $x(0)$，并由 $x(0)$ 生成下一个解 $x' \in N(x(0))$，是否接受 x' 作为一个新解 $x(1)$ 依赖于下面概率：

$$P(x(0) \to x') = \begin{cases} 1 & \text{若} f(x') < f(x(0)) \\ \mathrm{e}^{-\frac{f(x') - f(x(0))}{T_0}} & \text{其他} \end{cases}$$

换句话说，如果生成的解 x' 的函数值比前一个解的函数值更小，则接受 $x(1) = x'$ 作为一个新解，否则以概率 $\mathrm{e}^{-\frac{f(x') - f(x(0))}{T_0}}$ 接受 x' 作为一个新解。

泛泛地说，对于某一个温度 T_i 和该优化问题的一个解 $x(k)$，可以生成 x'。接受 x' 作为下一个新解 $x(k+1)$ 的概率为

$$P(x(k) \to x') = \begin{cases} 1 & \text{若} f(x') < f(x(k)) \\ \mathrm{e}^{-\frac{f(x') - f(x(k))}{T_i}} & \text{其他} \end{cases} \tag{7-34}$$

在温度 T_i 下，经过很多次转移之后，降低温度 T_i 得到了 $T_{i+1} < T_i$，在 T_{i+1} 下重复上述过程，因此整个优化过程就是不断寻找新解和缓慢降温的交替过程，最终的解是对该问题寻优的结果。

我们注意到，在每个 T_i 下，所得到的一个新状态 $x(k+1)$ 完全依赖于前一个状态 $x(k)$，可以和前面的状态 $x(0), \cdots, x(k-1)$ 无关，因此这是一个马尔可夫过程。使用马尔可夫过程对上述模拟退火的步骤进行分析，结果表明：如果从任何一个状态 $x(k)$ 生成 x' 的概率，在 $N(x(k))$ 中是均匀分布的，且新状态 x' 被接受的概率满足式(7-34)，那么经过有限次的转换，在温度 T_i 下的平衡态 x_i 的分布为

$$P_i(T_i) = \frac{\mathrm{e}^{-\frac{f(x_i)}{T}}}{\sum\limits_{j \in S} \mathrm{e}^{-\frac{f(x_i)}{T_i}}} \tag{7-35}$$

当温度 T 降为 0 时，x_i 的分布为

$$P_i^* = \begin{cases} \dfrac{1}{|S_{\min}|} & \text{若} x_i \in S_{\min} \\ 0 & \text{其他} \end{cases}$$

并且

$$\sum_{S_i \in S_{\min}} P_i^* = 1$$

这说明如果温度下降十分缓慢，而在每个温度都有足够多次的状态转移，使之在每一个温度下达到热平衡，则全局最优解将以概率 1 被找到。因此可以说模拟退火算法可以找到全局最优解。

模拟退火算法在应用于特征选择时，首先要给出初始温度 $T_0 > 0$ 和初始选择的一组特征 $x(0)$，然后给出对于选出的某一组特征的邻域 $N(x)$ 和温度下降方法。下面给出特征选择的模拟退火算法。

步骤 1 令 $i = 0$，$k = 0$，给出初始温度 T_0 和初始特征组合 $x(0)$。

步骤 2 在 $x(k)$ 的邻域 $N(x(k))$ 中选择一个状态 x，即新特征组合。计算其可分性判据 $J(x')$，并按式(7-34)接受 $x(k+1) = x'$。

步骤 3 如果在 T_i 下还未达到平衡态，则转到步骤 2。

步骤 4 如果 T_i 已经足够低，则结束，当时的特征组合即为算法的结果。否则继续。

步骤 5 根据温度下降方法计算新的温度 T_{i+1}。转到步骤 2。

在上面算法中应注意以下问题：①理论上，降温过程要足够缓慢，要使得在每一温度下达到热平衡。但在计算机实现中，如果降温速度过缓，所得到的解的性能会较为令人满意，但是算法会太慢，相对于简单的搜索算法不具有明显优势。如果降温速度过快，很可能最终得不到全局最优解。因此使用时要综合考虑解的性能和算法速度，在两者之间采取一种折中；②要确定在每一温度下状态转换的结束准则。实际操作可以考虑当连续 m 次的转换过程没有使状态发生变化时结束该温度下的状态转换。最终温度的确定可以提前定为一个较小的值 T_e，或连续几个温度下转换过程没有使状态发生变化使算法结束；③恰当选择初始温度和确定某个可行解的邻域的方法。

2. 遗传算法

遗传算法主要从达尔文的生物进化论得到启迪。生物在漫长的进化过程中，经过遗传和变异，并依照“物竞天择，适者生存”这一规则演变，逐渐从最简单的低级生物发展出复杂的高级生物。利用这一思想发展了用于优化的遗传算法。在介绍遗传算法之前，首先需要知道其中使用的几个术语。

(1) 基因链码

生物的性状是由生物遗传基因的链码所决定的。使用遗传算法时，需要把问题的每一个解编码成为一个基因链码。不妨假设整数 1552 是问题的一个解，我们就可以用 1552 的二进制形式 11000010000 来表示这个解所对应的基因链码，其中每一位代表一个基因。因此说，一个基因链码就代表问题的一个解，每个基因链码有时也被称作是一个个体。

(2) 群体

一个群体是若干个体的集合。由于每个个体代表问题的一个解，所以一个群体就是问题的一些解的集合。例如，$P_1=\{x_1,x_2,\cdots,x_{100}\}$ 就是由 100 个解(个体)构成的群体。

(3) 交叉

选择群体中的两个个体 x_1，x_2，以这两个个体为双亲做基因链码的交叉，从而产生两个新个体 x_1'，x_2' 作为它们的后代，简单的交叉方法是：随机地选取一个截断点，将 x_1，x_2 的基因链码在截断点切开，并交换其后半部分，从而组合成两个新的个体 x_1'，x_2'，如图 7-4 所示。

	双亲			后代	
x_1	1000|	10011110	x_1'	1000	11000110
x_2	0110|	11000110	x_2'	0110	10011110

图 7-4 交叉交换方法示意图

(4) 变异

变异即沿用生物中基因突变这一概念。其方法是对群体中的某个个体即基因链码，随机选取某一位(即某基因)，将该基因翻转(0 改为 1，1 改为 0)，如图 7-5 所示。

1 0 0 0 1 1 0 0 0 1 1 0 → 1 0 0 0 1 1 0 1 0 1 1 0

↑ ↑

图 7-5 变异方法示意图

(5) 适应度

每个个体对应优化问题的一个解 x_i，每个解 x_i 对应一个函数值 f_i，f_i 越大(如果优化问题要求取最大)，则表明 x_i 越好，即对环境的适应度越高，所以可以用每个个体的函数值 f_i 作为对环境的适应度。

根据达尔文进化论，自然中的每个个体不断对环境学习和适应，然后通过交叉方式产生新的后代，这就是基因的遗传。通过遗传，这些后代就继承了双亲的优良特性，并继续对环境学习和适应。从进化的角度看，新的一代群体对环境的平均适应程度比双亲的一代要高。基因的突变出现在交叉之后，突变增加了群体基本材料的多样性，有利的变异由于自然选择的作用而得以遗传与保留，而有害的变异则将逐步被淘汰。下面给出遗传算法的基本框架。

步骤 1 令进化代数 $t=0$。

步骤 2 给出初始化群体 $P(t)$，并令 x_g 为任一个体。

步骤 3 对 $P(t)$ 中每个个体估值，并将群体中最优解 x' 与 x_g 比较，如果 x' 的

性能优于 x_g，则 $x_g = x'$。

步骤 4　如果终止条件满足，则算法结束，x_g 为最后算法结果。否则，转到步骤 5。

步骤 5　从 $P(t)$ 选择个体并进行交叉和变异操作，得到新一代个体 $P(t+1)$。令 $t=t+1$，转到步骤 3。

在使用遗传算法时有下列需要说明的问题。

(1) 由于存在步骤 3，所以算法保证了得到的最终解是所搜索过的性能最优解。

(2) 通常情况下使用的终止条件是群体代数超过一个给定值，或者在连续一个给定代数之后没有得到更优解。

(3) 群体的大小和演化代数是值得重视的参数。在一定范围内，这两个参数大一些能得到更好的解。

(4) 在步骤 5 中对用于交叉的两个个体的选择可以采用个体的性能越好，被选中的可能性也越大的规则。

在用遗传算法解特征选择问题时，首先需把每个解编码成基因链码。可以采用如下的简单编码方式：如果问题要求从 D 个特征中选出 d 个特征组合，我们用一个 D 位的 0 或 1 构成的字符串表示一种特征组合，其中数字 1 所对应的特征被选中，而数字 0 所对应的特征未被选中。很明显，对任何一种特征组合，存在唯一的一个字符串与之对应，而适应度函数可以用离散性度量 J 代替。

7.3　典型特征变换方法

特征选择是在一定准则下从 D 个原始特征中挑选出 d 个特征，其余的 $D-d$ 个特征被取消。一般来说，原来的 $D-d$ 个特征多少都含有一些分类信息，简单地把这些特征抛弃了有点可惜。而特征变换是利用全部的原始特征，通过线性或非线性变换，构造成少数新特征，每个新特征都是原有各特征的函数，系统通过新特征实现识别。这样做的目的，一是降低特征空间的维数，使后续的分类器设计在计算上更容易实现；二是为了消除特征空间可能存在的相关性，减少特征中与分类无关的信息，使新的特征更有利于分类。

进行特征变换和维数压缩，实际是假定数据在高维空间中实际是沿着一定方向分布的，这些方向能够用较少的维数来表示。特征变换的方法可以分为线性和非线性两大类。

采用线性变换进行特征提取，就是假定这种方法是线性的。对于线性的特征变换，即若 $x \in R^D$ 是 D 维原始特征，变换后的 d 维新特征 $y \in R^d$ 为

$$y = A^{\mathrm{T}} x$$

式中，A 是 $D \times d$ 维矩阵，称作变换矩阵。特征变换的关键问题是求出最佳的变换矩阵 A，使得某种特征变换的准则最优。一般情况下，$d<D$，即特征变换都是降维变换。图 7-6 是线性特征变换的示例，其中图 7-6(a)表示将一组二维数据经线性变换向一维直线上投影的示例，实现了特征数据降维。图 7-6(b)是两类数据分类问题，当特征数据沿着图中直线变换投影时，两类目标可分性最好。

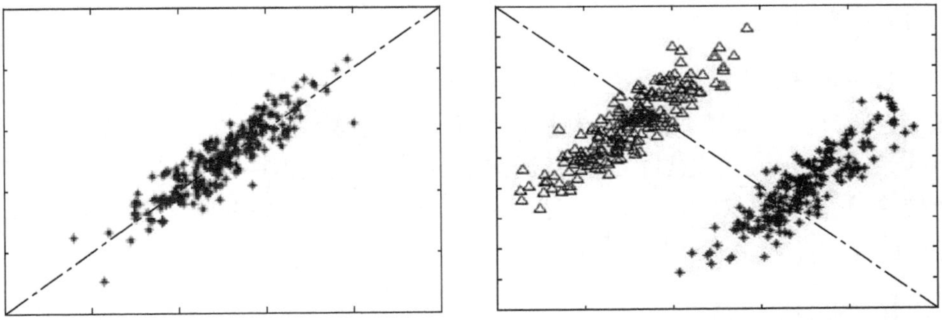

(a)　(b)

图 7-6　线性特征变换示例

线性特征变换的方法有多种，比较常用的有 Karhunen-Loève(K-L)变换、Fisher 线性判别分析(FLDA)、奇异值分解(SVD)和独立成分分析(ICA)等。

在某些情况，比如图 7-7(a)所示两类数据分类问题，数据按照非线性的规律分布，则可断言线性变换技术不可能从根本上改变数据的线性不可分性，如果通过合适的非线性的特征变换，将数据变换到三维空间，我们能找到一个三维平面将两类数据完全分开，如图 7-7(b)所示。

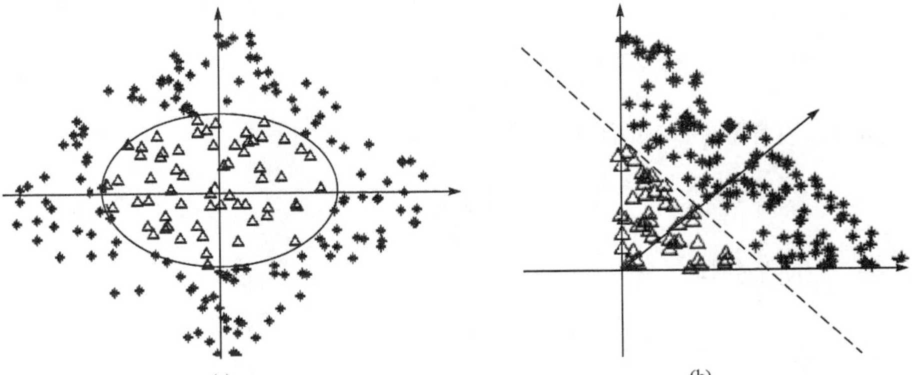

(a)　(b)

图 7-7　线性变换不可分情况

非线性变换中，核函数方法是使用比较广泛的方法之一。该方法最大的优势是：首先，它不需直接对样本进行非线性变换，这使得该方法的计算负担大大低于普通的非线性方法；其次，它能有效规避维数灾难问题。模式分类中最常见的核方法包括核主成分分析(KPCA)、核 Fisher 线性判别分析(KFLDA)、核最小平方误差(KMSE)等[6,7,173-175]。

本书仅介绍基于 K-L 的线性变换方法和基于核主成分分析法的非线性变换方法。

7.3.1 K-L 变换

Karhunen-Loève 变换方法是由 Karhunen 于 1947 年首先提出，随后 Loève 于 1963 年给予归纳总结，因此称为 K-L 变换。K-L 变换是一种在均方误差最小意义下的最优降维方法。通过把原始特征向量向更低维子空间投影，达到降维和去冗余的效果。因此经过 K-L 变换，损失的特征信息最少，在保证识别性能的同时，后续阶段的计算开销会大幅减少。

1. K-L 变换原理

假设 x 为 D 维随机向量，x 可以用一组完备的正交归一基向量 φ_i，$i=1,\cdots,\infty$ 来展开：

$$x = \sum_{i=1}^{\infty} \alpha_i \varphi_i \tag{7-36}$$

即把 x 表示成 φ_i，$i=1,\cdots,\infty$ 的线性组合。其中，α_i 为加权系数，且

$$\varphi_i^{\mathrm{T}} \varphi_j = \begin{cases} 1 & i = j \\ 0 & i \neq j \end{cases} \tag{7-37}$$

将式(7-36)两边左乘 φ_i^{T}，得

$$\alpha_j = \varphi_j^{\mathrm{T}} x \tag{7-38}$$

如果只用有限的 d 项($d<D$)来逼近 x，即

$$\hat{x} = \sum_{j=1}^{d} \alpha_j \varphi_j \tag{7-39}$$

则与原向量的均方误差是

$$\begin{aligned} \overline{\varepsilon}^2 &= E[(x-\hat{x})^{\mathrm{T}}(x-\hat{x})] = E\left[\left(\sum_{j=d+1}^{\infty} \alpha_j \varphi_j\right)^{\mathrm{T}} \left(\sum_{j=d+1}^{\infty} \alpha_j \varphi_j\right)\right] = E\left[\sum_{j=d+1}^{\infty} \alpha_j^2\right] \\ &= \sum_{j=d+1}^{\infty} E[(\varphi_j^{\mathrm{T}} x)(\varphi_j^{\mathrm{T}} x)^{\mathrm{T}}] = \sum_{j=d+1}^{\infty} E[\varphi_j^{\mathrm{T}} x x^{\mathrm{T}} \varphi_j] = \sum_{j=d+1}^{\infty} \varphi_j^{\mathrm{T}} E[x x^{\mathrm{T}}] \varphi_j \end{aligned} \tag{7-40}$$

上面的推导中使用了 φ_i，i=1，…，∞是正交向量的条件。记 $R=E[xx^{\mathrm{T}}]$，即 x 的总体自相关矩阵，则

$$\bar{\varepsilon}^2=\sum_{j=d+1}^{\infty}\varphi_j^{\mathrm{T}}R\varphi_j \tag{7-41}$$

要在正交归一的向量系中最小化这一均方误差，就是求解下列优化问题：

$$\min\ \bar{\varepsilon}^2=\sum_{j=d+1}^{\infty}\varphi_j^{\mathrm{T}}R\varphi_j\text{使得}\varphi_j^{\mathrm{T}}\varphi_j=1,\ \forall j \tag{7-42}$$

采用拉格朗日法，得到无约束的目标函数

$$g(\varphi)=\sum_{j=d+1}^{\infty}\varphi_j^{\mathrm{T}}R\varphi_j-\sum_{j=d+1}^{\infty}\lambda_i[\varphi_j^{\mathrm{T}}\varphi_j-1] \tag{7-43}$$

对各个向量求偏导并令其为零，即 $\dfrac{\partial g(\varphi)}{\partial\varphi_j}=0,\ j=d+1,\cdots,\infty$，得到下一组方程：

$$(R-\lambda_i I)\varphi_j=0,\ j=d+1,\cdots,\infty \tag{7-44}$$

即 φ_i 是均值 R 的本征向量，满足：

$$R\varphi_j=\lambda_j\varphi_j \tag{7-45}$$

其中，λ_j 是矩阵 R 的本征值，由式(7-41)、式(7-42)和式(7-44)，可得均方误差为

$$\bar{\varepsilon}^2=\sum_{j=d+1}^{\infty}\lambda_j \tag{7-46}$$

显然，所选的 λ_j 值越小，均方误差也越小。要用 d 个向量表示样本使均方误差最小，则应该把矩阵 R 的本征值按从大到小的顺序排列，选择前 d 个本征值对应的本征向量，此时的截断误差是在所有用 d 维正交坐标系展开中最小的。φ_i，i=1，…，d 组成了新的特征空间，样本 x 在这个新空间上的展开系数 $\alpha_j=\varphi_j^{\mathrm{T}}x$，$j=1,\cdots,d$ 就组成了样本的新的特征向量。这种特征变换方法称为 K-L 变换，其中的矩阵 R 称作 K-L 变换的产生矩阵。下面还将介绍 K-L 变换的一些其他做法，基本原理是相同的，但产生矩阵不同。

当原特征为零均值或者对原特征进行去均值处理时，在这里利用 $R=E[xx^{\mathrm{T}}]$作为产生矩阵得到 d 个新特征的方法就称为主成分分析(principal component analysis, PCA)。

K-L 变换的性质主要有以下几点。

(1) K-L 变换是信号的最佳压缩表示，用 d 维 K-L 变换特征代表原始样本所带来的误差在所有 d 维正交坐标变换中最小。

(2) K-L 变换的新特征是互不相关的，新特征向量的二阶矩阵是对角阵，对角线元素就是 K-L 变换中的本征值。

(3) 用 K-L 坐标系来表示原数据，表示熵最小，即在这种坐标系统下，样本的方差信息最大限度地集中在较少的维数上。

(4) 如果用本征值最小的 K-L 变换坐标来表示原数据，则总体熵最小，即在这些坐标上的均值能够最好的代表样本集。

2. K-L 变换矩阵生成

基于 K-L 变换的定义，需要确定一个变换矩阵，满足 K-L 展开式系数互不相关的条件。在其他确定名称的线性变换中，变换矩阵也是确定的，如傅里叶变换使用的正弦函数族、沃尔什变换使用的由拉特马赫函数族构成的正交函数族等。

K-L 坐标系的生成是依据样本空间的原始数据，这不同于其他确定名称的线性变换，因此 K-L 展开式可以准确地刻画样本空间中的特征。换句话说，不管是使用傅里叶展开还是沃尔什展开，都不是对样本空间中样本集合分类特征的最佳表征。K-L 坐标系的生成是由样本数据的二阶统计量来确定，根据不同使用条件，可以有以下几种方法来生成 K-L 坐标系。如果样本类别未知，K-L 坐标系可使用如下方法生成。

(1) 使用样本的自相关矩阵

$$R = E[xx^{\mathrm{T}}] \tag{7-47}$$

(2) 使用样本的协方差矩阵

$$\Sigma = E[(x-\mu)(x-\mu)^{\mathrm{T}}] \tag{7-48}$$

因为样本所属类别未知，在没有类别标签时，均值向量 μ 没有实际意义。

如果已知样本类别，可以使用统计学的各种二阶矩得到不同的 K-L 坐标系。

(1) 使用总类内离差矩阵

$$S_{\omega} = \sum_{i=1}^{c} P_i \frac{1}{N_i} \sum_{x^i \in \omega_i} (x^i - m_i)(x^i - m_i)^{\mathrm{T}} \tag{7-49}$$

其中，P_i 为相应类的先验概率，m_i 为 ω_i 类的样本均值向量。

(2) 如果只考虑同类样本的信息量表征，可以单独使用一个类别样本集合的协方差矩阵来建立各自的 K-L 坐标系。

3. K-L 变换应用方法

(1) 基于总体协方差矩阵 Σ 的 K-L 变换

如上所述，在有些情况下，所得样本并不知道属于哪一类，此时可依据总体

协方差矩阵 Σ 作离散 K-L 变换。设所得特征值次序排列为 $\lambda_1 \geqslant \lambda_2 \geqslant \cdots \geqslant \lambda_D$，对于给定的 d，选择前面较大的特征值对应的特征矢量作为变换矩阵，从而可以实现特征提取选择降低特征空间维数的目的。这种方法适用于类间距离较大的情况。

(2) 基于类均值向量 μ 的 K-L 变换

由于类均值向量 μ_i 含有分类信息，可以应用 K-L 变换来降低特征的维数，但又能够保留显著的分类信息。类均值向量各分量对于分类所做的贡献，不仅取决于其与总体均值向量各分量之间距离的平方和，而且也取决于各分量的方差以及分量之间的相关程度。因此，作为估计各分量对于分类的贡献，可以使用总类内离差矩阵 S_ω 来建立 K-L 坐标系。使用总类内离差矩阵 S_ω 建立 K-L 坐标具体步骤如下[5,6]。

步骤 1　根据式(7-49)计算总类内离差矩阵 S_ω。

步骤 2　用 S_ω 作为产生矩阵进行 K-L 变换，求解本征值 λ_i 和对应的本征向量 $\varphi_i, i=1,\cdots,D$，得到一组新特征 $y_i=\varphi_i^{\mathrm{T}}x, i=1,\cdots,D$，各维新特征的方差是 λ_i。

步骤 3　计算新特征的分类性能指标

$$J(y_i)=\frac{\varphi_i^{\mathrm{T}}S_b\varphi_i}{\varphi_i^{\mathrm{T}}S_\omega\varphi_i}=\frac{\varphi_i^{\mathrm{T}}S_b\varphi_i}{\lambda_i} \tag{7-50}$$

步骤 4　用新特征的性能指标将新特征排序

$$J(y_1)\geqslant J(y_2)\geqslant\cdots\geqslant J(y_d)\geqslant\cdots\geqslant J(y_D) \tag{7-51}$$

选择其中前 d 个新特征，相应的 φ_i 组成特征变换矩阵 $\Phi=[\varphi_1,\varphi_2,\cdots,\varphi_d]$

(3) 基于类均值向量 μ 的最优压缩方法

如上所述，直接依据总的类内离散矩阵 S_ω 做离散 K-L 变换，一般来讲并不能满足各类各分量不相关的要求，下面介绍一种依据 S_ω 和 S_b 完全消除相关性的方法，具体步骤如下[5,173]。

步骤 1　以一次压缩为基础，计算总类内离散度 S_ω，计算变换矩阵 Φ 与对角矩阵 Λ，即

$$\Phi=[\varphi_1\varphi_2\cdots\varphi_d]$$

$$\Lambda=\mathrm{diag}[\lambda_1\lambda_2\cdots\lambda_d]$$

步骤 2　寻找正交变换矩阵 B，满足

$$B^{\mathrm{T}}S_\omega B=I \tag{7-52}$$

则可以满足坐标之间互不相关，又称归一变换。归一变换是在一次变换的基础之上的，变换矩阵为

$$B=A\Lambda^{-1/2} \tag{7-53}$$

式中，$\Lambda^{-1/2}$称矩阵Λ的矩降。

步骤 3 以新的变换矩阵 B 计算新的类间离散度矩阵：

$$S'_b=B^{\mathrm{T}}S_bB \tag{7-54}$$

步骤 4 对 S'_b作 K-L 变换，计算变换矩阵 V 和特征值矩阵Λ'，满足

$$V^{\mathrm{T}}S'_bV=\Lambda' \tag{7-55}$$

由于 S'_b 的秩至多为 $c-1$，其非零特征值至多为 $d=c-1$ 个，因此 S'_b 的 d 个非零特征值和其对应的 d 个特征向量代表了原 D 维特征空间的全部信息。

步骤 5 得到最小维数的压缩变换为

$$W=BV=A\Lambda^{-1/2}V \tag{7-56}$$

该坐标变换可以解决各坐标之间的完全解耦，即各坐标互不相关，为最优压缩。

4. 船舶辐射噪声特征 K-L 变换数据试验

由于水声目标识别特征提取的维数通常都比较多，如采用频谱分析特征提取方法的谱特征维数都在几百维，这给识别性能研究和试验以及分类器设计带来很多问题。因此 K-L 变换在水声目标识别特征选择中得到广泛应用，最常用的方法是使用前述的 S_ω 矩阵实现对多维特征的压缩，部分文献对压缩后的识别结果进行了比较，通常压缩不仅降低了维数，而且分类的正确率还有一定的提高，在此不再赘述，可参考有关文献[177]～[181]。文献[182]比较系统地开展了利用 K-L 变换进行船舶辐射噪声调制谱特征压缩的研究工作，在此把一些试验结果介绍给读者供参考。

(1) 试验方法

试验中船舶辐射噪声样本共计NG类，每类中的样本数NGG(i), i=1, 2, …, NG，共 N 个样本，即

$$N=\mathrm{NGG}(1)+\mathrm{NGG}(2)+\cdots+\mathrm{NGG}(NG)$$

对于每一个船舶辐射噪声样本，提取 512 维调制谱特征，首先进行预处理，包括取对数和平滑，生成 512 点谱峰数据：

$$x'_0(i)=\begin{cases}x_0(i)-\overline{x_0}(i)-\delta, & (x_0(i)-\overline{x_0}(i)-\delta>0)\\ 0, & (x_0(i)-\overline{x_0}(i)-\delta\leqslant 0)\end{cases}\quad i=1,2,\cdots,512 \tag{7-57}$$

其中，$x_0(i)$为调制谱平滑之后的数据。δ 为一门限，其主要作用是去掉一些伪峰。将 512 点谱峰数据压缩到 m 点，压缩比为 c，c=512/m。

$$x(j)=\max[x'_0(j),x'_0(j+1),\cdots,x'_0(j+c-1)],\quad j=1,2,\cdots,m \tag{7-58}$$

由于调制谱重要信息主要集中在低频段，c 分段选择不同的值，低频处 c 取 3，中频处 c 取 5，高频处 c 取 7，最后将噪声调制谱信息压缩为 112 维特征向量来描

述，即 m=112。$x(j)$, j=1,2,⋯, m，为特征选择后的谱峰信息，它作为 K-L 变换的初始特征向量。

在选用 K-L 变换矩阵时，采用两种方法，一是使用类内离散矩阵 S_ω 生成 K-L 坐标系，以后称其为“K-L 一般变换”，二是使用类内离散矩阵 S_ω 和类间离散 S_b 矩阵组合生成 K-L 坐标系，以后称其为“K-L 最优变换”。因此变换中的评估准则是使用了过滤法中的距离度量准则。

另外，为验证 K-L 变换的效果，试验采用多因变量逐步回归模型对 K-L 变换后的特征建立模型，根据对待识别样本的分类判别结果，验证并评价 K-L 变换的有效性，同时再一次选取变换后的特征维数。因此，总体来说，试验中的判别准则选用了过滤法和封装法相结合的方式，既采用类内、类间距离准则选取特征，又与分类器结合，根据后续分类识别结果挑选特征的维数。

(2) 试验结果

试验数据包括鱼雷、潜艇、大中小型水面舰艇、民船四类，根据同一类目标工况、状态的不同，将所有试验目标细化为 98 个子类，总共样本数为 583 个。

经过对噪声调制谱的预处理，生成样本的特征空间矩阵 MAT1(583,112)，其中每一行代表每一个噪声样本的特征向量，列为 112 维特征分量。采用 K-L 一般变换方法将特征向量由 112 维变换到 d=70 维，采用 K-L 最优变换将特征向量由 112 维变换到 d=98−1=97 维，并分别和未经 K-L 变换的特征向量做分类效果的比较。

在后续过程对船舶噪声利用分类器训练和识别中，不仅仅采用 d 维变换后特征，而是从 d 维变换后特征中选用前部分维数作为训练和识别用，记选取的维数为 n，则 $n \leqslant d$。试验结果如表 7-1 所示。可以看出，三种方法中，K-L 最优变换后的效果最优，仅用了 10 维分量其自学习的分类正确率便达到了 92%，K-L 一般变换次之，两种 K-L 变换方法比未进行 K−L 变换的效果都要好，而且 K-L 最优变换法在选用了前 30 维分量之后，自学习的分类正确率便达到了 99%，这说明包含在类平均向量中的分类信息被压缩在 30 个变量之中，压缩比为 4∶1。

表 7-1　两种 K-L 变换方法在船舶噪声识别中试验结果

变换方法 \ 正确率/% \ n	1	2	3	4	5	6	7	8	9	10	15	20	30	40	50
未 K-L 变换	4	8	12	18	20	28	34	36	42	45	61	71	83	90	94
K-L 一般变换	8	15	23	35	46	50	58	61	68	71	82	88	92	95	95
K-L 最优变换	8	29	46	61	72	78	83	86	90	92	95	97	99	99	99.5

由试验数据对比可以看出，在船舶辐射噪声识别中，K-L 变换应是一种有效的特征变换和压缩的方法，可以把分类信息最大限度地压缩到少量维数的特征向量中，降低特征维数，解决了特征空间的“维数灾难”问题。

7.3.2 核函数方法

1. 核函数及其特征[183,184]

Minsky 和 Papert 在 20 世纪 60 年代明确指出线性学习器计算能力有限，现实世界复杂的应用需要有比线性函数更富有表达能力的假设空间。换言之，就是目标概念通常不能由给定属性的简单线性函数组合产生，许多应用需要寻找对待研究数据进行更抽象描述的方法。

核表示方式为上述问题提供了一条解决途径，它将数据映射到高维空间来增加线性学习器的计算能力。训练样本不会独立出现，而是以成对样本内积形式出现。通过选择恰当的核函数来替代内积，可以隐式地将训练数据非线性变换到高维空间。

定义 7.1 (核函数)　设 X 是 R^n 中的一个子集，如果存在一个从 X 到 Hilbert 空间 H 的映射 Φ

$$\Phi : x \mapsto \Phi(x) \in H \tag{7-59}$$

使得对任意的 $x, x' \in X$，有

$$K(x,x') = (\Phi(x) \cdot \Phi(x')) \tag{7-60}$$

成立，则称定义在 $X \times X$ 上的函数 $K(x,x')$ 是核函数，其中，“$\cdot$”表示 Hilbert 空间 H 中的内积。

核这个名字来源于积分算子理论，该理论以核与其相关特征空间的关系为理论基础。核的使用将数据隐式表达为特征空间，并使得在其中训练一个线性学习器成为可能，从而越过了本来需要计算特征映射的问题。

与核函数的概念紧密相关的另一个概念是核矩阵(Gram 矩阵)，下面给出其定义。

定义 7.2 (核矩阵)　给定向量集合 $X = \{x_1, x_2, \cdots, x_l\}$，$x_i \in R^n, i = 1,2,\cdots,l$。设 $K(x,x')$ 是 $X \times X$ 上的对称函数，我们定义

$$G_{ij} = K(x_i, x_j) \quad i,j = 1,2,\cdots,l \tag{7-61}$$

则称 $G = (G_{ij})$ 是 $K(x,x')$ 关于 X 的 Gram 矩阵。

我们首先要研究的问题是当 Gram 矩阵 G 满足什么条件时，函数 $K(\cdot,\cdot)$ 是一个核函数。

定理 7.1(核函数的特征)　定义在 $R^n \times R^n$ 上的对称函数 $K(x,x')$ 是核函数的充

分必要条件是对任意的 $x_1,x_2,\cdots,x_l\in R^n$ ，$K(x,x')$ 关于 $x_1,x_2,\cdots,x_l$ 的 Gram 矩阵是半正定的。

核函数 $K(\cdot,\cdot)$的使用，避免了本需要计算特征映射 $\Phi(\cdot)$的问题，只需选择核函数而无须选取变换，不再显式地表达特征空间，而只考虑特征空间的内积运算，并且这种内积运算是通过计算核函数实现的。核方法虽本质上是一种基于非线性变换的非线性方法，但是其实现和问题求解只需使用线性的手段，计算中也只需使用线性数值的方法。这样做不仅更方便，而且可以简化计算，因为高维空间中计算内积的工作量比较大，而核函数的计算则相当简单，因此成功解决了特征维数灾难问题。

核函数法的关键是找到一个可以高效计算的核函数，目前常用的核函数有以下三类。

(1) 多项式核函数，为

$$K(x,y)=[a(x\cdot y)+1]^d \tag{7-62}$$

多项式核函数有着良好的全局性质，具有很强的外推能力，而且阶数越低，外推能力越强。

(2) 径向基核函数，为

$$K(x,y)=\exp[-\|x-y\|^2/(2\sigma^2)] \tag{7-63}$$

径向基核函数有着很强的局部性质，其内推能力随着参数σ的增大而减弱。

(3) Sigmoid 核函数，为

$$K(x,y)=\tanh[\gamma(x_ix_j)+b] \tag{7-64}$$

式中，σ,γ,a 和 b 为常数，d 为多项式阶数。

2. 核主成分分析法(KPCA)的原理[185-188]

核主成分分析法(KPCA)是对主成分分析方法(PCA)的非线性扩展。

主成分分析是通过线性变换，将原始特征向主成分方向上投影，得到变换后的新特征向量，消除了特征之间的相关性，实现了特征维数压缩，但其缺点是需要很大的存储空间，计算复杂，而且 PCA 方法提取的特征向量为正交基，所以只考虑了数据之间的二阶统计信息，而未利用数据中的高阶统计信息，忽略了多个噪声数据之间非线性关系。

核主成分分析法利用核函数的技巧，先通过一个非线性变换把原始特征映射到一个高维的特征空间 F 中，然后在这个高维空间 F 上计算主成分，得到变换后的特征。KPCA 是基于数据的高阶统计，描述了多个类别数据间的相关性，所以能捕捉这些重要的信息，从而取得更好的识别效果。同时另一个优点是可以将在输入空间不可线性分类的问题变换到特征空间实现线性分类，从而使分类器的设计得以简化。

给定输入样本数据$\{x_k\}$，$k=1,\cdots,m$，其中$x_k=(x_{k1}, x_{k2}, \cdots, x_{kn})^{\mathrm{T}}$为列向量，$x_k\in R^n$，通过非线性变换$\Phi(\cdot)$，将其映射为$\tilde{\Phi}(x_1),\cdots,\tilde{\Phi}(x_m)$，将之去均值中心化，即

$$\Phi(\boldsymbol{x}_k)=\tilde{\Phi}(x_k)-\frac{1}{m}\sum_{j=1}^{m}\tilde{\Phi}(x_j) \tag{7-65}$$

具体算法见本部分后面核主成分分析步骤 2，则有$\sum_{k=1}^{m}\Phi(x_k)=0$，得到其协方差矩阵：

$$C=\frac{1}{m}\sum_{j=1}^{m}\Phi(x_j)\Phi(x_j)^{\mathrm{T}} \tag{7-66}$$

记非线性变换$\Phi(\cdot)$后的空间为 F，若要求得样本数据在 F 的主成分，需要求解协方差矩阵的特征方程：

$$\lambda w=Cw \tag{7-67}$$

找出非负特征值λ和与之对应的非零特征向量w。将式(7-66)代入式(7-67)，有

$$w=\frac{1}{\lambda}Cw=\frac{1}{m\lambda}\sum_{j=1}^{m}\Phi(x_j)\Phi(x_j)^{\mathrm{T}}w=\frac{1}{m\lambda}\sum_{j=1}^{m}(\Phi(x_j)^{\mathrm{T}}w)\Phi(x_j)$$

其中，$\Phi(x_j)^{\mathrm{T}}w=(\Phi(x_j)\cdot w)$，即$\Phi(x_j)$和$w$的内积。可知在高维特征空间 F 中，任意一特征值$\lambda$所对应的特征向量$w$都是$\Phi(x_1),\cdots,\Phi(x_m)$的线性组合，即存在系数$\alpha_i(i=1,2,\cdots,m)$，满足

$$w=\sum_{i=1}^{m}\alpha_i\Phi(x_i) \tag{7-68}$$

将每个样本$\Phi(x_k)$, $k=1,2,\cdots,m$，与式(7-67)内积，得

$$\lambda\Phi(x_k)\cdot w=\Phi(x_k)\cdot Cw \tag{7-69}$$

将式(7-66)和式(7-68)代入式(7-69)得

$$\begin{aligned}\lambda\sum_{i=1}^{m}\alpha_i[\Phi(x_k)\cdot\Phi(x_i)]&=\Phi(x_k)\cdot\left[\frac{1}{m}\sum_{j=1}^{m}\Phi(x_j)\Phi(x_j)^{\mathrm{T}}w\right]\\&=\frac{1}{m}\Phi(x_k)\cdot\left[\sum_{j=1}^{m}(\Phi(x_j)\cdot w)\Phi(x_j)\right]\\&=\frac{1}{m}\Phi(x_k)\cdot\left[\sum_{j=1}^{m}\sum_{i=1}^{m}\alpha_i(\Phi(x_j)\cdot\Phi(x_i))\Phi(x_j)\right]\end{aligned}$$

$$=\frac{1}{m}\sum_{j=1}^{m}\sum_{i=1}^{m}\alpha_i(\Phi(x_j)\cdot\Phi(x_i))(\Phi(x_k)\cdot\Phi(x_j)) \tag{7-70}$$

定义一个 $m\times m$ 的核函数矩阵 K，其元素为

$$k_{ij}=k(x_i,x_j)=(\Phi(x_i)\cdot\Phi(x_j)) \tag{7-71}$$

则式(7-70)变为

$$m\lambda K\alpha=K^2\alpha \tag{7-72}$$

等价于

$$m\lambda\alpha=K\alpha \tag{7-73}$$

其中，α 表示列向量，$\alpha=(\alpha_1,\alpha_2,\cdots,\alpha_m)^{\mathrm{T}}$。

令 $\lambda_1\leqslant\lambda_2\leqslant\cdots\leqslant\lambda_m$ 表示矩阵 K 的特征值，其相应的特征向量可表示为 $\alpha_1,\alpha_2,\cdots,\alpha_m$，$\alpha_i=(\alpha_{i1},\alpha_{i2},\cdots,\alpha_{im})^{\mathrm{T}}$, $(i=1,2,\cdots,m)$，并记 λ_p 为第 1 个非零特征值。为得到协方差矩阵 C 的一组正交归一化的特征向量集，需要满足：

$$(w_k\cdot w_k)=1,\quad k=p,\cdots,m \tag{7-74}$$

将式(7-68)代入式(7-74)，对 $\alpha_1,\alpha_2,\cdots,\alpha_m$ 进行标准化处理，可得

$$\begin{aligned}1&=\sum_{i,j=1}^{m}\alpha_{ki}\alpha_{kj}(\Phi(x_i)\cdot\Phi(x_j))=\sum_{i,j=1}^{m}\alpha_{ki}\alpha_{kj}k_{ij}\\&=(\alpha_k\cdot K)\alpha_k=\lambda_k(\alpha_k\cdot\alpha_k)\end{aligned} \tag{7-75}$$

为了提取主元，只需在特征空间 F 中，计算在特征向量 $w_k(k=p,\cdots,m)$上的投影。假定 x 为一输入样本，则在特征空间中的映射为 $\Phi(x)$，其在特征向量 w_k 上的投影为

$$(w_k\cdot\Phi(x))=\sum_{i=1}^{m}\alpha_{ki}(\Phi(x_i)\cdot\Phi(x))=\sum_{i=1}^{m}\alpha_{ki}k(x_i,x) \tag{7-76}$$

由式(7-76)可知，通过引入核函数方法，在高维空间实际上只需进行内积运算，而这种内积运算是可以用原空间的函数实现的，从而避免了在 F 中进行非线性变换 Φ 的不便。综上所述，核主成分分析的主要步骤[187]如下。

步骤 1　选取核函数，计算矩阵 K。

步骤 2　为使得 $\sum_{k=1}^{m}\Phi(x_k)=0$，需将变换后特征 $\tilde{\Phi}(x_k)$ 去均值归一化，由于无法直接计算式(7-65)，即

$$\Phi(x_k)=\tilde{\Phi}(x_k)-\frac{1}{m}\sum_{j=1}^{m}\tilde{\Phi}(x_j) \tag{7-77}$$

所以不能直接得到 $\tilde{K}$，但可以对 K 做修正来间接求得，定义 $I_{ij}=1$, $(I_m)_{ij}=1/m$，则

$$\begin{aligned}\tilde{k}_{ij} &= ((\tilde{\Phi}(x_i) - \frac{1}{m}\sum_{l=1}^{m}\tilde{\Phi}(x_l)) \cdot (\tilde{\Phi}(x_j) - \frac{1}{m}\sum_{n=1}^{m}\tilde{\Phi}(x_n))) \\ &= k_{ij} - \frac{1}{m}\sum_{l=1}^{m} I_{il}k_{lj} - \frac{1}{m}\sum_{n=1}^{m} k_{in}I_{nj} + \frac{1}{m^2}\sum_{l,n=1}^{m} I_{il}k_{ln}I_{nj} \\ &= (K - I_m K - K I_m + I_m K I_m)\end{aligned} \tag{7-78}$$

步骤 3 求解 $m\tilde{\lambda}\tilde{\alpha} = \tilde{K}\tilde{\alpha}$，得到矩阵 $\tilde{K}$ 的特征值及其对应的特征向量，提取主元 $\tilde{\boldsymbol{\alpha}}_k\ (k=p,\cdots,m)$，并根据式(7-74)和式(7-75)归一化。

步骤 4 对样本 x，计算其在特征向量 $\tilde{w}_k\ (k=p,\cdots,m)$上的投影，构成特征向量为

$$(\tilde{w}_k \cdot \Phi(x)) = \sum_{i=1}^{m} \tilde{\alpha}_{ki}(\Phi(x_i) \cdot \Phi(x)) \tag{7-79}$$

3. 应用示例

在船舶噪声目标识别研究中，可以将 KPCA 用于船舶噪声特征变换。在此采用三种不同的特征变换方法对船舶噪声进行变换，分别为 K-L 最优变换、基于多项式核函数的 KPCA 变换和基于径向基核函数的 KPCA 变换，并对三种特征变换方法的性能做一比较。

采用 7.3.1 节中的方法，对四种不同类别的舰艇(综合补给舰、驱逐舰、商船和潜艇)分别提取 512 维调制谱谱峰数据，然后经过压缩生成 112 维特征矢量。采用三种特征变换方式分别对每一艘舰艇的 112 为特征矢量进行变换，其中，多项式核函数的参数 a=1，b=2，径向基核函数 σ=287。按照特征值大小的顺序，分别计算前面 $n(n=1,2,\cdots,112)$个特征值所对应的特征分量的累计贡献率，如图 7-8 所示。

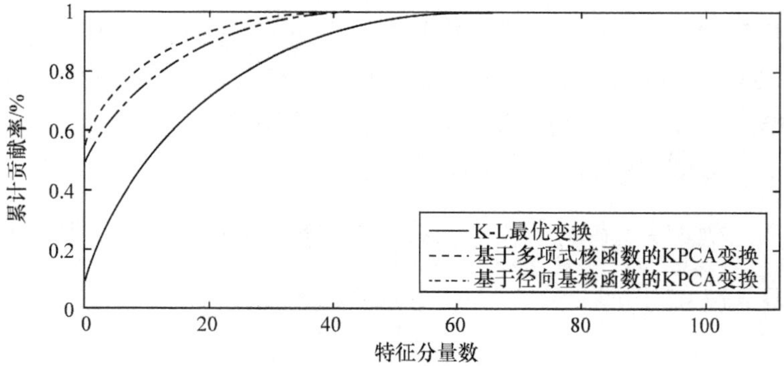

(a) 某补给舰

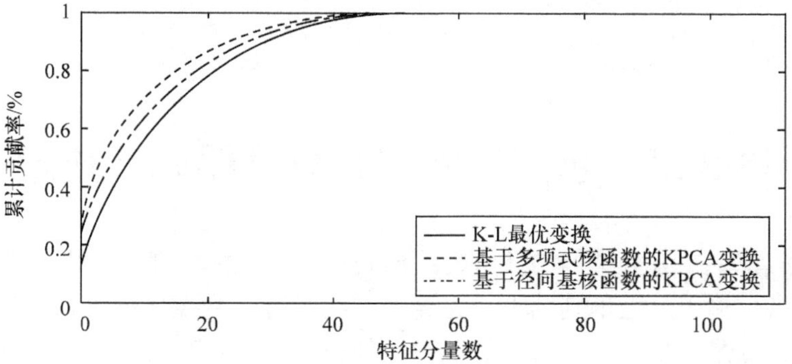

(b) 某潜艇

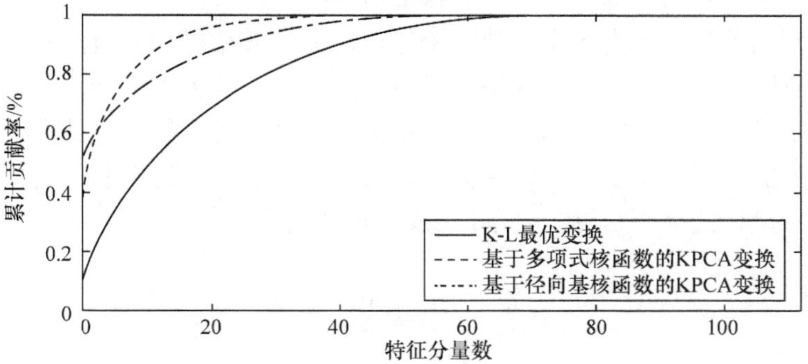

(c) 某商船

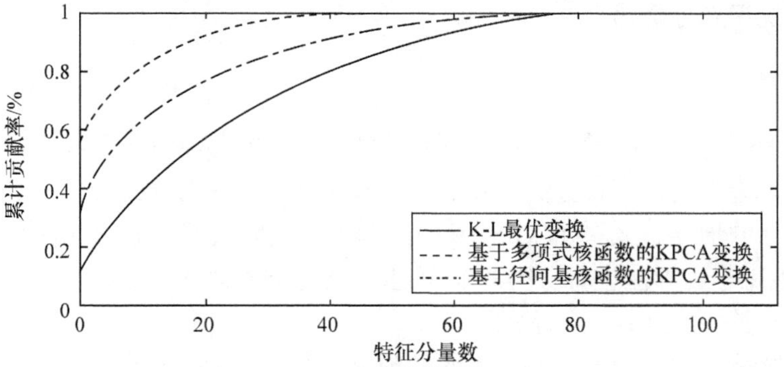

(d) 某驱逐舰

图 7-8　四艘不同舰艇采用不同特征变换方法的性能对比

从图中可以看出，KPCA 具有比 K-L 变换较好的特征变换能力。在以上四艘船舶中，除潜艇外，其他三艘水面船舶的 112 为特征矢量经过 KPCA 变换之后，第一维特征分量的贡献率均超过了 50%，而 K-L 最优变换之后第一维特征分量的贡献率均不足 20%。经 KPCA 变换后前 20 维特征分量的累计贡献率均超过了 90%，经 K-L 最优变换后前 20 维分量的累计贡献率均在 70%左右。除潜艇外，其余三艘船舶采用 KPCA 变换时，核函数选择多项式核函数要比径向基核函数性能较好。

第 8 章　水声目标识别分类器设计技术

在模式识别中，分类器的任务是按已确定的分类判别规则对待识别的模式进行分类判别，输出分类识别结果。完美分类性能的分类器通常是不可能获得的，分类器的任务是给出每一类可能的概率。分类的难易程度取决于两个因素，其一是来自同一个类别的不同个体之间的特征值的波动；其二是属于不同类别样本的特征值之间的差异。来自同类对象的个体特征值的波动可能来自问题的复杂度，也可能来自噪声。对于水声目标识别来说，分类器设计更为复杂，原因在于特征提取过程中遗留的不确定性问题，很多特征提取算法提取的特征就存在重叠或冗余，更严重的问题是特征提取的片面性，另外还有水声信道引起的特征畸变等因素，分类器设计是水声目标识别领域关键技术之一。

8.1　分类器概述

8.1.1　模式识别分类器

1. 贝叶斯分类器

模式识别的分类问题是根据识别对象特征的观察值将其分到某个类别中去。统计决策理论是处理模式分类问题的基本理论之一，它对模式分析和分类器的设计有着实际的指导意义。贝叶斯(Bayes)决策理论方法是统计模式识别中的一个基本方法，使用这种方法进行分类的前提是[6]：①各类别总体的概率分布是已知的；②要决策分类的类别数是一定的。

在连续情况下，假设对要识别的物理对象有 d 维特征观察量 $x_1, x_2, \cdots, x_d$，这些特征所有可能的取值范围构成了 d 维特征空间，称 $X = [x_1, x_2, \cdots, x_d]^{\mathrm{T}}$ 为 d 维特征向量。

要研究的分类问题有 c 个类别，各类别的状态用 ω_i 来表示，$i = 1, 2, \cdots, c$；对应于各个类别 ω_i 出现的先验概率 $p(\omega_i)$ 及类条件概率密度函数 $p(x|\omega_i)$ 是已知的。贝叶斯分类器回答的问题是把特征空间已观察到的某一向量 $X = [x_1, x_2, \cdots, x_d]^{\mathrm{T}}$ 分到哪一类才是最合理的。

贝叶斯决策通过贝叶斯公式把先验概率 $p(\omega_i)$ 和类条件概率密度函数 $p(x|\omega_i)$

转化为后验概率 $p(\omega_i|x)$。对于两类问题，贝叶斯公式为

$$p(\omega_i|x)=\frac{p(x|\omega_i)p(\omega_i)}{\sum_{i=1}^{2}p(x|\omega_i)p(\omega_i)} \tag{8-1}$$

贝叶斯统计决策中，根据对决策风险关注度的不同，有最小错误率贝叶斯决策和最小风险贝叶斯决策两种典型方法。统计决策的基本原理是根据各类特征的概率模型来估算后验概率，通过比较后验概率进行决策。而通过贝叶斯公式，后验概率的比较可以转化为类条件概率密度的比较。

在概率模型准确的前提下，统计决策可以得到最小的错误率或最小的风险，或者是实际问题中期望得到的两类错误率间最好的折中。因此，要使用统计决策进行分类识别，要解决如何利用样本估计 $p(x|\omega_i)$ 和 $p(\omega_i)$ 问题。

2. 线性分类器

在许多实际问题中，由于样本特征空间的类条件概率密度的形式常常很难确定，利用非参数方法估计分布又往往需要大量样本，而且随着特征空间维数的增加所需样本急剧增加。因此，实际问题中往往不去恢复类条件概率密度，而是利用样本集直接设计分类器。具体是，首先给定某个判别函数类，然后利用样本集确定出判别函数中的未知参数。所谓线性分类器就是这个判别函数 $g(x)$ 是线性函数，即 $g(x)=w^{\mathrm{T}}x+w_0$，对于 c 类问题，可以定义 c 个判别函数，$g_i(x)=w_i^{\mathrm{T}}x+w_{i0}$，$i=1,2,\cdots,c$。线性分类器设计的任务就是利用样本确定 w_i 和 w_{i0}，并把未知样本归到具有最大判别函数值的类别中去[6]。

基于样本直接设计线性分类器需要确定三个基本要素，一是分类器即判别函数的类型；二是分类器设计的目标和准则；三是在前两个要素明确的情况下，确定最优参数。线性分类器设计中线性可分的准则是该类分类器设计中需要首先确定的。常用的准则有：Fisher 准则、感知准则、最小错分样本数准则、最小平方误差(MSE)准则以及最小错误率线性判别函数准则。

线性分类器虽然是最简单的分类器，但是在样本为某些分布情况时，线性判别函数可以成为最小错误率或最小风险意义下的最优分类器。而在一般情况下，线性分类器只能是次优分类器，但是因为它简单而且在很多情况下效果接近最优，所以应用比较广泛，在样本有限的情况下有时甚至能取得比复杂分类器更好的效果。

3. 非线性分类器

在很多情况下，类别之间的分类边界并不是线性的。很多实际问题中，数据

分布情况可能更复杂，因此需要用更复杂的非线性函数来分类。

与线性判别函数不同，非线性判别函数并不明确指一类判别函数，而是指线性函数外的各种判别函数。因此非线性判别函数的设计方法也就更多种多样。

分段线性判别函数是一种特殊的非线性判别函数，它确定的决策边界是由若干段超平面组成的，能逼近各种形状的超平面，具有很强的适应能力。因此分段线性分类器是一种常用的非线性分类器。

非线性分类器类型很多，近邻分类器、神经网络分类器、树分类器均属于非线性分类器。

8.1.2 水声目标识别分类器设计难点问题

1. 分类器稳健性设计

不同于一般的模式识别问题，水声目标识别是一种非合作识别，存在特征干扰多、特征信噪比差异大、信道传输对特征产生畸变等诸多不确定因素影响，因此分类器的稳健性比一般意义的分类识别显得更为突出。分类器的稳健性和输入的特征关系很大。由于船舶辐射噪声信号起伏大、船舶工况复杂，水声环境对目标特性的影响具有很多规律未被认识，噪声信号获取的途径差异导致信号获取过程中特征畸变等因素，因此实际提取的特征或进入数据库的特征受到诸多不确定因素的影响，一般意义的分类器很难实现对船舶辐射噪声信号的稳健分类。寻找稳健性好的特征是特征提取过程中着重考虑的因素，而对于分类器设计来说也需要考虑稳健性问题。使用单一分类器在水声目标分类识别中很难达到预期效果。国内外很多该领域的实验室针对小样本开展的研究工作，在小样本时分类效果很好而扩大到大样本性能大大下降，到海上分类识别性能更差，这也是水声目标识别困难的主要原因之一。根据特征的稳健性程度选择不同的分类器，实现分类器的融合是目前解决稳健性问题的主要途径，其中单个分类器的选择可以采用线性分类器、非线性分类器相结合的方式。

2. 分类器选择技术[189-192]

在多分类器融合系统中，个体分类器常常根据不同的技术或者采用相同技术但使用不同的参数组成，或者使用不同的训练样本或不同的样本特征来对分类器进行训练。由这些方法构成的分类器一般来说具有不同的决策空间。因此，在某一个区域上，分类器的识别性能是不同的。分类器的选择就是根据分类器的这一特性，找出输入样本周围区域中具有局部性能最优的分类器，并把这一分类器的输出结果当成这个区域内样本的分类结果。

一般来说，分类器的选择可以分为静态选择和动态选择。静态分类器选择方法在训练阶段对特征空间进行划分，为每个区域选择性能最优的分类器或是为每个分类器选择能达到最优性能的区域；动态选择可能效率更高，但往往难以实现[14]。常用的静态选择方法为聚类选择法。

(1) 基于聚类的多分类器选择

首先将训练样本的所有样本进行聚类，然后求出每个分类器在每个聚类区域的识别率，选择识别率最高的分类器的分类结果作为与此训练样本相近的样本的决策结果。

(2) 分类器的动态选择

动态分类器选择方法在分类操作阶段选择做出最终决策的分类器，通常根据分类器对当前决策的确定性高低进行选择。确定性是对分类器性能的估计，确定性最高的分类器被选中。典型的动态选择方法有 DCS-LA 法等[190]。动态选择方法没有训练过程，所有计算都在分类阶段进行。分类时，针对每个输入样本估算各分类器的性能。估算要用到以前已分类样本的统计信息，因此是一种动态估算方法。动态估算使得这类方法具有性能稳定、精确度高等特点，然而，这种动态估算也使得该类方法在分类时需要更多的计算资源。

3. 多分类器融合技术

对于识别问题，最主要的评价标准是看它识别性能如何。为了实现尽可能好的识别性能，传统的做法是对目标问题分别采用分类器实现，然后选出一个最好的分类器作为最终的解决方案。研究发现，尽管其中一个分类器有不错的分类性能，但是不同的分类器产生误分类集合是不完全重叠的；同时，还发现对于不同的特征描述这种情况尤为明显。这表明不同的分类器、不同的特征对于分类有着互补的信息，可以利用这些互补的信息来提高系统的识别性能。多分类器融合旨在将不同的成员分类器进行有机结合,以达到改善或改进成员分类器性能的目的。

多分类器融合不仅可以提高分类的精确度和泛化能力，而且可以提高时间和空间上的效率。将一个大的特征向量划分为几个较小的特征空间后，在每个小的特征空间上构造一个分类器，再将这些分类器融合成一个较大的分类器比在整个特征空间构造一个分类器在空间、时间上的效率要高。同时，通过融合几个性能一般、结构较为简单的成员分类器还可以得到分类性能优于复杂结构分类器的融合分类器[189]。从本质上看，分类器融合实际上是信息融合。多分类器融合方式可以采用级联组合、并联组合和混合组合等形式，具体可参考文献[193]～[196]等。从分类的流程来看，可以将信息融合分为三个层次：数据级的融合、特征级的融合和决策级的融合。在水声目标识别领域，关于数据级融合的研究还比较少，特征级以及决策级融合算法研究和应用比较广泛，可参考文献[197]～[199]。多分类器融合问题一般分为两部分：成员分类器生成方法和分类器融合方法。分类器融合问题主要集中在两方面：怎样生成兼顾上述两个条件的成员分类器；如何对成员分类器进行融合。

签于同一分类器采用不同的特征量，或同一特征量采用不同分类器的分类识别效果一般会有显著差异。因此实际设计分类器时需要对实际数据分类识别结果做对比，从而决定分类器的类型以及多分类器的融合方法。在此，介绍水声目标识别领域一些常用分类器设计方法供读者参考。

8.2 近邻分类器

最初的近邻法是由 Cover 和 Hart 于 1968 年提出的，直至现在仍是模式识别非参数法中最重要的方法之一。

8.2.1 最近邻法

假定有 c 个类别 $\omega_1,\omega_2,\cdots,\omega_c$ 的模式识别问题，每类有标明类别的样本 N_i 个，$i=1,2,\cdots,c$ 。我们可以规定 ω_i 类的判别函数为

$$g_i(x)=\min_k\left\|x-x_i^k\right\|,\quad k=1,2,\cdots,N_i \tag{8-2}$$

其中，x_i^k 的角标 i 表示 ω_i 类，k 表示 ω_i 类 N_i 个样本中的第 k 个。

决策规则可以写为：若 $g_j(x)=\min\limits_i g_i(x),i=1,2,\cdots,c$ ，则决策 $x\in\omega_j$ 。

这一决策方法称为最近邻法，其直观解释相当简单，即对未知样本 x ，只要比较 x 与 $N=\sum\limits_{i=1}^{c}N_i$ 个已知类别的样本之间的距离，并决策 x 与离它最近的样本同类。

8.2.2 *k*-近邻法

最近邻法是 k-近邻法的一种。从字义上看，k-近邻法就是取未知样本 x 的 k 个近邻，看这 k 个近邻中多数属于哪一类，就把 x 归为哪一类。具体说就是在 N 个已知样本中，找出 x 的 k 个近邻。

设这 N 个样本中，来自 ω_1 类的样本有 N_1 个，来自 ω_2 类的样本有 N_2 个，…，来自 ω_c 类的样本有 N_c 个，若 $k_1,k_2,\cdots,k_c$ 分别是 k 个近邻中属于 $\omega_1,\omega_2,\cdots,\omega_c$ 类的样本数，则我们可以定义判别函数为

$$g_i(x)=k_i,i=1,2,\cdots,c \tag{8-3}$$

决策规则为：若 $g_j(x)=\max\limits_i k_i$ ，则决策 $x\in\omega_j$ 。

图 8-1 给出了位于圆圈中心的数据点的 1-近邻、2-近邻和 3-近邻。该数据点根据其近邻的类标号进行分类。如果数据点的近邻中含有多个类标号，则该数据点指派到其最近邻的多数类。在图 8-1(a)中，数据点的 1-最近邻是一个负例，因此该点被指派到负类。如果根据 3-近邻法，如图 8-1(c)所示，其中包络两个正例和一个负例，根据多数表决方案，该点被指派到正类。

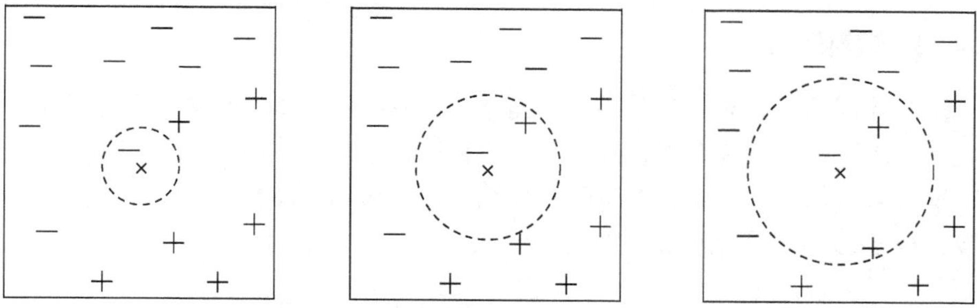

(a) 1-近邻　(b) 2-近邻　(c) 3-近邻

图 8-1　一个实例的 1-近邻、2-近邻和 3-近邻

在此算法中，如果 k 太小，则最近邻分类器容易受到由于训练数据中的噪声产生的过分拟合的影响；相反，如果 k 太大，最近邻分类器可能会误分类测试样例，因为最近邻列表中可能包含远离其近邻的数据点。

$p_n(e)$ 是 n 个样本时近邻法的误差率，且

$$p = \lim_{n\to\infty} p_n(e) \tag{8-4}$$

则近邻法平均错误率 p 满足

$$p^* \leqslant p \leqslant p^*\left(2 - \frac{c}{c-1}p^*\right) \tag{8-5}$$

其中，p^* 为贝叶斯错误率。式(8-5)在文献[6]中给出了证明。

由于 p^* 一般较小，若将式(8-5)右边括号中第二项忽略，则可粗略表示为

$$p^* \leqslant p \leqslant 2p^* \tag{8-6}$$

这就是常说的近邻法错误率在贝叶斯错误率 p^* 和两倍贝叶斯错误率 $2p^*$ 之间。正是近邻法的这种优良性质，使它成为分类器设计中重要方法之一。

8.2.3　具有拒绝决策的 *k*-近邻法

在利用近邻法分类时，有时会出现决策风险很大的情况，在这种情况下引入拒绝决策就很有必要了。在一般的最近邻法中考虑是否拒绝的唯一基础是未知样本与最近邻之间的距离，当样本数 $N \to \infty$ 时，这一距离趋近于零。因此以距离作为拒绝准则存在困难，对于 k-近邻法可以引入其他拒绝准则[6]。

具有拒绝决策的两类 k-近邻法步骤为：确定 k'，使得

$$k' > \frac{k+1}{2} \tag{8-7}$$

若 x 的 k 个近邻中大于或等于 k' 属于某一类 ω_i $(i=1,2)$，则决策 $x \in \omega_i$，否则就做出拒绝决策。

8.2.4　距离度量

在设计近邻分类器时，需要一个衡量待识别样本与训练样本之间距离的度量函数，距离度量的方法有很多种。在水声目标识别中，当特征为一组向量时，距离度量可采用相似度系数，相似度系数越大，距离越小。相似度系数可选择 Dice 系数、Jaccard 系数和余弦系数[6,7]。定义如下：

Dice 系数：

$$D(A,B) = \frac{2\sum_{k=1}^{m} a_k b_k}{\sum_{k=1}^{m} {a_k}^2 + \sum_{k=1}^{m} {b_k}^2} \tag{8-8}$$

Jaccard 系数：

$$J(A,B) = \frac{\sum_{k=1}^{m} a_k b_k}{\sum_{k=1}^{m} {a_k}^2 + \sum_{k=1}^{m} {b_k}^2 - \sum_{k=1}^{m} a_k b_k} \tag{8-9}$$

余弦系数：

$$C(A,B) = \frac{\sum_{k=1}^{m} a_k b_k}{\sqrt{\sum_{k=1}^{m} {a_k}^2 \times \sum_{k=1}^{m} {b_k}^2}} \tag{8-10}$$

为了说明各相似度系数计算方法的差异，取 $m=2$，采用几何分析法对以上三种方法进行比较。A 向量和 B 向量如图 8-2 所示。

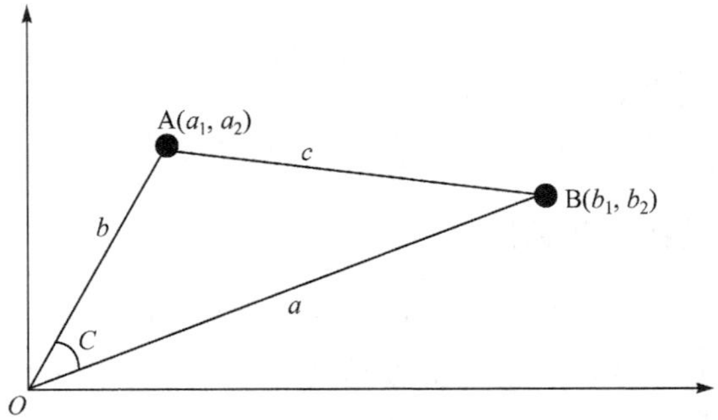

图 8-2　A、B 向量几何关系图

根据式(8-8)～式(8-10)得

$$D(A,B)=\frac{2(a_1b_1+a_2b_2)}{a_1^2+a_2^2+b_1^2+b_2^2}=\frac{a^2+b^2-c^2}{a^2+b^2}=\frac{2ab}{a^2+b^2}\cos C \tag{8-11}$$

$$J(A,B)=\frac{a_1b_1+a_2b_2}{a_1^2+a_2^2+b_1^2+b_2^2-a_1b_1-a_2b_2}=\frac{a^2+b^2-c^2}{a^2+b^2+c^2}=\frac{1}{\dfrac{2}{D(A,B)}-1} \tag{8-12}$$

$$C(A,B)=\frac{a_1b_1+a_2b_2}{\sqrt{(a_1^2+a_2^2)(b_1^2+b_1^2)}}=\frac{a^2+b^2-c^2}{2ab}=\cos C \tag{8-13}$$

从式(8-11)～式(8-13)可以看出余弦系数只与 A、B 向量之间的夹角相关，两个向量之间夹角越小越相似，与向量“长度”无关。由于

$$D(A,B)=\frac{2ab}{a^2+b^2}\cos C=\frac{2}{\dfrac{a}{b}+\dfrac{b}{a}}\cos C \tag{8-14}$$

所以 Dice 系数除了与 A、B 向量之间的夹角相关，还与两个向量的相对“长度”相关，只有当两个向量的“长度”完全相等且方向相同时，相似度最大。从图 8-3 可以看出，随着两个向量“长度”相差越大，相似度越小。

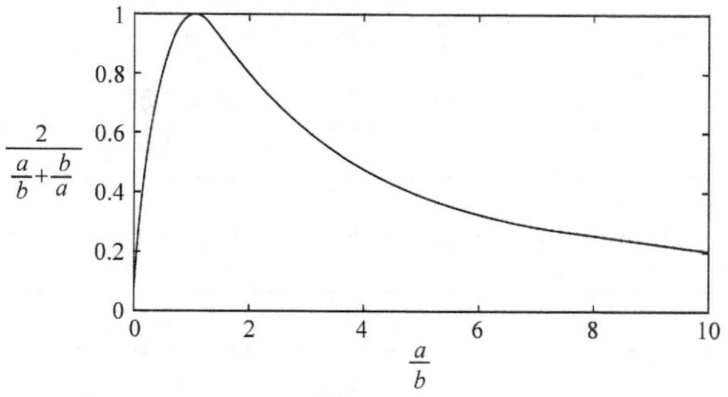

图 8-3　Dice 系数与向量的相对“长度”的关系

从 Jaccard 系数的表达式可以看出，其为 Dice 系数的一个单调递增的函数，Dice 系数越大，Jaccard 系数也越大，如图 8-4 所示。所以 Jaccard 系数与 Dice 系数相同，除了与 A、B 向量之间的夹角相关，还与两个向量的相对“长度”相关。

由于相似度系数评价的标准不同，所以在同一情况下，计算出的最近邻可能不相同。例如，A、B 和 C 向量分别为 $A(5,5)$、$B(2,7)$、$C(10,12)$，示意图如图 8-5 所示，B、C 向量与 A 向量的相似度计算结果如表 8-1 所示。

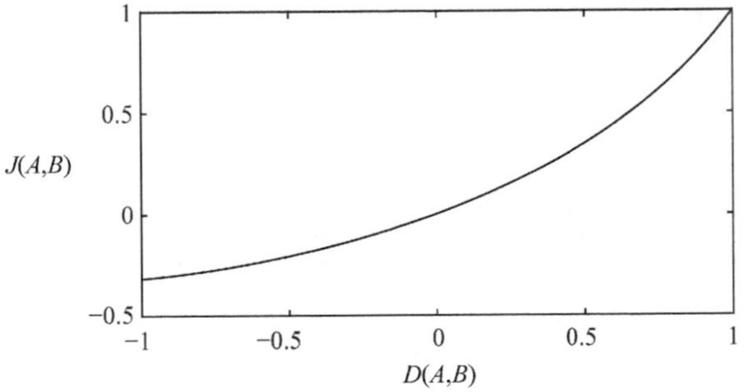

图 8-4　Jaccard 系数与 Dice 系数的关系

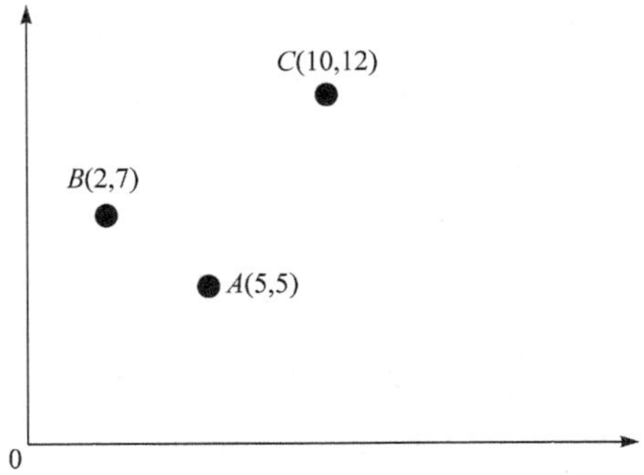

图 8-5　A、B 和 C 向量示意图

表 8-1　不同相似度计算方法结果比较

	A-B	A-C
Dice 系数	0.8738	0.7483
Jaccard 系数	0.7759	0.5978
余弦系数	0.8742	0.9959

根据以上计算结果，如果采用 Dice 系数和 Jaccard 系数作为近邻测度，则认为 B 向量与 A 向量更相似，为 A 向量的近邻；如果采用余弦系数作为近邻测度，则认为 C 向量与 A 向量更相似，为 A 向量的近邻。所以采用不同的近邻测度会得到不同的近邻。如何评价待识别样本与样本库中样本之间的相似度，与样本自身的特点相关。

8.2.5　近邻分类器的特点

近邻分类器具有以下几个特点。

(1) 近邻分类器属于基于实例的学习，不需要建立模型，但是需将所有样本存入计算机中，在每次决策都要逐个计算待识别样本与全部训练样本之间的相似度并进行比较，因此存储量和计算量都很大。相反基于模型的分类方法，通常花费大量的计算资源建立模型，模型一旦建立，分类则非常快。

(2) 近邻分类器基于局部信息进行预测，决策树则试图找到一个拟合整个输入空间的全局模型。正是因为这样的局部分类决策，近邻分类器(k很小时)对噪声非常敏感。

(3) 近邻分类器可以生成任意形状的决策边界，这样的决策边界与决策树通常所局限的直线决策边界相比，能提供更加灵活的模型表示。近邻分类器的决策边界还有很高的可变性，因为它们依赖于训练样例的组合。增加样本的数目可以降低这种可变性。

(4) 采用近邻分类器分类时，需选择适当的近邻性度量和数据预处理。例如，依据身高和体重等属性对一群人分类，属性高度的可变性很小，从 1.4m 到 2.0m，而体重则从 35kg 到 120kg。如果不考虑属性值的单位，那么近邻性度量可能会被人的体重差异所左右。

8.3　基于 CBR 推理分类器

8.3.1　CBR 的基本原理

基于案例的推理技术(case-based reasoning, CBR)，是近些年来发展起来的一项人工智能技术，是一种用以前的经验和方法，通过类比和联想来解决当前相似问题的求解策略，也可称为类比推理。它首先根据问题的特征，访问知识库中过去同类问题的求解策略，从中检索出相似的案例。当该案例满足问题要求时，就是问题的解答，否则将以领域知识和经验为指导，根据问题的实际情况对检索到的案例加以调整、综合使之符合当前问题的需求。

在基于案例推理中，把当前所面临的问题或情况称为目标案例(target case)，而把记忆的问题称为源案例(base case)。粗略地说，基于案例推理就是由目标案例的提示而获得记忆中的源案例，并由源案例来指导目标案例求解的一种策略。

CBR 在许多方面都有别于其他的人工智能(AI)方法。与单独依赖于问题领域中的一般性知识，或在问题描述与结论之间建立一般性联系的传统 AI 方法所不同的是，CBR 能利用过去有经验的、具体事例的特定知识来求解新问题，新问题的解决是通过寻找一个与之相似的以往事例，把它重新应用到新问题的环境中来；另一个明显的不同在于，CBR 还是一个持续的、渐进增长的学习过程，因为一旦解决了一个新问题就获得了新的经验，可以用来解决将来的问题。

基于案例的推理是人的一种认知行为，是基于记忆的推理。在 CBR 中，案例库模拟了人脑的记忆，其中存储了一些过去的经历、事例，这些事例按一定方式组织，以便在需要的时候能被迅速取出。回忆过程对应了 CBR 从 Case 库中检索出相关事例的过程。被检索出的相关事例可能与新的情形不完全一致，这时需要对旧的事例的某些特征进行修改，使它适合新的情况，以得到对新情况的预测或新问题的解。对新情况的预测或新问题的解不一定完全适合实际情况，它们还需得到检验。如果检验发现它们与实际情况不符，则需要对它们加以修正，最后新的 Case 被存入 Case 库中，同时新的 Case 的索引也被建立和存储，这时系统学到了新的知识。这整个过程就是事例的推理和学习过程[200,202]。

作为人工智能发展的一个重要分支，CBR 的核心思想就是充分利用人类已有的成功经验作为同类问题的参考来解决当前问题。Aamodt 和 Plaza 将 CBR 的处理过程表示为四个基本环节，即检索、重用、修正和更新。如图 8-6 所示[200]。

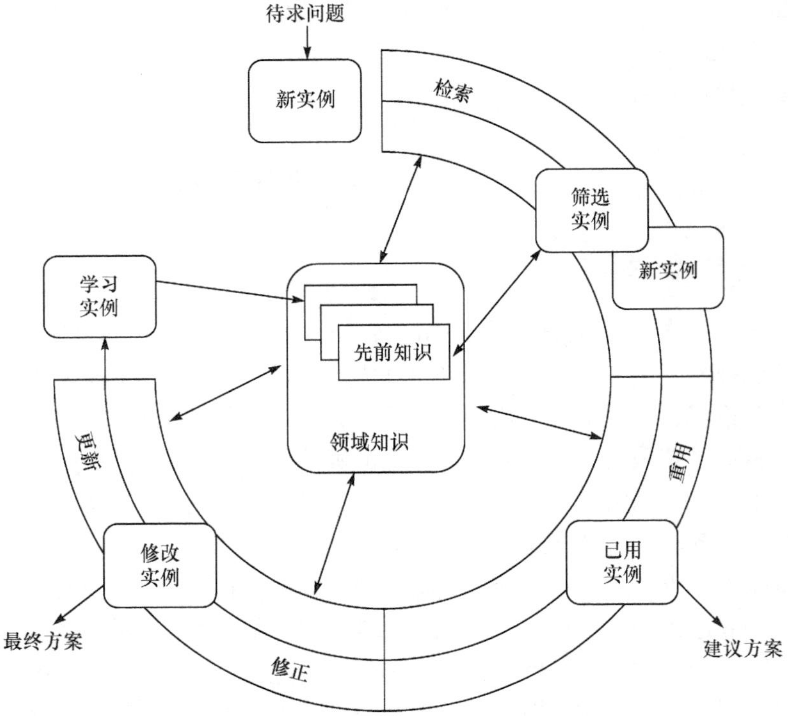

图 8-6　CBR 系统工作的一般工作过程

CBR 系统基本工作过程分为以下几个部分。

1. 案例的表示

描述案例的诸特征在内容上可分为：①问题描述或问题情景描述，即 Case 发生时的状态及需要解决什么。问题描述通常采用“属性_值”表示法。对于每一属性，为了表示它们的重要程度还可以为其分配权值；②求解；③最后结果。这三个部分不一定全部包含于一个 Case 中，根据各领域实际情况可只包含其中一部分，包含的那些部分决定了 Case 可用于解决的那部分问题。

2. 案例库的组织索引

CBR 系统的核心是案例的检索过程，分为案例的索引和检索，这两个过程是相辅相成且一体的。案例库检索和索引过程的目的是建造一个结构或过程来得到最适当的案例。一个 CBR 系统的效率很大程度上取决于快速准确地从案例库中检索出合适案例的能力，为此必须对案例库中的案例进行适当的索引。案例的索引技术通常有三种：最近邻法、归纳推理法和知识引导法。案例索引对检索或回忆出相关的有用案例非常重要。索引的目标是在对已有案例库进行索引后，当给定一个新的案例时，如果案例库中有与该案例相关的案例，则可以根据索引找到那些相关的案例。建立案例索引有三个原则：①索引与具体领域有关。数据库中的索引是通用的，目的仅仅是追求索引能对数据集合进行平衡的划分从而使得检索速度最快，而案例索引则要考虑是否有利于将来的案例检索，它决定了针对某个具体的问题哪些案例被复用；②索引应该有一定的抽象或泛化程度，这样才能灵活处理以后可能遇到的各种情景，太具体则不能满足更多的情况；③索引应该有一定的具体性，这样才能在以后被容易识别出来，太抽象则各个案例之间的差别会被消除。

3. 案例的检索

案例检索是关键，只有检索算法能成功高效地处理成千上万事例时，CBR 才能得到广泛地应用。案例的检索是在相似度(也叫距离)的基础上进行的。CBR 应用成功的前提是案例检索过程得到的相似案例应该尽可能相似。由于案例检索是在相似比较的基础上进行的，要检索到相似的案例完全就要靠“什么算是相似”这种定义和计算方法。因此相似度的度量很重要。讨论两个案例的相似要涉及两个方面：①案例的各个属性的不同属性值间的相似性；②从整个案例的整体上看，由各属性值的相似综合而成整体相似。对于相似度计算，通常的方法是取两个案例相应属性的相似度的加权和为两个案例的相似度。案例是由很多属性(特征)组成的，案例的相似度就是根据特征之间的相似程度来定义。目标案例与源案例之间的相似性有语义相似、结构相似、目标相似和个体相似。属性的相似度可以分为以下三种情况。

(1) 对于数值属性，常用的距离计算方法有绝对距离、欧式距离、Tversky 对比匹配函数、NN 匹配函数等。这些方法各有优缺点，需要进一步探讨新的相似的计算方法。

(2) 枚举属性的相似度。枚举属性的相似度一般有两种：一种是严格相似，即只要两个属性值不同，就认为两者相似度为 0，否则为 1；另一种是依具体情况，事先人为的对不同属性值之间的关系给出具体的定义。

(3) 有序属性的相似度。有序属性是介于数值和枚举属性之间，也是介于定性和定量之间的。属性值有序就可以对其赋予不同的等级值，不同等级之间的属性有不同的相似度。与枚举属性相比，有序属性的规整性更强。

4. 相似度计算

CBR 方法中案例之间相似度计算方法通常采用最近邻法(KNN)，计算公式为[203]

$$S_{IR} = \sum_{i=1}^{m} w_i \mathrm{sim}(f_i^I, f_i^R) / \sum_{i=1}^{n} w_i \tag{8-15}$$

式中，S_{IR} 表示案例 I 与案例 R 的相似度；w_i 表示第 i 个属性在整个案例属性集合中所占的权重；$\mathrm{sim}(\cdot)$ 为属性相似度计算公式；f_i^I 和 f_i^R 分别表示案例 I 与案例 R 的第 i 个属性的属性值。

5. 案例的修改

修改有两个方面的含义，一是求解新问题时对检索出的案例进行案例匹配的修改；二是对案例库中的案例的修改。

案例匹配的修改是指一个检索到的与当前情况大部分匹配的案例改写成完全匹配的案例。系统通过案例的检索从案例库中找到的与输入情况最相似的案例，通常会与新情况有很多差异，这时需要对旧案例的某些部分进行修改，以得到新情况的解，由于案例的修改步骤与问题的领域有关，故难以规定统一的方法。

目前常用的修正方法主要有修正规则或领域模型、神经网络技术等。修正规则可以使检索到的案例转化为一个满足所有输入的新案例。许多成功的 CBR 系统是利用存储的已有案例来完成修正的。

6. 案例的学习存储

案例的学习是扩充和更新案例库的一种手段，也是确保所建立的 CBR 系统能够有效、可靠地被应用的重要条件。案例学习有两种方式：一是根据所给的问题条件，通过对案例检索及案例修正后所得到的案例进行加工，并作为新案例存入案例库，案例库规模由此扩大；二是通过案例检索及案例修复，将所得到的案例进行加工后取代原来的案例存入案例库，案例库规模保持不变。

8.3.2 基于 CBR 系统水声目标分类器设计

CBR 技术在船舶辐射噪声分类中的应用可以概括为以下几个步骤。

1. 建立案例库

建立案例库是为处理待识别船舶辐射噪声提供比对用的基础案例。案例库可表示为

$$X=\{\boldsymbol{\chi}_1,\boldsymbol{\chi}_2,\cdots,\boldsymbol{\chi}_N\}$$

式中，N 为案例数。

每个案例由 $d+1$ 维矢量表征，其中，$\boldsymbol{\chi}_i=\left[x_{i1},x_{i2},\cdots,x_{id}\right]^{\mathrm{T}}$ 为特征矢量，是通过对船舶辐射噪声时域频域分析特征提取得到的，$x_{i(d+1)}$ 为第 i 个案例的解答量，在这里即是船舶目标类别。

2. 计算待求解问题特征描述矢量

对于待识别船舶辐射噪声，通过特征提取得到待求解问题特征描述矢量 $\boldsymbol{y}$：

$$\boldsymbol{y}=\left[y_1,y_2,\cdots,y_d\right]^{\mathrm{T}}$$

3. 构造约束函数精简案例库

为了提高检索精确度、节省资源、提高检索速度，要求在实施搜索前对案例库的检索范围进行约束，滤除案例库中不必要的路径。例如，在库中存储有各种类型的船舶噪声特征，当确定某一类或某几类目标不存在时，可以对已建的案例库检索范围进行约束。

4. k 近邻检索

k 近邻检索中的 k 为从案例库中检索出最相似案例的数目。采用 k 近邻检索时的检索规则为

$$\delta(\boldsymbol{y},\boldsymbol{\chi}_i)<\delta(\boldsymbol{y},\boldsymbol{\chi}_j) \qquad 0\leqslant i,j\leqslant N$$

其中，$\delta(\boldsymbol{y},\boldsymbol{\chi}_i)$ 为待识别船舶 y 辐射噪声特征与案例库中 x_i 的距离。得到 k 近邻库：$K=\left\{\boldsymbol{\chi}_{l_1},\boldsymbol{\chi}_{l_2},\cdots,\boldsymbol{\chi}_{l_k}\right\}$。由 k 近邻库得到近邻解集：$\left\{x_{i(l_1+1)},x_{i(l_2+1)},\cdots,x_{i(l_k+1)}\right\}$。

5. 问题求解

依据近邻解集采用投票推理的方式得到问题 $\boldsymbol{y}$ 的推荐解 y_{d+1}，票数多者为待识别船舶辐射噪声类型的解。

6. 知识学习

知识学习通过新案例保存来实现，该方法采用失败驱动机制，推荐解 y_{d+1} 不

是问题真解时，可通过人工干预机制得到修正解 y'_{d+1}。待求解问题特征描述矢量和修正解一起组成新案例：

$$\boldsymbol{\chi}_{N+1}=\left[x_{(N+1)1},x_{(N+1)2},\cdots,x_{(N+1)d},y'_{d+1}\right]^{\mathrm{T}}=\left[y,y'_{d+1}\right]^{\mathrm{T}}$$

通过学习机制将此新案例补充到案例库中，使案例库扩容，新案例也参与后续新问题的求解，把该次得到的经验保存起来，用于解决将来的问题，完成知识学习。

8.4　神经网络分类器

虽然现代计算机功能越来越强大，但是人们始终面临着一个挑战，那就是求解某些问题总是不及人的大脑。计算机与人脑之间为什么会有如此大的差别，其中一个原因是传统的计算机基于顺序计算及数字逻辑设计，而人脑则是利用了神经元网络(neural networks)，即大量简单细胞元大规模的并行性。显然这就激发了我们去探索人的大脑，并模仿它的构造提出了人工神经元网络(artificial neural networks, ANN)设计思想。

8.4.1　ANN 的基本概念

一个ANN就是一个信息处理系统，它具有生物学神经元网络(biological neural networks, BNN)的某些特征，换句话说，人们探讨 ANN 作为人脑数学模型的综合系统。因此我们假定如下几点成立。

(1) 信息处理在大量简单的处理单元(称为细胞元)之间进行，通过它们的连接传送细胞元之间的信号。

(2) 各连接具有一个相应的加权，其值通常与输入信号相乘。

(3) 各细胞元利用一个“激励”函数来处理加权的输入信号之和，以决定它的输出信号。

综上所述，一个 ANN 可表示为三个部分：细胞元间的连接模式，称为 ANN 结构；决定这些连接权值的方法，称为训练或学习方法；它的非线性“激励”函数。

显然，一个 ANN 是由大量简单神经元互联组成。各个神经元与其他神经元是通过具有相应加权的有向通讯连接线相连。这里，权值能够表示为求解问题的知识。应用 ANN 可以处理各种问题，如存储和回忆数据、模式分类、匹配输入模式到输出模式、类似模式的归类或约束优化问题的求解等。

各神经元具有自身的内部状态，它是已接收到的所有输入的函数。一般地说，一个神经元可以同时发送它的激励信号到几个其他的神经元。作为一个例子，一个神经元接收来自三个神经元(见图 8-7)，三个神经元的输出信号分别是 X_1, X_2 和 X_3，输入到神经元 Y 的连接权值分别是 w_1、w_2 和 w_3，神经元 Y 的网络输入是其加权的输入信号之和，即

$$y_m = w_1 X_1 + w_2 X_2 + w_3 X_3 \tag{8-16}$$

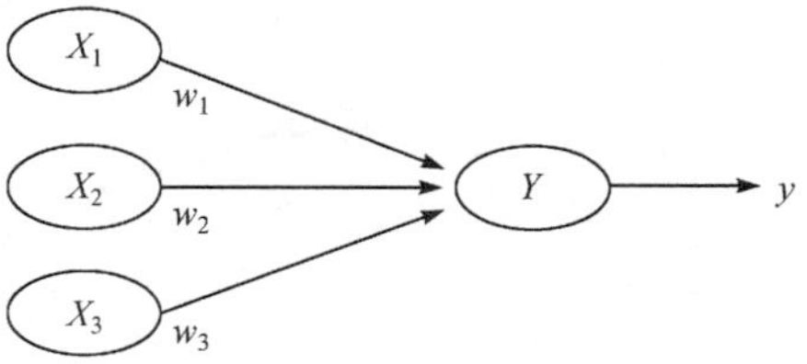

图 8-7　简单的神经网络

可选择不同的激励函数来处理这个网络输入，$y = f(y_m)$。一个典型的 S 型函数被定义为

$$f(x) = \frac{1}{1+\mathrm{e}^{-x}} \tag{8-17}$$

现在，进一步假定把 Y 连到神经元 Z_1 和 Z_2，其中它们连续的权值分别是 v_1 和 v_2。如图 8-8 神经元 Y 把其输出信号 y 送给这些神经元。然而，因为不同的加权值使得 Z_1 和 Z_2 所获得的值也不同。在典型的网络中，神经元 Z_1 和 Z_2 的输出值依赖于几个或者多个神经元的输入。

虽然图 8-8 中的 ANN 是非常简单的，但是图中的非线性输出函数的隐含节点显示出了更强的求解能力。这比单纯的输入节点和输出节点所构成的网络要强得多。另一方面，训练具有隐含节点的网络(如找出优化的权值)也要困难得多。

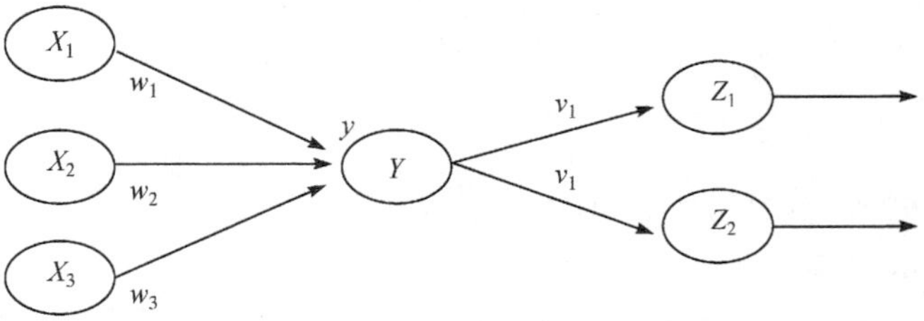

图 8-8　具有隐节点的神经网络

8.4.2　神经网络结构和类型

1. 神经网络结构[204]

神经网络的基本单元是神经元，是对生物神经元的简化与模拟。神经元的特性在某种程度上决定了神经网络的总体特性，大量简单的神经元的相互连接构成了神经网络。一个典型的具有 r 维输入的神经元模型可以用图 8-9 表示。

其中的参数具有如下含义。

(1) $P_1, P_2, \cdots, P_r$ 代表神经元的 r 个输入，$P = [P_1, P_2, \cdots, P_r]$ 为 $r \times 1$ 维输入矢量。

(2) $w_{1,1}, w_{1,2}, \cdots, w_{1,r}$ 代表网络权值，表示输入与神经元之间的连接强度，b 为神经元阈值，不论是权值还是阈值它们都是可调的，正是基于神经网络权值和闭

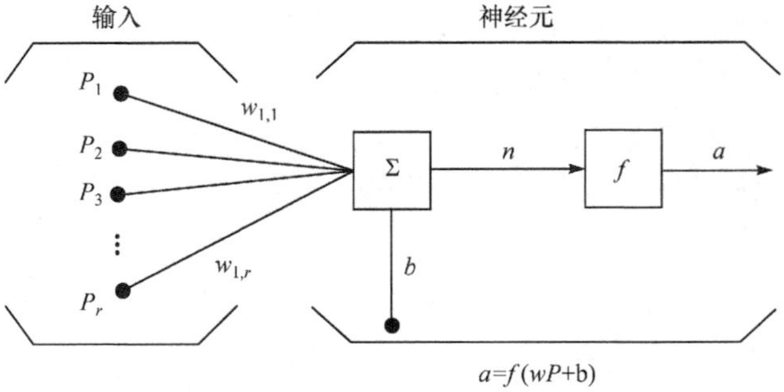

图 8-9　r 维输入的神经元模型

值的动态调节，神经元乃至神经网络才得以表现出某种行为特性。

(3) 求和单元完成输入信号的加权求和，即

$$n = \sum_{i=1}^{r} P_i w_{1,i} + b \tag{8-18}$$

这是神经元对输入信号的第一个处理过程。

(4) 传递函数：f 表示神经元的传递函数，用于对求和单元的计算结果进行函数运算，得出神经元的输出，这是神经元对输入信号处理的第二个过程。传递函数的形式主要有：

阈值函数 $f(x) = \begin{cases} 1 & x \geqslant 0 \\ 0 & x < 0 \end{cases}$；

线性函数 $f(x) = kx$；

对数 Sigmoid 函数 $f(x) = 1/(1+\mathrm{e}^{-x})$；

正切 Sigmoid 函数 $f(x) = \tanh(x)$。

(5) 输出：输入信号经神经元加权求和及传递函数作用之后，得到最终的输出为 $a = f(wP+b)$。

2. 神经网络类型[204,205]

神经网路的类型很多，从功能特性和学习特性来分，典型的神经网络模型包括感知器神经网络、BP 神经网络、径向基神经网络、自组织映射网络、反馈神经网络和深度学习神经网络等，下面分别简单介绍。

(1) 感知器神经网络(perceptron neural network)

感知器神经网络是一种前馈神经网络，是神经网络中的一种典型结构。感知器具有分层结构，信息从输入层进入网络，逐层向前传递至输出层。单层感知器的结构与功能简单，网络的传递函数是线性阈值单元，所以只能输出两个值，即只有两个状态 0 和 1，只能适用于简单的线性可分的输入样本矢量分类。多层感

知器神经网络由三部分组成：输入层、隐含层和输出层。多层感知器能解决单层感知器不能解决的非线性问题，是单层感知器的推广。

(2) BP 神经网络(error back propagation neural network)

BP 神经网络是指基于误差反向传播算法的多层感知器神经网络，其神经元采用的传递函数通常是 Sigmoid 型可微函数，所以可以实现输入和输出之间的任意非线性映射，主要适用于函数逼近、模式识别、数据压缩等领域，据统计有近 90% 的神经网络应用是基于 BP 算法的。BP 学习算法的实质是求取网络总误差函数的最小值问题，具体采用最速下降法，按误差函数的负梯度方向进行权系数修正。具体学习算法包括两大过程：其一是输入信号的正向传播过程，其二是输出误差的反向传播过程。

(3) 径向基函数网络(radial basis function network)

径向基函数网络是以函数逼近理论为基础的一类前向网络，是一种局部逼近网络，这类网络的学习函数等价于在多维空间中寻找训练数据的最佳拟合平面，较 BP 网络学习速度快，函数逼近能力、模式识别与分类能力都好于 BP 神经网络。其基本思想是：用径向基函数作为隐单元的基，构成隐含层空间，隐含层对输入矢量进行变换，将低维的模式输入数据变换到高维空间内，使得在低维空间内线性不可分问题在高维空间内线性可分。

(4) 自组织竞争网络(self-organizing competitve network)

自组织竞争网络是通过竞争学习完成的，竞争学习是指同一层神经元之间互相竞争，竞争胜利的神经元修改与其相连的权值，在学习的过程中，只需向网络提供一些学习样本，而无须提供理想的目标输出。网络根据输入样本的特性进行自组织映射，从而对样本进行自动排序和分类。

(5) 反馈神经网络(feedback neural network)

反馈神经网络在反馈网络中信息在前向传递的同时还要进行反向传播，信息的反馈可以在不同网络层神经元之间，也可以只限于某一层神经元上。反馈网络是动态网络，因此只有满足了稳定性条件，网络才能在工作一段时间后达到稳定状态，其主要用于联想记忆、聚类分析和优化计算等。

8.4.3　感知器

1. 单层感知器[205]

单层感知器网络是指只有一层处理单元的感知器，包括输入层在内共有两层，输入层节点不存在信号或信息变换，通常这类二层前向网络称为单层感知器网络，如图 8-10 所示。

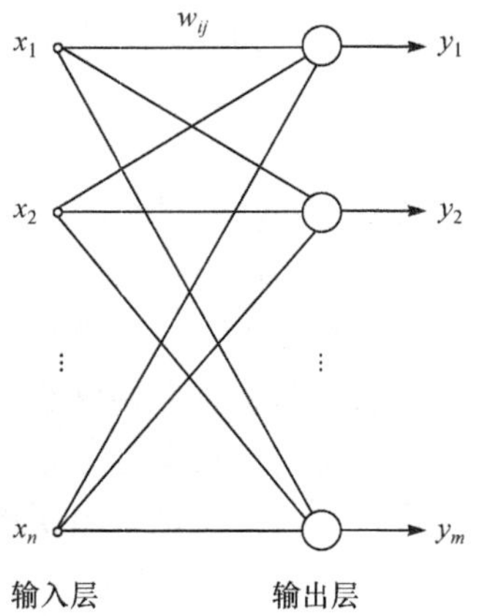

图 8-10　单层感知器网络结构图

设输入模式为 n 维矢量 $x=(x_1,x_2,\cdots,x_n)^{\mathrm{T}}$,那么输入层应含有 n 个节点。若输入模式集有 m 类模式，一般输出层就有 m 个神经元，神经元的信号或信息转换取线性阈值函数。若把 m 个模式类分别记为 $\omega_1,\omega_2,\cdots,\omega_m,$ ，则输出层第 j 个神经元对应第 j 个模式类 ω_j 。对于两类识别问题，输出层只设一个神经元。输入节点 i 与输出神经元 j 的连接权为 $w_{ij}(i=1,2,\cdots,n;j=1,2,\cdots,m)$ ，对第 j 个输出神经元，其转换函数为

$$y_j=f\left(\sum_{i=1}^{n}w_{ij}x_i-\theta_j\right) \tag{8-19}$$

为简洁，可把 θ_j 看成一个权值，令 $w_{0j}=-\theta_j$ ，输入模式 x 相应写为增广形式 $x=(1,x_1,\cdots,x_n)^{\mathrm{T}}$ ，则式(8-19)又可以写为

$$y_j=f(\sum_{i=0}^{n}w_{ij}x_i)\hat{=}f(u_j) \tag{8-20}$$

这里将 m 类问题的神经元的输出函数和判决规则定义为

$$y_j=\mathrm{sgn}(u_j)=\begin{cases}+1\Leftrightarrow x\in\omega_j\\-1\Leftrightarrow x\notin\omega_j\end{cases}\quad 1\leqslant j\leqslant m \tag{8-21}$$

由式(8-21)可知，网络要进行正确的判决，关键在于输出层每个神经元必须有一组合适的输入权值，权值可以通过学习来得到。感知器采用有监督学习算法，即用来学习的样本的类别是已知的，而且各模式类的样本具有充分的代表性。当依次输入学习样本时，网络根据神经元的实际输出与期望输出的偏差以迭代方式对权值进行修正，最终得到期望的权值。具体算法步骤如下。

步骤 1　设置初始权值 $\{w_{ij}(1)\}$ 。通常各权值的初始值随机设置为较小的非零数。

步骤 2　输入新的模式。

步骤 3　计算神经元的实际输出。设第 k 次输入模式为 x_k ，与第 j 个神经元连接的权矢量为 $w_j(k)=(w_{0j},w_{1j},\cdots,w_{nj})^{\mathrm{T}}$ ，第 j 个神经元的实际输出 $y_j(k)$ 根据式(8-20)计算。

步骤 4　修正权值。设 t_j 为第 j 个神经元的期望输出，权值按如下修正

$$w_j(k+1)=w_j(k)+\eta\left[t_j-y_j(k)\right]x_k\quad j=1,2,\cdots,m \tag{8-22}$$

式中，

$$t_j=\begin{cases}+1 & x_k\in\omega_j\\ -1 & x_k\notin\omega_j\end{cases}\quad 1\leqslant j\leqslant m, 0<\eta<1 \tag{8-23}$$

步骤 5　检验对所有模式是否都收敛。是则结束，否则转到步骤 2。

当利用某一轮迭代得到的权值的网络对全部学习样本都能正确分类时，学习过程结束，否则继续。若 η 的取值太大，算法可能出现振荡；若取值太小，收敛速度会很慢；当 η 随着 k 的增加而减小时，算法一定收敛。

2. *多层感知器网络*[173]

单层感知器网络只能解决线性可分问题，而多层感知器网络可以解决非线性可分问题。四层感知器网络如图 8-11 所示[2]。

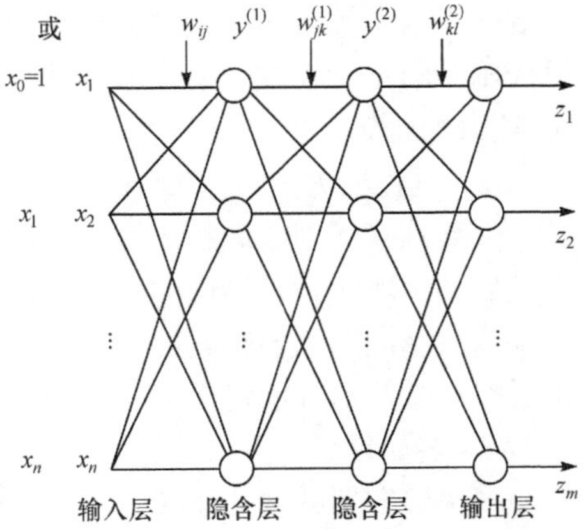

图 8-11　四层感知器网络结构示意图

输入层与输出层之间存在两个隐含层，输入层含 n 个节点，第一隐含层含 n_1 个神经元，各神经元输出为 $y_j^{(1)}(j=1,2,\cdots,n_1)$，第二隐含层含 n_2 个神经元，各神经元输出为 $y_k^{(2)}(k=1,2,\cdots,n_2)$。第一隐含层第 j 个神经元的输出为

$$y_j^{(1)}=f\left(\sum_{i=1}^{n}w_{ij}x_i-\theta_j\right)\quad j=1,2,\cdots,n_1 \tag{8-24}$$

第二隐含层第 k 个神经元的输出为

$$y_k^{(2)}=f\left(\sum_{j=1}^{n_1}w_{jk}^{(1)}y_j^{(1)}-\theta_k^{(1)}\right)\quad k=1,2,\cdots,n_2 \tag{8-25}$$

输出层第 l 个神经元的输出为

$$z_l=f\left(\sum_{k=1}^{n_2}w_{kl}^{(2)}y_k^{(2)}-\theta_1^{(2)}\right)\quad l=1,2,\cdots,m \tag{8-26}$$

式中

$$f(x)\begin{cases}1 & x\geqslant 0\\ -1 & x<0\end{cases}$$

多层感知器是目前应用最多的神经网络，这主要归结于基于 BP 算法的多层感知器具有以下一些重要能力[205]。

(1) 非线性映射能力

多层感知器能学习和储存大量输入—输出模式映射关系，而无须事先了解描述这种映射关系的数学方程。只要能提供足够多的样本模式供 BP 网络进行学习训练，它便能完成由 n 维输入空间到 m 维输出空间的非线性映射。在工程上及许多技术领域中经常遇到这样的问题：对某输入—输出系统已经积累了大量相关的输入—输出数据，但对其内部蕴含的规律仍未掌握，因此无法用数学方法来描述该规律。这一类问题的共同特点是：①难以得到解析解；②缺乏专家经验；③能够表示和转化为模式识别或非线性映射问题。对于这类问题，多层感知器具有无可比拟的优势。

(2) 泛化能力

多层感知器训练后将所提取的样本中的非线性映射关系存储在权值矩阵中，在其后的工作阶段，当向网络输入训练时未曾见过的非样本数据时，网络也能完成由输入空间向输出空间的正确映射。这种能力称为多层感知器的泛化能力，是衡量多层感知器性能优劣的一个重要方面。

(3) 容错能力

多层感知器的魅力还在于，允许输入样本中带有较大的误差甚至个别错误。因为对权矩阵的调整过程也是从大量的样本中提取统计特性的过程，反映正确规律的知识来自全体样本，个别样本的误差不能左右对权矩阵的调整。

8.4.4 BP 神经网络

BP 网络是一种单向传播的多层前馈网络,通过不断比较网络的实际输出与期望输出的差异，即从网络的输出层到输入层反向调整网络权值，随着这种误差反向传播修正不断进行，网络对输入模式响应的正确率也不断上升，当网络能够正确识别出全部样本时(这里认为当网络能够正确识别出所有样本时近似达到全局最小)停止调整网络权值,结束训练。这种误差反向传播的学习算法称为 BP 算法，以这种算法进行学习的前馈神经网络称为 BP 网络。在实际使用当中，常常设定一个阈值，当网络收敛到小于此阈值时停止训练，其结构如图 8-12 所示[205]。

BP 网络是一种具有三层或三层以上的神经网络，包括输入层、隐含层和输出层。前后层之间实现全连接，而每层神经元之间无连接。与感知器模型不同的是，BP 网络的传递函数要求必须是可微的，所以不能使用感知器网络中的二值函数，常用的有 Sigmoid 型的对数函数、正切函数或线性函数。由于传递函数是处处可微的，所以对 BP 网络来说，一方面，所划分的区域不再是一个线性划分，而是由一个非线性超平面组成的区域，是比较平滑的曲面，因而其分类比线性划分更加精确，容错性也比线性划分更好；另一方面，网络可以严格采用梯度下降法进行学习，权值修正的解析式十分明确。

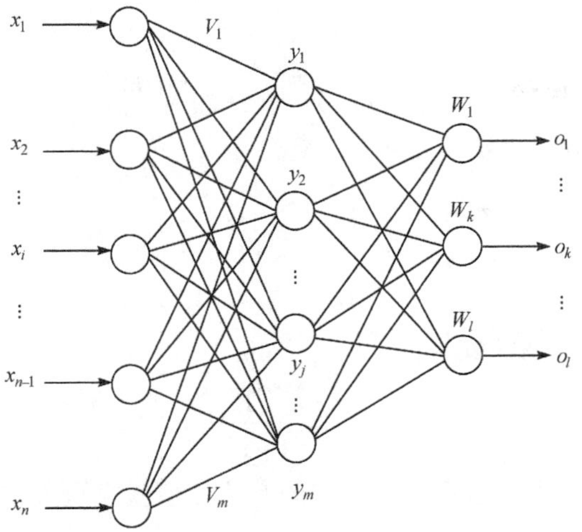

图 8-12　BP 神经网络示意图

BP 网络的工作过程分为学习期和工作期两个部分。学习期由输入信息的正向传播和误差的反向传播两个过程组成。在正向传播过程中，输入信息从输入层到隐含层再到输出层进行逐层处理，每一层神经元的状态只影响下一层神经元的状态，如果输出层的输出与给出的样本希望输出不一致，则计算出输出误差，转入误差反向传播过程，将误差沿原来的连接通路返回。通过修改各层神经网络模型之间的权值，使得误差达到最小。经过大量学习样本训练之后，各层神经元之间的连接权就固定下来，可以开始工作期。工作期中只有输入信息的正向传播。正向传播的计算按前述神经元模型工作过程进行。因此，BP 网络的计算关键在于学习期中的误差反向传播过程，此过程是通过使一个目标函数最小化来完成的。通常目标函数定义为实际输出与希望输出之间的误差平方和(当然也可以定义为熵或线性误差函数)。可以使用梯度下降法导出计算公式。

BP 网络可以有多层，但为叙述简捷以三层为例导出计算公式。设 BP 网络为三层网络，输入神经元以 i 编号，隐含层神经元以 j 编号，输出层神经元以 k 编号(图 8-12)。其具体形式将在下面给出。

三层感知器中，输入向量为 $X=(x_1,x_2,\cdots,x_i,\cdots,x_n)^{\mathrm{T}}$，隐含层输出向量为 $Y=(y_1,y_2,\cdots,y_i,\cdots,y_m)^{\mathrm{T}}$，输出层向量为 $O=(o_1,o_2,\cdots,o_k,\cdots,o_l)^{\mathrm{T}}$，期望输出向量为 $d=(d_1,d_2,\cdots d_k,\cdots,d_l)^{\mathrm{T}}$，输入层到隐含层之间的权值矩阵为 $V=(V_1,V_2,\cdots,V_j,\cdots,V_m)$，其中列向量 V_j 为隐含层第 j 个神经元对应的权向量；隐含层到输出层的权值矩阵 $W=(W_1,W_2,\cdots,W_k,\cdots,W_l)$，其中列向量 W_k 为输出层第 k 个神经元对应的权向量。

隐含层第 j 个神经元的输入为

$$\text{net}_j = \sum_i v_{ij} x_i \qquad j = 1, 2, \cdots, m \tag{8-27}$$

$$y_j = f(\text{net}_j) \qquad j = 1, 2, \cdots, m \tag{8-28}$$

输出层第 k 个神经元的输出为

$$\text{net}_k = \sum_j w_{ij} y_j \qquad k = 1, 2, \cdots, l$$

$$o_k = f(\text{net}_k) \qquad k = 1, 2, \cdots, l \tag{8-29}$$

以上两式中 f 均为 S 型函数

$$g(x) = \frac{1}{1 + \mathrm{e}^{-x}} \tag{8-30}$$

通过网络训练达到要求后，各结点间互联权值就完全确定，此时便可对未知样本进行识别预测。

8.4.5　基于 BP 神经网络水声目标分类数据试验

数据试验采用 BP 神经网络，输入的分类特征为船舶辐射噪声低频线谱频率特征，特征构造方法如下。

(1) 提取声纳传感器录取的实际船舶辐射噪声低频线谱。

(2) 将该频段范围等分为 50 段，统计每段内低频线谱的个数 n_i，$i = 1, \cdots, 50$。

(3) 构造 50 维的线谱频率特征 $F = [n_1, n_2, \cdots, n_{50}]$。

网络输出设定为两类目标，即目标类别Ⅰ和目标类别Ⅱ，其中，目标类别Ⅰ样本库包含 731 个样本，样本基本属于不同型号的同类别目标；目标类型Ⅱ样本库包含 237 个样本，由 3 艘不同型号的类别Ⅱ目标分时段切割而成。

1. 隐含层节点数的选择

隐含层节点数对 BP 网络的性能有很大影响，隐含层节点数选用太少，网络难以处理较复杂的问题，选用过多将使网络训练时间急剧增加，而且过多的节点容易使网络训练过度。但目前没有一个理想的解析式可以用来确定合理的节点个数，通常的做法是采用经验公式给出估计值，其中一个经验公式是：$M = \sqrt{n + m + a}$，m 和 n 分别为输出层和输入层的神经元个数，a 是[0,10]之间的常数。在模型中，由于 $m = 50$，$n = 2$，所以 M 的取值范围是[7, 17]。为了选择最优的节点数，对选取不同节点数的模型的平均识别率进行了分析。

采用含有一个隐含层的标准 BP 算法。在样本库中随机抽选训练样本集和测试样本集进行一次试验，每类样本集中类别Ⅰ和类别Ⅱ个数均为 100 个，且样本集之间没有重叠，进行 50 次相互独立试验。统计 50 次试验的平均识别率如图 8-13

所示，可以看出，当隐含层节点数为 8 时，平均识别率最高，且识别率标准差较低，说明在保证较高识别率的前提下识别率波动较小，具有较好的稳定性。因此下面试验中网络隐含层节点数选为 8。

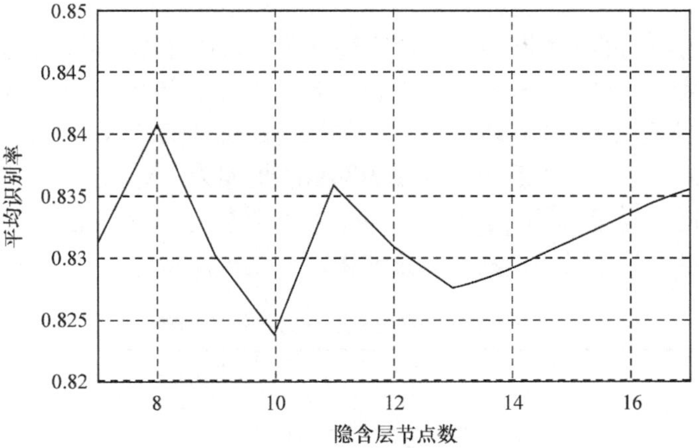

图 8-13　不同节点数对应识别率

2. 学习速率对 BP 网络的影响

学习速率决定每一次循环训练中所产生的权值变化量。学习速率的大小对收敛速度和训练结果影响很大。较小的学习速率可以保证训练能稳定的收敛，但学习速度慢，训练时间长；较大的学习速率可以在某种程度上提高收敛速度，但可能导致振荡或发散。采用标准 BP 算法，学习速率从 0 到 0.5，间隔步长为 0.01，共 51 个学习速率进行试验，每个学习速率下试验次数为 50 次，其平均识别率如图 8-14 所示。当学习速率大于 0.3 后，平均识别率只有在 50%，原因是将全部类

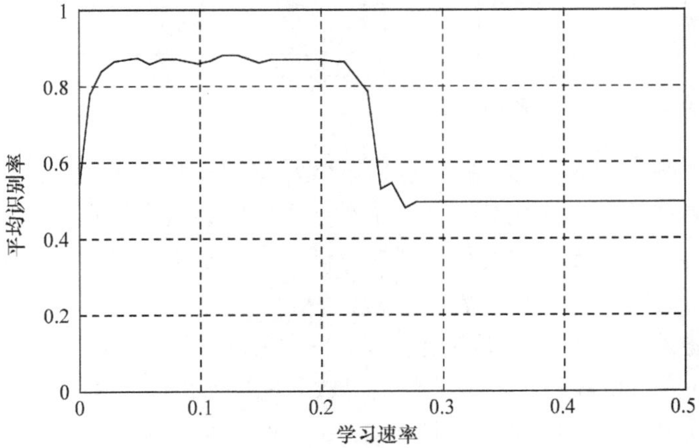

图 8-14　不同学习速率对应平均识别率

别Ⅰ目标识别为类别Ⅱ。可见学习速率对标准 BP 算法的影响非常大。为了保证算法收敛，选取一个较小的学习速率是较为稳妥的方法。

3. 学习算法对 BP 网络的影响

分别采用不同的 BP 网络学习算法进行学习，每种算法的试验次数为 50 次，为了在保证试验次数的前提下避免浪费太多时间，设定每次试验的最大训练步数为 1000，即使算法在 1000 步内没有收敛也会停止训练。试验得到不同算法的识别率如表 8-2 所示。可以看出，在 BP 网络的框架内，对于本次试验数据而言，如果不考虑收敛速度，不同学习算法在平均识别率上相差不大。除动量梯度下降算法识别率相对较低以外，其他算法的识别率比较接近。

表 8-2　不同学习算法对应的识别率

	类别Ⅰ目标识别率	类别Ⅱ目标识别率	平均识别率
梯度下降算法	74.96%	89.52%	82.24%
动量梯度下降算法	67.68%	88.32%	78%
变学习率梯度下降算法	83.4%	90.64%	87.02%
变学习率动量梯度下降算法	87.6%	88.96%	86.24%
LM 算法	80.88%	87.24%	84.06%
弹性 BP 算法	83.52%	87.36%	85.44%
SCG 算法	83.16%	88.28%	85.72%
OSS 算法	83.04%	86.16%	84.6%
Fletcher-Reeves 修正算法	82.08%	88.64%	85.36%
贝叶斯正则化算法	84.32%	88.08%	86.2%

4. 不平衡性问题对 BP 网络的影响

对于一个两类分类问题，我们称样本数量少的那个类别为小类，样本数量多的为大类，当大类样本的数量远大于小类样本时就会出现样本数不平稳问题，这会造成原有的分类器无法达到预期效果。试验中类别 I 的样本个数远多于类别 II 样本个数，因此就形成了不平衡性问题。

采用上述识别率相对较高的变学习率梯度下降算法对 BP 网络进行训练，类别 I 目标训练样本个数和目标测试样本个数分别取 100 个，类别 II 目标训练样本个数和目标测试样本个数取 $N_u = [5,10,15,\cdots,100]$，得到不同训练样本个数下的识别率如图 8-15 所示。可以看出，随着类别 II 目标训练样本个数的增加，其目标识别率不断提高，当样本个数达到 40 以后，识别率趋于稳定；类别 I 目标识别率稍有下降，但下降幅度较小。

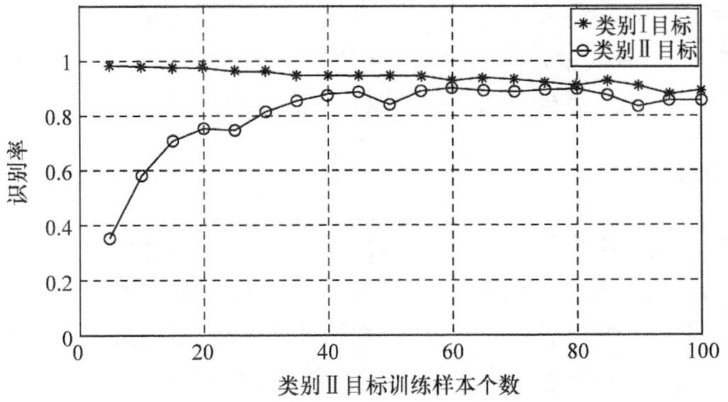

图 8-15　识别率与类别Ⅱ目标训练样本个数的关系

在以上不平衡性问题试验中，类别Ⅱ目标为小类，类别 I 目标为大类，当小类与大类的比例关系最小时，即 1∶20，小类识别率仅不到 40%，然而这个比例关系在不平衡问题中并非是小概率事件，对于实际中成百上千倍的比例关系，得到的小类识别率会更低。可以看出，利用 BP 网络使用低频线谱特征进行船舶类别识别时，训练样本不平衡性问题对小类识别率影响较大，对大类识别率几乎没有影响。另外，当大类或小类的训练样本数达到一定数值后，即使再增加训练样本，其识别率提升幅度很小。

8.5　支持向量机

支持向量机(support vector machine, SVM)是一种基于统计学习理论的模式识别方法，最初于 20 世纪 90 年代由 Vapnik 提出。近年来在其理论和算法实现方面都取得了突破性进展，在解决小样本、非线性及高维模式识别问题中表现出许多特有的优势，开始成为克服维数灾难、过学习及局部最优等传统困难的有效手段。这种方法有一个独特的特点，使用训练实例的一个子集来表示决策边界，该子集称作支持向量。

SVM 主要思想是针对两类分类问题，在高维空间中寻找一个超平面作为两类的分割，以保证最小的分类错误率。SVM 的一个重要优点是可以处理线性不可分的情况，通过学习算法，SVM 可以自动寻找那些对分类有较好区分能力的支持向量，由此构造出的分类器可以最大化类与类的间隔，因而有较好的推广性和较高的分类准确率。

用 SVM 实现分类，关键在于核函数，通过选取合适的核函数，可以将低维空间向量通过非线性变换映射到高维空间，然后在高维特征空间中寻找把样本线性分开的最优分类面，以解决原始空间中线性不可分的问题。支持向量机的巧妙之处在于非线性映射操作并不是直接在高维特征空间中进行，而是隐含地通过内积函数(核函数)在低维空间完成，因而简化了计算，使 SVM 的思想得以实现。采用不同的目标函数、约束条件和核函数将导致不同的 SVM 算法[206-208]。

8.5.1 最优分类超平面

考虑一个包含 N 个训练样本的二元分类问题，如图 8-16，两类不同样本分别用方块和圆圈表示。这个数据集是线性可分的，即可以找到这样一个分类线，使得所有的方块位于这个分类线的一侧，而所有圆圈位于它的另一侧。然而，可能存在无穷多个这样的分类线，如图中的 B_1 和 B_2 两个分类线都可以将训练样本准确无误的划分到各自的类中，但选择哪一个作为分类线更适合训练集以外的数据，本例中是图中分类线 B_1。原因是这个分类线给每一边都留了更多的间隔，这样两类中的数据可以更自由地活动，而产生错误的概率更小。因此当面对未知数据的挑战时，这样的分类线泛化误差更小。

图中每个分类线 B_i 都对应着一对虚线 b_{i1} 和 b_{i2}，分别为各类中离分类线最近的样本且平行于分类线的直线，它们之间的距离就是分类间隔(margin)，图中 B_1 的分类间隔显著大于的 B_2 分类间隔。所谓最优分类线就是要求分类线不仅能将两类正确分块，而且使分类间隔最大。推广到高维空间，最优分类线就成为最优分类超平面，简称最优超平面[209-212]。

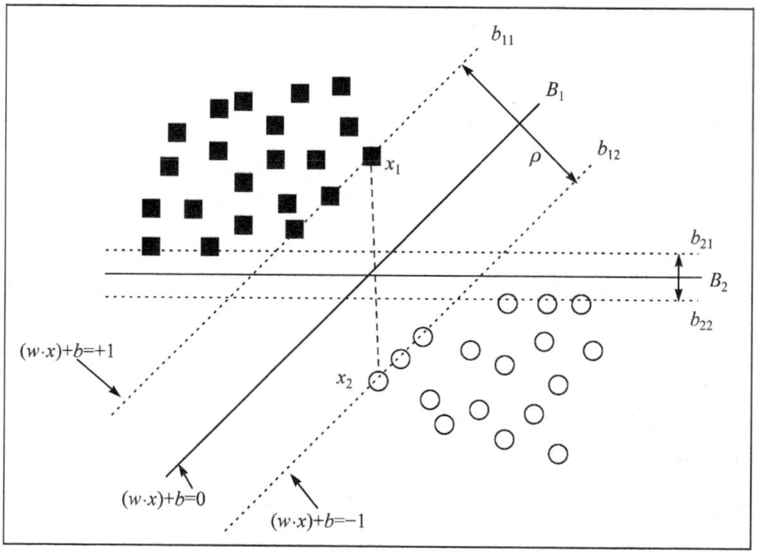

图 8-16 线性可分情况下分类超平面示意图

将训练集中每个样本表示为一个二元组 (x_i, y_i) $(i=1,2,\cdots,N)$ 其中 $x_i=(x_{i1}, x_{i2},\cdots,x_{id})^{\mathrm{T}}$ 是 d 维向量，对应第 i 个样本的属性集，$y_i\in\{-1,+1\}$为类别标号。一个线性分类器的决策超平面可以写成如下形式：

$$(w\cdot x)+b=0 \tag{8-31}$$

其中,w 是一个垂直于超平面的向量。该超平面完全可以由其模型参数(w,b)决定，而且，对参数 w,b 同时乘以任意非零常数，超平面是不变的。

对于任何位于决策超平面 B_1 上方的方块 x_i，我们可以证明

$$(w\cdot x_i)+b=k \tag{8-32}$$

其中，$k>0$。同理，对于任何位于决策超平面 B_1 下方的方块 x_j，我们可以证明

$$(w\cdot x_j)+b=k' \tag{8-33}$$

其中，$k'<0$。如果标记所有的方块类标号为+1，标记所有的圆圈的类标号为−1，则可以用以下的方式预测任何测试样本 z 的类标号 y

$$y=\begin{cases}+1 & (w\cdot z)+b>0\\ -1 & (w\cdot z)+b<0\end{cases} \tag{8-34}$$

调整超平面的参数 w,b，两个平行虚线 b_{11} 和 b_{12} 对应的超平面可以表示如下：

$$b_{11}:\ (w\cdot x)+b=+1 \tag{8-35}$$

$$b_{12}:\ (w\cdot x)+b=-1 \tag{8-36}$$

图中，x_1 是 b_{11} 上的一个数据点，x_2 是 b_{12} 上的一个数据点，将 x_1 和 x_2 分别代入式(8-35)和式(8-36)中，则超平面 B_1 对应的分类间隔 ρ 可以通过两式相减得到，为

$$w\cdot(x_1-x_2)=2$$

$$\|w\|\cdot\rho=2$$

$$\therefore \rho=\frac{2}{\|w\|} \tag{8-37}$$

8.5.2　线性支持向量机

1. 类别线性可分情况[5,209]

SVM 从线性可分情况下的最优分类面发展而来，训练阶段任务包括从训练数据中估计决策超平面的参数 w 和 b。选择的参数必须满足下面两个条件：

$$\begin{aligned}&(w\cdot x_i)+b\geqslant +1 \text{如果} y_i=+1\\ &(w\cdot x_i)+b\leqslant -1 \text{如果} y_i=-1\end{aligned} \tag{8-38}$$

这两个不等式可以概括为如下更紧凑的形式：

$$y_i\left[(w\cdot x_i)+b\right]-1\geqslant 0,\quad i=1,2,\cdots,N \tag{8-39}$$

尽管前面的条件也可以用于其他线性分类器，但是SVM还增加了一个要求：其决策超平面的分类间隔$\rho = 2/\|w\|$必须是最大的。分类间隔最大等价于最小化下面的目标函数：

$$f(w) = \frac{\|w\|^2}{2} \tag{8-40}$$

因此，SVM 的训练任务可以形式化的描述为以下被约束的优化问题：

$$\begin{cases} \min\limits_{w} f(w) = \dfrac{\|w\|^2}{2} \\ \text{s.t. } y_i\left[(w \cdot x_i) + b\right] - 1 \geqslant 0, \quad i = 1, 2, \cdots, N \end{cases} \tag{8-41}$$

由于目标函数是二次的，而约束在参数 w 和 b 上是线性的，因此这个问题是一个凸(convex)优化问题，可以通过拉格朗日(Lagrange)乘子方法解决，即最下化下面的拉格朗日函数：

$$L_P = \frac{1}{2}\|w\|^2 - \sum_{i=1}^{N} \lambda_i \left[y_i(w \cdot x_i + b) - 1\right] \tag{8-42}$$

其中，参数 λ_i 称为拉格朗日乘子。为此，必须对 L_P 关于求 w 和 b 偏导，并令它们等于零，即

$$\frac{\partial L_P}{\partial w} = 0 \Rightarrow w = \sum_{i=1}^{N} \lambda_i y_i x_i \tag{8-43}$$

$$\frac{\partial L_P}{\partial b} = 0 \Rightarrow \sum_{i=1}^{N} \lambda_i y_i = 0 \tag{8-44}$$

根据 Karuch-Kuhn-Tucher(KKT)定理，最优解还应满足：

$$\begin{cases} \lambda_i \geqslant 0 \\ \lambda_i\left[y_i(w \cdot x_i + b) - 1\right] = 0 \end{cases} \tag{8-45}$$

该约束表明，除非训练实例满足方程 $y_i(w \cdot x_i + b) = 1$，否则拉格朗日乘子 λ_i 必须为零。那些 $\lambda_i > 0$ 的训练实例位于超平面 b_{i1} 和 b_{i2} 上，称为支持向量。不在这些超平面上的训练实例肯定满足 $\lambda_i = 0$。式(8-43)和式(8-45)还表明，定义决策超平面的参数 w 和 b 仅依赖于这些支持向量。

将式(8-43)和式(8-45)代入式(8-42)中，可将构建最优超平面的问题转化为一个较简单的仅包含拉格朗日乘子的函数(称作对偶问题)，在约束条件 $\sum_{i=1}^{N} \lambda_i y_i = 0$ 和 $\lambda_i \geqslant 0$ 下求解下面对偶拉格朗日函数的最大值：

$$L_D = \sum_{i=1}^{N} \lambda_i - \frac{1}{2}\sum_{i,j} \lambda_i \lambda_j y_i y_j x_i \cdot x_j \tag{8-46}$$

式中，λ_i 为与每个样本对应的拉格朗日乘子。这是一个不等式约束下二次函数寻优的问题，存在唯一解。容易证明，解中只有一部分(通常是少部分) λ_i 不为零，对应的样本就是支持向量。一旦通过最大化式(8-46)计算出一组最优拉格朗日乘子 λ_i，就可以通过式(8-43)和式(8-44)求解 w 和 b 的可行解。解上述问题后得到的最优分类函数为

$$f(x)=\operatorname{sgn}\left(\sum_{i=1}^{N}\lambda_i^* y_i(x_i\cdot x)+b^*\right) \tag{8-47}$$

式(8-47)中的求和实际上只对支持向量进行。b^* 是分类阈值，可以用任意一个支持向量(满足式(8-39)中的等号)求得，或通过两类中任意一对支持向量取中值求得。

2. 类别线性不可分情况[5,209]

在类不可分的情况中，上述讨论不再有效，图 8-17 给出了两类不可分的情况。不能像解决线性可分问题那样，找出任何一个超平面完成分类任务，而没有点落在类分离段中，决策超平面 B_1 不再满足式(8-39)给定的所有约束。因此必须放松不等式约束，以适应非线性可分数据。可以通过在优化问题的约束式(8-38)中增加一个松弛项 $\xi_i\geqslant 0$，如下式所示：

$$\begin{aligned}(w\cdot x_i)+b&\geqslant +1-\xi_i \quad 如果 y_i=+1\\(w\cdot x_i)+b&\leqslant -1+\xi_i \quad 如果 y_i=-1\end{aligned} \tag{8-48}$$

并将式(8-40)修改为

$$f(w)=\frac{\|w\|^2}{2}+C\left(\sum_{i=1}^{N}\xi_i\right) \tag{8-49}$$

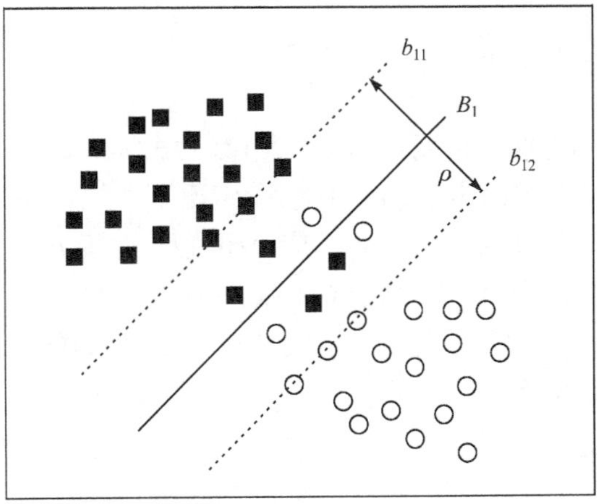

图 8-17　线性不可分情况下分类超平面示意图

其中，C 为可调参数，表示对误分训练实例的惩罚程度，C 越大惩罚越重，故 C 称为惩罚因子。

由此，拉格朗日函数可以记作如下形式：

$$L_P = \frac{1}{2}\|w\|^2 + C\left(\sum_{i=1}^{n}\xi_i\right) - \sum_{i=1}^{n}\lambda_i\left[y_i(w\cdot x_i + b) - 1 + \xi_i\right] - \sum_{i=1}^{N}\mu_i\xi_i \tag{8-50}$$

其中，等式右侧前两项是需要最小化的目标函数，第三项表示与松弛变量相关的不等式约束，而最后一项是要求 ξ_i 的值非负的结果。此外，根据如下的 KKT 条件，可以将不等式约束变换成等式约束：

$$\begin{cases}\xi_i \geqslant 0, \lambda_i \geqslant 0, \mu_i \geqslant 0 \\ \lambda_i\left[y_i(w\cdot x_i + b) - 1 + \xi_i\right] = 0 \\ \mu_i\xi_i = 0\end{cases} \tag{8-51}$$

式(8-51)中拉格朗日乘子 λ_i 是非零的当且仅当训练实例位于超平面 $(w\cdot x_i) + b = \pm 1$ 上或 $\xi > 0$。另一方面，对于许多误分类的训练实例(即满足 $\xi_i > 0$)，μ_i 都为零。

对 L_P 关于 w,b 和 ξ_i 求偏导，并令它们等于零，得到如下公式：

$$\begin{aligned}&\frac{\partial L_P}{\partial w_j} = 0 \Rightarrow w_j = \sum_{i=1}^{N}\lambda_i y_i x_{ij} \\ &\frac{\partial L_P}{\partial b} = 0 \Rightarrow \sum_{i=1}^{N}\lambda_i y_i = 0 \\ &\frac{\partial L_P}{\partial \xi_i} = 0 \Rightarrow \lambda_i + \mu_i = C\end{aligned} \tag{8-52}$$

将式(8-52)代入拉格朗日函数中，得到如下的对偶拉格朗日函数：

$$L_D = \sum_{i=1}^{N}\lambda_i - \frac{1}{2}\sum_{i,j}\lambda_i\lambda_j y_i y_j x_i\cdot x_j \tag{8-53}$$

与线性可分数据上的对偶拉格朗日函数相同[参见式(8-46)]。尽管如此，两种情况下的拉格朗日乘子 λ_i 略微不同。在线性可分情况下，拉格朗日乘子必须非负的，即 $\lambda_i \geqslant 0$。另一方面，式(8-52)表明 λ_i 不应该超过 C (由于 μ_i 和 λ_i 都是非负的)。因此，非线性可分数据的拉格朗日乘子被限制在 $0 \leqslant \lambda_i \leqslant C$。

然后，将对偶问题求解得到的拉格朗日乘子 λ_i 代入式(8-52)和 KKT 条件中，就得到决策超平面的参数。

8.5.3 非线性支持向量机

如图 8-18(a)所示，对非线性决策边界问题，非线性 SVM 解决此类问题的基本思想是通过非线性变换将输入变量 x 变换到某个高维空间中，然后在变换后的空间中求最优分类面。这种变换可能比较复杂，因此这种思路一般情况下不易实现。但是注意到上面的对偶问题都只涉及训练样本之间的内积运算($x_i \cdot x_j$)，$i, j = 1,2,\cdots,N$，即在高维空间只需进行内积运算，而这种内积运算是可以用原空间的函数实现的，甚至没有必要知道变换的形式，这样就避免了高维空间里的计算。根据泛函的有关理论，只要一种核函数 $K(x_i,x_j) =< \varPhi(x_i) \cdot \varPhi(x_j) >$ 满足 Mercer 条件，它就对应某一变换空间中的内积[5,209]。

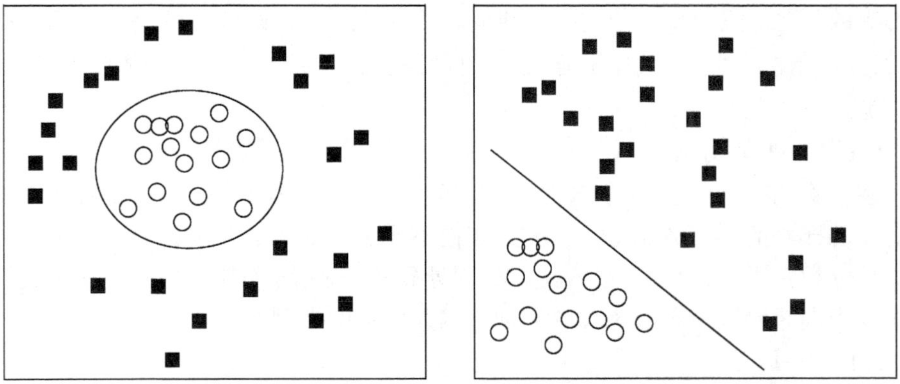

(a) 原二维空间中的决策边界　　(b) 变换后空间中的决策边界

图 8-18　非线性决策超平面示意图

那么，具有“最大分类间隔”非线性支持向量机的对偶拉格朗日函数就变为

$$L_D = \sum_{i=1}^{N} \lambda_i - \frac{1}{2}\sum_{i,j} \lambda_i \lambda_j y_i y_j K(x_i \cdot x_j) \tag{8-54}$$

而相应的最优分类函数变为

$$f(x) = \mathrm{sgn}(\sum_{i=1}^{n} \lambda_i^* y_i K(x_i \cdot x_j) + b^* \tag{8-55}$$

式(8-55)中的 b^* 为分类阈值，函数 K 称为点积核函数，可以理解为在数据样本之间定义的一种距离。这一特点提供了解决算法中维数灾难问题的方法。

选择不同的核函数就可以生产不同的支持向量机，目前，SVM 常用的核函数有以下 3 种。

(1) 多项式核函数：

$$K(x, y) = \left[(x \cdot y) + 1\right]^d \tag{8-56}$$

(2) 径向基核函数：

$$K(x, y) = \exp\{-|x - y|^2 / \sigma^2\} \tag{8-57}$$

(3) Sigmoid 核函数：

$$K(x,y)=\tanh\left[k(x\cdot y)+c\right] \tag{8-58}$$

8.5.4 支持向量机应用中的几个问题

1. 多类别的扩展[40]

SVM 的最初提出是针对两类问题，而在水声目标识别中往往面对多类问题。如何将两类别分类方法扩展到多类别分类是拓展 SVM 在水声目标识别中应用需要解决的问题。假定多类分类问题共有 m 个类别 $CS=\{c_1,c_2,\cdots,c_m\}$，训练样本为 $\{(x_i,y_i),i=1,2,\cdots,N\}$，其中 $y_i\in CS$。目前主要有以下 4 种方法实现 SVM 的多类别分类。

(1) 逐一鉴别方法

逐一鉴别方法构造 m 个 SVM 子分类器，在构造第 j 个子分类器时，将属于类别 c_j 的样本的样本数据记为正类，其他不属于类别 c_j 的样本数据记为负类。在测试或分类应用时，对每个输入样本分别计算各个 SVM 子分类器的判别函数值，并选取判别函数值最大所对应的类别为输入样本的类别。

(2) 一一区分法

一一区分法分别选取两个不同类别，构成一个 SVM 子分类器，这样共有 $m\times(m-1)/2$ 个 SVM 子分类器。在构造类别 c_i 和类别 c_j 的子分类器时，训练样本集只包括属于类别 c_i 和类别 c_j 的样本，并将属于类别 c_i 的样本数据标记为正，将属于类别 c_j 的样本数据记为负。在测试或分类应用时，将输入样本输入到所有 $m\times(m-1)/2$ 个 SVM 子分类器，并累计各类别的得分，选择得分最高者所对应的类别为输入样本的类别。

(3) M-ary 分类方法

Sebald 等提出的 M-ary 分类方法充分运用了 SVM 的两类别分类特点，将多类别分类的各个类别重新组合，构成 $\left[\log_2^k\right]$ 个 SVM 子分类器。以 4 个类别 $\{c_1,c_2,c_3,c_4\}$ 为例，构造 $\left[\log_2^4\right]=2$ 个 SVM 子分类器。对于第 1 个 SVM 子分类器，类别 c_2,c_4 所对应的样本数据全部标记为正，类别 c_1,c_3 所对应的样本数据全部标记为负。对于第 2 个 SVM 子分类器，类别 c_2,c_3 所对应的样本数据标记为正，类别 c_1,c_4 所对应的样本数据标记为负。然后，分别训练这两个 SVM 子分类器。在测试或分类应用时，根据这两个子分类器的结果可得到输入样本的类别。例如，对于某一测试样本 x，第 1 个和第 2 个子分类器的输出分别为+1 和−1，则由第 1 个分类器的输出可知 x 属于类别 c_2 或 c_4；由第 2 个子分类器的输出可知 x 属于类别 c_1 或 c_4，因此输入样本 x 属于类别 c_4。

M-ary 分类方法很巧妙地将多类别分类问题转变为数量较少的两类别 SVM 分类器，使训练过程和测试分类过程的计算量大大减小，是一种很好的多类别分类方法。

2. 海量样本数据的处理[40]

采用 SVM 方法求解最优分类问题，本质上是一个二次规划问题，需要计算和存储核函数矩阵，其大小与训练样本数的平方相关。因此，随着样本数目的增多，所需要的内存也就增大。当样本数据规模较小时，可以通过解析法、数值优化算法求解，但对于海量样本数据(样本数在 10^5～10^6 以上)，常规的数值优化算法及软件已无法实现二次规划问题的求解，运行时间和计算内存是海量样本数据求解 SVM 分类器的主要瓶颈。通常，训练算法改进的思路是把要求解的问题分成许多子问题，然后通过反复求解子问题来求得最终的解。目前主要有分块法和分解法两种方法，下面分别详细介绍。

(1) 分块法

由 SVM 方法得到的判别函数只与支持向量有关，与其他样本数据无关，也就是说，如果只取支持向量作为训练样本，则得到的判别函数与所有样本作为训练样本得到的判别函数是一致的。分块法就是基于这种思想提出的用于求解海量样本数据的优化算法，它将海量样本数据集分成若干个小规模的样本集，按顺序逐个对各样本子集进行训练学习。在对每个样本子集学习时，只需要根据上一个样本子集得到的支持向量以及当前的样本子集进行新的最优化计算。分块法求解规模随着支持向量数目的增加而增加，因此在支持向量数目非常大时，优化计算仍难以实现。

(2) 分解法

分解法将大规模的二次规划问题转化成一系列小规模的二次规划求解。分解法选择 q 个 a_i 作为优化变量(q 固定)，而其他 a_i 的值固定不变。因此，与分块法不同，分解法的子问题求解不会随着支持向量数目的增加而增加，而是固定不变的。分解的基本思想是将样本数据的序号集 $\{1,2,\cdots,n\}$ 分为工作集 B 和非工作集 N，工作集 B 的大小为 q，这样将大规模的二次规划问题转化成只有 q 个优化变量、$2q$ 个线性不等式约束、1 个等式约束的小规模二次规划问题。

分解法的关键问题是在每次迭代过程中如何选择工作集 B 以及算法的收敛性。一种选择工作集的有效方法是根据 Karush-Kuhn-Tuker 条件的背离程度进行选择，即包含那些违反 KKT 条件最严重的点。Platt 提出的顺序最小优化算法(sequential minimal optimization，SMO)将分解的思想推向极致，它将工作集 B 的大小 q 限定为 2。SMO 算法的优点是，两个样本数据点的优化问题可以用解析法直接计算，而不需要采用二次规划优化算法计算。

3. 模型参数的选择

(1) 惩罚因子选择

惩罚因子 C(支持向量系数 a_i 的上界)实现在错分样本的比例和算法复杂度之间的折中，即在确定的特征子空间中调节学习机器置信范围和经验风险的比例以使学习机器的推广能力最好。在确定的特征子空间中，C 的取值小表示对经验误差的惩罚小，学习机器的复杂度小而经验风险值较大；如果 C 取 ∞，则所有的约束条件都必须满足，这意味着训练样本必须要准确地分类。每个特征子空间至少存在一个合适的 C，使得 SVM 推广能力最好。当 C 超过一定值时，SVM 的复杂度达到了特征子空间允许的最大值，此时经验风险和推广能力几乎不再变化。

(2) 核函数和核参数

支持向量机的核函数一般包括线性核函数、径向基核函数、多项式核函数、高斯核函数等，对于构建一个支持向量机模型来说首先需要做的就是选择核函数和核参数。核函数参数和惩罚因子 C 的选择对支持向量机模型的性能有着重要影响，如径向基核函数支持向量机的分类性能直接受径向基高斯核参数 σ 的影响。因为核函数、映射函数以及特征空间是一一对应的，确定了核函数，就隐含地确定了映射函数和特征空间。核参数的改变实际上是隐含地改变映射函数从而改变样本特征子空间分布的复杂程度。对于一个具体问题，如果 σ 取值不合适，SVM 就无法达到预期的学习效果。只有选择合适的核函数将数据投影到合适的特征空间，才可能得到推广能力良好的 SVM 分类器。

8.5.5 基于支持向量机水声目标分类数据试验

应用径向基核函数 SVM，对实际船舶辐射噪声信号进行了试验，并给出试验结果[210-212]。具体如下。

1. 试验样本和特征

试验样本：通过海上试验，获取了具有相同螺旋桨桨叶数和大致相同螺旋桨转速的 475 个样本，其中 A 类船舶目标样本 111 个、B 类船舶目标样本 364 个。

识别特征：通过对试验样本进行 DEMON 谱分析，获取了目标样本轴频、叶频及其倍频的 DEMON 线谱幅度、宽度、稳定度以及信噪比共 33 维特征进行归一化处理后作为识别特征。其中典型的 A 类、B 类船舶目标 DEMON 谱图如图 8-19、图 8-20 所示。

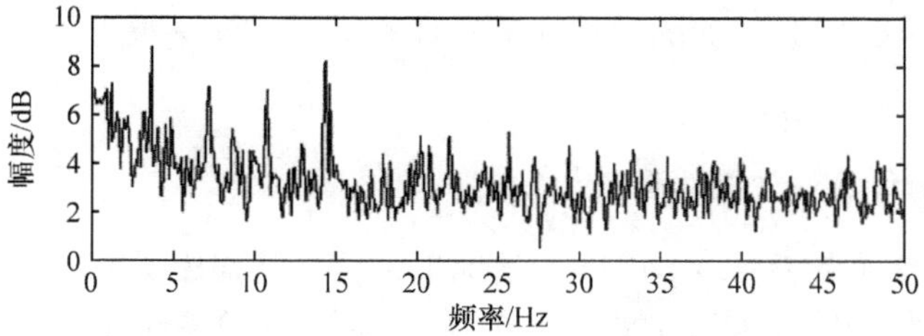

图 8-19　*A* 类船舶辐射噪声的 DEMON 谱

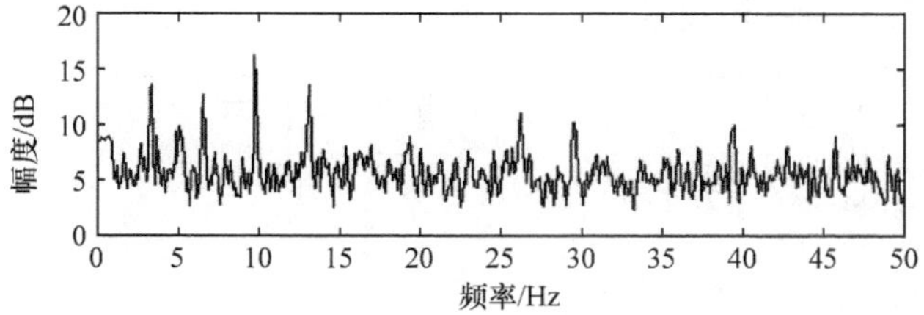

图 8-20　*B* 类船舶辐射噪声的 DEMON 谱

2. 径向基核函数参数 σ 对分类结果的影响

采用径向基核函数的支持向量机，在固定惩罚因子 C=20 的情况下，分析了径向基核函数 σ 对分类识别性能的影响，径向基核函数参数 σ 取 0.02～2.00。参数寻优的过程中，采用了交叉验证法将目标库分为两部分，一部分用来训练，另一部分用来测试。

对训练样本的错误识别率表示为 err1，对测试样本的错误识别率表示为 err2，对训练样本和测试样本的总错误率识别率表示为 err3，其中，err1 =测试样本错误分类数目/测试样本错误总数目； err2 =训练样本错误分类数目/训练样本错误总数目； err3 =训练和测试样本错误分类数目/训练和测试样本错误总数目。

图 8-21 给出了三类错误率和归一化分类间隔 margin (对 $\rho = 2/\|w\|$ 的归一处理显示)随 σ 的变化曲线如图。由图可以看出，采用径向基核函数支持向量机进行

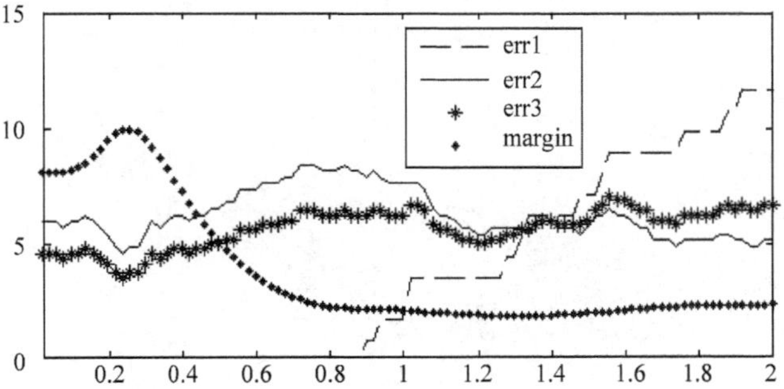

图 8-21　错误识别率和分类间隔随 σ 变化情况

分类时，在 $\sigma = 0.25$ 时，训练样本和测试样本的总错误率最低，并且归一化分类间隔 margin 最大。

3. 惩罚因子 C 对分类结果的影响

取径向基核函数参数 $\sigma = 0.25$ 的情况下，调整惩罚因子 C，取 1～100，每间隔 1 取值，重复训练和测试 100 次，得到对训练样本的错误识别率为 err1，对测试样本的错误识别率为 err2，总的错误识别率为 err3，分类间隔为 margin，随惩罚因子 C 变化曲线如图 8-22 所示。

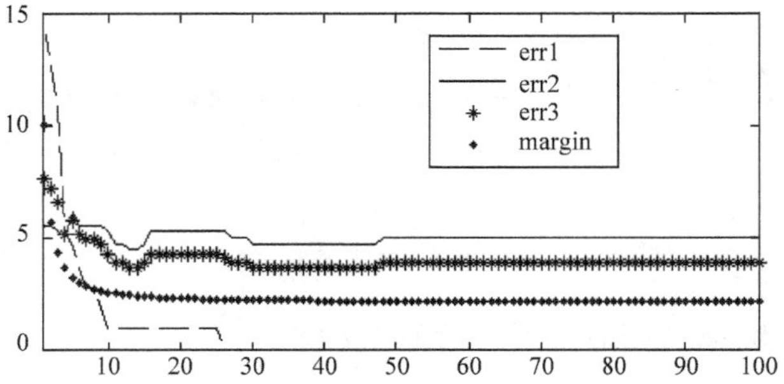

图 8-22　错误识别率和分类间隔随 C 变化情况

由试验数据可以看出，该批样本数据采用径向基核函数的 SVM 进行分类，惩罚因子 C=13 时，训练样本和测试样本的总错误率最低。

4. 用网格搜索法确定支持向量机的参数

采用网格搜索法以 $\sigma = 0.25$，$C = 13$ 为中心，σ 取 0.15～034，每间隔 0.01 取值，C 取 3～22，每间隔 1 取值，寻找 SVM 的最优参数。

总的错误识别率为 err3，随径向基核函数 σ 和惩罚因子 C 变化的情况如图 8-23 所示。

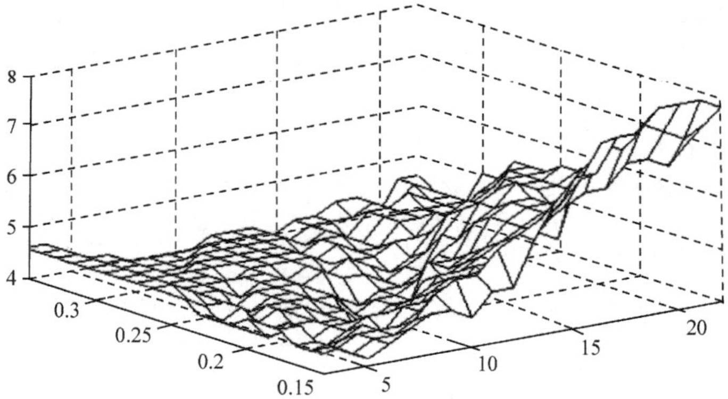

图 8-23　总错误识别率随 σ 和 C 变化情况

通过试验数据可得，在取$\sigma=0.23$，$C=13$时，本批目标的训练和测试样本的总错误率 err3 最低，为总错误率最低准则下的最优参数。

5. 采用留一法，研究算法的推广能力估计

由于留一法对测试错误率的估计是无偏估计，所以进一步采用留一法，对库内 475 个目标进行了 475 次训练和测试，研究该 SVM 算法的推广能力估计。

在 475 次试验中，通过试验获得正确分类识别为 433 次，错误分类识别为 42 次。根据留一法，计算推广能力的估计公式计算可得

$$P_{\text{error}}(f)=\frac{1}{l}\sum_{i=1}^{l}L(f^{i}(x_i),y_i)=\frac{1}{475}\times 433=91.2\%$$

即该分类识别系统的总体正确识别率为 91.2%。

参 考 文 献

[1] 刘载芳, 王大训, 张友奎. 声纳听音判型. 北京: 海军出版社, 1999.

[2] 李启虎. 进入 21 世纪的声纳技术. 应用声学, 2002, 28(1): 13-18.

[3] 宫先仪, 宋明机. 水声信号处理的模式识别方法 I 一般理论. 声学与电子工程, 1992, (1): 3-8.

[4] 宫先仪, 宋明凯, 严琪, 等. 水声信号处理的模式识别方法 II 实验研究. 声学与电子工程, 1992, (4): 1-6.

[5] 孙亮, 禹晶. 模式识别原理. 北京: 北京工业大学出版社, 2009.

[6] 边肇祺, 张学工. 模式识别. 北京: 清华大学出版社, 2000.

[7] 黄凤岗, 宋克欧. 模式识别. 哈尔滨: 哈尔滨工程大学出版社, 1998.

[8] Lourens J G. Classification of ships using underwater radiated noise. Conference on Communications & Signal Processing, 1988, 161: 130-134.

[9] Rajagopal R, Sankaranarayanan B, Rao P R. Target classification in a passive sonar-An expert system approach. IEEE ICASSP-90, 2002, 5(5): 2911-2914.

[10] Maksym J N, Bonner A J, Dent C A, et al. Machine analysis of acoustical signal. Pattern Recognition, 1983, 16(6): 615-625.

[11] Arnab D, Arun K, Rajendar B. Feature analyses for marine vessel classification using passive sonar. UDT, 2005. 21-23.

[12] Farrokhrooz M, Karim M. Ship noise classification using probabilistic neural network and AR model coefficients. Oceans, 2005, 2: 1107-1110.

[13] Nii H P, Feigenbaum E, Anton J, et al. Signal-to-symbol transformation: Reasoning in the HASP/SIAP program.IEEE International Conference on Acoustics, Speech, & Signal Processing, 1984, 9: 158-161.

[14] Li Q H, Wan J L, Wei W. An application of expert system in recognition of radiated noise of underwater target. Oceans 95 Mts/IEEE Challenges of Our Changing Global Environment Conference, 1995, 1(1): 404-408.

[15] 王娜, 陈克安. 听觉感知特征在目标识别中的应用. 系统仿真学报, 2009, 21(10): 3128-3132.

[16] 王娜, 陈克安. 分频段谱质心在水下目标识别中的应用. 兵工学报, 2009, 30(2): 144-149.

[17] 彭园, 申丽然, 李雪耀, 等. 基于双谱的水下目标辐射噪声的特征提取与分类研究. 哈尔滨工程大学学报, 2003, 24(4): 390-394.

[18] 丁玉薇. 被动声纳目标识别技术的现状与发展. 声学技术, 2004, 23(4): 253-257.

[19] Tanmay R, Arun K, Rajendar B. Estimation of a non-linear coupling feature for underwater target classification. UDT Europe, 2002.

[20] Paul T A. Radiated noise characteristics of a modern cargo ship. Acoustical Society of America, 2000,107(1): 118-129.

[21] 刘孟庵. 水声工程. 杭州: 浙江科学技术出版社, 2002.

[22] 吴国清, 李靖, 陈耀明, 等. 船舶噪声识别(I)——总体框架、线谱分析与提取. 声学学报, 1998, 25(5): 394-400.

[23] 高鑫. 船舶辐射噪声线谱特征研究. 青岛: 海军潜艇学院学位论文, 2012.

[24] 高鑫. 船舶辐射噪声调制特征提取方法研究. 青岛: 海军潜艇学院学位论文, 2007.
[25] Boashash B, O'shea P. A methodology for detection and classification of some underwater acoustic signals using time-frequency analysis techniques. IEEE Transactions on ASSP, 1990, 38(11): 1829-1841.
[26] 章新华, 王骥程, 林良骥. 基于小波变换的船舶辐射噪声特征提取. 声学学报, 1997, (2): 139-144.
[27] Vaccaro R J. The past, present, and future of underwater acoustic signal processing. IEEE Signal Processing Magazine, 1998, 15(4): 21-51.
[28] 章新华. 水下目标自动识别核心技术. 兵工学报, 1998, 19(3): 275-280.
[29] 吴正国, 夏立, 尹为民. 现代信号处理技术. 武汉: 武汉大学出版社, 2003.
[30] 樊养余, 孙进才, 李平安, 等. 基于高阶谱的船舶辐射噪声特征提取. 声学学报, 1999, 24(6): 611-616.
[31] 樊养余, 陶宝祺, 熊克. 船舶噪声的 1(1/2)维谱特征提取. 声学学报, 2002, 27(1): 71-76.
[32] Lennartsson R K, Persson L, Robinson J W C, et al. Passive underwater signature estimation by bispectral analysis. IEEE Passive Sonar Signature Estimation Using Bispectral Technigues, 2000: 281-285.
[33] Lung H, Haykin S. Is there a radar clutter attractor. Applied Physics Letters, 1990, 56(6): 593-595.
[34] Kennel M B, Brown R, Abarbanel H D I. Determining embedding dimension for phase-space reconstrution using a geometrical construction. Physical Review A, 1992, 45(6): 3403-3415.
[35] 李亚安, 徐德民, 张效民. 舰船噪声信号的混沌特性研究. 西北工业大学学报, 2001, 19(2): 266-269.
[36] 章新华, 张晓明, 林良骥. 船舶辐射噪声的混沌现象研究. 声学学报, 1998, 23(2): 134-140.
[37] 刘虎, 戴卫国, 程玉胜. 速度信息在利用 DEMON 谱进行目标识别中的应用. 潜艇学术研究, 2007, 25(6): 32-34.
[38] 侯平魁, 史习智, 林良骥, 等. 水下目标识别的特征融合分类器设计. 电子学报, 2001, 29(4): 443-446.
[39] Giarratano J C, Riley G D. 专家系统原理与编程. 北京: 机械工业出版社, 2010.
[40] 蒋艳凰, 赵强利. 机器学习方法. 北京: 电子工业出版社, 2009.
[41] 程伟良. 广义专家系统. 北京: 北京理工大学出版社, 2005.
[42] 李茂宽. 支持向量机在水下目标识别中的应用. 青岛: 海军潜艇学院学位论文, 2005.
[43] Hinton G, Salakhutdinov R. Reducing the dimensionality of data with neural networks. Science, 2006, 313(5786): 504-507.
[44] Hinton G E, Osindero S, Teh Y W. A fast learning algorithm for deep belief nets. Neural Computation, 2006, 18(7): 1527-1554.
[45] Ian G, Yoshua B, Aaron C. Deep Learning. 赵申剑等译. 北京：人民邮电出版社, 2017.
[46] 焦李成, 赵进, 杨淑媛, 等. 深度学习优化与识别. 北京: 清华大学出版社, 2017.
[47] 罗斯 D. 水下噪声原理. 北京: 海洋出版社, 1983.
[48] 朱锡清. 船舶螺旋桨空泡噪声机理和谱特征分析研究. 中国船舶科学研究中心研究报告, 2008.
[49] 汤渭霖. 水下噪声学原理. 上海: 上海交通大学出版社, 2007.

[50] 胡晓. 水下航行体空泡流数值模拟研究. 哈尔滨: 哈尔滨工程大学学位论文, 2012.
[51] 魏以迈. 均流与非均流中螺旋桨空泡噪声的研究. 声学技术, 1983, 4:39-50.
[52] 胡健. 螺旋桨空泡性能及低噪声螺旋桨设计研究. 哈尔滨: 哈尔滨工程大学学位论文, 2006.
[53] 闻仲卿. 泡群溃灭的直接模拟及统计特性分析. 杭州：浙江大学学位论文, 2013.
[54] 林建恒. 船舶螺旋桨空化噪声辐射的逆问题. 声学学报, 1995, 20(5): 330-335.
[55] 陶笃纯. 螺旋桨空化噪声谱. 声学学报, 1982, (6): 10-17.
[56] 蒋国建, 林建恒, 马杰, 等. 舰船螺旋桨空泡噪声的数理模型. 声学学报, 1998, (5): 401-408.
[57] Harrison M. An experimental study of single bubble cavitation noise. Journal of the Acoustical Society of America, 1952, 24: 241-276.
[58] 邱家兴. 船舶螺旋桨空化噪声调制特性及在识别中的应用研究. 青岛: 海军潜艇学院学位论文, 2014.
[59] 刘启军, 邱家兴. 基于群空泡统计的螺旋桨空化噪声谱特性研究. 船舶电子工程, 2017, 37(7): 134-137.
[60] 刘启军, 邱家兴, 程玉胜. 船舶螺旋桨空化噪声非均匀调制特性及其应用. 船舶科学技术, 2017, 39(6): 18-22.
[61] 陶笃纯. 舰船噪声节奏的研究(Ⅰ)——数学模型及功率谱密度. 声学学报, 1983, 8(2): 3-14.
[62] 史广智, 胡均川. 舰船噪声调制谱谐波簇结构特性理论分析. 声学学报, 2007, 32(1): 19-25.
[63] 陈喆, 陈益明, 王顺杰. 船舶噪声信号常用解调方法分析. 青岛大学学报, 2012, 27(3): 62-66.
[64] 陈韶华, 陈川, 赵冬艳. 包络谱提取的4种方法比较分析. 水雷战与船舶防护, 2008, 16(4): 9-12.
[65] 张绪省, 朱贻盛, 成晓雄, 等. 信号包络提取方法——从希尔伯特变换到小波变换. 电子科学学刊, 1997, 19(l): 120-123.
[66] 陈光, 任志良, 张涛. 基于 Hilbert 变换的包络解调法在鱼雷电磁引信中的应用. 海军工程大学学报, 2009, 21(4): 21-25.
[67] 何振亚. 自适应信号处理. 北京: 科学出版社, 2002.
[68] Richard O N. Sonar Signal Processing. USA: Artech House, Inc, 1991.
[69] 鲍雪山. 被动目标 DEMON 检测方法研究及处理系统方案设计. 哈尔滨: 哈尔滨工程大学学位论文, 2005.
[70] 高鑫, 程玉胜. 船舶螺旋桨轴频估计中线谱要素提取算法. 应用声学, 2010, 29(6): 443-448.
[71] Lourens J G, Prcez J A D. Passive sonar ML estimator for ship propeller speed. IEEE Journal of Oceanic Engineering, 1998, 23(4): 448-453.
[72] 车永刚, 程玉胜. 螺旋桨空化噪声谱模型及结构特征. 哈尔滨工程大学学报, 2010, 31(7): 837-841.
[73] 程玉胜, 高鑫, 刘虎. 基于模板匹配的船舶螺旋桨叶片数识别方法. 声学技术, 2010, 29(2): 228-231.
[74] 程玉胜, 张宝华, 高鑫, 等. 船舶辐射噪声解调谱相位耦合特性与应用. 声学学报, 2012, 37(1): 25-29.
[75] 王森. 单矢量水听器潜标目标航迹提取及频谱分析技术研究. 青岛: 海军潜艇学院学位论

文, 2018.
[76] 尤立克 R J. 水声原理. 3 版. 洪申译. 哈尔滨: 哈尔滨船舶工程学院出版社, 1990.
[77] Arveson P T. Radiated noise characteristics of a modern cargo ship. Journal of the Acoustical Society of America, 2000, 107(1): 118.
[78] 施引, 朱石坚, 何琳. 船舶动力机械噪声及控制. 北京: 国防工业出版社, 1990.
[79] Aleksandrov I A. Some cavitation characteristics of ship propellers. Soviet Physics Acoustics, 1961, 7: 67-69.
[80] Aleksandrov I A. Physical nature of the rotation noise of ship propellers in the presence of cavitation. Soviet Physics Acoustics, 1962, 8: 23-28.
[81] Mellen R H. An experimental study of the collapse of spherical cavity in water. Journal of the Acoustical Society of America, 1956, (28): 447-454.
[82] 车永刚. 舰船辐射噪声起伏特性研究. 青岛: 海军潜艇学院学位论文, 2009.
[83] 张永坤, 熊鹰, 赵小龙. 螺旋桨无空泡噪声预报.噪声与振动控制, 2008, 2(1): 44-47.
[84] 孙红星, 朱锡清. 螺旋桨离散谱噪声计算研究. 船舶力学, 2000, 7(4): 105-109.
[85] 朱锡清, 唐登海, 孙红星. 船舶螺旋桨低频噪声研究. 船舶力学, 2000, 4(1): 50-55.
[86] 姚熊亮. 船体振动. 哈尔滨: 哈尔滨工程大学出版社, 2004.
[87] 何祚镛. 结构振动与声辐射. 哈尔滨: 哈尔滨工程大学出版社, 2001.
[88] 何祚镛. 水下噪声及其控制技术进展及展望. 应用声学, 2002, 21(1): 26-34.
[89] 日本海事协会. 船舶振动设计指南, 1981.
[90] 陆鑫森, 金咸定, 刘永康. 船体振动学. 北京: 国防工业出版社, 1980.
[91] 李启虎, 李敏, 杨秀庭. 水下目标辐射噪声中单频信号分量的检测:理论分析. 声学学报, 2008, 33(3): 193-196.
[92] 李启虎, 李敏, 杨秀庭. 水下目标辐射噪声中单频信号分量的检测:数值仿真. 声学学报, 2008, 33(4): 289-293.
[93] 李海涛. 矢量线阵快速时域解析自适应波束形成方法及其应用研究. 青岛: 海军潜艇学院学位论文, 2016.
[94] 陶笃纯. 噪声和振动谱中线谱的提取和连续谱平滑. 声学学报, 1984, 9(6): 337-340.
[95] 陈耀明, 陶笃纯, 杨怡青. 舰船辐射噪声线谱的幅度起伏模型. 声学学报, 1996, 21(4): 580-586.
[96] 吴国清, 李靖. 船舶噪声识别(Ⅱ)——线谱稳定性和唯一性. 声学学报, 1999, 24(1): 6-10.
[97] 惠俊英, 生雪莉. 水下声信道. 北京: 国防工业出版社, 2007.
[98] 杨德森, 肖笛, 张揽月. 水下混沌背景中的瞬态声信号检测法研究. 振动与冲击, 2013, 32(10): 31-35.
[99] 朱代柱. 水下瞬态信号的检测与识别. 声学技术, 2007, 26(4): 592-596.
[100] 吴国清, 陈永强, 李乐强, 等. 水声瞬态信号短时谱形态及谱相关法检测. 声学学报, 2000, 25(6): 510-515.
[101] 游波, 蔡志明. 水声瞬态信号检测方法的性能分析模型研究. 哈尔滨工程大学学报, 2015, 36(10): 1386-1390.
[102] 孙贵青, 杨德森. 小波变换在瞬态信号检测中的应用. 哈尔滨工程大学学报, 1998, 19(1): 42-46.

[103] Tucker S, Brown G J. Classification of transient sonar sounds using perceptually motivated features. IEEE Journal of Oceanic Engineering, 2005, 30(3): 588-600.
[104] Desai M, Shazeer D. Acoustic transient analysis using wavelet decomposition. Proceedings of the IEEE Conference on Neural Networks for Ocean Engineering, 1991: 29-40.
[105] Frisch M, Messer H. The use of the wavelet transform in the detection of an unknown transient signal. IEEE Transactions on Information Theory, 1992, 38(2): 892-897.
[106] Wang Z, Willett P. A performance study of some transient detectors. IEEE Transactions on Signal Processing, 2000, 48(9): 2682-2685.
[107] Porat B, Friedlander B. Performance analysis of a class of transient detection algorithms-A unified framework. IEEE Transactions on Signal Processing, 1992, 40(10): 2536-2546.
[108] Marco S D, Weiss J. Improved transient signal detection using a wavelet packet-based detector with an extended translation-invariant wavelet transform. IEEE Transactions on Signal Processing, 1997, 45(4): 841-850.
[109] Streit R L, Willett P K. Detection of random transient signals via hyperparameter estimation. IEEE Transactions on Signal Processing, 1999, 47(7): 1823-1834.
[110] 赵建平. 水下目标信号的特征提取和瞬时参量估计的小波变换技术研究. 西安: 西北工业大学学位论文, 1998.
[111] 郑兆宁, 向大威. 水声信号被动检测与参数估计理论. 北京: 科学出版社, 1983.
[112] 向敬成, 王意情, 毛自灿, 等. 信号检测与估计. 北京: 电子工业出版社, 1994.
[113] 刘翠海. 瞬态信号分析在噪声目标识别中的应用研究. 青岛: 海军潜艇学院学位论文, 2004.
[114] Stevens J D. Detection of short transients in colored noise by multiresolution analysis. Monterey, California: Naval Postgraduate School, 2000.
[115] Huang N E, Shen S S P. 希尔伯特-黄变换及其应用. 北京: 国防工业出版社, 2017.
[116] Huang W, Shen Z, Huang N E, et al. Engineering analysis of biological variables: an example of blood pressure over 1 day. Proceedings of the National Academy of Sciences of USA, 1998, 95: 4816-4821.
[117] Huang N E, Long S R, Shen S S P. A confidence limit for the empirical mode decomposition and Hilbert spectral analysis. Proceedings of the Royal Society, 1999, 459: 2317-2345.
[118] Huang N E. The empirical mode decomposition and Hilbert spectrum for nonlinear and non-stationary time series analysis. Proceedings of the Royal Society, 1998, 454(1971): 903-995.
[119] Huang N E, Shen Z, Long S R. A new view of nonlinear water waves: The Hilbert spectrum. Annual Review of Fluid Mechanics, 1999, 31: 417-457.
[120] 薛飞. 基于希尔伯特-黄变换的水声瞬态信号检测方法研究. 哈尔滨: 哈尔滨工程大学学位论文, 2012.
[121] 杨振, 邹男, 付进. Hilbert-Huang 变换在瞬态信号检测中的应用. 声学技术, 2015, 34(2): 167-171.
[122] 李关防. 希尔伯特–黄变换在瞬态信号处理中的应用. 哈尔滨工程大学学位论文, 2008.
[123] David M, Howard J A. 音乐声学和心理声学. 北京: 人民邮电出版社, 2010.
[124] 阳雄, 程玉胜. 短时能量分析及人耳的主观听觉在船舶辐射噪声特征提取中的研究. 声

学技术, 2004, 23(1): 11-13.
[125] 邱家兴. 基于多特征融合的船舶噪声识别方法研究. 青岛: 海军潜艇学院学位论文, 2010.
[126] 钟建. 基于隐马尔可夫模型的目标识别方法研究. 青岛: 海军潜艇学院学位论文, 2007.
[127] Collier G L. A comparison of novies and experts in the identification of sonar. Speech Communication, 2004, 43:297-310.
[128] 王易川, 李智忠. 基于 Mel 倒谱和 BP 神经网络的船舶目标分类研究. 传感器与微系统, 2011, 30(6): 55-57.
[129] 陆振波. 水中目标辐射噪声的听觉特征提取.系统工程与电子技术, 2004, 26(12): 1801-1803.
[130] Eronen A, Klapur A. Musical instrument recognition using cepstral coefficient and temporal features. Proceeding of the IEEE International Conference on ASSP, 2000: 753-756.
[131] 汪洋, 孙进才, 陈克安, 等. 基于心理声学参数的水下目标识别特征提取方法. 数据采集与处理, 2006, 21(3): 313-317.
[132] 王娜, 陈克安. 心里声学参数提取及其在目标识别中的应用. 计算机仿真, 2008, 25(11): 21-24.
[133] 马元峰, 陈克安, 王娜, 等. 听觉模型输出谱特征在声目标识别中的应用. 声学学报, 2009, 34(2): 142-150.
[134] 王娜, 陈克安. 水下噪声音色属性回归模型及其在目标识别中的应用. 物理学报,2010, 59(4): 2873-2881.
[135] 刘鹏, 刘孟庵. 船舶辐射噪声节拍音色特征研究. 声学与电子工程, 2007, (2): 4-7.
[136] 刘鹏. 船舶辐射噪声听音识别技术研究. 杭州应用声学研究所学位论文, 2006.
[137] Zwicker E, Fastl H. Psychoacoustics: Facts and Models. Berlin: Springer, 1990.
[138] 吴朝晖, 杨莹春. 说话人识别模型与方法. 北京: 清华大学出版社, 2009.
[139] 韩纪庆, 张磊, 郑铁然. 语音信号处理. 北京: 清华大学出版社, 2004.
[140] 赵力. 语音信号处理. 北京: 机械工业出版社, 2009.
[141] 钱晓南. 船舶螺旋桨噪声. 上海: 上海交通大学出版社, 2011.
[142] 王之程, 陈宗岐, 于沨, 等. 船舶噪声测量与分析. 北京: 国防工业出版社, 2004.
[143] Canton J S. Marine propellers and propulsion. Oxford: Elsevier Ltd, 2007.
[144] 张宝成, 徐雪仙. 舰艇水下噪声源贡献的分析. 船舶力学情报, 1994, (10): 40-46.
[145] 邢国强. 典型船舶辐射噪声建模与仿真. 西安: 西北工业大学位论文, 2005.
[146] 高学强, 杨日杰. 潜艇辐射噪声声源级经验公式修正. 声学与电子工程, 2007, (3): 17-18.
[147] 高守勇. 潜艇辐射噪声测量研究. 哈尔滨: 哈尔滨工程大学学位论文, 2006.
[148] Wales S C, Hertmeyer R M. An ensemble source spectra model for merchant ship radiated noise. Journal of the Acoustical Society of American, 2002, 111(3): 1211-1231.
[149] Scrimger P , Heitmeyer R M. Acoustic source-level measurements for a variety of merchant ships. Journal of the Acoustical Society of American, 1991, 89(2): 32.
[150] 洪我世, 张宝玉. 船舶辐射噪声测试分析与研究. 武汉水运工程学院学报, 1985, 28(2): 106-112.
[151] 刘虎. 船舶目标声源级特征及应用方法研究. 青岛: 海军潜艇学院学位论文, 2008.
[152] 周洪福. 水下换能器及基阵. 北京: 国防工业出版社, 1984.

[153] 任克明, 林立. 利用声源级估算目标距离. 声学与电子工程, 1991, 21(1): 1-6.
[154] 董志荣. 舰艇指控系统的理论基础. 北京: 国防工业出版社, 1995.
[155] 吴兆熊, 黄振兴, 黄顺吉, 等. 数字信号处理. 北京: 国防工业出版社, 1985.
[156] 高西全, 丁玉美. 数字信号处理. 西安: 西安电子科技大学出版社, 2001.
[157] 皇浦堪, 陈建文, 楼生强. 现代数字信号处理. 北京: 电子工业出版社, 2003.
[158] 胡广书. 现代数字信号处理教程. 北京: 清华大学出版社, 2004.
[159] 张贤达. 现代信号处理. 北京:清华大学出版社, 1995.
[160] 程玉胜, 王易川. 基于现代信号处理技术的船舶噪声信号 DEMON 分析. 声学技术, 2006, 25(1): 71-74.
[161] 尹禄, 刘亚杰, 姚直象, 等. ARMA 模型频率估计方法在轴频提取中的应用. 交通信息与安全, 2005, 23(5): 111-113.
[162] Karlsson E, Hayes M H. Least squares ARMA modeling of linear time-varying system: Lattice filter structures and fast RLS algorithms. IEEE Transactions on ASSP, 1987, 35(7): 994-1014.
[163] 戴卫国. 船舶辐射噪声声纳听音特征提取研究. 青岛: 海军潜艇学院学位论文, 2003.
[164] 范永峰, 章新华, 许策. 基于高阶谱净化的水声目标宽带调制信号检测. 指挥控制与仿真, 2007, 29(1): 103-106.
[165] 荆东, 黄凤岗, 林良骥. 基于高阶谱的 LOFAR 谱图特征在被动声纳信号自动识别中的应用. 哈尔滨工程大学学报, 1998, 19(5): 55-58.
[166] 陈雪徕. 基于高阶谱的船舶噪声特征提取与实验. 船舶科学技术, 2011, 33(3): 109-111.
[167] 曾治丽, 李亚安, 刘雄厚. 基于高阶谱和倒谱的船舶噪声特征提取研究. 计算机仿真, 2011, 28(11): 5-9.
[168] 姚玉玲, 王宁, 石洪华, 等. 水声信号时频分析方法比较及应用研究. 中国海洋大学学报, 2011, 41(11): 115-119.
[169] 潘琪, 姚佩阳. 一种新的减少交叉项的时频分布分析. 空军工程大学学报(自然科学版), 2005, 6(6): 66-68.
[170] 李波, 沈福民. 一种新的抑制交叉项的时-频分布的分析. 火控雷达技术, 2002, 31(4): 16-18.
[171] Barkat B, Boashash B. A high-resolution quadratic time-frequency distribution for multicomponent signals analysis. IEEE Transactions on Signal Processing, 2001, 49(10): 2232-2238.
[172] Jeong J C, Wiluams W J. Mechanism of the cross-terms in spectrograms. IEEE Transactions on Signal Processing, 1992, 40(10): 2608-2613.
[173] 孙即祥. 现代模式识别. 2 版. 北京: 高等教育出版社, 2008.
[174] Sergios T, Konstantinos K. Pattern Recognition. 4 ed. 李晶皎等译. 北京: 电子工业出版社, 2010.
[175] 张学工. 模式识别. 3 版. 北京: 清华大学出版社, 2010.
[176] 袁骏, 张明敏, 孙进才. 水下目标识别中的特征优化选择. 应用声学, 2005, 24(4): 239-243.
[177] 邱彦章, 郭亮. 基于 1(1/2)维谱与 K-L 变换的被动声纳目标识别. 现代电子技术, 2012, 35(17): 57-59.
[178] 黄晓斌, 万建伟, 王展. 基于改进 K-L 变换的特征提取技术. 国防科技大学学报, 2005,

27(1): 84-88.

[179] 葛永, 陈建安. 基于正交小波包和K-L变换的水声信号特征提取与识别. 情报指挥控制系统与仿真技术, 2005, 27(2): 8-11.

[180] 胡光波, 梁红, 等. 船舶辐射噪声混沌特征提取方法研究. 计算机仿真, 2011, 28(2): 22-24.

[181] 余秋星, 李志舜, 符新伟. 船舶噪声的状态空间重构与特征压缩. 系统仿真学报, 2003, 15(8): 1079-1080.

[182] 郑文恩. 船舶目标噪声特征提取与目标识别方法研究. 青岛: 海军潜艇学院学位论文, 1994.

[183] 邓乃杨, 田英杰. 数据挖掘中的新方法——支持向量机.北京: 科学出版社, 2004.

[184] 邓乃杨, 田英杰. 支持向量机——理论、算法与拓展. 北京: 科学出版社, 2009.

[185] 朱美琳, 刘向东, 陈世福. 核方法在人脸识别中的应用. 计算机科学, 2003, 30(5): 82-84.

[186] 赵丽红, 孙宇舸, 蔡玉, 等. 基于核主成分分析的人脸识别. 东北大学学报(自然科学版), 2006, 27(8): 847-850.

[187] 袁立, 穆志纯, 刘磊明. 基于核主元分析法和支持向量机的人耳识别. 北京科技大学学报, 2006, 28(9): 890-895.

[188] 徐勇, 张大鹏, 等. 模式识别中的核方法及其应用.北京: 国防工业出版社, 2010.

[189] 郭红玲. 多分类器选择关键技术的研究. 南京: 江苏大学学位论文, 2008.

[190] Kunoheva L L. Switching between selection and fusion in combining classifiers: an experiment. IEEE Transactions on Systems, Man and Cybernetics, 2002, 32(2): 146.

[191] Giacinto G, Roli F. Dynamic classifier selection based on multiple classifier behavior. Pattern Recognition, 2001, 34(9): 1879-1881.

[192] Giacinto G, Roli F. Dynamic classifier selection. Proceedings of the 1st International Workshop on Multiple Classifier Systems, 2000.

[193] 蒋艳凰, 杨学军.多层组合分类器研究. 计算机工程与科学, 2004, 26(6): 67-69.

[194] 杨利英, 覃征, 王向华. 多分类器融合实现机型识别. 计算机工程与应用, 2004, 40(15): 10-12.

[195] 王正群, 孙兴华, 杨静宇. 多分类器组合研究. 计算机工程与应用, 2002, 38(20): 84-85.

[196] 赖小萍. 基于多特征多分类器融合的人脸识别研究. 南京: 南京邮电大学学位论文, 2008.

[197] 章新华, 林良骥, 王骥程. 目标识别中信息融合的准则和方法. 软件学报, 1997, 8(4): 303-307.

[198] 侯平魁, 史习智, 林良骥, 等. 水下目标识别的特征融合分类器设计. 电子学报, 2001,29(4): 443-446.

[199] 王学军, 史习智, 林良骥, 等. 水下目标识别和数据融合. 声学学报, 1999, 24(5): 544-549.

[200] 李梅. 边坡案例推理稳定性评价系统及治理措施优化研究. 武汉: 武汉理工大学学位论文, 2006.

[201] Daengdej J, Lukose D, Murison R.·Using statistical models and case-based reasoning in claims prediction: Experience from a real-world problem. Knowledge-Based Systerns, 1999, 12(5/6): 239-245.

[202] 田丰, 黄厚宽. 人工智能与知识工程. 北京: 北方交通大学出版社, 1999.

[203] 李锋, 周凯波, 冯珊. 基于统计特征的属性相似度计算模型. 华中科技大学学报(自然科学版), 2005, 33(6): 80-82.
[204] 吴川. 基于神经网络的目标识别及定位方法的研究. 西安: 中国科学院学位论文, 2005.
[205] 韩力群, 施彦. 人工神经网络理论及应用. 北京: 机械工业出版社, 2016.
[206] Christopher J C, Burges A. Tutorial on support vector machines for pattern recognition. Data Mining and Knowledge Discovery, 1998, 2: 121-167.
[207] Fan R E, Chang K W, Hsieh C J, et al. Liblinear: A library for large linear classification. Machine Learning Research, 2008, 9: 1871-1874.
[208] Steve R G. Support vector machines for classification and regression. Technical Report of Faculty of Engineering and Applied Science Department of Electronics and Computer Science, 1998.
[209] 杨志民, 刘广利. 不确定性支持向量机原理及应用. 北京: 科学出版社, 2007.
[210] 戴卫国. 基于支持向量机的水声目标识别分类器技术与应用研究. 青岛: 海军潜艇学院学位论文, 2012.
[211] 戴卫国, 程玉胜, 王易川. 支持向量机对船舶噪声 DEMON 谱的分类识别. 应用声学, 2010, 29(3): 206-211.
[212] 李茂宽. 支持向量机在水下目标识别中的应用.青岛: 海军潜艇学院学位论文, 2005.